国家社会科学基金一般项目"我国政府公共政策执行和评估机制研究——以教育政策为例"（项目批准号：09BZZ028）成果

张远增——著

公共政策
执行评估学理

中国社会科学出版社

图书在版编目(CIP)数据

公共政策执行评估学理 / 张远增著. —北京：中国社会科学出版社，2018.12
ISBN 978-7-5203-3442-6

Ⅰ.①公⋯　Ⅱ.①张⋯　Ⅲ.①公共政策-评估　Ⅳ.①D035-01

中国版本图书馆 CIP 数据核字(2018)第 256968 号

出 版 人	赵剑英	
责任编辑	梁剑琴	
责任校对	石春梅	
责任印制	李寡寡	
出　　版	中国社会科学出版社	
社　　址	北京鼓楼西大街甲 158 号	
邮　　编	100720	
网　　址	http：//www.csspw.cn	
发 行 部	010-84083685	
门 市 部	010-84029450	
经　　销	新华书店及其他书店	
印　　刷	北京明恒达印务有限公司	
装　　订	廊坊市广阳区广增装订厂	
版　　次	2018 年 12 月第 1 版	
印　　次	2018 年 12 月第 1 次印刷	
开　　本	710×1000　1/16	
印　　张	28.25	
插　　页	2	
字　　数	468 千字	
定　　价	118.00 元	

凡购买中国社会科学出版社图书，如有质量问题请与本社营销中心联系调换
电话：010-84083683
版权所有　侵权必究

目 录

第一章 公共政策的逻辑 ……………………………………… (1)
 第一节 无阶级社会的政策：公共政策学的逻辑起点 ………… (1)
 第二节 有阶级无政党社会的国家制度：公共政策学的逻辑
    中介 …………………………………………………… (6)
  一 新的组织形式：阶级 ……………………………………… (6)
  二 国家：作为一般等价政策意义的组织 ………………… (8)
  三 无政党国家制度：作为政策一般等价物的实然具体
    政策 ……………………………………………………… (11)
  四 朋党：阶级内的利益组织 ……………………………… (14)
 第三节 有政党社会的公共政策：公共政策学的逻辑终结 …… (16)
  一 政党：阶级的核心 ……………………………………… (17)
  二 有政党国家制度：作为政党政策一般等价物的抽象具体
    政策 ……………………………………………………… (19)
  三 公共政策：国家制度的实然具体化 …………………… (25)
 第四节 公共政策的结构 ……………………………………… (28)
  一 价值主体 ………………………………………………… (29)
  二 价值客体 ………………………………………………… (30)
  三 价值关系 ………………………………………………… (31)
 第五节 公共政策的逻辑展开 ………………………………… (32)
  一 执政党公共政策的逻辑展开 …………………………… (33)
  二 合法非执政党公共政策的逻辑展开 …………………… (33)
  三 无政党利益组织或个人的公共政策的逻辑展开 ……… (33)
 第六节 影响公共政策的因素及公共政策与政策辨析 ……… (35)
  一 影响公共政策的因素 …………………………………… (35)
  二 政策与公共政策辨析 …………………………………… (39)

第二章　公共政策价值链 …… (43)

第一节　公共政策价值链的概念 …… (43)
　　一　公共政策价值链的含义 …… (43)
　　二　公共政策价值链的表示 …… (44)
　　三　公共政策价值链的分类 …… (45)

第二节　分析公共政策价值链的维度 …… (47)
　　一　公共政策价值链的正当性 …… (47)
　　二　公共政策价值链的包容性 …… (49)
　　三　公共政策价值链的鲁棒性 …… (50)
　　四　公共政策价值链的现实性 …… (51)
　　五　公共政策价值链的拓展性 …… (52)

第三节　公共政策价值链的生成途径 …… (52)
　　一　奠基 …… (53)
　　二　概化 …… (53)
　　三　具化 …… (53)
　　四　分化 …… (54)

第四节　公共政策价值链的优化与完善 …… (55)
　　一　"好"公共政策价值链的标准 …… (55)
　　二　公共政策价值链的优化 …… (58)
　　三　公共政策价值链的完善 …… (61)

第三章　公共政策计量 …… (64)

第一节　公共政策库 …… (64)
　　一　公共政策库的含义 …… (64)
　　二　公共政策等价类 …… (65)
　　三　齐性公共政策库 …… (67)

第二节　公共政策的可分辨性指数 …… (70)
　　一　可分辨性指数的含义 …… (70)
　　二　可分辨性指数的计量 …… (70)

第三节　公共政策的重要性指数 …… (72)
　　一　重要性指数的含义 …… (73)
　　二　重要性指数的计量 …… (73)

第四节　公共政策的完善性指数 …… (77)

一　完善性指数的含义 ……………………………………… (77)
　　二　完善性指数的计量 ……………………………………… (79)
第五节　公共政策的边际效应指数 ………………………………… (83)
　　一　边际效应指数的含义 …………………………………… (83)
　　二　边际效应指数的计量 …………………………………… (84)
第六节　公共政策库的指数 ………………………………………… (88)
　　一　和谐性指数 ……………………………………………… (88)
　　二　稳定性指数 ……………………………………………… (93)
　　三　完备性指数 ……………………………………………… (97)
　　四　限度性指数 ……………………………………………… (101)

第四章　公共政策执行分析 …………………………………… (106)

第一节　公共政策及其执行的基本公设 …………………………… (106)
　　一　公共政策自我确认存在状态的公设 …………………… (107)
　　二　公共政策交互确认存在状态的公设 …………………… (107)
　　三　公共政策存在形式公设 ………………………………… (108)
　　四　公共政策可执行的公设 ………………………………… (109)
第二节　公共政策执行的属性 ……………………………………… (109)
　　一　公共政策执行的规范性 ………………………………… (109)
　　二　公共政策执行的形式化 ………………………………… (110)
　　三　公共政策执行的专业性 ………………………………… (113)
第三节　公共政策执行的基本形式 ………………………………… (113)
　　一　源公共政策执行 ………………………………………… (114)
　　二　单一流公共政策执行 …………………………………… (117)
　　三　末公共政策执行 ………………………………………… (126)
第四节　公共政策执行的复合形式 ………………………………… (129)
　　一　链段式公共政策执行 …………………………………… (129)
　　二　全链式公共政策执行 …………………………………… (129)
　　三　一体化公共政策执行 …………………………………… (130)
第五节　类公共政策执行 …………………………………………… (133)
　　一　伪公共政策执行 ………………………………………… (133)
　　二　准公共政策执行 ………………………………………… (135)
　　三　研究性公共政策执行 …………………………………… (138)

第六节　行政许可与公共政策执行 …………………… (139)
　　一　行政许可的逻辑 ………………………………… (139)
　　二　基于公共政策执行的行政许可 ………………… (142)
第七节　经典公共政策执行理论评析 …………………… (144)
　　一　线性演绎的公共政策执行理论 ………………… (144)
　　二　归纳聚合的公共政策执行理论 ………………… (146)
　　三　双向整合的公共政策执行理论 ………………… (148)

第五章　公共政策执行评估的原理 …………………… (152)
第一节　公共政策执行问题的形成机制 ………………… (152)
　　一　公共政策执行的协议性 ………………………… (153)
　　二　公共政策执行的创新性 ………………………… (155)
　　三　公共政策执行的异化 …………………………… (158)
第二节　公共政策执行评估形成功能的机制 …………… (161)
　　一　公共政策执行评估的因子 ……………………… (161)
　　二　公共政策执行评估的二因子交互作用 ………… (170)
　　三　公共政策执行评估的三因子交互作用 ………… (178)
　　四　公共政策执行评估的四因子交互作用 ………… (184)
第三节　公共政策执行评估的运行规律 ………………… (187)
　　一　非专业性与专业性对立统一的运动 …………… (188)
　　二　既定性与生成性对立统一的运动 ……………… (190)
　　三　合规律与合目的对立统一的运动 ……………… (193)
第四节　公共政策执行评估释放功能的机制 …………… (195)
　　一　公共政策执行资格认定机制 …………………… (195)
　　二　公共政策执行过程监控系统 …………………… (195)
　　三　基于公共政策执行的价值交流平台 …………… (196)
　　四　公共政策执行价值创新的价值兑现机构 ……… (196)
　　五　共构公共政策执行评估标准机制 ……………… (197)
　　六　公共政策执行评估专业化 ……………………… (197)
第五节　公共政策执行评估系统生态 …………………… (197)
　　一　公共政策执行评估系统的生态结构 …………… (198)
　　二　公共政策执行评估生态系统内部的流 ………… (200)
　　三　公共政策执行评估生态系统的启示 …………… (202)

第六章 公共政策执行评估的设计 (205)

第一节 确立评估的目标 (205)
一 监控公共政策执行 (205)
二 改进公共政策执行 (207)
三 发现公共政策执行的价值 (209)
四 传播公共政策执行的价值 (210)
五 创新公共政策执行的价值 (212)

第二节 评估功能设计 (213)
一 公共政策执行评估功能研究述要 (213)
二 公共政策执行评估功能分析 (215)
三 评估目标与评估功能的匹配 (218)

第三节 评估要素及结构设计 (220)
一 确定评估系统的要素 (220)
二 规定因子交互作用方式 (224)

第四节 评估策略与方法设计 (226)
一 选定评估的技术 (226)
二 构造评估问题解决链 (229)
三 确定评估问题解决网络 (230)

第五节 评估环境设计 (231)
一 评估的人文环境设计 (232)
二 评估的自然环境设计 (235)
三 评估的信息环境设计 (235)

第六节 评估结果表述设计 (240)
一 表述的结构 (240)
二 表述的语言 (241)
三 表述的载体 (243)

第七章 价值主体的形成机制 (244)

第一节 价值主体的构成要素 (244)
一 本我价值共同体 (245)
二 自我价值共同体 (246)
三 超我价值共同体 (248)

第二节 价值主体的机制 (251)

一　动力机制 …………………………………………（252）
　　　二　制动机制 …………………………………………（257）
　　　三　认知机制 …………………………………………（261）
　　　四　实现机制 …………………………………………（267）
　第三节　价值主体的构成途径与方法 ……………………（269）
　　　一　自身扩张式 ………………………………………（269）
　　　二　交流合作式 ………………………………………（270）
　　　三　价值认知式 ………………………………………（271）
　　　四　价值实现式 ………………………………………（272）
　第四节　价值主体公共性的度量 …………………………（272）
　　　一　弱公共性度量 ……………………………………（273）
　　　二　强公共性度量 ……………………………………（274）
第八章　评价标准的确立策略与方法 ………………………（276）
　第一节　公共政策执行评估的价值标准 …………………（276）
　第二节　公共政策执行评估的评价标准 …………………（280）
　　　一　评价标准链 ………………………………………（281）
　　　二　基于评价标准链的评价标准分类 ………………（283）
　　　三　五类评价标准的关系 ……………………………（286）
　第三节　评价标准的表示 …………………………………（287）
　　　一　既定性评价标准的表示 …………………………（287）
　　　二　生成性评价标准的表示 …………………………（291）
　　　三　发现性评价标准的表示 …………………………（292）
　　　四　创新性评价标准的表示 …………………………（293）
　第四节　确定评价标准的准则 ……………………………（294）
　　　一　正当性准则 ………………………………………（294）
　　　二　规范性准则 ………………………………………（295）
　　　三　确定性准则 ………………………………………（296）
　　　四　可操作性准则 ……………………………………（297）
　　　五　经济性准则 ………………………………………（297）
　　　六　指引性准则 ………………………………………（298）
　第五节　建立评价标准的策略与方法 ……………………（299）
　　　一　绝对型评价标准的确定策略与方法 ……………（300）

二　权威型评价标准的确定策略与方法 …………………… (301)
　　三　现实型评价标准的确定策略与方法 …………………… (302)
　　四　学术型评价标准的确定策略与方法 …………………… (304)
　　五　可行型评价标准的确定策略与方法 …………………… (305)

第九章　评估模式设计 …………………………………………… (307)

第一节　公共政策执行评估模式的构成要素 ………………… (307)
　　一　评估技术 ……………………………………………… (307)
　　二　评价内容 ……………………………………………… (308)
　　三　评价条件 ……………………………………………… (309)
　　四　评价时空 ……………………………………………… (310)
　　五　结果形式 ……………………………………………… (310)

第二节　公共政策执行评估模式的机理 ……………………… (311)
　　一　基于公共政策嵌入的公共政策价值链 ……………… (311)
　　二　基于公共政策执行的价值主体 ……………………… (313)
　　三　基于公共政策执行的实践性 ………………………… (314)

第三节　确立公共政策执行评估模式的原则 ………………… (317)
　　一　有效性原则 …………………………………………… (317)
　　二　可操作性原则 ………………………………………… (318)
　　三　优化原则 ……………………………………………… (318)
　　四　可评价原则 …………………………………………… (319)
　　五　独特性原则 …………………………………………… (320)

第四节　发现性公共政策执行评估模式 ……………………… (320)
　　一　模式结构 ……………………………………………… (321)
　　二　运行模式的条件 ……………………………………… (322)
　　三　模式的功能限度 ……………………………………… (323)
　　四　案例：榜样评价 ……………………………………… (324)

第五节　证实性公共政策执行评估模式 ……………………… (326)
　　一　模式结构 ……………………………………………… (326)
　　二　运行模式的条件 ……………………………………… (328)
　　三　模式的功能限度 ……………………………………… (329)
　　四　案例：审计性评价 …………………………………… (330)

第六节　建构性公共政策执行评估模式 ……………………… (333)

一　模式结构 ·· (333)
　　二　运行模式的条件 ·· (335)
　　三　模式的功能限度 ·· (336)
　　四　案例：审议性评价 ······································ (337)
第十章　公共政策执行评估的质量保障 ······················ (341)
　第一节　公共政策执行评估质量的含义 ······················ (341)
　第二节　公共政策执行评估质量标准体系 ··················· (347)
　　一　概括性问题型公共政策执行评估质量标准体系 ········ (348)
　　二　指标体系型公共政策执行评估质量标准体系 ··········· (350)
　　三　公共政策执行评估质量标准体系 ······················ (357)
　第三节　保障公共政策执行评估质量的策略与技术 ·········· (359)
　　一　"真"公共政策执行评估构造 ·························· (359)
　　二　"实"公共政策执行评估运行 ·························· (362)
　　三　"认证"公共政策执行评估产出 ························ (362)
　　四　基于公共政策价值链的质量保障技术 ················· (363)
　第四节　公共政策执行评估的科学关涉 ······················ (369)
　　一　公共政策执行评估的科学性 ··························· (370)
　　二　公共政策执行评估的科学化 ··························· (372)
　　三　科学的公共政策执行评估 ····························· (376)
第十一章　教育政策执行及其评估 ···························· (380)
　第一节　教育政策执行的机制 ································ (380)
　　一　教育政策 ·· (381)
　　二　教育政策链 ··· (385)
　　三　教育政策链的生成途径 ································ (390)
　第二节　教育政策执行的策略与途径 ························· (392)
　　一　教育政策执行的策略 ··································· (393)
　　二　教育政策执行的途径 ··································· (396)
　第三节　教育政策执行评估的结构 ··························· (401)
　　一　源教育政策执行评估的结构 ··························· (401)
　　二　流教育政策执行评估的结构 ··························· (402)
　　三　末教育政策执行评估的结构 ··························· (403)
　第四节　教育政策链的优化与完善 ··························· (404)

一　"好"教育政策链的标准 …………………………………（404）
　　二　教育政策链的优化 ……………………………………（406）
　　三　教育政策链的完善 ……………………………………（408）
第五节　教育政策执行评估质量标准体系 ………………………（410）
　　一　教育政策执行评估质量的内涵 ………………………（411）
　　二　教育政策执行评估质量的构成要素 …………………（412）
　　三　教育政策执行评估质量的要素型标准 ………………（412）
第六节　保障教育政策执行评估质量的策略 ……………………（416）
　　一　确立质量决定功能的质量理念 ………………………（417）
　　二　建立可观测的质量标准 ………………………………（417）
　　三　选择具有良好稳定性的评估系统 ……………………（417）
　　四　绿色运行教育政策执行评估 …………………………（418）
第七节　案例：我国高考政策执行及评估 ………………………（419）
　　一　高考政策链 ……………………………………………（419）
　　二　评估高考政策链的标准 ………………………………（421）
　　三　高考政策链的评估模式 ………………………………（422）

参考文献 ……………………………………………………………（425）
后记 …………………………………………………………………（438）

第一章 公共政策的逻辑

人类社会是人类自身对象性活动的产物。通过漫长历史的磨砺，人类逐渐发展了自己的自我意识，并通过有意识的实践活动，把原本纯粹自发的生物学意义的需要和满足，提升到经过意志选择和目的确立的层次，创造了自己的人性、生活方式及社会组织形式的存在，[1] 使得自己的自然属性越来越受自己所建构社会的属性支配。政策的本质是价值，其核心是价值主体对自身意义的规划与建构，社会就是这种价值存在所构成的世界。政策的本意表明，它的内涵发展有三个阶段：无阶级阶段的政策；有阶级无政党阶段的政策；既有阶级又有政党阶段的政策。在公共政策科学的逻辑体系中，政策是逻辑起点，国家制度是逻辑中介，公共政策是逻辑终点。

第一节 无阶级社会的政策：公共政策学的逻辑起点

人首先是自然的产物，它的存在与自然的存在是一体的，以个体自己作为价值主体与外界进行自然交互作用是其生存的方式。对于处于原始野蛮状态的自然人而言，单个的自然人就散布于其他动物之中，在丛林中漂泊游荡，没有技艺，没有语言，没有固定的栖所，既与他人无争也不与他人交际，既不需要别人帮助也无害人之念，身体是它所掌握的唯一工具。它在树下用野果充饥，在小溪旁饮水解渴，就在为它提供食物的树下睡觉，这就满足了它的需要。[2] 随着人的进化，个体自然人的意识和智力的发展使自己不满足于这种自生自灭的自然生存方式对自己的束缚，当某个

---

[1] 韩震：《生成的存在：人类实践本体论》，《江海学刊》2002年第4期。
[2] [法] 卢梭：《论人类不平等的起源和基础》，高煜译，广西师范大学出版社2002年版，第74页。

自然人第一次有意识地借助于其他个体自然人来完善自己的生存状态时，无阶级阶段的政策就产生了。这样的政策的本质是，单个自然人通过召集其他自然意义的个体人，实现扩张自己力量意义下的对自己的重新建构，使自己的生存能力得到提升，生存状态得到改善。

自身的存在意识是自然人的第一个意识，确保自身的存在是它所关心的首要事情。自然人的存在意识是政策得以实质产生的第一推动力，并规定政策的内容与形式。在人类的初始状态，自然人起先并没有有意识地去利用大自然赋予自己的资质，也根本不想向大自然索取凭借自身的能力能得到的东西，只过着本能、纯感觉、动物般的生活。但是，自然人不久就遇到了生存的困难。例如，够不着高树上的果子、与其他动物争夺食物及觊觎自然人性命的猛兽等困难均威胁自然人的生存，自然人必须克服它们才能维持自己的生存。所有这些均从两个方面影响自然人的发展。

一方面它们迫使单个自然人努力提高自身的生存能力，用于克服大自然的障碍，在必要时与野兽搏斗，与自己的同类争夺生活必需物，以及为自己让予强者的东西寻求补偿。它客观要求自然人进行身体训练，使自己变得机敏灵活、奔跑迅速、精力充沛、斗志顽强，以及学会利用树枝、石块这些天然武器。[①] 这使得自然人可以用自己的方式——如果觉得自己力气大就直接使用武力，如果觉得自己弱小用自己的机智——追求自己的利益。

另一方面，它又诱导和鼓励单个自然人采取合作的方式，形成新的存在形式，提升自己的自我保护能力，用于克服大自然和同类所造成的生存障碍。而这正是政策之形成的客观原因。对于以追求自己幸福作为唯一动机的自然人而言，它逐渐发现并认识到在少数情况下，为了实现共同的利益，必须依赖同类的帮助。于是，它与其他自然人结成一种对其中任何成员都没有约束力的松散联盟——团伙。这种团伙存在的意义随着所面临困难的克服而丧失，困难解决之时就是自己解散之时。因而，这时作为政策表现形式的团伙既具有产生的必然性，也具有具体表现形式的不确定性。即便如此，这种团伙也使当事人不知不觉地获得了有关相互义务与履行这

[①] ［法］卢梭：《论人类不平等的起源和基础》，高煜译，广西师范大学出版社2002年版，第107页。

种义务的好处的粗略概念①和初步的尊严感。

实践中，不同的个体人之间有共同的需要，但任何个体人仅凭自己的一己之力却不能实现这种需要，是个体人能借助于以自己为核心，其他个体人自愿为原则，建立群体同外部自然力抗争求生存和发展的客观前提。为实现共同目标，以一定方式将人类群体组织起来解决群体内部协作问题，即成为达成内部成员之间密切协作的有效办法，由此而产生的每种组织形式都是适应解决人类必须应付的各种生存问题的产物，这些组织形式全都是政策的社会表现形式。社会起先只由一些一般的公约构成，全体个人都保证遵守这些公约，社会团体就根据这些公约充当各个成员的后盾。② 显而易见，这里的个人即团体，团体即个人，从价值主体的角度看，他们是同一的。

自然人之间的地域关系及联系的紧密度，决定了他们首先只能利用与自己有直接血缘关系和几乎同处一地生活的人建立自己联合体形式的存在形式。到了旧石器时代晚期，生产技术有所进步，采集和狩猎有所发展，人从频繁的游荡生活转入相对定居生活，但随之出现的更大规模的围猎活动却需要更多的人协同进行才能完成。与此同时，人还发现自己过去的婚配方式对后代体质和智力发育的不良影响，产生了性禁忌，导致人产生了只能到自己所在集团以外去寻找通婚对象的需要。满足这两个需要即构成了氏族的基本原则：氏族内部不能通婚；氏族成员必须是出于同一母性的后裔。③ 这两条原则就是人类最早使用的政策，它与人以自己为核心所建立的社会自身是一体的，体现了人以自己作为价值主体对价值的规划，既决定了社会的构成方式又决定了社会的运行法则。

对处于当时认知发展水平的原始人而言，这种原则做出的规定最早使得他们只能凭借族外群婚形式，将原来的血缘集团转变成为禁止内部通婚的、缺少父辈角色的母系氏族。同时母系氏族的运行法则也随之确定：任何成员都不得在氏族内部通婚；氏族有自己的名称、崇拜对象和墓地；氏族是独立、完整的生产和消费单位，生产资料、土地及劳动产品均属全体

---

① ［法］卢梭：《论人类不平等的起源和基础》，高煜译，广西师范大学出版社2002年版，第108—109页。

② 同上书，第123页。

③ 泰福：《人类社会的变迁》，中国社会科学出版社2003年版，第8—10页。

氏族成员共有，个人只拥有工具、武器和很少的生活用品；氏族议事会是氏族的最高权力机构，成年男女均可参加，一切重大事务都由议事会讨论决定，氏族长由氏族议事会负责遴选、罢免、改选，氏族长的职责是领导生产、安排生活、负责对外联系等；同氏族人必须相互援助和保护；氏族所收养的外族人在入族后享同等权利。①

随着生产力的发展及人的自我意识的增强，超越建构母系氏族的政策，采用新的政策，建构基于自身利益最大化的新的联合体成为必然。这个新的政策在保留了氏族掌握氏族土地的最高所有权、氏族的管理具有民主性质、氏族成员有互相保护和相互支援的义务，以及氏族有共同的祖先崇拜、共同的宗教仪式、节日庆典等母系氏族之政策的特征和职能的基础上，又注入了新的内容。它以父系大家族作为父系氏族社会的基本经济细胞和组织单位，基于父系大家族之间的平等，将土地分配给各个父系大家族使用。② 尽管父系氏族的全体家族成员住在一起，集体耕种属于氏族的土地，共同消费劳动产品，似乎非常平等，但是，这种政策并不维护氏族内部成员之间的独立及平等关系，它使得在父系氏族内部滋长出父亲支配子女、丈夫奴役妻子及主人压迫奴隶的关系。这些新出现的人之间的关系既为阶级的产生奠定了物质和社会的基础，也为政策发展、为国家制度奠定了物质和社会的基础。

人的活动尽管建构了社会，但社会一旦被建构起来即按照其自身的规律运转，并反过来影响甚至改变人的发展。氏族产生以后，人们发现了生育对自己所在氏族兴旺的重要性，使得遵循繁衍后代自然法则的生育，逐步转变为基于生育欲望的生育，形成了超越自身自然存在意义的生育的需要。氏族的发展使得生产工具和一些生活用具逐步成为财产构成的基本要素，多个团体同时居住一个地方又产生了财产归属问题，这些导致了人之财产概念的产生和财产继承问题。不同氏族共处一地所产生的婚姻结合、感情沟通及财产纠纷处理等相互交往之类的问题，客观需要每个氏族在其内部建立统一的准则，并且选举出能够代表氏族意志的首领来处理各项事宜。为了氏族首领能准确地履行自己的职责，氏族酋长和氏族会议制度等

---

① 龚绍方等：《世界通史·古代史卷》，河南大学出版社2004年版，第17页。
② 同上书，第21页。

简单的权力机构也相伴而生，人的权力概念也随之产生。[1] 这样，人成为关注自己生育、财产及权利的动物，这些原本与人无关的东西使得氏族社会的人更加具有社会人和政治人的意义。

氏族在自身发展的同时又不断分裂出新的氏族。氏族中人的管理能力有限，随着氏族内部人数的不断增多，人所具有的管理能力无法胜任对新氏族的管理，原有的地域也无法养活新氏族的全部成员，以及不可避免地出现婚级混淆，这必然导致原氏族分裂成为与人所具有的管理能力相适应的两个或两个以上的新氏族。例如，卡米拉罗依人的两个母系氏族就发展为6个氏族。[2] 这些新分裂而成的氏族之间互称为胞族，而且根据地域关系，几个胞族为了共同的利益又重新联合在一起形成部落。进而以部落作为基本构成单位，几个部落为了共同利益又联合成部落联盟。[3] 如此，单个氏族即通过自己发展出超越自身的整个氏族社会的层次结构。在这个发展过程中，每个人都通过共同利益所形成的社会组织链条"氏族—部落—部落联盟"，把自己嵌入在这条社会组织链条中，既失去自己个体意义上的独立性，又以氏族、部落及部落联盟等类存在的形式实现自己的利益。这时，共同利益作为价值其所对应的价值主体尽管有个人、氏族、部落及部落联盟之分，但他们之间只有形式之别，在本质上却是相同的。因此，由这些价值主体所主张的价值形态所建构的社会并不需要用异己的制度所形塑和规制。

综上可见，无阶级社会的政策的本质是，自然人以自己为价值主体规划和建构出的，与自己具有价值同一性的，生存能力更强、生活更加幸福的价值主体及其策略。简而言之，这个阶段的政策就是自然人只能用于分享的、以自己作为价值主体的价值。它有5个特征：其一，政策价值选择与个体自然人的价值偏好一致；其二，确定作为政策形态的价值时，综合考虑作为价值主体构成成员的全体自然人的需要；其三，联合起来的个体自然人按照自然法则确定各自基于价值主体价值实现后所获得利益的份额；其四，朴素的共生共荣理念成为个体人确定与外界进行交互作用的准则，在增强单个个体自然人的生存能力的同时，使其具体的存在方式具有

---

[1] 泰福:《人类社会的变迁》，中国社会科学出版社2003年版，第11—13页。
[2] 张国群:《人类出路》，海南出版社2013年版，第26页。
[3] 泰福:《人类社会的变迁》，中国社会科学出版社2003年版，第14页。

了直接他律的意义；其五，政策形态价值的价值客体只能是非人生命体或由其构成的复合体，政策形态之价值中的任何人生命体均处于价值主体的地位。

第二节 有阶级无政党社会的国家制度：公共政策学的逻辑中介

从有人需要别人帮助之时起，从有人感觉到一个人拥有两人的生活必需品的好处之时起，人与人之间的平等就消失了，奴役和苦难也随之开始发芽、生长。[①] 氏族社会的高度发展使得个体家庭在经济上获得了独立的地位，由此基础所确立的个体生活，使社会财富和各项事业以前所未有的速度增长和发展，导致了阶级的产生、分化及阶级剥削和压迫，为争夺权力和财富而进行的阶级斗争，成为社会发展的主要动力。[②] 人们奋斗所争取的一切都与他们的利益相关。为了避免新出现的社会在个人与个人之间及群体与群体之间在利益上的矛盾和冲突中逐渐消亡，就需要一个权威性的机构制定一系列的强制性规定对这类矛盾和冲突加以调节和规范，于是国家及确定国家表现形式的制度就诞生了。[③] 在有阶级无政党的社会阶段，国家制度的本质是居于统治地位的阶级所规定的、具有权威性的不同政策之价值的一般等价物，是一种具有一般意义、可以兑现的实然具体价值。即国家制度的本质是政策类价值的价值换算系统，对于一个国家而言，其内部任何价值主体的政策型价值均可利用这个系统将自己转换为其他价值主体的政策型价值。

一 新的组织形式：阶级

"所谓阶级，就是这样一些集团，由于他们在一定社会经济结构中所处的地位不同，其中一个集团能够占有另一个集团的劳动。"[④] 阶级作为

[①] [法]卢梭：《论人类不平等的起源和基础》，高煜译，广西师范大学出版社2002年版，第114页。

[②] 泰福：《人类社会的变迁》，中国社会科学出版社2003年版，第34页。

[③] 俞可平：《政治学的公理》，《江苏社会科学》2003年第5期。

[④] 列宁：《伟大的创举》，《列宁选集》（第4卷），人民出版社1995年版，第11页。

一种历史现象，是社会发展到一定阶段的产物。①

生产力的发展导致个体人劳动能创造出维系其自身生存的更多产品，但对于同一氏族而言，其任何个体成员均不能占有其他个体成员所创造出的这类具有剩余价值特性的产品。可是，在不同的氏族之间，这个规则就不成立了。随着单个氏族活动范围的扩大，不同氏族之间不可避免地会直接发生联系，这使得消除自身以外的氏族对自己生存的威胁，确保自身的可持续发展成为任何氏族均必须解决的现实问题。从肉体上消灭自身以外的其他氏族，确保自己与自然界建立的既有关系得以延续，是解决这个问题最为直接、有效的方法。氏族起初就是这么做的，氏族之间战争的战胜方总是杀掉战俘，以确保自身的纯洁性和唯一性。

然而，当战胜的氏族认识到战俘作为劳动工具能创造出比维系其生存更多的产品，而自己又可以把这些产品无偿地据为己有时，战俘的命运即发生了根本性的变化——他们的肉体生命被保留了，但作为人的尊严丧失了——被驱赶到田野和工地强迫进行无休止的劳动。于是，劳动者与其劳动所形成的产品分离，同一氏族内出现了两种地位截然不同的人：一种人凭自己的地位能占有其他人的劳动产品；一种人因自己的地位只能被他人占有自己的劳动产品。前者即发展为剥削阶级，后者即发展为被剥削阶级。与此同时，氏族内部有的成员也因贫困、负债等原因，逐渐丧失自己与其他成员平等、共享管理氏族及其产品的地位，逐渐分化为自己所在氏族奴役的对象——成为被剥削阶级的特殊构成部分。

随着社会生产力水平的提高，自发分工逐渐取代了自然分工，在氏族分工中有的具有特殊地位的人的地位也逐渐被固定化，这使得氏族中的部分人凭借自身在氏族分工中所占有的特殊地位，逐渐占有了氏族社会的剩余产品和一些生产、生活资料，导致同一氏族内部各成员之间的财产占有出现差异，原本利益一致的氏族成员之间出现分化，甚至是相互对立。有的人逐渐失去了对自己产品的传统支配权，而有的人则开始脱离具体、直接的生产劳动，专门担任一定的公职，从事社会的组织、管理等与共同利

---

① 阶级一词有三种含义：声望、地位、文化或生活方式；结构化的社会经济不平等；实际的或潜在的社会和政治行动者。参见［英］罗丝玛丽·克朗普顿《阶级与分层》，陈光金译，复旦大学出版社2011年版，第15页。

益直接相关的活动。① 由此，奴役与被奴役、剥削与被剥削的关系日渐明显，实施奴役和剥削的成员之间的关系越发紧密，并以自己作为基本构成单元结合成新的社会组织。同样的，被奴役和被剥削的成员之间所共有的特征——希望恢复对自己劳动产品的支配权及平等参与管理氏族的权力——也更加鲜明，它为这些成员能联合形成新的价值主体提供了客观基础。这些氏族成员的变化使社会最终分裂为奴隶主和奴隶两个对立的阶级，出现了真正意义上的人对人的统治。此外，商业活动、土地的买卖与变化所导致的人们为谋生而流动，使原来的氏族与部落的居民杂居起来，引起社会成员成分和社会结构的改变，也是导致阶级产生的重要途径。由于强制性奴隶劳动所导致的财富集中到少数富人手中，社会即出现了依靠占有他人劳动为生的特殊的阶级。

所谓阶级的形成是指社会等级或大集团的形成。组织程度、阶级斗争和阶级意识是衡量一个阶级形成与否的主要判别标准。② 人们按照阶级作为价值主体来规划和实现自己的价值诉求，阶级之价值诉求的不同、分歧就会引起阶级之间的冲突、斗争。为了保证自己在这种斗争中处于有利地位，确保自己的价值诉求能够实现，以阶级为基本构成单位将这些氏族成员重新结合成一种新的组织形式就极为必要，这个新的组织形式就是国家。③

二 国家：作为一般等价政策意义的组织

阶级的出现导致了人类社会不再具有自然意义的平等共同分享劳动成果，社会也从氏族形式的共同体发展为国家形式的共同体。随着社会生产力的发展及阶级的产生和发展，氏族最终无法解决自己所必须解决的剩余产品的经常性交换中的阶级对立问题、剩余产品所有权中的阶级对立问题、新财富（如俘虏、畜群）所有权中的阶级对立问题、私人财富中的阶级对立问题、个体家庭作为社会经济单位中的阶级对立问题及部落联盟中的阶级对立问题。解决这些问题需要新的力量，这种力量要能站在相互

---

① 申旺斌：《势利论》，中国社会出版社2011年版，第383页。
② 虞和平：《中国现代化历程》（第二卷），江苏人民出版社2007年版，第439页。
③ ［德］恩格斯：《家庭、私有制和国家的起源》，张仲实译，人民出版社1954年版，第163页。

对立的各阶级之上，控制他们的公开冲突，维系社会的秩序，具有这种能力的新的社会组织——国家即应时而生。政策即成为这种共同体作为价值主体的新的价值形态——处于不同社会地位的各阶级都有由其经济地位所决定的共同价值诉求——阶级意志——的基本表达形式。① 国家就是这种政策所确定的具有一般等价意义的政策。

与氏族相比，国家形成了价值主体的一种新的结构与机制，它按地区划分国家管制下的人民、设立公共权力、公民纳税及公民权利，② 既确定了如何以自己建构价值主体，又规定了自己构成成员实现自己价值的具体原则及途径。但是，世界各地从氏族组织建立国家组织的具体路径及所建立出的国家并不一样，它与氏族自身已有的结构、生产方式、运行方式及长期运行所形成的传统紧密相关。具有代表性的是雅典国家、罗马共和国、日耳曼国家及夏国家（古代中国）的形成及定型。

雅典国家直接从氏族社会中产生。随着雅典地区商品生产和商品交换的发展，部落成员很快杂居起来，原有氏族不再适合做他们的共同组织，这时需要有一种超越胞族和部落之上、按居住地划分人民和管理公共事务的组织做他们的共同组织。因此，人们创立了一种新的共同组织——雅典国家。雅典国家作为价值主体，它的结构与机制表现为一方面在内部设立了一个超越于各个部落的中央管理机关，处理作为本地区居民的各部落成员的共同事务，另一方面把全体成员分为贵族、农民和手工业者3个阶级，并赋予贵族担任公职的独占权，使得因拥有财富而有势力的家庭在自己的氏族之外联合成了一种特权阶级。雅典国家是欧洲国家产生的"最纯粹最典型的形式"。③

罗马共和国是两个对立方相互斗争得出的结果。罗马氏族制度的发展导致了两个对立面的形成。一方是控制着公有土地并掌握着氏族权力的世袭贵族；一方是杂居在部落中，在经济上占有重要地位且要承担义务，却不能享有罗马氏族成员权利的外来居民。为争得与氏族成员的平等权利，这些外来居民同罗马贵族展开了尖锐的斗争，作为斗争的结果，成立了新

---

① 刘雪明：《政策科学研究》，湖南人民出版社2004年版，第39页。

② [德]恩格斯：《家庭、私有制和国家的起源》，张仲实译，人民出版社1954年版，第163—166页。

③ 同上书，第114—115页。

的人民大会，按照权利与义务关联——只要按财产等级服兵役就享有同等的权利——确定其参加成员，这个新的规则即逐渐发展成为国家机关。罗马共和国作为价值主体存在与运行的全部历史就在这个规则里面进行。①

日耳曼国家类型的价值主体的形成的直接原因是日耳曼部落对所强夺的广阔的外国领土的分配和管理。由于原有的日耳曼部落的氏族组织作为价值主体无力统治如此广大的新领土，它必须建立新的价值主体，才能确保自己成为被征服领土的价值主体。因而，日耳曼氏族组织原有的机关迅速转化为国家机关，确保自己作为价值主体能占有新领土上的人员及其所生产的产品，成为他们的真正主人。日耳曼国家是从罗马世界的污泥中组成的新国家。②

夏国家类型价值主体的形成，源于社会内部阶级的分化、产生及形成，所导致的家族内部出现的以父权为代表的不平等，以及家族之间、宗族之间也出现的分化和不平等。在父权家族力量的扩大过程中，某一显赫家族逐步控制乃至最终凌驾于社会之上，这即导致了夏国家这种新组织作为价值主体的产生。对于夏国家而言，原有的家族结构成为国家结构的基础，这使得夏国家的组织结构"家国同构"，"家天下"③成为国家的内在机制和组织形态。④

由此可见，国家这种从已有社会中发生，而又高居于已有社会之上的组织，其本质依然是解决生产力发展及个体成员发展所带来的价值主体的规划与建构问题。国家是已有社会中不同政策交互作用的结果，通过国家这种新的价值主体形式，不同的政策均能实现价值交换，原有的政策型价值能达成价值均衡。从这个意义上讲，国家自身就是具有一般等价政策意义的政策，通过它一个阶级即可实现对另一个阶级政策形态之价值的占有和支配，通过它不同阶级的政策具有共同的价值意义。雅典国家是拥有财富和势力的家庭联合所形成阶级的政策作为一般等价政策意义的政策，罗马共和国是以权利与义务关联作为价值关系的政策作为一般等价政策意义

---

① [德]恩格斯：《家庭、私有制和国家的起源》，张仲实译，人民出版社1954年版，第126页。
② 同上书，第150页。
③ 所谓"家天下"，这里是指整个国家奉一家族为最高统治者，该统治家族以"天下"——整个国家——为自己的一家之私，并将这种统治权力当作家族的私有财产世代传袭。
④ 《政治学概论》编写组编：《政治学概论》，高等教育出版社2011年版，第42—43页。

的政策，日耳曼国家是以胜利方的政策作为一般等价政策意义的政策，夏国家是以控制、凌驾于社会之上的显赫家族的族规（政策）作为一般等价政策意义的政策。这个具有一般等价政策意义的政策就是国家制度。①

三 无政党国家制度：作为政策一般等价物的实然具体政策

与氏族相比，新出现的国家是按照摆脱了血缘关系的束缚，确立用不同阶层、氏族及不同民族的人组成价值主体的内在规定及策略所建立起来的。这个新的内在规定及策略就是国家制度，它规定了组成国家形式的价值主体的人的资格及原则，价值主体的内部结构及组成后的运行规则，价值主体在内部之可分配价值与不可分配价值的种类和数量结构，价值主体向自己构成人员分配可分配价值的原则、途径与方式。② 在有阶级无政党时代，国家制度的存在形式是无政党国家制度，这个制度从根本上确定了居于统治地位的阶级对国家的国体及与之相应的政体的具体选择。③

在我国的周代，周武王所统治的王国有很多强势的"君主"——这些人在他们自己境内进行统治的同时又效忠于国王——非常厌恶专制独裁。周武王按照这些人所管辖封地的广狭，分别赐予王、公、侯、伯、子、男、卿、大夫、士等高卑有别的名号，并用他们上下相承，在自己之下建立了一个金字塔形的结构。④ 依靠这个结构所确立的国家制度，周武王只将一些象征这种权力的礼物而不是自己的土地赐予这些原本为"君主"的贵族，以此证明他们确实获得了这种授权，他们得到名号之后不仅所拥有的土地没有变化，而且自己原本拥有的对自己领地的独立管理权却转变为被授予的管理权。⑤ 如此，公、侯、伯、子及男等诸侯在其所管理区域内所采取的政策，通过建立周的国家制度即能实现价值等价意义的转换。

公元前630年，经过长期征战之后，斯巴达成了一个王国。在这个王国里，斯巴达人成为贵族，被降服的墨塞奈人全都变成奴隶，必须把土地

---

① 因此，契约只是表达制度的一种形式，契约本身并不是制度。
② 包括以国家作为价值主体的那些价值（利益），如财产、金钱、地位、权力、自由、平等等基本的价值（利益），可供分配之价值的原则、标准、程序及具体的价值分配方案。
③ 李铁映：《国体和政体问题》，《政治学研究》2004年第2期。
④ 杨鸿年等：《中国政治制度史》，武汉大学出版社2012年版，第4页。
⑤ [美] 苏珊·鲍尔：《古代世界史》，李盼译，北京大学出版社2011年版，第200页。

上产出的一半果实上贡给他们的主子。一个严厉法律秩序控制着斯巴达国的方方面面，包括孩子不属于家庭而属于斯巴达城；长老会有权监管每个婴儿并决定是让其生存下来，还是放在泰格特斯山上荒芜的"弃婴处"；七岁后的男孩要进入"儿童联队"，学习格斗和找寻粮食；只要是出于种族更为优良的考虑，丈夫可以同其他妇女生育，也可以把妻子交给其他男人；斯巴达人要吃一种"乱七八糟"的东西以免生出贪婪。它使得斯巴达人会严格按照法律行事，法律指令永远不变，① 借此实现以自己作为价值主体的价值。

公元前四世纪末至公元前三世纪初，罗马国家的国家制度规定中央权力机关由元老院、人民会议及一些长官构成。其中，人民会议包括库里亚会议、森都利亚会议和部落会议。库里亚会议负责批准收养子，解决家族问题，以及只在形式上执行授予高级官吏以最高行政权的仪式；森都利亚会议从塞维阿改革以后成为人民会议，只能表决大会主席所提出的议案，决议必须经元老院批准；② 部落会议按照部落投票选举布司、财政司及人民保民官等官吏，全体罗马公民必须遵守它的决议案。元老院由三百人组成，元老院会议由执政官、大法官及狄克推多召集和组织，有权过问所有行政、财政、外交、军事和宗教问题，是实质上的国家对内、对外政策的指挥者。国家的高级官吏包括常任长官与非常任长官两种。特别地，在国家处于极度危急状态时，执政官中的一人被元老院通过决议任命为狄克推多，狄克推多是非常任官，任期为 6 个月，但拥有无限的政治权力和军事权力。③ 利用这种国家制度，罗马国家的各利益集团的政策型价值才能得以成为以国家作为价值主体的价值。

1066—1135 年，英国建立了诺曼制度。除了彻斯忒伯领土、什鲁斯布里伯领土及达拉谟郡 3 个特辖的郡外，威廉（William the Conqueror）建立了臣属于他的封建藩属和钦命的邑官及特派大员的双层统治制度。他在国家设有"会议"或"院"，与其会员商议问题。向自己的"大佃主"

---

① ［美］苏珊·鲍尔：《古代世界史》，李盼译，北京大学出版社 2011 年版，第 276 页。
② 在共和时期，许多高级官吏从森都利亚会议里面选出，军队组织按它编制，法律和许多重要事件也在这个会中通过或决定。其中，最重要的是由森都利亚会议选出国家首领。国家首领的任期一年，负责统帅军队、管理内政，并召开和主持元老院会议与人民会议。
③ 东北师范大学历史系世界古代史及中世纪史教研室古代组：《古代世界史》，高等教育出版社 1958 年版，第 284—286 页。

征求意见既是国王的特权也是国王的义务,向自己的国王贡献意见既是"大佃主"的特权也是"大佃主"的义务。根据实际需要,它可不受任何限制,① 设立委员会或委派专员到各邑担任职务或查办事情。诺曼时期,公家法院仅有邑法院及县法院。邑法院的审判长是钦命的邑官,审判官为本郡的主要自由人,所执行的法律是本地旧有的习惯,以及部分通行于全国而又为本邑所采纳的法律。威廉命令主教退出邑法院,自设专理宗教案件的法院。森林法院是王家法院,它剥夺了所辖居民通常应享的所有权利。② 威廉用法兰西诸男武士代替萨克森诸伯豪贵,用外来的主教、僧正及教士充塞英吉利的教区、寺院及大礼拜堂,并强令教社遵守喜尔得布兰德时期大陆上改革派所持的教义及标准。威廉奉教皇命令,强制所有教士须过独身生活。在宗教改革前,威廉及后继者拥有主教及僧正的推举权,一直用教社的财富、爵位作为对服务国家者的酬庸。法官及文官往往被赐予教社方面的禄俸,甚至被擢为主教。到了亨利一世(Henry I)临朝时,国王与教皇在任命僧官权力方面达成了协议:国王选择候补主教后,由大礼拜堂的各个僧侣团体共同推举,再由教皇授予戒笏完成正式任命。③ 通过诺曼制度所确定的实然价值形态,英国这个时期的教会、"大佃主"、男爵及各郡和各邑的政策型价值即能兑现为以国家作为价值主体的价值。

法国的路易十四(Louis XIV)亲政后,以神权国家的绝对主人自居,把天主教视为王国唯一的宗教,自己既是上帝的第一仆人,也是王国的第一宗主,通过支持教士,利用教会的威信和效率,重新征服了整个上流社会,使自己成为绝对君主,神权君主。他通过左右少数几个人的会议掌握决定权,定期的最高会议所做出的决定不容变更,不定期的专门会议分别负责财政政策、各省监督官的联系及王国的司法。主管"司法、警察和财政"的各监察官由国王任命和罢免,被派到各省了解情况。1680年,法国各处都实行了监察官制度,牢牢树立了国王的权威。此外,省长必须住在王宫,并把军权交给国王派出的总督。路易十四执行利权均沾的政

---

① 但是,威廉本人也受自己宣誓遵守的旧萨克森法律及为他的徒众所遵奉的大陆封建习惯拘束,以及必须考虑男族的实力做出决定。

② 例如,在征服者在时,窃鹿之罪为处以残害肢体之刑;在后继各王时,窃鹿之罪则为死刑。

③ [英] G. M. 屈勒味林:《英国史》(上),钱端升译,东方出版社2012年版,第127—135页。

策，建立了极其严格的礼仪制度，设立各种荣誉职位，分配给领主。① 通过这个国家制度，教会、上流社会及各省的政策型价值也能兑现为以法国作为价值主体的价值。

综上可见，无政党国家制度的本质是居于统治地位的阶级以自己作为价值主体所制定的能作为价值一般等价物的实然具体政策型价值及其构造策略。同样地，它也是统治阶级只能用于分享的、以自己作为价值主体的价值。它也有5个特征：其一，国家制度的价值旨趣只强调与统治阶级的价值旨趣一致；其二，统治阶级采用只满足自己作为价值主体构成成员的需要的具体实然价值形态确定国家制度；其三，由统治阶级根据自己利益最大化的原则，确定由国家制度所确立的价值主体构成要素能获得的利益份额；其四，以建立在唯统治阶级独尊之上的丛林法则作为价值活动法则，作为价值主体的统治阶级无论是否参加建构政策型价值的活动，均能完全实现自己的政策型价值；其五，国家制度的价值客体既可以是非人生命体或由其构成的复合体，也可以是人生命体或由其构成的复合体。

四 朋党：阶级内的利益组织

朋党主要指统治阶级内部具有不同政治背景和经济利益的对立的政治集团。人的关系是它的联结力量，利害冲突、政见分歧、地域偏见、血缘区别、门第观念、宗尚有异、社会失衡及政治混乱等都能成为它的起因。② 朋党以分割中央权力的走势，控制中央和地方政权、垄断仕途、独占各项政治经济权益为宗旨，以党同伐异为特征，以残害政敌为其实现目标的手段。朋党虽然是一种具有政治性的利益组织，但作为特定利益联合体的政治代表，却无人敢于公开提出纲领、发表宣言，建立明确的组织章程和组织机构，打出朋党的旗帜，③ 因而并不具备构成现代意义政党的基本要素，不属于现代意义的政党。

统治阶级内部的权力之争是朋党之争的实质。朋党是封建专制政体的派生物，植根于封建社会深厚的政治和经济土壤之中，是一种出于个人私

---

① ［法］皮埃尔·米盖尔：《法国史》，蔡鸿滨等译，商务印书馆1985年版，第210—220页。
② 赵伯陶：《秦淮旧梦 南明盛衰录》，济南出版社2008年版，第55页。
③ 朱子彦等：《朋党政治研究》，华东师范大学出版社1992年版，第3—4页。

利而结合起来的宗派集团。自人类划分为阶级、建立了国家机器以后，统治阶级内部就出现了各个利益不同的政治派别。以我国为例，尽管夏、商及西周时代由于以血缘关系为纽带的君主专制制度在政治上实行世卿世禄制，在土地所有制上实行井田制，统治阶级内部权力结构相对稳定，较少出现权力再分配的斗争，尚未出现严格意义上的朋党，但随着封建制度的确立，在封建王朝统治阶级内部，朋党便伴随而生，出现了各种不同类型的朋党，如出现了由宦官和部分朝官两股势力勾结在一起，以宦官为核心力量的阉党；以座主、门生、府主、故吏、同年、同乡、同宗，同族的关系为联结纽带，以维护彼此地位、特权为目的的官僚士大夫朋党；① 外戚通过婚姻关系与皇室紧密联系在一起，依靠皇权的支持和后妃的庇护扩充实力，在一定政治条件下结成操纵朝纲的戚党；特别的，皇帝大权旁落，自己拉帮结派，网罗一切能为自己效忠的臣下，与自己结成帝党。

需要指出的是，像我国明末清初后出现的天地会、哥老会、三合会、洪门会、大刀会、小刀会、青洪帮等形式的"会党"，以及古希腊出现的主要由无地少地的山区平民组成的山地党、占有平原土地的贵族组成的平原党和以工匠商人为主的海滨党，古罗马在元老院占有统治地位的贵族组成的贵族党和不得不到部族大会寻求对自己提案支持的贵族组成的平民党②等，尽管它们产生的根源与朋党不同，组织性比朋党更为明显，基础也比朋党更为广大，但他们也不是现代政党意义上的政党。③

结成朋党作为一种有意识的政治行为，具有十分明确的政治目的性，其政策所确定的具体目标主要集中在4个方面：④ 其一，与君主抗争，在君主专制的政治制度下，任何个别臣属都难以同君主相抗争，当君臣之间在利益产生冲突或政见发生分歧时，对于臣属来说，最有效的武器莫过于结党为援，迫使君主在众意难违的情况下做出让步；其二，与权臣争斗，处于劣势的各种政治力量通过拉帮结派的办法，组成联合战线，同敌对的

---

① 杜文玉：《夜宴：浮华背后的五代十国》，中华书局2006年版，第207页。
② 赵苏苏：《英汉百科专名词典》，商务印书馆2008年版，第826页。
③ 王长江：《政党政治原理》，中共中央党校出版社2009年版，第27页。
④ 对于中国古代官场的朋党，欧阳修有自己独到的见解。它将"朋党"的"朋"与"党"分开，认为只有君子因守道义、行忠信、惜名节而有朋，但小人因好利禄、贪货财而无朋。以朋党修身，则同道而相益；以朋党事国，则同心而共济；终始如一，这是君子之朋。参见欧阳修《朋党论》，载吴楚材等《古文观止》，浙江古籍出版社2010年版，第268—269页。

权臣或权势集团抗争；其三，擅权自重，权臣通过招降纳叛、网罗党羽、安插亲信、组成团伙的办法，巩固和扩大自己的权力基础，确保自己独揽大权、把持朝政；其四，卖身投靠，以"趋利"——寻求政治上的"靠山"和"后台"及个人飞黄腾达——作为结党的根本动因。①

朋党争斗的基本类型大致有三：其一，利益冲突型，指统治集团内部利益不同的各种派别的彼此利益之间产生严重冲突时，各个集团的群体意识相对增强，涌现出本集团的代表人物，为着维护本集团的利益，去同对立的一方进行争斗。其中最典型的实例，莫过于历史上宦官集团与朝臣官僚集团之间的争斗；② 其二，权力组合型，指朋党争斗主要围绕控制权力中心而展开，争斗的各方一般具有浓厚的朋党门户色彩，各方都有明确的首脑人物。为了各自的私利而相互利用，就是这种权力集团的形成基础；其三，政见分歧型，指因为在国家重大政务活动中政见产生分歧而引起的。尤其是在变法、立储等重要决策的关键时刻，更容易由于意见相左而产生派系斗争。

由此可见，朋党的所谓政策只能是一般利益联合体价值活动意义上的行动目标及策略，并非现代政党政策意义上的政策。朋党的政策难以影响到国家制度，更难以成为国家制度。

第三节 有政党社会的公共政策：公共政策学的逻辑终结

随着社会的发展，新思想、新观念得以产生和传播，人之无条件享有国家制度规定的权利的公民意识逐渐取代了封建专制时代的臣民意识，促使公民参政体制逐步形成，基于"民主""自由""平等"等基本原则逐步确立的生产关系，要求通过"平等""自由"的竞争来实现社会各集团之间的分配利益，解决社会分化和各阶级、阶层和集团之间的矛盾冲突，而民主思想和社会主义思想的传播则为政党的产生提供了思想理论的前提

---

① 本书编写组：《权鉴与谋鉴》（《资政全鉴》第 2 分卷），中共中央党校出版社 2006 年版，第 382—383 页。

② 同上书，第 378—379 页。

和条件。① 政党的产生使得政治进入政党政治时代，公共政策也应运而生。

一 政党：阶级的核心

所谓政党是指一定阶级或阶层中政治上最活跃的积极分子为维护和实现本阶级或阶层的根本利益，旨在取得或维持政权，或影响政治过程而结合起来的政治组织。② 有一个集中反映自己所代表阶级、阶层和社会集团之根本利益的纲领，有一个比较稳定的领导核心，以努力通过自己的党员和组织去干预与影响国家政治生活方向为目的，以及有自己的组织系统和组织纪律是政党的基本特征。③ 政党的本质属性是阶级性。

政党是资产阶级反对封建专制斗争发展到一定阶段的产物，是历史进步的表现。④ 个体相信主权在民的原则，相信自己有权利、有能力也有责任参与政治，影响政府政策制定，实现政治变革，以及有政治中心人物出现，有抱负、有组织活动能力和才干的政治人物能得到公众的支持，并能成为政党的领导人，是政党产生必须具备的基本条件。⑤ 原始社会没有阶级和阶级斗争，不可能有政党产生。在奴隶社会，尽管产生了阶级和国家，可是却因奴隶主不需要建立政党而奴隶又因历史的局限性不可能建立政党，导致奴隶社会同样没有政党产生。进入封建社会后，一方面君主独断、权力至高无上，君主不需要政党；另一方面以农民为主体的广大人民既没有参政的权利，也没有言论、集会、结社的自由，而农民和小生产者之间又缺乏必要的政治互求和联系，也使得他们不可能促成政党的产生。⑥ 政党是立宪政治发展的结果。人民在立宪政治之下有言论自由、思想自由及参加政治的权利。英国最初立宪的根据是其15个诸侯王与约翰五世（John V）相争时所提出的大宪章。在约翰五世的继任者查理士一世（Charles I）期间，议会中已有势力能与国王互相对抗，导致国王与议会时有冲突。在这种历史背景下，英国的政党就产生了，分为拥护王位的骑

---

① 王长江：《政党政治原理》，中共中央党校出版社2009年版，第30—35页。
② 孔德元：《政治社会学》，高等教育出版社2011年版，第212页。
③ 戴清亮：《政党制度辨析》，《学术界》1992年第6期。
④ 同上。
⑤ 周淑真：《政党和政党制度比较研究》，人民出版社2001年版，第42页。
⑥ 赵晓呼：《政党论》，天津人民出版社2002年版，第18—19页。

士党和拥护议会的圆颅党。1680年，骑士党改称为托勒党，圆颅党改称为辉格党，世界上最早的现代意义上的政党就正式诞生了。①

就世界范围而言，资本主义生产关系的建立是一个相当长的历史过程，政党在这个长过程的哪一个点上出现，很大程度上要取决于各国的具体情况。在英国，政党是在资本主义生产关系已经不可阻挡地成长起来并已有足够的掌权能力，但资产阶级政权尚不稳固的条件下产生的，政党围绕复辟与反复辟的斗争建立和发展；在美国，政党是在已经获得了政权的资产阶级内部斗争中产生的，政党间的竞争完全是资产阶级内部各不同集团间利益冲突的反映；在许多落后的发展中国家，政党则通常在资本主义生产关系仍处在发展的初始阶段、农民占人口的绝大多数、资产阶级和无产阶级都相对弱小的情况下出现，政党赖以存在的经济条件与其说是国内生产力的发展，不如说是国际资本主义的扩张造成的民族生存危机。②

政治是人类共同体依托普遍、合法的约束力，管理冲突，建立和维持秩序并实现其价值目标的方式、过程及结果三者的统一，③ 具体表现为人们在特定的经济基础上，针对特定的利益，运用社会公共权力规定和实现特定权利的社会关系。现代政党以参与政治为目标，主张并推动实现政党政治，是政治的一种发动机。④ 通过执政，政党可以借助公共权力推行自己的政治主张，运用制度的权威扩大自己的政治影响力和号召力。合法途径、非常途径及建国途径是政党获得执政地位的途径。其中，合法途径指在国体、政体不变的情况下，政党遵照既有的宪法、法律和政治游戏规则，通过平等竞争获得执政地位；非常途径指政党不承认现存的政治体制，通过非常手段取得执政地位，并改变现存的制度；建国途径指在部分发展中国家，政党在建国中获得执政地位。⑤

在实现自己执政目的过程中，政党逐步形成并完善了自己的利益表达功能、利益综合功能、政治录用功能及政治社会化功能。⑥ 通过利益表达

---

① 陈旭：《政党论》，华通书局1930年版，第7—10页。
② 戴清亮：《政党制度辨析》，《学术界》1992年第6期。
③ 赵虎吉：《政治学基本问题》，中共中央党校出版社2012年版，第1页。
④ 陈旭：《政党论》，华通书局1930年版，第2页。
⑤ 王长江：《现代政党执政规律研究》，上海人民出版社2002年版，第70—74页。
⑥ 王长江：《政党政治原理》，中共中央党校出版社2009年版，第55—56页。

功能，利用个人、利益团体、政府机构等，政党把自己所代表的阶级、阶层或集团的利益、愿望和要求表达、反映出来，使自己成为联结社会与国家的纽带，将社会与国家连接起来的现实机制；通过利益综合功能，政党把自己所代表的利益共同体的意见和要求加以综合，变成党的政策主张，并利用这种主张对政府运作施加影响，或在成为执政党的情况下在政府运作过程中贯彻这种主张；通过政治录用功能，借助于有组织的活动，政党把社会上的精英按照其能力和价值观念吸收到党内，储存起来，并把他们作为本党的人选推荐给选民，使得选民可以根据对各个政党的了解确定自己支持的方向，支持政党在执政时把他们安排到政府运作的重要环节上，提高政府的施政能力，或者直接由民众把他们选举到权力机构中去；通过政治社会化功能，政党动员和组织民众参加选举、出席政治集会、开展各种形式的政治活动，不仅启发、培育、激励个人参与政治，改进和完善其政治价值观和政治态度，而且使其形成对社会政治生活的基本认识，了解自己的政治角色和政治作用，了解现存体制下的政治制度，并获得有效参与政治的能力。随着现代国家的成熟和代议政治的完善，政党最终发展成为驾驭整个国家政权的政治力量。[1]

二 有政党国家制度：作为政党政策一般等价物的抽象具体政策

有政党国家制度指政党通过国家法律确定其所在利益共同体之政治统治权及国家基本政治关系的制度。[2] 这个制度明确了各政党所在利益共同体在国家中的地位，确定了各政党所在利益共同体之间的相互关系及居于统治地位的利益共同体的根本利益。[3] 政党政策的本质是政党规划和实现以自己所在利益共同体作为价值主体的价值，它建立在政党具有正当、确立价值的价值逻辑体系，以及科学、可操作、高效的价值创生的价值活动体系的基础之上，这客观要求政党必须对国家结构、国家组织体制及国家运作规范做出抽象具体的规定，将自己所主张的政策转化为国家制度，最大限度地实现党国同构，从而有效地实现自己的价值

---

[1] 沈文莉等：《政治学原理》，中国人民大学出版社2010年版，第47页。
[2] 在不引起歧义的情况下，本书在后面的叙述中将有政党国家制度简称为国家制度。
[3] 张永桃：《当代中国政治制度》，南京大学出版社2004年版，第13页。

活动及其成果与其他政党所在利益共同体的价值活动及其成果的交换。宪法或相当于宪法地位的规定即是有政党国家制度之抽象具体形态的存在形式。

(一) 作为政党政策抽象具体形态的国家结构

国家结构是指居于统治国家地位的利益共同体，根据实现自己利益最大化的需要，制定明确的原则，采取抽象具体形式划分国家内部组成及调整国家整体与组成部分之间的相互关系。国家结构主要表现为特定国家用制度形式所确定的中央政权和地方政权之间，以及国家整体和部分之间的相互关系。经济、文化、传统、民族等是制约国家结构选择的客观因素，它使得各国的国家结构均打上了本国所处历史条件、民族状况、地理因素和外部环境等因素的烙印，显现出有利于该国社会经济发展，以及有利于国家统一和民族团结的一面。政党选择国家结构的主观能动性则使得国家结构更具有政党的特色，其所主张和确立的国家结构总是更适合于最大化地实现自己所代表利益共同体的利益。

政党所主张的国家结构最终通过其所主张确立的国家结构形式所体现。所谓国家结构形式，是指特定国家的统治阶级根据一定原则采取的调整国家整体与部分、中央与地方相互关系的形式，其实质是对国家权力行使权的纵向抽象具体划分和分配，是相应的公共利益和相应的财富在中央和地方各级政府间的分配、运用方式。国家结构形式的内容主要包括：国家职能赖以实现与国家权力行使权能有效发挥作用的国家区域构成单位划分；各层级区域单位的法律地位和权限划分；处理全国性政府与区域性政府之间纵向职权关系的原则；各层级政府之间权限争议的解决，等等。[1] 国家结构形式的选择往往是居于执政地位的政党综合权衡各种影响国家结构因素影响力的结果。[2] 在法治状态下，具体国家的国家结构形式及其体现的权力集中程度与政党的组织体制是相互适应的。

例如，2012年7月，在野近12年的墨西哥革命制度党，终于在总统大选中击败对手国家行动党和民主革命党，东山再起。墨西哥的经验表明，在一个政党制度高度集权的国家里，即便宪法中规定了联邦制，联邦制也是有名无实、不可持续的，而有效的竞争性政党制度则能实现联邦制

---

[1] 童之伟：《国家结构形式论》，武汉大学出版社1997年版，第90页。
[2] 焦洪昌：《宪法学》，中国人民大学出版社2010年版，第86—88页。

与政党制度在一定程度上实现良性互动。① 再如，美国的政党结构是联邦化的，其国家结构形式也是联邦制。美国的政党尽管高度分权，缺乏全国层面具有一致性的施政纲领及党的领导人，但在市、镇及个别州却与此相反，那里的党组织控制了大多数国会、各州和地方职位的提名。美国政党结构的分权有效阻止了全国层面的领导人通过组织性或意识形态的机制来控制本党，成为美国联邦制的主要保护者。特别的，我国的政党结构是共产党领导的多党合作制，这决定了我国的国家结构形式只能是单一制，国家会用宪法明确规定中国共产党是唯一的执政党，是国家和社会的领导核心。

（二）作为政党政策抽象具体形态的国家组织体制

国家组织体制是国家权力结构体系中承担各种权力行使的机关，在本国具体政治环境下形成的相互关系。国家的本质是自己作为价值主体所确立的公共权力，其基本功能是组织社会活动，管理公共事务。② 这种公共权力来源于政党及其所代表利益共同体出于通过维护公共利益，满足公共需求，处理公共事务实现自己利益最大化的动机而让渡出的本阶级的权力，具体表现为表达国家意愿的议决权（包括立法权）和实施国家意愿的执行权（行政、司法审判权都属于执行权）。立法权、执行权及司法权构成国家权力结构体系的核心，公共权力的配置与运用决定国家机关的设置和议决权与执行权的分合。在这种情况下，个人的各项需求自然就落到能代表它利益诉求的政党身上，而政党要完成自己所承担的使命就必然产生具备各种权力，以及成为权力主体的诉求。正因为此，政党及其相互之间的作用即成为现代国家决定国家组织体制的决定性力量。一个国家的政党及其相互之间作用达到平衡时对立法权、执行权及司法权三者间关系的安排，即形成具有本国特色的权力结构体系，呈现为具有本国特色的国家组织体制。

通过对国家权力"分权"使自己能从封建主阶级手中争得部分国家权力，限制封建君主损害自己的利益，是资产阶级倡导建立立法权、司法权和行政权"三权分立"制度的初衷。在资本主义制度确立后，随着封

---

① 谭道明：《墨西哥联邦制与政党制度的良性互动——墨西哥 2012 年总统大选结果分析》，《拉丁美洲研究》2012 第 5 期。

② 王振海：《关于国家起源、本质与特性的再思考》，《文史哲》1999 年第 3 期。

建主阶级逐渐资产阶级化及与资产阶级合流，资产阶级从封建主阶级统治中的国家权力中分权已经成为历史，国家行政、立法和司法权均已为资产阶级所掌握，这时作为资产阶级政策的"三权分立"的分权性质已发生嬗变，实际上成为资产阶级内部各私有集团、各党派间基于自身利益最大化和维护资本主义制度所达成的国家权力分工，是资产阶级通过政党协调内部斗争分配权力的一种形式。①

资产阶级在独掌统治权的初期，一方面自己内部各私有集团及党派间，存在尔虞我诈、你死我活的利益争夺；另一方面自己与无产阶级又存在对抗性阶级矛盾。资产阶级政党的本性决定了其在维护资产阶级根本利益上具有一致性，会以实现本党所代表利益共同体利益最大化和维护资本主义制度作为根本政策，建构国家组织体制。而实行"三权分立"政策，既能通过资产阶级内部各私有集团及党派分别执掌国家权力，平衡资产阶级内部各私有集团及党派间利益，防止某一私有集团、党派对国家权力的独占，损害整个资产阶级利益，又能掩盖资产阶级独掌国家权力的阶级实质，借此缓和无产阶级与资产阶级的矛盾。这正是即便在资本主义自由竞争阶段，西方国家仍普遍沿用"三权分立"政策建立国家组织体制的根本原因。② 实践中，由于各国的国情和党情不同，"三权分立"也有不同的实现形式。例如，美国、英国、意大利、德国及法国等国家所采用的三权分立形式就各具特色。③

对于今天的美国权力体系而言，从联邦到地方各级政府的绝大部分权力都由两党人士掌控，总统是国家的行政首脑，直接控制行政机构，总统候选人由政党推荐，在全国由全体选民直接投票、间接选举产生，当选总统所在的党即为"执政党"，上台组阁行使行政权，政党在各类选举中具有至关重要的作用。此外，美国国会拥有立法权，其议员一般由政党推荐参选，由全民投票直接选举产生，众院议长由多数党资深议员出任，国会的大部分议员都由共和党和民主党所得，并组成各自的党团。

对于今天的英国、意大利及德国等西方发达国家而言，国家的权力体

---

① 成幸生：《三权分立和资产阶级政党制度评析》，《社会科学》1987年第2期。
② 赵宝云等：《"三权分立"制度的嬗变及其制度弊端——兼论人民代表大会制度的制度优势》，《毛泽东邓小平理论研究》2010年第4期。
③ 唐海军：《西方国家3种政治体制模式的特点》，《当代世界》2005年第3期。

系以内阁为核心，内阁拥有国家的最高行政权力。内阁对议会负责，受议会制约。内阁拥有行政权力和立法建议权，而执政党所控制的议会多数又能保证立法的通过，一般由获得下院相对多数的党领衔组阁，并由该党的领袖出任政府首脑。政府首脑能够挑选阁员，决定国家大政方针，解散议会，宣布提前进行大选。在这样的体制中，政党大都是一个严密的组织体系，并拥有自己的外围组织；议员候选人大都由各政党推荐或具有政党背景；一般都设定了门槛票，并实行有利于大党获得多数议席的以多数代表制为主的选举制度；赢得众议院选举的胜利是政党获得权力的主要途径。[1]

对于今天的法国而言，总统掌管国家的外交和国防大权，决定包括经济社会事务在内的各项大政方针，实际掌握国家最高行政权，主持内阁会议，享有对政府官员的任命权，并有权解散议会，宣布提前大选，以及施行法国宪法第16条规定的非常权力。总统候选人由政党或政党联盟推荐，由全民直接选举产生，总统、议会及政府的任期都是五年。政府由获得国民议会多数席位的政党组成，政府的总理也由该党的领袖出任，并由总统任命。政府主要职责是管理经济与内政事务，同时对总统和议会负责，议会可以质询并弹劾政府。国会的议员也由投票产生。需要指出的是，当总统与总理分属于不同政党时，法国即出现所谓的"左右共治"现象，这使基于维护资本主义根本利益基础之上的不同党派之间的争权夺利表现得更加淋漓尽致。

我国的人民代表大会制度是根据议行合一原则建立起来的国家政权组织形式。中国共产党是建立这种国家政权组织形式的主导性和决定性的力量。"三权分立"实际上是为了加强中央政权的力量、制约民间政治势力的参与和干扰及确保统治阶级利益的制度体系，中国共产党的阶级本性决定了它会反对用"三权分立"体系作为国家政权组织形式。作为工人阶级的先锋队及全国各族人利益忠实代表的中国共产党，强调人民的利益高于一切，在自己取得了执政地位后必然强调人民代表机关的至上性和全权性。为了从政治上保证人民当家作主，有效行使管理国家事务的权力，客观上也要求国家权力必须统一。因而，中国共产党结合中国国情，创造出

---

[1] 但也有议会的少数党组阁的现象。在多个党进入了议会且无一党获得议会相对多数的情况下，就有可能发生这种情况。

国家权力全部属于人民的人民代表大会制度作为国家政权组织形式，也是一种历史的必然。对于中国共产党而言，人民代表大会制度是它实现对国家与社会有效领导的政体形式，也是它在社会中充分发扬民主，贯彻群众路线的最好实现形式。①

（三）作为政党政策抽象具体的国家运作规范

任何国家都是由各种国家机关按一定的关系组合而成的实体。安排国家权力的运用和确定权力运用的运作规则是国家制度安排的中心问题。统治阶级在利用宪法的形式规定国家权力归属本阶级所有之后，为巩固本阶级的统治利益，它必须设置国家机关实施对被统治阶级的统治及对整个社会的管理。为了保证国家机关协调一致、有条不紊地运转，它客观要求统治阶级安排国家权力在各个国家机关之间的配置，并颁布一系列法律、法规规制各国家机关的运作。② 在政党政治时期，统治阶级为确保实现自己的利益诉求，必然将自己的利益诉求转化为执政党所主张的政策，通过执政党所主导制定的一系列法律、法规，转化为各个国家机关的职责权限和行为规范，使这些国家机关在法定的权限范围内协调一致，在一定的秩序范围内有条不紊的运转。

权力是政治国家的运作形式，政治国家通过权力的分配和行使协调各种政治关系，并以带强制性的权威或法律规定政治角色规范与政治行为。③ 确保统治阶级的成员知道谁在做出决策，以及在什么时候、用什么方式、为什么和在何种场合下做出决策是国家权力运用的关键。④ 在行政系统内，各行政主体之间只存在权力与责任关系，需要解决彼此权限划分是否明确及职责权限是否落实的问题。各行政主体或是由国家设置，或是国家为完成行政任务而雇用的人员，其职责权限由国家配置，根本不存在需要加以维护的自身利益及主张权利的基础，部门利益在行政领域内不存在任何法理的或逻辑的依据。行政权力是指国家在承担对社会管理时依法拥有的权力和所享有的利益，属于国家。行政权力的内容主要包括：行政

---

① 林伯海：《坚持人民代表大会制度的中国逻辑》，《思想教育研究》2003年第3期。
② 徐晓林等：《行政学原理》（第二版），华中科技大学出版社2004年版，第87页。
③ 袁祖社：《社会理性的生成与培育》，中国社会科学出版社2011年版，第51页。
④ ［法］尼古拉·萨科齐：《见证：萨科齐自述》，曹松豪译，上海辞书出版社2007年版，第109—110页。

主体有权要求人民在从事社会活动时，接受国家制定的行为规范；国家在完成对社会公共管理向社会提供正常秩序时，有权向人民无偿征收费用。利用宪法明确规定和裁定行政主体的权利是解决国家权力运用的逻辑前提。

国家的运作依靠法律或行政命令指挥，其核心是规定权力运用的运作规则，在本质上就是用宪法和法律作为政府及其官员施政的准则。执政党会引导和推动国家以法的形式在3个方面做出具有普适性的权威规定：其一，政府的渎职、失职与违法行为必须承担法律责任，公民有权对受到来自政府及其官员公务行为的损害提出诉讼并获得赔偿；其二，政府政治责任承担者；其三，政府权力及其行使者设定各种制约机制，为以法律监督政府提供依据。除此之外，执政党还会从维护本党所代表的根本利益和巩固执政地位的需要出发，从党纪的角度对本党党员作为政府官员做出具有自己特色的规定，进一步提高政府机构运行的效率。例如，中国共产党即规定"党员领导干部必须具有共产主义远大理想和中国特色社会主义坚定信念，践行社会主义核心价值体系；必须坚持全心全意为人民服务的宗旨，立党为公、执政为民；必须在党员和人民群众中发挥表率作用，自重、自省、自警、自励；必须模范遵守党纪国法，清正廉洁，忠于职守，正确行使权力，始终保持职务行为的廉洁性；必须弘扬党的优良作风，求真务实，艰苦奋斗，密切联系群众"①。

三　公共政策：国家制度的实然具体化

所谓公共政策是指合法政党为实现本党所代表利益共同体的利益最大化，根据国家制度确立的政策准则，所制定的本党的政策。公共政策的本质是政党化的国家制度，是政党结合自己实际将国家制度所确立的抽象具体价值等价转化为可价值通约的实然具体价值。所谓创新政策是指政党为实现本党所代表利益共同体的利益最大化，采用既不与国家制度所确定的政策准则不矛盾，又不根据国家制度所确立的政策准则策略，制定的本党的政策。制定创新政策是政党生命的本质所在，也是其能获得和巩固执政地位的根本保证。对于实现政党政治的国家，在法治状况下，合法的政党

---

① 《中国共产党党员领导干部廉洁从政若干准则》，http://www.nea.gov.cn/2013-11/01/c_132851564.htm。

能通过公共政策和创新政策实现本党所代表利益共同体的利益最大化，并引导和推动修改宪法和法律增强自己执政的合理性与能力。限于本书的主题，以下讨论公共政策的形成机理。

对于合法政党而言，公共政策只是其所有政策中的一种类型。从价值的角度看，国家制度所确定的是一种具有合法性的、可兑现的抽象具体价值。兑现这种价值的基本途径有两条：其一，符合国家制度所确定价值之价值主体的标准，被国家制度认定为自己所确定价值之价值主体的等价具体表现形式；其二，符合国家制度所确定价值之价值客体的标准，被国家制度认定为自己所确定价值之价值客体的等价具体表现形式。

政党的本质属性决定了它与公共权力之间存在矛盾。政党代表特定利益共同体的利益，并以取得公共权力作为实现自身利益的工具为首要目标，因而它所要求的公共权力不具有公共属性。但是，公共权力原本是全体公民所确认的能实现自己利益的权力，具有能为一国之全体公民服务的公共属性。政党需要找到合适的策略与方法把两者统一起来，使自己能得到大众的认可去掌握属于全体公民的公共权力。实践表明，政党会采用尽可能地体现多数人的意志的策略来解决这个问题。执政党在实际偏向于自己所代表利益共同体的同时，往往会根据社会阶级、阶层结构的变化，适时调整自己的战略和政策，顺应现代社会结构发展趋势，制定有利于这种社会结构发育的特殊政策，努力淡化自己作为特定利益共同体代表的属性，力图把自己塑造成全体公民或至少是大多数公民的代表者，[①] 使自己的执政具有正当性。因此，政党的方针、政策及现代社会阶层结构的实现，实际上是一个双向建构的历史过程。[②] 在这个过程中，政党扩大了自己的代表性和开放性，阶级基础也会发生相应的变化，政党的阶级性也呈淡化趋势，[③] 西方的左翼政党与右翼政党通过调整各自的纲领政策，均逐渐走上了"全民党"的道路，不同阶级的人加入同一政党也成为一种普遍现象。

---

① 王长江：《政党政治原理》，中共中央党校出版社 2009 年版，第 271—272 页。
② 仇立平等：《政党与阶级阶层的关系及其政策变化——基于西方发达国家政党的视角》，《探索与争鸣》2008 年第 9 期。
③ 例如，为了扩大党的队伍，德国社民党还实行了"项目党籍"制度。这个制度允许那些对党的总体目标不感兴趣，但却赞成党的部分政策主张的人在一段时间内入党，而不要求他们一直入党。

理论上尽管如此，但是政党在成为不可或缺的政治实体及国家政治的主导力量之前，它所代表的利益共同体要么是被代表的，要么是根本就没有得到彰显，公共权力不可能有意识地成为它实现自己利益的直接工具。无论出现哪种情况，这都是政党及其所代表利益共同体所不能接受的。在最大化实现自己所代表利益共同体利益需要的驱动下，国家运行给统治阶级带来最大化利益的事实，使得政党逐渐认识到国家公共权力是最为有效地实现自己利益的工具，只有把掌握公共权力作为自己的首要目标才能最大化地实现自己所代表利益共同体的利益，为此，它必须将自己建设成政治实体，使自己所代表的利益共同体成为所在国家不可或缺的组成部分，对国家的政治生活产生制约性影响。因而，政党会有意识地做以下3件事：

其一，厘清自己当前所代表利益共同体利益的价值本质。包括这个价值所涉及的价值主体和价值客体的资格标准与达到资格标准的可能的总数，以及价值关系的表现方式及其可实现的范围。关键是厘清价值主体的资格标准及达到资格标准的可能的总数。

其二，基于实现执政目标的需要，确定自己所代表利益共同体的可行利益。所谓可行利益，这里是指政党为实现自己的执政目标放弃自己所代表利益共同体完整利益，适当融入其他利益人或集团利益所形成的利益。可行利益既是政党所代表利益在特定历史阶段的表现，也是政党实现自己所代表利益的策略和途径。对于可行利益而言，政党需要做的就是根据相近利益原则与利益共享原则，在不改变自己所代表利益共同体根本利益的基础上，综合不同阶级或阶层的利益诉求，确定自己所代表利益共同体的利益，并以实现该利益作为自己的政治目标，扩大自己的组织，增强自己的代表性。与此同时，政党还要促使不同利益集团组织化、实体化并实现相互力量的制衡。

其三，按照执政要求改进和完善自己的组织结构，使自己成为一个功能性的实体组织。对于政党内部而言，改进和完善自己的组织结构就是要建立和完善政党所代表利益共同体的追求利益机制与利益实现后的分配机制，在政党内建立既相对独立又相互联系的功能性组织，维护自身的纯洁性和团结性，使自己的运行既不会导致自己所代表的利益共同体发生危及自己可持续发展的解体，也不会瓦解自己作为执政党的社会基础。更为重要的是，政党还需要根据自己胜任执政的需要，改进和完善自己的组织结构。

经过这3个方面的努力，政党不仅将自己发展成为一个对国家政治生活具有不可或缺影响作用的实体，而且集聚了干预国家政治生活的政治能量。在国家不分裂的前提下，当这些能量之间的相互作用具有全局性时，它即成为国家政治生活的焦点，使得政党成为国家政治的主导力量。于是，建立政党制度规范各政党之间的关系及其相互作用的方式与范围，就成为各个政党的现实需要。政党制度不仅有利于增强执政党的执政能力及执政的正当性，而且也使得各个合法政党既作为利益共同体联合体形式的价值主体存在，也作为以公民作为价值主体的具体存在形式存在。借助于政党制度，任何政党均既可把制度内的其他政党作为自己的政策活动资源，也可把他们作为自己的对手，用合法手段尽最大可能地限制其发展与壮大。

实现政党政治是政党制度的必然选择。所谓政党政治是指以政党为行为主体，围绕国家政权问题而形成的相关事务及其治理的政治模式。政党权利与政党权利的实现过程是政党政治的核心内容。在政党政治运行的过程中，具体的合法政党即成为政党政治所确定价值主体的等价表现形式，以国家制度所确定的抽象具体价值及价值活动准则作为自己价值活动的逻辑起点，确定合自己需要的价值活动目标与策略并开展相应的价值活动是它的权利。履行这种权利的结果既使得特定政党所制定的这类政策具有了"公共"的意义，也使得国家制度所规定的抽象具体"公共"能以实然具体的等价形式表现出来。这个国家制度抽象具体的实然等价形式其实就是公共政策。

综上所述，以政策为逻辑起点，以国家制度为逻辑中介，以公共政策作为逻辑终结，公共政策学的逻辑即被完全确立起来。

第四节　公共政策的结构

本书将公共政策界定为：合法政党为实现本党所代表利益共同体的利益最大化，根据国家制度所确定的政策准则，所制定的本党的政策。按照这个界定，公共政策的本质是合法政党结合自己实际，将国家制度所确立的抽象具体价值等价转化为可价值通约的实然具体的价值。公共政策的结构在本质上是一种目标性的价值结构。公共政策的价值主体是合法政党所代表的利益共同体，价值客体是能满足合法政党所代表利益共同体需要的客观存在的各种特质，① 价值关系是合法政党所代表利益共同体的对象化与作为价值客体的各种特质的主体化所形成的，满足合法政党所代表利益共同体特定需要的两者相互作用的状态。②

一　价值主体

价值主体以合法政党和若干利益组织作为要素构成。交流利益机制、整合利益机制、分配利益机制及利益实现机制，是促进并确保价值主体的构成要素以自己作为要素构成一个具有学习和自组织能力系统的机制。

价值主体的本质是一个以实现利益为目的的利益共同体，利益组织对利益的追逐是利益组织得以联合成为联合体的前提。现实中，利益组织在自身力量不足以实现自己的利益目标时，寻求与自己有类似或相近利益目标的利益组织与自己结为利益联盟去共同追求利益目标即成为必然，而实现这种联盟的前提则是要能有效知道彼此的利益目标，这客观需要这个利益联盟确立方便各利益组织有效交流自己利益的机制，既确保其他利益组织知晓自己的利益目标，也确保自己知晓其他利益组织的利益诉求。

只有交流利益机制的利益联盟还是一个松散的系统，要提高其组织性和系统性，还需要形成利益联盟层面的、体现各利益组织利益诉求的共同利益目标，而这需要各利益组织基于自身利益最大化所进行的利益协商和利益再造，使得建构利益联盟能成为切实有效地实现自己利益目标的工具。各利益组织实现自己这方面诉求的需要客观要求利益联盟内具有整合利益机制，通过这个机制的运行，能制定出联盟层面的、统一的能满足各利益组织最大化实现自己利益诉求的利益目标。整合利益机制为政党在这个利益联盟中发挥作用提供了契机。整合利益机制客观要求利益组织之间的利益协商和利益再造能由具有政党性的组织——既代表利益组织的当前利益又代表利益组织的长远利益——负责具体实施。

---

① 这种特质由自然自然、人工自然及人类社会的人力、物力、财力、能量及信息组成，其具体的存在形式既可以是有形的物质状态，也可以是无形的精神状态。

② 在本书中，公共政策的价值主体也称为公共政策的政策主体，公共政策的价值客体也称为公共政策的政策客体，公共政策的价值关系也称为公共政策的政策关系。在以后的叙述中，将不再对这三组概念的关系进行说明。

实现自己的利益目标尽管是利益组织结成利益联盟的动力和目的，但是利益联盟层面的利益目标实现与构成它的各利益组织利益目标的实现却有可能出现不一致，甚至是价值异化的现象。因而，各利益组织必然要求其所在的利益联盟具有确保自己利益目标实现的机制。这个机制就是利益联盟的分配利益机制，即将利益联盟所获得的利益公正、公平、权威地分配给作为其构成要素的各利益组织的机制。利益联盟自身要实现这个机制既有赖于各利益组织利益博弈所形成的均衡，也依赖于自身具有价值中立的组织权威性地组织与维护这种博弈，并切实使各利益组织得到各自应得的利益。实践中，这个价值中立者既要置身于这个利益联盟之中，又要置身于其利益组织的利益纷争之外，只有能代表这个利益联盟利益的政党才胜任这项工作。由此，作为公共政策价值主体的利益联盟必然是有政党作为构成要素的价值联盟，它也使得这个价值联盟必然是一个具有高度组织性和系统性的系统。

用交流利益机制、整合利益机制及分配利益机制所构成的系统依然没有解决好如何去实现系统利益诉求的问题，要完全解决这个问题有赖于系统之利益实现机制的确立。利益实现机制要解决系统采用什么原则、策略及方法调动、配置、控制系统自身的力量和资源，以及采用什么原则、策略及方法处理与自己具有对抗性利益关系的组织、竞争性利益关系的组织、包容性利益关系的组织及共生性利益关系的组织之间的关系以便借助其力量和资源，去实现自己利益诉求的问题。因而，利益实现机制会使系统明确规定要素的责任与义务，以及利益组织以失去自身作为独立组织资格的要素身份参与系统的活动，其以系统身份参加的任何活动均必须得到系统的授权，以系统授权身份参加的任何活动的成果均属于系统。除此之外，系统的利益实现机制还会解决监控自己实现利益过程，以及根据实现利益的具体过程及时调整自己利益目标、行动策略和自身结构的问题。有了实现利益机制之后，拥有交流利益机制、整合利益机制及分配利益机制所构成的系统即成为一个具有学习和自组织功能的系统。

二 价值客体

价值客体是满足合法政党所代表的利益共同体需要的客观存在的各种特质，价值主体作为人生命体联合所形成系统的主观能动性和不断自我超越性，决定了作为公共政策构成部分的价值客体将被不断被超越和创新。

尽管如此，作为价值客体形态存在的特质，在特定条件下，它依然由稳定、可观测的载体构成，具有相对稳定的结构。

公共政策作为一种价值，它所彰显的是价值主体构建起了自己形而上的意义世界和形而下的生活世界，其价值客体必须胜任为价值主体的生存和发展提供意义支援，为价值主体的日常生活提供（公共）秩序和物质的保证。[①] 因此，构成价值客体的载体必须是一种具有确定真实性的存在，利用这些载体构成的新的存在形态必须合乎科学规律。实践中，一方面，自然自然界、人工自然界及人类社会已经明确存在客观存在，[②] 价值主体既能以其中一种的部分确定价值客体的具体存在形态，也能以其中的2种或3种之部分的联合作为价值客体的具体存在形态；另一方面，价值主体也能利用自然自然界、人工自然界及人类社会的科学规律，建构出符合自己需要的人力、物力、财力、能量及信息的组合存在方式，既实现自己的价值创新，又丰富人工自然和人类社会的现实内容。

三 价值关系

价值关系是合法政党所代表的利益共同体对象化与作为价值客体的各种特质主体化所形成的，满足合法政党所代表的利益共同体特定需要的，两者相互作用的状态。表征这种价值关系已经建立起来的具体结构形态有3种。

其一，价值主体与价值客体共时承担价值效应的价值关系。即价值主体赋予价值客体存在的价值意义使价值客体产生的价值效应，与价值客体确保价值主体有价值意义的存在所产生的价值效应是不可分离的，离开价值客体价值主体将失去自己所产生的价值效应，而离开价值主体则价值客体仅只是一种客观存在，成为对价值主体没有任何价值的东西。具有这种价值关系的公共政策，其价值主体与价值客体是不能分离的有机整体。

其二，只有价值主体所独立承担价值效应的价值关系。即价值主体与

[①] 邵士庆：《集体主义生成路径的"体制"性差异及其当代价值维度》，《理论与改革》2008年第2期。

[②] 其中，人类社会部分已经存在的载体具体表现为国家制度所规定的公共活动领域的价值标准、价值规范、价值理念及其所确立的外在的制度化设计。

价值客体相互作用所产生的价值效应完全由价值主体获得有价值意义的存在所体现。具有这种价值关系的公共政策，其价值主体与价值客体的相互作用基于价值主体进行，一旦建立了价值关系，作为客观实在的价值客体即转化为抽象无形的价值客体与价值主体发生相互作用，价值客体对价值主体的价值由价值主体的价值增值完全表现出来。这类价值关系所形成的公共政策是一种主体性的存在，就是人们所说的价值主体的价值，随着价值主体的消亡（贬值）而消亡（贬值）。

其三，只有价值客体独立承担价值效应的价值关系。即价值主体与价值客体相互作用所形成的价值效应完全由价值客体获得有价值意义的存在所体现。具有这种价值关系的公共政策，其价值主体与价值客体的相互作用基于价值客体进行，一旦建立了价值关系，作为客观实在的价值主体即转化为抽象无形的价值主体与价值客体发生交互作用，价值客体对价值主体的价值由价值主体使价值客体按照自己的需要所形成变化的结果完全呈现出来。这类价值关系所形成的公共政策是独立的客观存在，就是人们通常所说的财富，可以超越特定的时空而永恒存在。

第五节　公共政策的逻辑展开

公共政策的逻辑展开是指公共政策将作为抽象具体价值的自己等价转化为实然具体价值的过程。公共政策是合法政党根据国家制度所确定的具有预测性和主观愿望（或理想）性的价值规划，既是抽象具体价值与实然具体价值的统一体，也是价值目标与价值活动准则及策略和方法的统一体，其逻辑展开是一个动态和不断发展的变化过程。[1] 公共政策的逻辑展开在本质上是一种创造性的价值活动，是价值主体不断创造新的价值世界、新的自我，它需要价值主体在实现公共政策所确定价值的活动中，在坚持国家制度所确定价值原则的前提下，根据自己公共政策实践的具体情况，灵活地将其具体化。从抽象具体价值到实然具体价值回归的逻辑与路径，为公共政策的逻辑展开提供了逻辑和路径。

---

[1] Amy DeGroff, Margaret Cargo, "Policy Implementation: Implications for Evaluation", *New Directions for Evaluation*, Vol. 2009, Issue 124, December 2009.

一 执政党公共政策的逻辑展开

对于执政党而言，其公共政策就是被确定为国家制度的抽象具体政策的实然具体表现形式，公共政策的逻辑展开就是回归到执政党所制定的实然具体政策，然后按照执政党及其所代表利益系统所确定的价值实现机制，将其用实然具体的价值形态实质性地构造出来。

对于执政党及其所代表利益系统而言，利益分配机制和利益实现机制对公共政策的逻辑展开具有决定性的意义。在很大程度上，这种情况下的公共政策的逻辑展开，就是权威性地确定直接从事公共政策价值活动者，并对公共政策所确定的价值做出权威性的分配，不仅规定各利益组织可享有价值的份额，而且规定其是采用直接拥有价值方式还是用间接拥有价值方式享有自己应得的价值份额，出现公共政策的各种实然具体表现形态，最终实现公共政策所确定的价值。这个过程即形成公共政策价值链，本书将在"第二章 公共政策价值链"对此进行专门的讨论。

二 合法非执政党公共政策的逻辑展开

对于合法非执政党而言，其公共政策是以国家制度所确定抽象具体价值及其活动原则作为逻辑起点，按照价值逻辑所确定的价值活动规划，其公共政策的逻辑展开就是将国家制度等价转化为本党所制定的政策，并按照与执政党公共政策的逻辑展开相同的逻辑与路径实现公共政策的逻辑展开，这个展开的过程也形成公共政策价值链。

三 无政党利益组织或个人的公共政策的逻辑展开

严格意义上讲，无政党利益组织或个人并不存在所谓的公共政策，之所以讨论其公共政策的逻辑展开问题，是因为现实生活中确实存在无政党利益组织或个人从实现自己利益的目的出发，按照国家制度从事公共政策类价值活动的现象。这种价值活动存在的实践合理性体现在以下3个方面：

其一，无政党利益组织或个人的利益诉求为执政党及其所在的利益共同体的利益诉求所覆盖。尽管无政党利益组织或个人没有形成以政党作为核心的，具有高度组织性的严密系统，其利益诉求也不可能得到作为自己利益代表的政党切实有效的表达，在国家制度的确立中得到有针对性的体现，但是，执政党为了获得执政的地位，除了代表其所在利益系统的利益诉求之外，也会根据自己获得和巩固执政的需要，吸收无政党利益组织或个人的诉求，并将其用国家制度体现出来。因而，对于这种情况下的无政党利益组织或个人而言，它所进行的公共政策价值类型的活动在本质上是一种受国家制度认可的价值活动，其公共政策的逻辑展开也是根据利益组织自身所具有的利益分配机制和利益实现机制展开的。

其二，无政党利益组织或个人作为合法政党所在利益共同体实现公共政策价值的工具（资源）。合法政党所在利益共同体开展公共政策类价值活动时，在充分利用本系统的力量和资源的基础上，还会利用系统外的力量和资源完善自己的公共政策型价值活动的能力，以最小的价值活动代价和最大化的价值效益，实现自己的公共政策型价值目标。为此，只要无政党利益组织或个人能满足合法政党所在利益共同体以最小价值活动代价和最大化价值效益开展公共政策型价值活动的需要，那么合法政党所在利益共同体就会采用购买服务的方式，将自己应该独立完成的部分活动与任务授权给无政党利益组织或个人。这种情况下，无政党利益组织或个人尽管参加了公共政策类价值活动，并通过参加这类价值活动实现了自己的部分利益诉求，但对于既定公共政策型价值而言，它既不能作为价值主体的组成部分，也不能作为价值客体的组成部分，因而，根本谈不上是它发起和组织的公共政策型价值活动。它只是在做着公共政策价值活动的事情而已。[①] 除此之外，与公共政策型价值没有任何关系，其价值展开的逻辑为相应无政党利益共同体的构成机制所决定。

其三，无政党利益组织或个人以成为公共政策的价值客体为目标开展价值活动。任何公共政策所规划的价值客体均是明确的，凡是符合它所规定资格要求的客体均可成为它的价值客体。现实中，非人生命体构成的客体由于没有主观能动性及利益表达机制，它总是通过作为价值主体价值活动的对象而成为价值客体的。但是，无政党利益组织或个人均是由人生命体构成的系统，具有主观能动性及利益表达机制，它可以根据实现自己利益诉求的需要，主动选择按照公共政策价值客体的标准将自己形塑为特定公共政策的价值客体，通过促成价值主体实现公共政策型价值，最终实现

[①] 现实中，这正是人们认为无政党利益组织也在制定公共政策并开展公共政策类价值活动的根据。

自己的利益诉求。这个意义的无政党利益组织或个人所开展的价值活动非常接近公共政策类价值活动，但依然不是严格意义上的价值活动，因为，无政党利益组织或个人在公共政策型价值中只能处于客体地位，没有发起和组织公共政策价值活动的权利，只有被动服从和参与实现这类公共政策型价值的权利。实践中，可以将这类以成为公共政策型价值之价值客体的价值活动界定为广义的公共政策逻辑展开。

第六节 影响公共政策的因素及公共政策与政策辨析

实践中厘清公共政策的影响因素，以及公共政策与政策的关系对于把握具体公共政策的限度，优化公共政策的结构，防止公共政策异化为政策和政策替代公共政策具有决定性的意义。

一 影响公共政策的因素

政党制度是影响公共政策的首要因素。除此之外，选举制度、立法制度、行政制度、司法制度及社会发展水平也是影响公共政策的因素。

（一）政党制度

政党制度指一个国家中各个政党的相互关系及其活动模式，以及这个国家中有机会赢得选举的政党的数量和各党之间竞争的程度与范围。在多数情况下，一个国家的政党制度并非是由法律规定好的制度安排，而是历史形成的一种习惯形式，[①] 是具有该国特色的决定政党制度的因素之综合作用的结果。由此，各国的政党制度也各有不同，呈现出一党制、两党制、多党制、共产党领导的多党合作制等不同类型的政党制度形态。在现代政治制度体系中，有什么样的国家制度，就会有与其性质相一致的政党制度。不同政党制度所确定的政党关系确定了公共政策之间是否具有价值竞争的关系。

例如，一党制规定一个政党控制和把持国家政权，在这种政党体制下，各政党所制定的公共政策均是价值包容性关系；两党制确立两个政党通过竞选而轮流执政，两党之间的关系为价值竞争性关系，尽管基于共同的政治和社会基础，但在公共政策倾向上却存在差异，意在补充或纠偏对

---

① 陶文昭：《当代世界政党变革的潮流》，《中国人民大学学报》2005年第6期。

方公共政策，使自己在竞争执政地位时处于主动地位；多党制确立了两个以上的政党，由在竞选中获得多数席位的政党单独执政或联合其他政党共同执政，各政党需要根据自己利益最大化的需要自主确定与其他政党之间是否为价值竞争性的关系，并由此确定自己的公共政策与其他政党的公共政策之间的关系是价值竞争性关系，还是价值包容性关系；共产党领导的多党合作制规定中国共产党是由宪法明确规定的唯一执政党，各民主党派承认和接受共产党的领导，并作为参政党与执政的共产党一道共同执政，各政党所制定的公共政策均是价值共生性关系。

（二）选举制度

选举制度确定的选举方法对于政党确定价值主张和制定政策具有重要的影响。在激烈的选票竞争中，不搞价值观上的对立与斗争，巧用价值观，尽可能多地吸收竞争对手的价值主张和政策确立本党的价值主张和政策，是各政党最为有效地吸引更多选民，赢得更多选票的方法。[1] 一般而言，简单多数选举制既有利于促进小党制定与大党不具有价值竞争关系的公共政策，也有利于促进势均力敌的大党制定与对手具有价值竞争关系的公共政策。比例代表制则有助于政党根据自己利益最大化的需要，根据当时的实际情况，确定与自己所制定公共政策存在价值竞争性关系的公共政策，以及与自己所制定公共政策存在价值竞争包容性关系的公共政策。但是，比例代表制中的某些特殊规定，[2] 又使得新建的小党或许难以立足，使得他们不得不放弃独立制定公共政策的机会。当然，这也为以后大党的分裂埋下了前因。

（三）立法制度

立法制度是指国家立法必须遵循的各种规则的总称。[3] 作为国家政治制度组成部分的立法制度，尽管自己的性质和内容由政治制度所决定，但它又具有确立和保障政治制度的作用，从而对政党制定公共政策产生直接影响。例如，资本主义立法的本质是维护资本主义制度及在政治上维护资

---

[1] 例如，囿于美国的选举制度，民主党和共和党为了得到更多选民支持，均把自己所持的价值观向中间靠拢，尽可能地把社会各阶层尤其是中间阶层的利益、愿望都包容进去，而不再把自己的价值观定在左、右两个极端的位置上。

[2] 如某些国家规定政党所推选的候选人要获得竞选中5%以上选票才有效。

[3] 曹海晶：《中外立法制度比较》，商务印书馆2004年版，第15页。

产阶级对社会的统治，国家的立法机关通常是在按照一定的选举程序的普选的基础上产生，它要求政党把握立法制度本质，熟悉立法程序，熟练掌握立法技术，采取有利于赢得立法机关普选的公共政策，实现通过控制立法机关，主导立法，最大限度地使本党政策成为国家制度的目的，确保政党自身的可持续发展。① 再如，社会主义立法制度则以建立人民当家作主的国家政权为前提，集中体现国家广大人民群众的意志，国家的立法权属于人民，由人民选出自己的代表组成人民代表机关去履行立法职权和职责。在这种情况下，政党所制定的公共政策有利于促进选出充分反映广大人民群众根本意志和愿望的人民代表，践行依法立法，即成为判断政党具有存在正当性的标志。

（四）行政制度

行政制度是指由国家宪法和法律规定的关于国家行政机关的组成、体制、职能、权限、活动方式及相互关系等方面的一系列规范和准则体系。② 它是社会实现自身价值目标的工具，在国家政治和社会生活中具有广泛而直接的影响，对整个国家的政治、经济、社会的体制的发展具有极为重要的作用。行政制度对政党制定政策的思想及具体的运行组织、策略与方法会产生很大影响，它要求政党的公共政策过程与依据行政制度管理和治理国家的过程具有同一性，在实现规范政治权力有序运作、维护社会稳定和发展、保证公民有序参与政治的同时，确保实现本党所代表利益共同体之利益。实践中，政党既可通过制定与执政党所制定公共政策具有价值包容性关系的公共政策，集中各种利益、提高政府绩效及强化国家政策监督，完善和巩固执政党的执政地位，也可通过制定与执政党所制定公共政策具有价值竞争性关系的公共政策削减政府的权威、提高政府运行成本及揭示和放大国家政策的失误与偏差，危及执政党的地位，增大自己作为

---

① 立法制度对于政党的生存与发展具有至关重要的意义。例如，19世纪70年代，在美国建立的社会主义劳工党，是一个有16万党员的工人政党，曾几次推出自己的领袖参与竞选。即便在它分裂后所建立的共产党也有10万余党员。但是，杜鲁门（Harry S. Truman）于1947年、艾森豪威尔（Dwight D. Eisenhower）于1953年先后颁布法令，对公职人员进行"忠诚调查"，对共产党及其他左派政党的支持者实行"清洗"，1954年通过实施"共产党管制法"实际上宣布美国共产党为非法，1960年又对美国共产党进行司法审讯和经济制裁。最终，美国共产党被打了下去。

② 汤勤等：《西方行政制度概论》，中国经济出版社2010年版，第3页。

执政党的可能性。例如，英国的政党组织较为严密，通过政党机关国家化、执政党通过议会党团控制首相内阁及保守党与工党合力影响3条途径控制政府行政。但是，英国的保守党和工党也会利用议会辩论和质询的机会，运用自己控制的宣传工具，作为在野党的一方对执政党内阁提出批评意见，并且制造舆论，发动选民，时刻准备自己上台执政。[①] 再如，在我国，中国共产党是唯一的执政党，其他政治党派是参政党，包括政府行政机关在内的所有国家机关都必须始终坚持中国共产党的领导，不仅中国共产党所制定的公共政策及改进和完善自身建设的价值取向、内容与策略必须有利于完善、加强和巩固这种领导，而且作为参政党的其他政治党派也必须制定与中国共产党所制定公共政策具有价值包容性关系的公共政策意义的政策，巩固中国共产党的执政地位。

（五）司法制度

司法制度是指关于司法机关和其他司法机构或者组织的性质、任务、组织体系、权利义务、活动原则及工作制度等方面规范的总称。[②] 司法制度由审判制度、检察制度、侦查制度、监狱制度以及律师制度、仲裁制度、公证制度、调解制度、法律援助制度及司法鉴定制度等构成。作为政治制度的组成部分，司法制度既受政治制度、民主法治传统、历史文化传统及经济发展水平的制约，又能确保执政制度的有效运行，促进国家发展。司法制度尽管独立于行政制度，但对于政党而言，其所制定的公共政策总是要在能得到司法制度保护，并借助于司法制度的权威性强制力量加以执行的条件下，才具有现实可行性。借此，政党能推动司法制度自身的建设。例如，作为执政党的中国共产党就明确要求自己在宪法和法律范围内活动，领导人民弘扬社会主义法治精神，树立社会主义法治理念，进一步深化司法体制改革，坚持和完善中国特色社会主义司法制度，全面推进依法治国，推进依法行政，提高领导干部运用法治思维和法治方式深化改革、推动发展、化解矛盾、维护稳定能力。[③] 此外，政党也可以直接通过

---

① 张立荣：《中外行政制度比较》，商务印书馆2002年版，第308—310页。
② 冀祥德：《司法制度新论》，社会科学文献出版社2009年版，第4页。
③ 胡锦涛：《坚定不移沿着中国特色社会主义道路前进 为全面建成小康社会而奋斗——在中国共产党第十八次全国代表大会上的报告》，2012年11月8日，中国文明网（http://www.wenming.cn/ziliao/zhongyaolunshu/hujintao/201211/t20121119_940190_4.shtml）。

司法制度维护自己的利益。例如，德国的政党常常会因为国家给政党的补助金以及广播、电视节目时间分配而提起诉讼，而美国政党也会在有关议席分配方面提起诉讼，这些均属于通过政党控诉维护本党利益的方法。[①]

（六）社会发展水平

对实行政党政治的国家而言，社会发展水平既是政党兑现其公共政策的结果，也是政党制定其公共政策的实践起点。大众支持的范围和制度化水平是政党的力量的重要标志。[②] 社会发展的结果要求政党不断创新自己的公共政策，否则它就会被自己所推动的社会发展的结果所淘汰。例如，当今世界，随着个人政治素养和科技素养的提高，在新技术尤其是信息技术的支持下，以参与民主为代表的直接民主的复兴即削弱了政党的动员和参与功能，而社会组织的扩展及新的利益集团大量出现，以及其日趋组织化、秩序化，往往会越过政党直接向议会（人民代表大会）或政府提出自己的意见和主张，则直接削弱了政党的传递民意功能。这两种功能的削弱，会直接危及政党存在的基础与可持续发展，成为政党通过政策（公共政策）创新必须解决的问题。此外，社会发展所引起的社会结构和阶级关系的变化，以及单一阶级不断分化产生出的新社会阶层和利益集团，如资本主义国家中间阶级的扩大和无产阶级、资本家队伍的缩小等，也会为政党完善自己阶级基础，创新自己公共政策提供动力。

二 政策与公共政策辨析

在实现政党政治的国家中，政党的政治主张与国家制度所确定的当下政治之间的一致性，是政党政策成为公共政策的必要条件。对于政治主张与国家制度所确定的政治之间存在根本政治分歧的政党而言，推翻现有政治制度或政治体制是其所制定政策的目的，因而这个政党在当下国家制度中不是合法的政党，它所制定的政策理所当然地不能成为公共政策。对于政治主张与国家制度所确定的政治之间不存在根本政治分歧的政党而言，它首先是一个合法的政党，制定政策的目的是获得执政地位，将国家制度所主张的抽象政治兑现为自己所主张的政治。即便如此，这个政党如果绕开现行国家制度所确定的政治目标与活动规则，另行制定自己的具体政

[①] 顾俊礼：《西欧政治》，经济科学出版社2001年版，第185页。
[②] 孔德元：《政治社会学》，高等教育出版社2011年版，第215—217页。

策，那么这个政策尽管对于它自身而言具有价值创新意义，对于完善国家制度也可能具有积极意义，但这类政策因为不能依据当下国家制度做出确定合法的判断，在当下的政治制度中依然不是公共政策。

因此，政策不一定是公共政策。构成本书所界定公共政策的政策必须满足3个条件：其一，公共政策的直接价值主体是合法政党所在的利益共同体；其二，以国家制度作为价值的抽象具体存在形式；其三，公共政策自身是一个逻辑展开的统一体，最终呈现为实然具体形态的价值。利用这3个要点作为标准即可对政策与公共政策的概念进行辨析。

19世纪中叶，英国外交政策的主导人帕默斯顿（Palmerston, Henry John Temple）在1856年解释英国国家利益的定义时，对政策所下的定义是："凡有人问何谓政策，唯有答以视个别情形之发生，求最佳之对策，以吾国之利益为方针。"① 这个意义上的政策界定因为不强调合法政党作为直接价值主体，因而不能将其理解为公共政策。

将政策界定为一种具有目标、价值与策略的大型计划，② 这个界定所界定的政策根本不具备成为公共政策之政策所需要的条件，除了均表示价值外，它与公共政策是完全不同的概念。

将政策界定为一个政府决定要做的任何事，或者它选择不去做的任何事——既包括了政府的行为，也包括了政府的不行为，③ 尽管这个界定涉及国家制度及执政党所代表的利益共同体，但是它不是对国家制度的逻辑展开，把其他合法政党基于国家制度的价值活动排除之外，缩小了公共政策的内涵和外延，因而也不能将它理解为公共政策的界定。④

将政策界定为一个有目的的活动过程，而这些活动是一个或一批行为者，为处理某一问题或有关事务而采取的，⑤ 这个界定缺少政策成为公共

---

① ［美］亨利·基辛格：《大外交》（修订版），顾淑馨等译，海南出版社2012年版，第83页。

② H. D. Lasswell and A. Kaplan, *Power and Society*, New Haven: Yale University Press, 1970, p.71.

③ ［美］托马斯·R. 戴伊：《自上而下的政策制定》，鞠方安等译，中国人民大学出版社2002年版，第3页。

④ 类似地界定有：公共政策指政府为实现一定目标，在对社会公众利益进行选择、综合与分配中所遵循的准则。参见陈庆云《公共政策分析及其历史沿革》，《行政论坛》1995年第3期。

⑤ ［美］詹姆斯·E. 安德森：《公共决策》，唐亮译，华夏出版社1990年版，第4页。

政策的全部条件，不能将它所界定的政策理解为公共政策。

将政策界定为在某一特定环境下，个人、团体或政府有计划的活动过程，提出政策的用意就是利用时机，克服障碍，以实现某一既定目标，或达到某个既定目的，这个界定对政策之价值主体的规定太泛，而且缺少政策成为公共政策的其他两个条件，不能将这个界定所界定的政策理解为公共政策。

将政策界定为对一个社会进行的权威性价值分配，其实质在于通过这项政策不让一部分人享有某些东西而允许另一部分人占有他们,① 这个界定尽管隐含较为宽泛的直接价值主体,② 涉及价值兑现问题，但它所说的兑现是通过分配实现的，不是通过合法政党的价值活动使之具体化而兑现的，因而也不能将这个界定所界定的政策理解为公共政策。

将政策界定为政治实体在一定的时空范围内，为解决一定的社会问题，实现一定的目标和任务而确定的行为准则和行动方向,③ 这个界定除了所界定的价值主体是政治实体，较为接近合法政党之外，不满足政策成为公共政策的其余两个条件，这个界定所界定的政策同样也不能理解为公共政策。

将政策界定为一个政党在一定历史时期为实现一定任务而规定的调整国家之间、民族之间、阶级之间以及本阶级内部关系的行动依据和准则,④ 这个界定突出了政策的价值主体是政党但对其是否合法没有做出限制，涉及的价值关系有"本阶级内部关系"，而做出"行动依据和准则"规定的依据是"政党在一定历史时期需要实现的一定任务"，不是国家制度，因此，这个界定所界定的政策也不能理解为公共政策。

此外，将公共政策界定为政府利用稀缺的公共资源解决社会公共问题，维护、协调社会公共利益的公共管理过程;⑤ 或者关于公共行政活动

---

① [美]戴维·伊斯顿:《政治体系——政治学状况研究》，马清槐译，商务印书馆1993年版，第123页。

② 得到所分配价值的直接价值主体不一定是合法政党，个人及团体均可得到所分配的价值。实践中，即便是非法政党也有可能得到所分配的价值。

③ 刘雪明:《政策运行过程研究》，江西人民出版社2005年版，第5页。

④ 杨育光:《简论政策的本质》，《江海学刊》1986年第3期。

⑤ 朴贞子等:《控制阶层差距扩大的公共政策研究》，《西北大学学报》(哲学社会科学版) 2006年第6期。

内容的制度性安排;① 或者公共权力主体制定和执行的用以确定和调整广泛社会关系的行为规范;② 或者社会公共权威在特定情境中,为达到一定目标而制定的行动方案或行动准则;③ 或者公共权力机关经由政治过程所选择和制定的为解决公共问题、达成公共目标、以实现公共利益的方案;④ 或者社会公共权威在特定的条件下,针对特定的对象、为达到特定的目标而制定的行动方案或行为准则;⑤ 或者实现公共意志、满足社会需要的公共理性和公意选择,是规范、引导社会公众和社群的行动指南或行为准则,是由特定的机构制定并由社会实施的有计划的活动过程;⑥ 或者以政府为主的公共机构,为确保社会朝着政治系统所确定和承诺的正确方向发展,利用公共资源,通过广泛参与的和连续的抉择及具体实施而产生效果的途径,达到解决社会公共问题,平衡、协调社会公众利益目的的公共管理活动过程;⑦ 或对一项行动的政治决议,目的在于解决或缓和那些政治日程上的问题;⑧ 这9个界定均只描述了公共政策的部分功能特征及功能性表现或操作性特征,没有揭示公共政策的本质属性,也不适合作为公共政策的定义。

---

① 刘金程:《公共政策:前提、推论、新观点》,《天府新论》2006年第6期。
② 张国庆:《公共政策分析》,复旦大学出版社2004年版,第4页。
③ 谢明:《政策透视——政策分析的理论与实践》,中国人民大学出版社2004年版,第25页。
④ 宁骚:《试论公共决策的现代化》,《北京大学学报》1995年政治学与行政管理学专刊。
⑤ 樊钉:《公共政策》,国家行政学院出版社2005年版,第7页。
⑥ 陈潭:《公共政策学》,湖南师范大学出版社2003年版,第7—8页。
⑦ 胡宁生:《现代公共政策学:公共政策的整体透视》,中央编译出版社2007年版,第8页。
⑧ [美]弗兰克·费希尔:《公共政策评估》,吴爱明等译,中国人民大学出版社2003年版,第3页。

第二章 公共政策价值链

不同的公共政策按照其价值具体化的指向链接起来即形成一条将相对具体价值与相对抽象价值联系起来的通道，这个通道连同其中的公共政策就是本章要探讨的公共政策价值链。本章将探讨公共政策价值链概念、分析公共政策价值链的维度、生成公共政策价值链的基本途径及公共政策价值链的优化与完善等基本问题。

第一节 公共政策价值链的概念

波特（Michael E. Porter）从分析企业生产形成经济价值[①]的角度出发提出了价值链的概念。[②] 公共政策价值链与其不同，它所揭示的是公共政策之间基于公共政策价值现实化形成的公共政策关系状态。

一 公共政策价值链的含义

公共政策的本质是以合法政党及其所在利益联合体为价值主体，以意愿性的指向为价值客体，以及二者之间形成的价值关系作为价值关系所形成的价值的规范和强制性的表现形式。公共政策的本质决定了公共政策是绝对抽象价值与相对具体价值的统一。

一方面，合法政党及其所在利益联合体是一个既绝对抽象又相对具体的概念，习惯上将这个利益联合体称为公共。[③] 公共是若干具有公共属性之具体人生命体抽象而形成的概念，而具体人生命体则是公共具体化后所形成的具

[①] 在波特看来，价值是客户对企业所提供给他们的产品或服务所愿意支付的价格，价值由总收入度量，而价值链就是将总价值展开所形成的一种状态。

[②] [美]迈克尔·波特：《竞争优势》，陈小悦译，华夏出版社2005年版，第36—38页。

[③] 公共政策也因此而得名。

体，是公共的现实表现形式。没有公共则具体人生命体就没有意义，无法实现对自身的超越；没有具体人生命体去展现公共则公共就成为无源之水，公共成为没有现实存在可能性的概念，也不可能作为价值主体而存在。因而，从这个意义上讲，公共是一个可再抽象化与可再具体化并存的实体性存在。

另一方面，"意愿性的指向"也是一个既绝对抽象又相对具体的概念。"意愿性的指向"所刻画的是"公共"对其所希望的价值客体及与自己之价值关系的主观判断，"公共"之可再抽象化决定了"意愿性的指向"可再抽象化，"公共"之可再具体化决定了"意愿性的指向"可再具体化。"意愿性的指向"既是"具体指向"抽象而形成的，又使"具体指向"获得了具有普遍性的意义，而"具体指向"则是"意愿性的指向"具体化后所形成的具体，是"意愿性的指向"的现实表现形式，没有"具体指向"去表征"意愿性的指向"则"意愿性的指向"就成了一种虚无。因此，从这个意义上也可以认为，"意愿性的指向"是一个可再抽象化与可再具体化并存的实体性存在。

由此可见，不同的具体公共政策之间基于价值具体化和价值抽象化可以形成一种确定性的价值联系。如果规定价值存在形式处于相对抽象状态的公共政策的价值主体和价值客体为抽象价值主体和价值客体，价值存在形式处于相对具体状态的公共政策的价值主体和价值客体为具体价值主体和价值客体，则这两个公共政策之间所存在的"价值具体化"和"价值抽象化"即确定了一个公共政策型价值兑现的结构。为了方便叙述，本书将具有这类公共政策型价值兑现结构的两个公共政策所形成的系统称为公共政策价值节。所谓公共政策价值链即指以"价值具体化"和"价值抽象化"作为价值兑现机制，将至少两个公共政策价值节链接而成的、单向性公共政策排列方式。

分析公共政策价值链的界定可以发现，公共政策价值链上的任意两个公共政策均构成价值兑现关系，形成具有确定意义的价值兑现结构，而且在链中处于相邻位置的两个公共政策的价值兑现关系尤为紧密。在某种意义上，公共政策价值链可以理解为公共政策价值节中的公共政策通过自身分裂形成新公共政策，使自己向节的两端拓展而形成的链式价值结构。

二　公共政策价值链的表示

为了方便叙述，用 J 表示公共政策的价值主体，K 表示公共政策的价值客体，R 表示确定公共政策的价值关系，并将相应的公共政策记为 $J \xleftrightarrow{R} K$ 或者 $P(J, R, K)$。设 $J_1 \xleftrightarrow{R_1} K_1$ [$P(J_1, R_1, K_1)$]、$J_2 \xleftrightarrow{R_2} K_2$ [$P(J_2, R_2, K_2)$] $\cdots J_n \xleftrightarrow{R_n} K_n$ [$P(J_n, R_n, K_n)$] 是 n 个能形成公共政策价值链的公共政策，称图 2-1 为公共政策价值链的双向表示，图 2-2 为公共政策价值链的单向表示。其中，"●→"、"●⇢"、"→" 及 "⇢" 均表示将其左端的对象具体化为右端的对象，箭头中的原点所对应的是该链的起始公共政策或其价值主体或价值客体。

$$J_1 \bullet\!\longrightarrow J_2 \bullet\!\longrightarrow \cdots \longrightarrow J_n$$
$$\updownarrow R_1 \quad \updownarrow R_2 \quad \cdots \quad \updownarrow R_n$$
$$K_1 \bullet\!\longrightarrow K_2 \bullet\!\longrightarrow \cdots \longrightarrow K_n$$

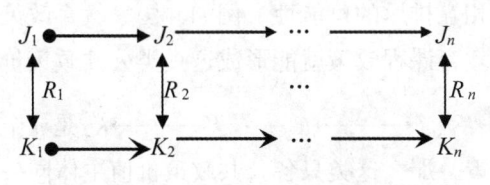

图 2-1 双向公共政策价值链

$$P(J_1, R_1, K_1) \bullet\!\longrightarrow P(J_2, R_2, K_2) \longrightarrow \cdots \longrightarrow P(J_n, R_n, K_n)$$

图 2-2 单向公共政策价值链

特别地，规定图 2-1 及图 2-2 所示公共政策价值链的长度为构成该公共政策价值链的公共政策数，并称其中的 $J_i \xleftrightarrow{R_i} K_i$ [$P(J_i, R_i, K_i)$]（$i = 1, 2, \cdots, n-1$）为 $J_{i+1} \xleftrightarrow{R_{i+1}} K_{i+1}$ 的 [$P(J_{i+1}, R_{i+1}, K_{i+1})$] 前继公共政策，$J_{i+1} \xleftrightarrow{R_{i+1}} K_{i+1}$ [$P(J_{i+1}, R_{i+1}, K_{i+1})$] 为 $J_i \xleftrightarrow{R_i} K_i$ [$P(J_i, R_i, K_i)$] 的后继公共政策，没有前继公共政策的公共政策为源公共政策，没有后继公共政策的公共政策为末公共政策，同时拥有前继公共政策和后继公共政策的公共政策为流公共政策。显然，图 2-1 及图 2-2 所示公共政策价值链的长度为 n，而其中的 $J_1 \xleftrightarrow{R_1} K_1$ [$P(J_1, R_1, K_1)$] 为源公共政策，$J_n \xleftrightarrow{R_n} K_n$ [$P(J_n, R_n, K_n)$] 为末公共政策，其余的 $J_j \xleftrightarrow{R_j} K_j$ [$P(J_j, R_j, K_j)$]（$j = 2, \cdots, n-1$）均为流公共政策。

三 公共政策价值链的分类

按照公共政策价值链上各公共政策之价值主体、价值客体之间的关系，可将公共政策价值链划分为以下 3 类。

（一）各公共政策之价值主体同一但价值客体不同一的公共政策价值链

所谓价值主体同一是指价值主体的内涵和外延完全相同，而价值客体不同一则指价值客体之间的内涵相同但外延存在差异。这类价值链的特点是，其上公共政策的价值主体同一，而任意两个公共政策的价值客体均不同一，它描述了公共政策之价值主体具体实现自己所追求具体价值的路径，同时也表明特定公共政策的价值客体在一定条件下可以转化，以及价值客体之间存在相互排斥的可能性。例如，国家教育政策、国家基础教育政策及国家基础教育课程政策就能形成这一类公共政策价值链。

设 $J \xleftrightarrow{R_1} K_1$、$J \xleftrightarrow{R_2} K_2 \cdots\cdots J \xleftrightarrow{R_n} K_n$ 是 n 个能形成公共政策价值链的公共政策，那么这类只各公共政策价值主体同一的公共政策价值链的双向表示就能简化为图 2-3 的形式。

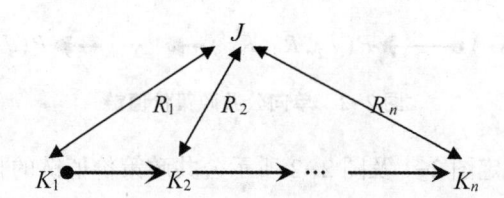

图 2-3 双向只公共政策价值主体同一公共政策价值链

（二）各公共政策之价值客体同一但价值主体不同一的公共政策价值链

所谓价值客体同一是指价值客体的内涵和外延完全相同，而价值主体不同一则指价值主体之间的内涵相同但外延存在差异。这类价值链的特点是其上公共政策的价值客体同一，而任意两个公共政策的价值主体均不同一，它描述了公共政策之价值主体具体实现自己所追求抽象价值的路径，同时也表明特定公共政策的价值主体在一定条件下可以转化，以及价值主体之间存在相互排斥的可能性。例如，国家基础教育政策、省（直辖市、自治区）基础教育政策及地方性基础教育政策就能形成这一类公共政策价值链。通过这条公共政策价值链，特定地区在地方性基础教育政策下的教育活动及效益，即能上升到国家基础教育政策下的教育活动及效益进行解释。但是，国家课程政策、地方课程政策及学校课程政策所形成的公共政策价值链却能为我们提供链中各公共政策之价值主体具有排斥性的实例。在这个链中，国家、地方及学校 3 个价值主体尽管存在一致性的一面，但它们总是只从使自己利益最大化的角度来确立自己实际的公共政策，难免会损及其他价值主体的课程利益。

同样的，若设 $J_1 \xleftrightarrow{R_1} K$、$J_2 \xleftrightarrow{R_2} K \cdots\cdots J_n \xleftrightarrow{R_n} K$ 是 n 个能形成公共政策价值链的公共政策，那么这类只各公共政策价值客体同一的公共政策价值链的双向表示就能简化为图 2-4 的形式表示。

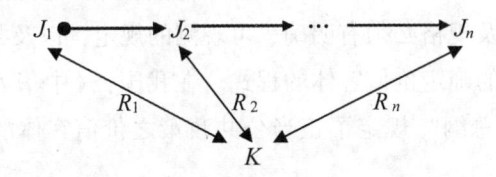

图 2-4　双向只公共政策价值客体同一公共政策价值链

（三）各公共政策之价值主体和价值客体均不同一的公共政策价值链

所谓各公共政策之价值主体和价值客体均不同一，是指在公共政策所包含各公共政策内涵相同的前提下，其任意两个公共政策的价值主体之间及价值客体之间均存在差异。这类公共政策价值链揭示了位于其间的特定公共政策之价值主体将自己所追求价值抽象化及具体化的路径。实践中，不同主体（利益共同体）利用"上有政策，下有对策"策略所建立公共政策形成的公共政策价值链就是这种类型的公共政策价值链。

第二节　分析公共政策价值链的维度

公共政策价值链的正当性、公共政策价值链的包容性、公共政策价值链的鲁棒性、公共政策价值链的现实性及公共政策价值链的拓展性是分析公共政策价值链的基本维度。

一　公共政策价值链的正当性

公共政策价值链的正当性指公共政策价值链所包含的公共政策及其所确定的价值关系是正当的，具体包括其所直接涉及的单个公共政策之价值主体正当、价值客体正当、价值关系正当，以及各个公共政策价值节正当。公共政策价值链的正当性是其合理存在的前提，不具有正当性的公共政策价值链不具有存在的合理性。

公共政策之价值主体正当的基本要求是价值主体不能是反人类的，其构成要件及标准有明确、可观测、不具歧视性的规定，以及共同约定的具有权威性和强制性的确定价值主体的程式。现实中，在我国作为公共政策之价值主体之人生命体的最低要求就是满足《中华人民共和国宪法》对公民义务的全部规定。[①]

公共政策之价值客体正当的基本要求是价值客体不应是违背科学性的存在，其构成要件及规格必须有明确、可观测的规定，以及共同约定的具有权威性和强制性的确定价值客体的程式。在我国，《中华人民共和国宪法》之"第一章　总纲"规定了正当公共政策之价值客体的根本范围及基本的判断标准。[②]

公共政策之价值关系正当的基本要求是价值关系彰显和促进价值主体

---

① 2018年3月11日第十三届全国人民代表大会第一次会议所确定修正的《中华人民共和国宪法》涉及公民及义务的规定有：第三十三条、第四十二条、第四十六条、第四十九条、第五十一条、第五十二条、第五十三条、第五十四条、第五十五条、第五十六条。参见《中华人民共和国宪法》，2018年3月，中国人大网（http://www.npc.gov.cn/npc/xinwen/node_505.htm）。

② 具体涉及：管理国家事务，管理经济和文化事业，管理社会事务；民主集中制；各民族一律平等；使用和发展本民族语言文字的自由及保持或者改革自己风俗习惯的自由；全民所有制和劳动群众集体所有制；实行各尽所能、按劳分配为主体、多种分配方式并存的分配制度；公有制为主体、多种所有制经济共同发展的基本经济制度；国有经济；农村集体经济组织以家庭承包经营为基础、统分结合的双层经营体制；矿藏、水流、森林、山岭、草原、荒地、滩涂等自然资源（由法律规定属于集体所有的森林和山岭、草原、荒地、滩涂除外）；法律规定范围内的个体经济、私营经济等非公有制经济；社会主义的公共财产；完善经济管理体制和企业经营管理制度，实行各种形式的社会主义责任制，改进劳动组织，以不断提高劳动生产率和经济效益，发展社会生产力；兼顾国家、集体和个人的利益，在发展生产的基础上，逐步改善人民的物质生活和文化生活；建立健全同经济发展水平相适应的社会保障制度；发展社会主义的教育事业，提高全国人民的科学文化水平；发展自然科学和社会科学事业，普及科学和技术知识，奖励科学研究成果和技术发明创造；发展医疗卫生事业，保护人民健康；发展体育事业，增强人民体质；发展为人民服务、为社会主义服务的文化事业，开展群众性的文化活动；培养为社会主义服务的各种专业人才，创造条件，充分发挥他们在社会主义现代化建设中的作用；推行计划生育，使人口的增长同经济和社会发展计划相适应；保护和改善生活环境和生态环境，防治污染和其他公害；国家维护社会秩序，镇压叛国和其他危害国家安全的犯罪活动，制裁危害社会治安、破坏社会主义经济和其他犯罪的活动，惩办和改造犯罪分子；加强武装力量的革命化、现代化、正规化的建设，增强国防力量。

实现以人的方式的全面、协调和可持续发展。也即作为人发展产物的公共政策应该体现人之人化的努力及实现程度，而非促进人异化及异化程度的标志。作为特定公共政策之价值关系，尽管在一定程度上是特定利益群体需求的兑现，必然显现出具有满足特定群体特殊利益的一面，但这种特殊利益也应该建立在尊重和确保其他利益群体之利益得以公平实现的基础上。类似的，在我国，《中华人民共和国宪法》对公民权利的全部规定提供了正当公共政策之价值关系的基本形态及判断标准。具体涉及选举权和被选举权；人身自由不受侵犯；人格尊严不受侵犯；住宅不受侵犯；通信自由和通信秘密受法律的保护；对于任何国家机关和国家工作人员的批评和建议权利；对于任何国家机关和国家工作人员违法失职行为提出申诉、控告或者检举的权利；依照法律规定取得赔偿的权利；劳动的权利；休息的权利；健康的权利；企业事业组织的职工和国家机关工作人员享受退休的权利；在年老、疾病或者丧失劳动能力的情况下从国家和社会获得物质帮助的权利；受教育的权利；进行科学研究、文学艺术创作和其他文化活动的自由；言论、出版、集会、结社、游行、示威的自由；宗教信仰自由；婚姻、家庭、母亲和儿童受国家保护。①

公共政策价值节正当的基本要求是，其所确立的作为相对抽象价值的公共政策的价值主体、价值客体及价值关系，与其所确立的作为相对具体价值的公共政策的价值主体、价值客体及价值关系同质。② 公共政策价值节正当能确保公共政策价值链由相互赋予对方确定价值意义的若干公共政策构成，而非将彼此没有价值有机联系的公共政策简单堆砌而成。

二 公共政策价值链的包容性

公共政策价值链的包容性指其对本链明确规定以外价值合法性的承认及与其他公共政策价值链的求同存异共存。

基于价值兑现关系建立的公共政策价值链，决定了其上所有抽象程度

---

① 需要指出的是，《中华人民共和国宪法》"第十三条 公民的合法的私有财产不受侵犯"[参见《中华人民共和国宪法》，2018 年 3 月，中国人大网（http://www.npc.gov.cn/npc/xinwen/node_505.htm）] 所规定的合法的私有财产不能直接作为公共政策的价值客体。

② 这个"同质"可以简单地理解为，实现以公共政策价值节之相对具体价值所对应公共政策的价值即实现了以公共政策价值节之相对抽象价值所对应公共政策的价值。

不同的价值主体在独立存在的同时，又作为价值主体的要素参与构成了新的利益共同体，形成了新的价值主体。这个新的价值主体基于其赖以存在的公共政策价值链，建立了一种驱动和保护自身价值实现的机制，使得其对自身以外的公共政策价值链具有排斥性。公共政策价值链的包容性就要求具体的公共政策价值链尊重自身以外的公共政策价值链存在的合理性，自身的运转不以危及其他公共政策价值链的存在为目的，以及尊重并维护其他公共政策价值链公平获得按其自身逻辑运转的机会。

公共政策价值链在处理与其他公共政策价值链关系的同时，也要处理自身运转所导致的其上各公共政策因自身利益的实现，以及在实现自身利益的过程中的额外获利而诱致的有关公共政策之价值主体变化危及自身继续存在的问题。公共政策价值链的包容性要求其自己要为链中形式不同的各价值主体保留按照其价值诉求发展预留一定的空间，明确规定彼此尊重各自独立发展权利的义务，以及尊重并确保发展过程中因价值主体自身结构方面的原因所形成的不违背本链运行准则的利益差异的合法性。

三 公共政策价值链的鲁棒性

鲁棒是 Robust 的音译，所谓鲁棒性（Robustness）一般指系统的健壮性，主要刻画系统是在一定（结构，大小）的参数摄动下维持某些性能的特性，可分为稳定鲁棒性和性能鲁棒性。对于公共政策价值链而言，其鲁棒性是指其所包含的各公共政策中的一个的价值主体或价值客体发生变化后，该公共政策价值链依然成立的程度。通俗地讲，公共政策价值链的鲁棒性，就是基于价值兑现所建立的公共政策价值链在面对外部价值诱惑时依然保证其内部价值秩序及相互之间链接的特性。

对于特定的公共政策价值链而言，其上的不同公共政策是因其间存在的价值兑现关系而相互链接在一起的，其间价值兑现能实现的程度直接决定了其所在公共政策价值链稳定的程度。主体在以公共政策方式开展的实践活动中，既为自己的实践活动带来了意义，也为其他主体的实践活动带来了意义，而其存在的主观能动性及以使自身利益最大化的动机则又决定了主体不会一成不变地沿袭自己的公共政策，以及维系自己在特定公共政策价值链中的位置。一方面主体总是试图使自己成为更具抽象价值意义的价值主体，使自己尽可能地处于公共政策价值链的左端，提升自己在链中的地位；另一方面，主体又总是试图使自己所面对的价值客体成为更为具体的价值客体，使自己所形成的价值尽可能地处于公共政策价值链的右端，将自己所获得的价值做实。主体这种使自己两难的张力在特定时期所形成的平衡即确定了特定公共政策之价值主体，同时也决定了公共政策价值链不稳定和坚固的内因性。实践中，在外部具有选择性的作用于公共政策价值链的某个公共政策的价值主体时，均有可能导致其所在的公共政策价值链解链。

公共政策价值链之鲁棒性的基本要求是，公共政策价值链的正常运转必须既能保证其上各价值主体实现其自身利益的最优化，又能确保自身不解链。这就要求公共政策价值链不仅要有抗外来价值诱惑及干扰的能力，而且要形成内在的价值惩罚机制，维系其上的各公共政策按照公共政策价值链的规定性运转。

四　公共政策价值链的现实性

公共政策价值链的现实性指公共政策价值链所涉及的各公共政策具有现实存在的依据，具备运行的现实条件，在当下是能进行正常运行的。具备现实性的公共政策价值链受特定时间、地点、经济发展水平、文化发展水平及人类自身发展（自我认识）水平等条件的制约，反映了不同利益群体当前对自己创价活动所达到的认识水平，它有以下两个鲜明的特征：

其一，是当前条件下最优化的公共政策价值链。即反映了当前条件下不同价值主体之间能实现各自追求价值活动效益最大化的公共政策价值链接，运行所形成公共政策价值链的代价也实现了最优化。具有现实性的公共政策价值链要求其所涉及的价值主体均是现实存在的价值主体，而且这些主体要历史地、具体地把握公共政策价值链的科学性和合目的性，确保其所在具体公共政策价值链的相对稳定性，以及显现出鲜明的阶段性特征。

其二，是可以扬弃的公共政策价值链。即公共政策价值链具有自我学习的机制，蕴含着与时俱进的品质。任何具有现实性的公共政策价值链均不可能超越具体的历史条件而存在，随着公共政策价值链的运转，链中的不同价值主体不仅改变了自身，而且改变了其自身存在的条件（环境）。当这些改变积聚到一定程度的时候，原公共政策价值链之上的各价值主体之中的一个或几个对价值的认知和价值实践主张就会发生质变，导致对原公共政策价值链的扬弃，形成新的公共政策价值链。

此外，公共政策价值链的现实性还要求，具体公共政策价值链在运行过程中要处理好稳定和发展的关系。对于特定的公共政策价值链而言，既不要僵化地恪守其外在的形式结构而妨碍其自身的自我完善，也不要随意改变其内在价值秩序重建新的价值秩序，而导致其所覆盖的公共政策活动缺乏现实的基础。

五　公共政策价值链的拓展性

公共政策价值链的拓展性指在原公共政策价值链可以增加新的公共政策使其变长的特性，它既展现了公共政策价值链所包含的各价值主体提升自己在链中位置的努力，又能显现出链中各价值主体所处的位置是否恰当。

从不同价值主体相互作用的角度看，特定公共政策价值链的长度有其必然性，它说明了其链上各价值主体之间的相互作用处于一种均衡状态，各自找到了自己应有的价值位置及获得自己所追求价值的路径。因而，它表现为特定公共政策价值链的长度在当前不可拓展。

但是，对于特定的公共政策价值链而言，其上单个价值主体追求自身价值最大化的本性决定了它们总是企图在其下端增加后继公共政策的个数，或者减少处于其前继位置的公共政策个数，这就决定了公共政策价值链的长度只具有相对稳定性。从长远来看，除非链中各价值主体同步增强自己的创价能力及相互制约能力，否则，特定的公共政策价值链即便不被其内部新生的价值需求及创价能力所解构，也会为其所拓展。

需要指出的是，公共政策价值链的拓展性还刻画了在公共政策运行过程中可能出现的不同价值主体趋于同一，不同价值客体趋于同一，以及所伴随的链中不同公共政策趋于同一的现象。这时，一条公共政策价值链近似于一个公共政策，它的拓展相当于重新建构一个公共政策价值节。

第三节　公共政策价值链的生成途径

主体追求和获得价值是生成和支撑公共政策价值链的根本动力，生成公共政策价值链有奠基、概化、具化及分化4条基本途径，实践中生成具体公共政策价值链的途径均由它们复合而成。

一 奠基

奠基指直接根据国家基本制度所确立的价值及价值活动的规则,确定以合法政党及其所代表利益共同体作为价值主体的公共政策。它基于抽象具体价值形态的国家制度型价值的第一次实然具体化能得出最抽象的实然具体形态的公共政策型价值,为公共政策价值链提供源公共政策,使得建构公共政策价值链成为现实、可行的价值活动。实践中,它只适合建构源公共政策,多用于根据国家宪法制定国家法律类型的公共政策。

二 概化

概化指通过增加公共政策使原公共政策价值节中的抽象价值主体或价值客体成为相对具体价值主体或价值客体形成公共政策价值链。从本质上讲,概化就是针对特定公共政策寻其更为抽象的公共政策,使当前抽象的公共政策成为其特例,进而达到将当前具体公共政策抽象化的目的。形象地讲,概化就是通过寻求特定公共政策的前继公共政策建立公共政策价值链。

公共政策之价值主体和价值客体的可再抽象性决定了通过概化将公共政策价值节发展为公共政策价值链是一条生成公共政策价值链的现实、有效的途径。具体操作概化的要点在于:先将原公共政策价值节之作为价值主体或价值客体的公共政策的价值主体,作为更具一般意义之价值主体或价值客体的特例,再通过对其更具有一般意义的价值状态分析,析出新的公共政策价值主体或价值客体,并由这个新产生的公共政策价值主体或价值客体决定原公共政策价值节之价值主体或价值客体是否具有意义。从思维角度看,概化的过程是归纳、抽象化的,其结果指向公共政策抽象层面的统一。

概化能规范不同利益群体以利益共同体作为价值主体建立公共政策,是生成公共政策价值链最为常见的途径。实践中,将地方性公共政策上升为国家层面公共政策的基本路径就是概化。

三 具化

具化指通过增加公共政策使原公共政策价值节中的相对具体价值主体或价值客体成为相对抽象价值主体或价值客体形成公共政策价值链。与概化的做法相反，具化通过寻求特定公共政策的后继公共政策建立公共政策价值链。

公共政策之相对具体价值主体的可再具体化，决定了通过具化将公共政策价值节拓展为公共政策价值链，也是一条生成公共政策价值链的现实、有效途径。其具体操作的要点在于：先将原公共政策价值节之作为相对具体价值主体或价值客体的公共政策的价值主体或价值客体，作为具有一般意义之价值主体或价值客体，再通过对其更具体意义的价值状态分析，析出新的公共政策价值主体或价值客体，并由这个新产生的公共政策价值主体或价值客体所确定的公共政策，作为原公共政策价值节之相对具体价值主体或价值客体所确定的更为具体的价值主体或价值客体。从思维角度看，具化的过程是演绎、具体化的，其结果指向公共政策在实然具体层面的实现。

具化能规范不同利益群体以自己作为价值主体建立公共政策，也是生成公共政策价值链最为常见的路径。具化规定了不同利益群体只有获得特定公共政策之价值主体的资格时，才能获得该公共政策所确立的价值，它为公共政策有效发挥规范和指导主体价值实践活动提供了保障。例如，国家教育政策转化为地方性教育政策的主要路径就是具化，由此而建立起来的公共政策价值链不仅为各地根据自己的实际和需求获得国家教育政策所规定的价值指明了道路，而且为认证和兑现地方层面的主体所获得的价值是否为国家教育政策所规定的价值，提供了一种规范、权威的机制。

四　分化

公共政策价值链的界定表明，公共政策价值链上的任意两个公共政策均构成价值兑现关系，形成具有确定意义的价值兑现结构。在某种意义上，公共政策价值链可理解为在公共政策价值节中插入新公共政策扩张所得。这个新插入的公共政策形成了两种价值意义：其一，作为相对具体价值主体或价值客体与原公共政策价值节的抽象价值主体或价值客体形成价值实然具体化关系；其二，作为抽象价值主体或价值客体与原公共政策价值节的相对具体价值主体或价值客体形成价值抽象具体化关系。

所谓分化即指通过在公共政策价值节中插入新公共政策将其扩展为新的公共政策价值链。上面的分析表明，分化在本质上是对单个公共政策价值节的分解，其操作要点是在公共政策节中增加一个既作为原来前继公共政策的后继公共政策，又作为原后继公共政策之前继公共政策的公共政策。

分化是优化公共政策价值链内部价值秩序的主要途径。在公共政策价值节中的两个公共政策之间的价值联系现实性不强的情形下，通过分化将原公共政策价值节发展为公共政策价值链，能增强其价值联系的现实性。对于由针对教育终极目标的公共政策与针对教育现实目标的公共政策所构成的公共政策价值节而言，它所确立的两个价值主体的价值联系就缺乏较强的现实性，导致难以用针对教育终极目标之公共政策所提倡和规范的价值，规制针对教育现实目标之公共政策所追求的价值，出现现实的教育政策活动背离教育政策终极价值目标的现象。这时，在二者之间增加一个既有明确时间界限又有一定超前性的类似针对教育中长期发展目标的公共政策，在一定程度上就能有效避免这种现象的发生。

第四节　公共政策价值链的优化与完善

优化与完善公共政策价值链是由公共政策价值链的本质特性决定的。公共政策价值链既是公共政策所倡导价值的现实展开，也是对主体追求公共政策所倡导价值的规制，这决定了公共政策价值链必然会根据自己的发展水平优化与完善自己的结构，确保自己处于可持续运行状态。

一　"好"公共政策价值链的标准

明了"好"公共政策价值链的标准是优化与完善公共政策价值链需要解决的首要问题。合规律与合目的的统一是"好"公共政策价值链的基本要求，将这个基本要求展开即能建立起具体的"好"公共政策价值链标准。本书认为，科学、人本、现实、优化及规范构成了"好"公共政策价值链的标准。

（一）科学

所谓科学即公共政策价值链所规定的价值主体、价值客体及其开展的实践活动和内部的运行方式真实并符合客观规律。它包括以下4个要点：

首先，价值主体是真实的价值主体，维系价值主体存在的规律是客观存在的。它要求公共政策价值链不能设定没有存在可能性的抽象主体及实在主体作为链中各公共政策的价值主体。换言之，按照公共政策价值链所遵循的建立公共政策之价值主体的规律，能准确和实质性地将其所包含的价值主体建立起来。

其次，价值客体是真实的价值客体，维系价值客体存在的规律是客观存在的。它要求公共政策价值链不能以虚构的、不可能实现的抽象规定及客观实在作为链中各公共政策的价值客体。同样的，按照公共政策价值链所遵循的建立公共政策之价值客体的规律，也能准确、实质性地将其所界定的价值客体建立起来。

再次，价值主体与价值客体之间建立的价值关系符合客观规律的关系。它既要求链中各价值主体的对象化活动符合人生命体运行的规律（即生物性的生命规律），也要求链中各价值客体的主体化活动符合客观对象自身存在的规律，最终形成的价值关系能正确体现事物相互作用的规律。

最后，各公共政策之间的相互作用是符合规律的。它要求链中各公共政策的相互作用应该建立在事物相互作用的科学规律之上，能用事物相互作用的科学规律解释链中各公共政策存在及相互作用的必然性。

（二）人本

所谓人本即公共政策价值链所规定的价值目标、创价活动策略、兑现价值实现的机制均体现以人为本，强调人是价值主体，其具体要求包括如下3个方面：

其一，公共政策价值链所规定的价值目标应该体现人追求自身全面、协调、可持续发展及按照人的本来自在生活的要求。这个目标应该有利于引导和促进各利益共同体朝肯定自己以人的目标发展和完善自己，使他们通过运行公共政策价值链感受、展现及建构自己作为人的尊严，改变自己的生境，提升自己的生命和生活质量。从这个意义上讲，违反人性的公共政策不可能是好的公共政策。

其二，公共政策价值链所规定的创价活动策略应尊重人的历史、文化传统、能力发展水平及尊严。任何公共政策价值链均需要人去运行它，而人自身就是一个历史的过程，人被自己所经历的历史所规定，镶嵌其中的文化传统及能力发展水平不仅制约了当前人之能与不能，决定了当前人之喜好与不喜好，同时也决定了人之自我完善的策略与方式。这就要求好的公共政策价值链要从有利于引导和鼓励链中的人生命体选用自己最擅长的方式，个性化地开展并反思自己的创建活动为基准，设定和规范链的创价活动策略，使其具有地域性、文化性、多样性和可选择性。

其三，公共政策价值链所规定的兑现价值实现的机制应尊重人的尊严及价值需求的多样性。一方面，好的公共政策价值链的兑现机制应该建立在对价的基础上，即链中的主体因为参与了链所规定的运行而获得了链所规定的相应份额的价值，链中的主体因没有参与链所规定的运行而不能获得链所规定的价值。除此以外，没有其他解释主体能否获得链所规定价值合理性的理由。另一方面，好的公共政策价值链的兑现机制应该能确保同一价值能用多种具体形式的价值兑现，满足链中的具体主体之价值需求多样性的需要，使其能获得具有自己个性化特征的价值。

（三）现实

所谓现实即公共政策价值链中的各价值主体和价值客体均有存在的现实依据，运行公共政策价值链所需要的条件也是现实完全能提供的。现实这个标准规定了好的公共政策价值链具有不超越其所在阶段，反映特定历史阶段及特定利益共同体价值诉求，不局限于现实客观存在制约的特点，体现其要求的要点为以下3点：

第一，链中的价值主体现实。即链中的各价值主体是不同主体基于各自的现实需要形成的利益共同体，这些联合体反映了其所包含主体的共同价值需要及价值水平，同时规范了它们之间相互制约的机制。链中各公共政策的价值主体尽管均可能存在超越现实的价值诉求，但这些超越现实、可能存在差异的价值诉求，均能转化为链所确定的价值及其秩序。因而，从价值主体的角度看，链所确定的价值一定不是对价值抽象的规定，而必然是针对特定现实中某个利益共同体作为价值主体规定价值，是能实然具体化的价值。

第二，链中的价值客体现实。具体包括作为链中的价值客体的对象是具有确定现实性及作为抽象规定的价值客体能现实构造。对于实体性的价值客体而言，它要求链用具有公共财富意义的、实物性的存在作为价值客体，使追求价值的价值主体既能看到自己所追求价值的现实存在形式，又能确切地获得所具有的价值。对于作为抽象规定的价值客体而言，它要求链能为其具体化提供切实可行的现实路径，确保有关的价值主体能通过履行运转链的义务而获得对其自身而言具有实际意义的价值。

第三，运行链的条件现实。即实现链所规定的各种创价活动及不同公共政策相互作用的条件具有现实性。具体的要求是：链所规定的各种创价活动及不同公共政策相互作用的条件在现实中即有与其完全一致的客观存在，无论从数量或质量上均能满足链运行的要求；或者尽管现实中没有与链所设定的运行条件完全一致的客观存在，但是，链中各价值主体能从当下的实际条件出发，通过自己创造性的努力，创造出与链所设定之运行条件完全一样的全部条件，确保链能按照预设的方式运行。

（四）优化

优化，即好的公共政策价值链是经过最优化决策后形成的价值链。其主要要求是：

链的长度是经过优化的，链中的各公共政策既相对独立又能形成有效制约，特别是处于公共政策价值链两端的公共政策（源公共政策与末公共政策）之间具有有效的制约力；

链中各公共政策的自身均经过了优化，形成了自身清晰的功能限度和合法发挥作用的范围，并在确保链的总代价最低的前提下规范了自身的代价；

链与其所在的环境形成了良性的关系，所形成的结构具有较强的鲁棒性，不会因为环境的局部性变化而改变自身的结构；

链为链中各公共政策价值主体的自我完善与发展预留了较为充足的空间，具有较强的包容性，如果链中没有发生其所包含公共政策之价值主体的结构出现质变的情况，则链所规定的价值及价值秩序不会出现重构，更不会出现解链。

（五）规范

规范即好的公共政策价值链的表述及链的确立程式是规范的。表述规范要求用准确、明了、不存在歧义、不存在歧视、符合链所涉及主体表达习惯的方式表述文本形式的公共政策价值链，用链中价值主体的正当性和公共政策的合法性确认链的正当性，用可以测量的属性来界定链中价值主体及价值客体的标准、规格，以及相关的运行（行动）准则。确立程式规范要求有公开、明确、可监督及权威性的确立公共政策价值链的工作流程，流程的各环节具有强制性和权威性的操作细则，以及可以兑现的确保准确无误进行操作的保障措施。

二　公共政策价值链的优化

公共政策价值链初步建立之后，在其正式开展运行之前，根据"好"

公共政策价值链的标准，对链中的各公共政策进行矫正，将其矫正为"好"公共政策价值链上的公共政策后再投入正式运行的所有工作，称为公共政策价值链的优化。按照在优化公共政策价值链过程中起核心作用的公共政策的种类，公共政策价值链的优化有3种基本类型。

（一）源公共政策起核心作用的公共政策价值链优化

源公共政策是公共政策价值链得以形成的前提，其内在结构决定了源公共政策内部存在两种作用方向截然相反的力量。一种是分裂公共政策之价值主体的力量，这种力量使价值主体分裂为更多利益共同体，并以这些利益共同体为价值主体形成新的公共政策。另一种是维系公共政策之原价值主体的力量，这种力量以是否有利于稳定和增强原价值主体的结构与创价能力为标准，基于源公共政策的活动对价值主体之构成要素进行奖惩。源公共政策中这两种力量的相互作用决定了其所确定的公共政策价值链是否为具有实际意义的价值链。链中存在不以源公共政策之价值主体要素存在的价值主体的公共政策价值链是无效的，链中包含不能相对独立存在之价值主体的公共政策价值链是冗余的。从这个意义上讲，源公共政策起核心作用之优化公共政策价值链，就是用其自身确立的价值准则、价值活动逻辑及价值活动范围对全链的结构进行评价，确认链中各公共政策的价值主体既以源公共政策之价值主体的相对具体表现形式存在，又以独立的价值主体存在，并构成了具有独立意义的、相对实然具体形式的公共政策。

除此之外，对源公共政策自身进行优化处理，以及从全链的角度对链中各公共政策排列顺序的合理性进行审校，也是源公共政策起核心作用之优化公共政策价值链的重要工作。

（二）末公共政策起核心作用的公共政策价值链优化

末公共政策是特定公共政策价值链形成的标志。末公共政策在公共政策价值链中的位置决定了它必然指向链所指向价值活动及其结果的实然具体形式。一般而言，以末公共政策起核心作用的公共政策价值链优化是从3个方面展开的：

其一，优化链的政策成本。直接表现为尽量减少位于其前的前继公共政策数量，缩短所在链的长度，提高链的效率。这种努力不仅可以提升自己在价值链的地位，而且还能为以自己作为前继公共政策发育出后继公共政策创造条件。

其二，优化自身的现实性。直接表现为从现实出发，充分利用现实条件，使自身所确定的创价活动能获得最大的效益，确保能最大化地切实兑现自己所规定的价值。具体包括从现实及现实应然变化导致的结果出发，用立足现实及联系和发展的眼光，确立现实的价值主体、价值客体及其间的价值关系，使末公共政策具有较强的鲁棒性。

其三，合法化自己的规范和操作。末公共政策是兑现其所在公共政策链所确立的公共政策型价值的最后一关，其规范和操作不仅关涉能否完成自身所规定价值的兑现，而且关涉源公共政策所规定价值的兑现。末公共政策是否具有源公共政策的意义，这是末公共政策需要从全链角度统筹加以思考和解决的问题。合法化自己的规范和操作就是末公共政策解决这个问题的策略，它要求末公共政策通过使自己的规范和操作获得源公共政策之操作和规范的意义，提高自身规范和操作的权威性，降低自身及全链规范和操作运行的代价。

（三）流公共政策起核心作用的公共政策价值链优化

流公共政策在公共政策价值链上的位置决定了在其起核心作用的优化公共政策价值链活动中，它最为关心也最愿意开展的优化工作是确认以自己为核心的、与自己的前继公共政策及后继公共政策的价值兑现关系是否稳健。

从提升自己在链中的地位所能带来价值效益的角度看，任何一个流公共政策均存在否定自己前继公共政策，使自己尽量接近甚至替代源公共政策的倾向。因而，在具体的公共政策价值链中，从理论和实践两个角度，均可得到流公共政策的后继公共政策在链中存在的必要条件。

从提升自己在链中的实际干预力及获得实际利益的角度看，任何一个流公共政策均存在否定自己后继公共政策，使自己尽量接近甚至替代末公共政策的倾向。同样的，对于特定的公共政策价值链而言，无论从理论的角度还是从实践的角度，均可得到流公共政策的前继公共政策在链中存在的必要条件。

由此可见，流公共政策起核心作用的优化公共政策价值链活动，能对链中公共政策数量及其所形成的序列（各公共政策所在的位置）进行优化并增强其稳定性。不仅如此，这种优化公共政策价值链的活动同时也带动并促进流公共政策自我反思，优化自身结构，强化链对各流公共政策的优化。

三 公共政策价值链的完善

公共政策价值链的完善指公共政策价值链在投入正常运行后，在不改变链中公共政策价值秩序的前提下，对原链所规定的运行策略及各公共政策具体确定价值的量和类别进行调整，并用这种调整后的结构修正原公共政策价值链的系统工作。

（一）基于源公共政策对公共政策价值链的完善

源公共政策对其所在的公共政策价值链进行完善，是其自身所具有的自我完善机制发挥作用的必然结果。公共政策价值链运行之后，源公共政策会对全链的运行情况进行检查，并从自身的价值主体、价值客体、价值关系结构与规格的规定，以及自身运行所预设的条件等方面对自身进行完善，在此基础上再对链中各公共政策的价值主体、价值客体、价值关系结构与规格的规定，以及运行的规范等内容进行适当调整，确保全链结构及所包含的公共政策在处于合自己规定的状态中运行。

实践中，为了维护自身利益的需要，链中除源公共政策价值主体以外的所有公共政策包含的价值主体，均会以源公共政策价值主体的相对具体的存在形式参与完善源公共政策的活动。它们不仅会主动为完善源公共政策提供来自公共政策实践方面的论证和解决方案，而且会不遗余力地说服源公共政策价值主体按照自己的方案完善源公共政策，从而通过完善原来的公共政策价值链使自己的既得利益及创价活动策略与方法均合法化。

（二）末公共政策对公共政策价值链的完善

末公共政策更多的是从完善公共政策价值链合实践性的角度来完善公共政策价值链。创新源公共政策价值活动与穷尽源公共政策所主张价值活动，是其参与完善所在链最有价值的两项活动。

实践是检验真理的唯一标准。穷尽源公共政策所主张价值活动就是通过公共政策实践检验源公共政策的正确性。这项活动将理论层面的公共政策活动还原为实践层面的公共政策活动，并利用其丰富多彩的实际运行形式及产生的效果，为是否需要完善源公共政策提供直接的论据，以及为怎样完善源公共政策提供素材及启示。

实践是创新的源泉。创新源公共政策价值活动就是末公共政策既不采用源公共政策明令禁止的公共政策运行方式，也不采用源公共政策规定的公共政策运行方式，获得包括源公共政策所规定价值及其之外的其他价值。这时，末公共政策处于一种既不违反源公共政策规定，又不符合源公共政策规定的状态，发现了源公共政策的盲区，能为有针对性地完善源公共政策（也包括其前继公共政策）提供直接的支持。

此外，在公共政策价值链缺乏末公共政策有效干预其前继公共政策的极端情况下，末公共政策会通过选择按照前继公共政策规定的、具有可测性的运行方式运行，追求仅形式上与前继公共政策所规定价值一样的价值。[①] 末公共政策这种自我完善方式尽管也能起到"完善"既定公共政策价值链的作用，但这种完善既违背了其所在价值链的公共政策宗旨，也不利于其自身的可持续发展，具体的公共政策价值链必须具有规避末公共政策通过这种自我完善方式完善其所在链的有效机制。

（三）流公共政策对公共政策价值链的完善

流公共政策在公共政策价值链中起承前启后的作用。对于其前继公共政策而言，它是相对具体的公共政策，因而无论是其包含的价值主体还是价值客体及价值主体与价值客体的关系均不会比其前继公共政策相对应的部分抽象，而且其中至少有一个应该比其前继公共政策相对应的部分具体，否则，它就失去了在链中存在的价值。然而，对于其后继公共政策而言，它却是相对抽象的公共政策，无论是其包含的价值主体还是价值客体及价值主体与价值客体的关系均会比其后继公共政策相对应的部分不更具体，而且其中至少有一个必须比其后继公共政策相对应的部分更为抽象，否则，它也会失去在链中存在的价值。

因此，在公共政策价值链的运行过程中，流公共政策会根据自己参与运行的情况，在不降低自己在链中位置的前提下，尽可能地扩大自己与前继公共政策及后继公共政策之间的距离，使3个公共政策所包含的价值主体、价值客体及价值关系方面在抽象层次上均具有明显的不同，能基于价值形式抽象的程度按照"前继公共政策→自身→后继公共政策"的顺序排出差异明显的队列，从而使链中各公共政策的独立性更加清晰，独立存在的理由更为充分。

需要指出的是，在完善公共政策价值链的实践中，流公共政策把握与

[①] 这里指仅孤立达到价值各构成指标的数量要求，而没有按照价值对其指标之间的关系要求建立有机的联系。此时的价值实际上是若干指标的堆积，除了对指标自身有意义外，没有其他任何指标有机联合所产生的意义。对于教育而言，这也是应试教育存在问题的根本原因。

自己的前继公共政策及后继公共政策之间之抽象差异的程度尤为重要。它无论是与自己的前继公共政策抽象差异过大或过小，还是与自己的后继公共政策抽象差异太大或过小，均会导致新的公共政策产生或自我失去存在的依据，从而导致其所在的原公共政策价值链重建。如果出现这些情形，则通过完善方式不能改变原链所存在的问题，必须通过增加公共政策或减少公共政策将原链改造为新链。

第三章 公共政策计量

公共政策计量即用数量化的方式表征公共政策的数量特征，它是对公共政策及其运行规律进行计量研究的基础性工作。本章先提出并系统地讨论公共政策库，在此基础上建立并讨论公共政策的可分辨性指数、重要性指数、完善性指数及边际效应指数，继而讨论公共政策库的数量特征。

第一节 公共政策库

"库"是会意字，"本义是收藏兵器或兵车的大房子。泛指收藏钱、粮、物品的建筑"[1]，以及"储存大量东西的建筑物"[2]。由此可见，"库"在本质上是指能为其他对象提供独立存在空间的对象，而现实生活中的仓库、程序库、数据库、信息库等概念则是"库"与库内所储藏（存）之物相互规定的产物——库规定了库内所储藏（存）之物的空间位置及其相互之间的联系方式——库内所储藏（存）之物确定了库有不同的空间表现形式。本书基于这样的认识，探讨公共政策库及其特性。

一 公共政策库的含义

称彼此独立的公共政策按照一定的排列方式（如公共政策名的字典排列顺序等）放在一起所形成的集合为公共政策库，其中的公共政策个数称为库容。为了表述方便及便于理解，本书采用以公共政策为元素及用枚举法表示集合的方式表示公共政策库，并将公共政策库记为 Ω，相应的库容记为 $\|\Omega\|$。

---

[1] 顾建平：《汉字图解辞典》，东方出版中心2008年版，第791页。
[2] 中国社会科学院语言研究所词典编辑室编：《现代汉语词典》（第6版），商务印书馆2014年版，第750页。

根据这个界定可以发现，公共政策库具有如下 5 个特性：

其一，库中的公共政策是规范、彼此独立，相互不危及对方存在的独立存在。从这个特性讲，公共政策库类似于一个"鸡犬之声相闻，老死不相往来"的公共政策社区，各公共政策均以自己本来的运行方式存在于库中。

其二，库中各公共政策的排列顺序与其在价值活动序列上的排序并不一致。公共政策库的内部排序只是按照约定的方式将全部公共政策排列起来，避免发生遗漏公共政策入库的现象，因而是一种科学认知性的排序，与价值无涉。

其三，库为其中的公共政策厘清联系与区别提供了方便。在库中，"物以类聚，人以群分"的本性，使得无论是公共政策之物（即公共政策的价值客体）的联系与区别，还是公共政策之人（即公共政策的价值主体）的联系与区别均显得更加清晰，这些有助于公共政策对其所在的库进行优化。

其四，库存是确定性与不确定性的统一。特定的公共政策库总是确定的，它是特定历史阶段所有公共政策的集合，可以明确判断其所包含的公共政策是否为公共政策，以及公共政策的总个数是否发生遗漏。但是，人们不断进行地价值实践又决定了人们会扬弃和创新自己的公共政策，因而，从发展的角度看，不存在一成不变的公共政策库，这使得公共政策库具有不确定性。因此，研究任何具体的公共政策库均必须注意到其确定性背后的不确定性。

其五，库容的主体性。公共政策库的库容受制于建立公共政策库的主体，主体可以从自己的实际需要出发建立合自己需要的公共政策库。一般而言，国家作为主体建立的公共政策库所涉及的公共政策种类与数量，要远多于特殊利益共同体作为主体所建立的公共政策库所涉及的公共政策种类与数量。特别的，当将公共政策作为研究对象，探索公共政策的运行规律时，研究者会超越具体的时空限制，建立库容尽可能大的公共政策库。

二　公共政策等价类

称公共政策库 Ω 中同时满足以下条件的公共政策价值链划分所形成的每一条公共政策价值链为基于 Ω 的公共政策等价类（简称为公共政策

等价类，记为Ω_P)，这样的划分为公共政策库等价类划分：

条件1：Ω_P中的任何一个公共政策均最多只能作为一条公共政策价值链或公共政策节的有机构成部分而存在；

条件2：全体Ω_P所包含的公共政策与Ω中不能组成公共政策价值链的公共政策①的联合，能包括Ω的全部公共政策。

根据公共政策等价类的界定可以发现，公共政策等价类所描述的是一类具有共同价值追求的公共政策，而不是一个公共政策。公共政策等价类中的公共政策的价值主体或价值客体之间能形成一条清晰的价值具体化路径，这为研究公共政策库的构造带来了方便。任何公共政策等价类的源公共政策或末公共政策均可以作为其特征最为鲜明的代表，如果以等价公共政策类的这种代表构成公共政策库，则能将原公共政策库进行简化，并凸显其中存在本质差异的公共政策及其数量。如果以各公共政策在其所在链中的地位为标准，则可发现库中各公共政策在其价值序列中的具体程度是否相当，本书将在接下来的"三 齐性公共政策库"中专门研究这个问题。

在具体划分公共政策的等价类时，由于单独的公共政策有时所针对的价值活动及所追求的价值也是多种价值的联合体，这时同一个公共政策即可能存在多个前继公共政策，由此，对于Ω而言就可能出现用公共政策等价类划分所得结果不唯一的情形。当这种情形出现时，最需要讨论的是将Ω划分为最少公共政策价值链等价类的划分，利用这个结果可以对Ω的公共政策数量进行优化。

公共政策库等价类划分所得出的在库中不存在公共政策价值链与价值节的公共政策，既反映了库中公共政策得到合理延展的程度，又反映了库中公共政策关系紧密的程度，其个数越多，库中公共政策价值关系紧密的程度就越差。极端的情形是库中所有的公共政策在库中均不存在价值链或价值节，其所对应的是不存在价值关联的全部公共政策的集合。在这样的公共政策库中，其公共政策要么是一种具体理念层次的描述，要么是一种无法证明其自身合法性的有关价值及追求价值活动策略的主张。

---

① 称公共政策库Ω中不能组成公共政策价值链的公共政策为公共政策库Ω的自闭合公共政策，简称为点态公共政策。与此相应，可以将Ω中能组成公共政策价值链的公共政策简称为线态公共政策。

三　齐性公共政策库

在所有的公共政策库中，有一类具有全息特性的公共政策库，利用它可以完整地建立一个只由公共政策等价类构成的公共政策库。建立在公共政策具体度和齐性之上的齐性公共政策库就是具有这类特性的公共政策库。

（一）公共政策的具体度

在"第二章""第一节　公共政策价值链的概念"之"二　公共政策价值链的表示"中，对于 $P(J_1, R_1, K_1)$、$P(J_2, R_2, K_2)$……$P(J_n, R_n, K_n)$ 等 n 个能形成公共政策价值链的公共政策，给出了图 3-1 示的单向公共政策价值链。

$$P(J_1, R_1, K_1) \longrightarrow P(J_2, R_2, K_2) \longrightarrow \cdots \longrightarrow P(J_n, R_n, K_n)$$

图 3-1　单向公共政策价值链

规定图 3-1 中公共政策 $P(J_i, R_i, K_i)$（$i=1, 2, \cdots, n$）的具体度为

$$S(n, i) = \frac{i-1}{n-1} \tag{3-1}$$

根据公式（3-1）可知，对于图 3-1 所示的公共政策价值链而言，$0 \leq S(n, i) \leq 1$，而且随着 $P(J_i, R_i, K_i)$ 越来越接近末公共政策（足码 i 的增大），$S(n, i)$ 的值越来越大。当 $S(n, i) = 1$ 时，公共政策最具体，这时的公共政策即为末公共政策；当 $S(n, i) = 0$ 时，公共政策最不具体，这时的公共政策即为源公共政策。特别地，对于公共政策价值节而言，它的源公共政策和末公共政策的具体度分别为 0 和 1。

（二）公共政策的齐性

设公共政策 $P(J_i, P_i, K_i)$ 和 $P(J_j, P_j, K_j)$ 的具体度分别为 $S(n, i)$ 和 $S(m, j)$。如果 $S(n, i) = S(m, j)$，则称公共政策 $P(J_i, P_i, K_i)$ 和 $P(J_j, P_j, K_j)$ 是齐性的或者称公共政策 $P(J_i, P_i, K_i)$ 与公共政策 $P(J_j, P_j, K_j)$ 齐性。

公共政策的齐性在本质上所反映的是两个公共政策具有相同的具体度，因而对于公共政策具体度的计量成为判断两个公共政策是否齐性的关

键。从理论上讲，如果把国家具有宪法地位的法律作为源公共政策，那么任何一个公共政策均位于以宪法作为源公共政策的价值链上，因此，对任意两个公共政策均能进行齐性分析。可是，人们对公共政策的认知能力及公共政策实践水平，又决定了人们会根据实践的需要，优先完善一些公共政策价值链，使之成为好的公共政策价值链，而有的价值链则尚处于不完善状态。这时，对于处于完善公共政策价值链中各公共政策具体度的计量是准确的，但对于处于不完善公共政策价值链中各公共政策具体度的计量却不准确。如果利用具体度对它们的公共政策进行齐性分析就会出现偏差。

根据对公共政策具有齐性及公共政策具体度的界定，在假设公共政策 $P(J_i, P_i, K_i)$ 和 $P(J_j, P_j, K_j)$ 齐性的条件下，可以得到

$$S(n, i) = \frac{i-1}{n-1} = \frac{j-1}{m-1} = S(m, j)。$$

进一步有

$$\frac{m-1}{n-1} = \frac{j-1}{i-1} \tag{3-2}$$

不难证明，公式（3-2）成立是具体度为 $S(n, i)$ 的公共政策 $P(J_i, P_i, K_i)$ 与具体度为 $S(m, j)$ 的公共政策 $P(J_j, P_j, K_j)$ 具有公共政策齐性的充要条件。特别的，如果 $n=m$，则只有在链中排序位置相同的两个公共政策才具有齐性。

（三）齐性公共政策库

称库中任意两个公共政策均具有公共政策齐性的公共政策库为齐性公共政策库。根据上面的分析可以发现齐性公共政策库至少具有以下4个性质。

其一，不存在价值链。如果对齐性公共政策库进行等价类划分，那么不能得到任何价值链或价值节。

其二，可以看成是由等价类代表组成的公共政策库。即可以视为一个进行公共政策等价类划分后所得结果全部是等价类的公共政策库，① 每个等价类只保留一个代表所形成的新公共政策库。

其三，齐性公共政策库总是特定条件下形成的结论。即随着公共政策

---

① 称这样的公共政策库为完备公共政策库。

活动的深入及范围的扩大，一方面原本齐性的公共政策可能变得不齐性，原来不齐性的公共政策却变成齐性，另一方面还可能增加原本就没有的公共政策入库，这些均会改变原来齐性公共政策库。

其四，可简便、有效地度量整体具体度。齐性公共政策库中各公共政策的具体度相等，如果将它们的具体度作为衡量齐性公共政策库整体具体程度的数量标志，则这个数量标志与库在全体库中的具体程度具有较好的一致性，能刻画出其在全体库中的具体程度。

齐性公共政策库为我们提供了具有横断面性质的公共政策，为人们用理性力量把握完备公共政策库，建设完备公共政策库，以及准确确定公共政策的限度提供了可能。

（四）公共政策库的齐性测定

以判断公共政策库的所有构成公共政策的具体度是否相等为目的的活动即公共政策库的齐性测定。实践中，开展这项工作的关键是建立标准化意义的公共政策价值链，为齐性测定提供标尺。具体可参照以下步骤进行。

第一步，析出公共政策库的不同价值形态。用寻求直接价值目标法对所测定公共政策库的所有公共政策按照价值目标进行聚类。如果出现至少有两个公共政策按照价值目标能聚类的情形，则断定该公共政策库是非齐性的，齐性测定结束；如果其中的任意两个公共政策按照价值目标均不能聚类，则继续进行齐性测定。

第二步，补建公共政策价值链计量具体度。对于不能按照价值目标进行聚类的公共政策库，选择两个公共政策，按照其价值目标指向，分别建立起符合"好"公共政策价值链标准要求的公共政策价值链，并计算这两个公共政策在所建立链上的具体度。如果两个公共政策的具体度不相等，则齐性测定结束并断定该公共政策库是非齐性的；如果两个公共政策的具体度相等，则继续进行齐性测定。

第三步，选择新的公共政策按照第二步的做法计量自己的具体度，并将所得的具体度与第二步具有齐性的具体度进行比较，如果公共政策的具体度与其不相等，则齐性测定结束并断定该公共政策库是非齐性的；如果公共政策的具体度与其相等，则继续进行齐性测定。

第四步，重复第三步的工作，直到得出某个公共政策不齐性而中断齐性测定，或者对库中所有公共政策均完成齐性测定并得出齐性测定结论为止。

第二节 公共政策的可分辨性指数

就单个公共政策而言，其具体的价值目标及所制定的价值活动策略不能为其他公共政策的组合所替代，是其独立存在的前提。对公共政策这种特性的判断，无论是对公共政策系统优化，还是降低公共政策活动的成本均具有很强的现实意义。

一 可分辨性指数的含义

公共政策的可分辨性是指公共政策所显现的与其他公共政策不同的可观测的特性，计量这种特性大小的数量标志即为公共政策的可分辨性指数，在没有歧义的情况下，本书就将其称为分辨性指数，并用 F 表示。

分辨性指数的界定表明，公共政策可分辨性是绝对可分辨性与相对可分辨性的统一。从绝对可分辨性的角度看，公共政策首先要解决自己是公共政策的问题，即公共政策自身具有确定、可以观测的价值目标，准确、规范、可行的价值活动规则及完整的价值活动功能，清晰、准确、可测量的政策构成要素，这些是公共政策具有可分辨性的前提。从相对可分辨性的角度看，公共政策的可分辨性要解决自己的差异能被感知到的问题，即解决凸显出与其他公共政策有显著差异的问题。在不同公共政策共时存在及运用时，特定公共政策的可分辨性是通过其与不同公共政策之间的全面比较而显现的，明晰公共政策与其周围的其他公共政策之间的差异，才是其实现自己可分辨性的基本途径。因此，能否实现（感知到）公共政策的可分辨性在很大程度上又取决于它所在的公共政策库。围绕特定公共政策选择适当的公共政策建立公共政策库，也是认识该公共政策可分辨性的有效途径。

二 可分辨性指数的计量

设 P 是公共政策库 Ω 中的一个公共政策，其政策主体、政策对象及政策运行的规则分别记为 P_J、P_K 及 P_R。

（一）上近似公共政策库与下近似公共政策库

称 Ω 中至少以 P_J、P_K 及 P_R 载体或其自身之一作为其公共政策构成部分的全体公共政策所形成的公共政策库为 P 的上近似公共政策库，记为 $\bar{P}$；称 Ω 中同时以 P_J、P_K 及 P_R 作为其公共政策构成部分的全体公共政策形成的公共政策库为 P 的下近似公共政策库，记为 $\underline{P}$。显然，在 Ω 中，$\bar{P}$ 刻画了 Ω 中与 P 有外部联系的公共政策情况，而 $\underline{P}$ 则刻画了 Ω 中与 P 有内部联系的公共政策情况，并且 $\{P\} \subseteq \underline{P} \subseteq \bar{P}$。

对于公共政策 P 而言，如果 $\underline{P} = \bar{P}$，则其是明确确定的，否则，就不是明确确定的。根据 Ω、$\bar{P}$、$\underline{P}$ 之间的关系，可以将 Ω 中的公共政策划分为以下四类。

第一类：内外不可分辨公共政策。此时，公共政策 P 满足 $\bar{P} \subseteq \Omega$、$\underline{P} \supset \{P\}$。

第二类：外不可分辨公共政策。此时，公共政策 P 满足 $\Omega \supseteq \bar{P} \supset \underline{P} = \{P\}$。

第三类：准可分辨公共政策。此时，公共政策 P 满足 $\bar{P} = \underline{P} \neq \{P\}$。

第四类：完全可分辨公共政策。此时，公共政策 P 满足 $\bar{P} = \underline{P} = \{P\}$。

（二）可分辨性指数的算法

将公共政策 P 之可分辨性的含义解释为以 P_J、P_K 及 P_R 载体作为公共政策构成部分的只能是其自身，否则其可分辨性就会受到损害，因而，能将规定公共政策 P 的可分辨性指数为

$$F_P = \|\underline{P}\| / \|\bar{P}\|^2 \tag{3-3}$$

其中，F_P 表示公共政策 P 的可分辨性指数，$\|\underline{P}\|$ 表示 $\underline{P}$ 的容量，$\|\bar{P}\|$ 表示 $\bar{P}$ 的容量。

F_P 的计算方法表明：$0 < F_P \leq 1$，F_P 值越大，P 的可分辨性就越强，且在 $F_P = 1$ 时，P 的可分辨性达到最大。$F_P = 1$ 的意义就是 $\underline{P} = \bar{P} = \{P\}$，即 Ω 中凡是以 P 之 P_J、P_K 及 P_R 载体或至少一个 P_J、P_K 及 P_R 作为公共政策的只有 P 自身，除此之外，不存在任何直接涉及以 P 之 P_J、P_K 及 P_R 载体或自身的公共政策。进一步地分析可以得到这样的结论：

如果公共政策 P 是内外不可分辨公共政策，则 $1/\|\bar{P}\|^2 < F_P < 1/\|\bar{P}\|$；如果公共政策 P 是外不可分辨公共政策，则 $F_P = \|\underline{P}\| / \|\bar{P}\|^2$；如果公共政策 P 是准可分辨公共政策，则 $F_P = 1/\|\bar{P}\|$；如果公共政策 P 是完全可分辨公共政策，则 $F_P = 1$。

因此，用公式（3-3）所规定的可分辨性指数的计算方法是合理的，

其取值能明确区分出公共政策实际可分辨性方面的差异。

（三）可分辨性指数算法的进一步讨论

公式（3-3）所规定的可分辨性指数 F_P 算法，尽管没有明确公共政策 P 与其所在的公共政策库 Ω 的关系，但由于 $P \subseteq \bar{P} \subseteq \Omega$ 总是成立的，它必然导致 F_P 总是受到 Ω 内在构成的制约。如果假设 Ω 是一个齐性公共政策库，那么容易得知其所包含的任意公共政策的可分辨性指数均为 1，由此可见，齐性公共政策库中的公共政策均具有完备可区分性。如果假设 Ω 是一个只具有一条长度为 n 的公共政策价值链结构的公共政策库，那么也能得知其所包含的任意公共政策的可分辨性指数均为 $1/n^2$，它表明这类公共政策库所包含的公共政策价值链越长，其所包含公共政策的可分辨性就越低。

因而，从公共政策可分辨性的角度把握公共政策库，既要考虑库中的公共政策种类，又要考虑库中可能的公共政策价值链的长度，使得库中各公共政策的可分辨性水平在整体上处于主体可接受水平。例如，如果假设公共政策库 Ω 只由等价类构成，各等价类的最长长度为 t，则 $1/t^2$ 就是 Ω 中各公共政策的可分辨性指数的最小值。

需要指出的是，并非公共政策库中所有公共政策可分辨性指数均为 1 的公共政策库就是好的公共政策库。实践中，彼此没有任何联系的若干公共政策所构成的公共政策库，其中任何一个公共政策的可分辨性指数都为 1，但这样的公共政策库中各公共政策可能没有有意义的实际联系。例如，从不同国家取出价值目标完全不同[①]的公共政策所构建的公共政策库，尽管其中任何一个公共政策的可分辨性指数都为 1，但对于任何一个特定的国家（主体）而言，这个库就可能是一个没有实际意义的公共政策库。

第三节　公共政策的重要性指数

人们在实践中运用公共政策时，公共政策总是具体指向价值活动的实

---

① 不同国家之间所采用的宪法层面的国家制度不尽相同，有时甚至存在对立，这决定了在自己国家是好的国家制度所引发的公共政策，但在他国看来可能是没有价值的公共政策或坏的公共政策。因而，将不同国家间的这类公共政策放在一起，它们相互之间根本就不存在发育生成价值链的可能，而只能彼此没有价值联系地存在着。

践，对公共政策的选择受到主体的价值目标规定及当下开展价值活动条件的制约。面对已有公共政策，主体是否需要重新设计公共政策来开展自己的公共政策活动，要解决这个问题，就涉及对公共政策重要性判断的问题。在本书看来，公共政策的重要性就是它在公共政策活动中的不可替代性。

一 重要性指数的含义

公共政策的重要性是指公共政策内部结构所决定的、与其他公共政策不同的、可观测的特性，称计量这种特性大小的数量标志为公共政策的重要性指数。在不引起歧义的情况下，本书将公共政策的重要性指数称为重要性指数，并用 I_p 表示。

重要性指数的内涵表明，公共政策重要性是绝对重要性与相对重要性的统一。所谓绝对重要性就是公共政策自身所确定的重要性。从绝对重要性的角度看，它首先要解决自己是公共政策的问题，具体表现为其自身具有确定、可以观测和计量的价值目标，充分、准确、可行、可计量的制约价值活动的各种条件（规则），这些是公共政策具有重要性的前提，同时也要求重要性指数必须是一个具有确定性的数。

所谓相对重要性就是公共政策通过与其他公共政策比较而确立的重要性。从相对重要性的角度看，公共政策的重要性由与其共存的其他公共政策所确定，重要性要解决的关键问题是自己不能为其他公共政策或其组合所替代并能被确切观测到的问题。特定公共政策在与不同公共政策共时存在及运用时，其重要性是通过其所确定的公共政策活动目标及活动路径不能被其他公共政策联合推出，或联合推出部分所确认的。因此，能否准确计量出特定公共政策的重要性指数在很大程度上又取决于它所在的公共政策库，以及对其与其他公共政策之间本质关系的认识。这反映在重要性指数上就是，同一公共政策可能对应不同的重要性指数。实践中，利用公共政策指数的可变性，围绕特定公共政策选择适当的公共政策建立公共政策库，使其重要性指数尽可能的小，是优化并提升该公共政策重要性的有效途径。

二 重要性指数的计量

设主体价值活动目标的集合为 A ，制约其价值活动之全部主体性条件与客观条件的集合为 C，主体理性选择和决定自己价值活动目标及条件[①]所面临的情势为 (A, C)，所得的结果表述为 $A \cup C$，并将其记为 D。对于公共政策库 Ω 而言，将主体基于自己的价值活动需要所面临的公共政策选择情势记为 (Ω, D)，做出决策即主体根据自己的需要从 Ω 中选择公共政策，制定出自己的公共政策组合，本书称这个公共政策组合为主体选择性公共政策，并将其记为 $D(\Omega)$。

（一）决策要素性公共政策等价类

设 Ω_1、Ω_2 是 Ω 两个子集，如果 $D(\Omega_1) = D(\Omega_2)$，则称 Ω_1 和 Ω_2 是 Ω 中基于 D 的公共政策等价，这时的 Ω_1 和 Ω_2 称为决策等价性公共政策。决策等价性公共政策表明，对于特定的主体而言，面对同一公共政策库，可以通过选择不同的公共政策组合达成自己的价值活动的目标。

设 $d \in D$，主体基于 d 的价值活动需要所面临的公共政策选择情势记为 (Ω, D_d)，做出决策后所得到的公共政策集合记为 $D_d(\Omega)$。类似的，规定 Ω 中满足 $D_d(\Omega_1) = D_d(\Omega_2)$ 的两个子集 Ω_1 和 Ω_2 为 Ω 中基于 d 的公共政策等价，这时的 Ω_1 和 Ω_2 称为要素决策等价性公共政策。规定 Ω 中主体基于 d 等价的全部公共政策的集合为决策要素性公共政策等价类，并将由这个等价类作为元素所表征的全体公共政策的集合记为 Ω/d。[②] 显然，如果能够将条件集合 C 清晰地展现出来，并使 C 的构成要素之间相互独立，则利用 C 的构成要素可将 Ω 划分为不同的决策要素性公共政策等价类。利用这些决策要素性公共政策等价类，主体可以从开展价值活动需要及客观制约的现实出发，合理设计自己的公共政策。同时，也可为简化 Ω 中公共政策的数量，以及创新公共政策获得信息。

（二）公共政策的恒等依赖

设 C_1 和 C_2 是 C 的两个子集，V_A 是 A 一个子集，即 C_1 和 C_2 是主体制约条件或客体性制约条件的两种具体的表现形式（相当于特定条件下的制约条件），V_A 是主体价值活动目标的构成部分。将主体根据 V_A 及 C_1 和 C_2

---

① 这个活动即主体以自身为公共政策的主体进行公共政策设计。其得出的结果为带有主体主观性的公共政策，这个公共政策的合理性及是否优化和可行需要用其外部的公共政策，即用其所在的公共政策库加以论证。

② Ω/d 中的"/"不表示分数线，其含义为利用其下方的 d 作为标准对其上方的 Ω 进行等价类分类。

进行公共政策设计的情势分别记为 (V_A, C_1) 和 (V_A, C_2)，相应的设计结果为根据 V_A 且 C_1 的要求，从 $\Omega/V_A \cap C_1$ 中挑出公共政策组成新的公共政策组合，以及根据 V_A 且 C_2 的要求，从 $\Omega/V_A \cap C_2$ 中挑出公共政策组成新的公共政策组合。为了方便，本书将这两个新的公共政策组合分别记为 $\Omega/V_A \cap C_1$ 和 $\Omega/V_A \cap C_2$。如果有 $\Omega/V_A \cap C_1 \supseteq \Omega/V_A \cap C_2$ 成立，则称 C_2 基于 V_A 依赖于 C_1。特别的，如果 $\Omega/V_A \cap C_1 = \Omega/V_A \cap C_2$ 成立，则称 C_2 基于 V_A 恒等依赖于 C_1 或 C_1 基于 V_A 恒等依赖于 C_2。

公共政策之主体条件基于价值活动子目标可能存在的依赖关系表明，对于关于某个价值活动子目标恒等依赖的公共政策组合而言，尽管主体条件或客观条件与价值活动子目标所形成的组合（联合制约条件）不同，可是其所对应的两个公共政策却是同一的，在这种条件下的两个具体公共政策活动存在形式的差异。但从提高公共政策价值效率的角度可以将它们优化。具体而言，对具有 $\Omega/V_A \cap C_1 \supseteq \Omega/V_A \cap C_2$ 的两个公共政策组合而言，只要保留 $\Omega/V_A \cap C_2$ 即可。

设 $P \in \Omega$ 且 P 之价值活动目标的集合为 P_A，制约其价值活动之全部主体性条件与客观条件的集合为 P_C，并在 Ω 中规定 $\Omega_P = \bigcup\limits_{p_a \in P_A,\ p_c \in P_C} \Omega_{p_a \cap p_c}$ 为公共政策 P 的本公共政策。如果两个公共政策的本公共政策相同，则称这两个公共政策恒等依赖。公共政策恒等依赖表明了具体公共政策存在多样性背后的同质性，以及仅凭具体形式的公共政策还不足以判断其自身的存在价值。要准确分析具体公共政策存在的价值，应该从其自身所形成的与既有公共政策本质联系的角度去把握。

（三）公共政策重要性指数的计量

公共政策重要性指数的作用就是用数表征公共政策重要性的程度。显然，特定公共政策的不可替代性是其重要性的首要标志。从公共政策 P 的本公共政策 Ω_P 的构造可以发现 $\{P\} \subseteq \Omega_P$，因而，$\Omega_P - \{P\}$ 能给出公共政策 P 在 Ω 中具有不可替代性的直观表征。如果 $\Omega_P - \{P\}$ 是空集，则 P 在 Ω 中是不可替代的；如果 $\Omega_P - \{P\}$ 非空，则 P 在 Ω 中至少是局部可替代的。

为了更为准确地描述 P 在 Ω 中可替代的情况，在 $\Omega - \{P\}$ 中构造 $\Omega_P^* = \bigcup\limits_{p_a \in P_A,\ p_c \in P_C} \{\Omega - \{P\}\}_{p_a \cap p_c}$，并将 Ω_P^* 称为公共政策 P 的既然公共政策。显然，Ω_P^* 给出了在 P 还未制定之前就属于 P 的公共政策，这在一

定程度上能给出用 P 之外的其他公共政策的组合表征它的具体情况,同时也显现了其可被替代的情况。

因此,本书规定公共政策 P 的重要性指数 I_P 为

$$I_P = \frac{1}{1 + \|\Omega_P^*\|} \times \frac{\langle \{P\} - \Omega_P^* \rangle}{\langle \{P\} \rangle} \tag{3-4}$$

其中,$\|\Omega_P^*\|$ 为 Ω_P^* 所包含公共政策的个数,$\langle \{P\} \rangle$ 表示 P_A 中具体目标的个数与 P_C 中具体限制条件的个数之和,$\langle \{P\} - \Omega_P^* \rangle$ 表示 P 中不属于 Ω_P^* 的具体目标的个数与具体限制条件的个数之和。

公式(3-4)表明 $0 \le I_P \le 1$,而且公共政策的 I_P 值越大,其重要性就越大。特别的,当 $I_P = 1$ 时,有 $\Omega_P^* = \varphi$,① 此时,公共政策 P 最重要;当 $I_P = 0$ 时,有 $\Omega_P^* = \{P\}$,此时,公共政策 P 完全能被 Ω_P^* 所替代,因此,公共政策 P 没有独立存在的必要。

(四)重要性指数算法的进一步讨论

分析公式(3-4)可以发现,先于公共政策 P 所存在的公共政策库 Ω 是影响 I_P 值的重要因素,其影响主要表现在以下 3 个方面:

其一,如果新的公共政策只是已有公共政策的组合,尽管这种组合能发掘已有公共政策的价值,丰富已有公共政策所指向公共政策活动的表现形式,对于公共政策实践活动具有积极意义,但相对于公共政策自身内在结构的创新而言,这种新的组合却并不重要。

其二,实践中,主体一方面需要创新自己的价值活动,使自己所建立的公共政策具有不可替代性,另一方面,主体的发展水平及价值活动的历史继承性又决定了主体所建立的公共政策不能总是与过去完全不同,这两方面的相互作用使得新的公共政策总是存在部分价值目标及制约条件对公共政策的诉求能为其之前的公共政策库所推出,同时也存在部分价值目标及制约条件对公共政策的诉求不能为其之前的公共政策库所推出,需要创新公共政策才能实现。因而,从理论与实践相结合的角度看,并不要求新增公共政策的 I_P 一定要等于 1,有时只要 $I_P \ne 0$ 就是可接受的新增公共政策。

其三,I_P 是确定性与可变性的统一。对于特定的公共政策库而言,任

---

① φ 为空集符号,表示其中不存在任何公共政策。

何公共政策的I_p都是确定的,而且可以其为基准对不同公共政策的重要性进行准确比较。但是,特定公共政策所基于的公共政策库的变化却可能影响到该公共政策的重要性指数。对于同一公共政策而言,如果扩大其原来所基于的公共政策库,其所包含的价值目标及制约条件对公共政策的诉求就有可能从为其之前的公共政策库所推出,转化为能为其之前的公共政策库所推出,从而导致自己的重要性指数降低。公共政策实践所导致的既有公共政策库的改进和完善,也可能改变原库中公共政策的重要性指数的取值,最为典型的是通过新增"升级换代"性的公共政策,使原来的公共政策逐渐丧失重要性并最终被其他公共政策完全替代。

第四节 公共政策的完善性指数

公共政策是一个以规划追求和获得价值为目标的系统。对于一个具体的公共政策而言,其内部和谐自洽,确保所确定的公共政策目标与其所确定之公共政策主体的公共政策认知水平及实践能力,所确定的价值客体与其所存在的客观现实性,所预设的公共政策条件与其存在的现实性,以及它们之间的相互作用处于维持并增强自身存在和可持续性的状态,这些构成了其完善性的本质性要求,也成为从自身的内在结构优化具体公共政策的重要标准。

一 完善性指数的含义

公共政策的完善性指数即表征公共政策完善性的数量标志。从公共政策完善性的本质特征看,这个指数既要反映出公共政策之公共政策主体、价值客体及所预设的公共政策条件等自身结构的自洽性和完备性,[①] 又要反映出公共政策之公共政策主体、价值客体及所预设的公共政策条件三者之间相互支撑及彼此完善对方意义等和谐性方面的规定。在不引起歧义的情况下,本书将公共政策的完善性指数简称为完善性指数。

公共政策主体结构的自洽性,具体包括以不具备自己在公共政策认知

---

① 所谓完备性是指一个系统所具有的减少一个规定(对象)系统自身的意义就不完整,增加一个规定(对象)系统自身的意义不会发生变化的特性。在这个条件下,人们称该系统的规定(对象)是完备的。

能力及实施公共政策的能力方面的优势，作为判断公共政策价值主体之其他要素能作为该公共政策价值主体构成要素的标准；以不具备公共政策价值主体之其他构成要素在公共政策认知能力及实施公共政策的能力方面的优势，作为判断自己能作为该公共政策价值主体构成要素的标准；价值主体的各构成要素之间彼此既能使对方不利于所在公共政策构成及运行的主体性效应得到最大限度的抑止，又能使对方有利于所在公共政策构成及运行的主体性效应得到最大限度的释放。所谓公共政策价值主体的完备性，则是指从当下来看，公共政策价值主体构成要素的种类及其量具有完备性。

公共政策价值客体结构的自洽性，具体是指实物形式的价值客体的构成及表现形式要符合自然规律，抽象形式的价值客体的构成及表现形式要符合社会的价值规范和规律，而且无论何种形式存在的价值客体其构成之间的相互作用均是有利于肯定和增强价值客体存在的。公共政策价值客体的完备性，则是指从当下来看，公共政策对其价值客体种类及其量的规定具有完备性。

公共政策之预设条件结构的自洽性，包括公共政策的各条件的内部自洽，以及其间的相互作用自洽。一方面，单个的公共政策条件应该按照其存在的规律存在，内部实际起作用的规律及自身的存在状态均处于有利于肯定自己作为公共政策条件的状态；另一方面，公共政策的各条件之间不是排斥性竞争关系，它们处于一种共生状态，能产生共生效应。类似的，公共政策之预设条件结构的完备性，是指就公共政策研究和实践的当下水平而言，公共政策对其条件的种类及其量的规定具有完备性。

所谓公共政策之公共政策主体、价值客体及所预设的公共政策条件三者之间相互支撑及彼此完善对方意义，它具体包括：公共政策之价值主体的需要是一种可以对象化的需要，它能为该公共政策之价值客体所完全表征；公共政策之价值客体是一种处于主体化状态的客体，它能通过该公共政策之价值主体完全主体化；所预设的公共政策条件，即实现公共政策之价值主体对象化为公共政策价值客体，以及公共政策之价值客体主体化为公共政策之价值主体所直接需要的全部条件。因此，对于一个具有完善性的公共政策而言，其价值主体和价值客体之间的关系，价值主体与公共政策条件之间的关系，以及价值客体与公共政策条件之间的关系所展现的，均是同一公共政策所具有的、独特的价值主体、价值客体及公共政策条件既相互校验，又彼此强化的关系。

二 完善性指数的计量

设公共政策 P 的价值主体为 J、价值客体为 K、价值关系为 R、预设的条件为 C。

（一）表达符号的约定

为了方便表述，对符号所表达的意义做出如下约定：

记价值主体 J 之独立要素（联合体）为 J_i（$i=1, 2, \cdots, n_J$），基于全体独立要素的表示为 $J=J$（$J_1, J_2, \cdots, Jn_J$），对象化结果的全体组成的集合为 J_K，J_K 维持其自身存在和对象化活动的条件集合为 C_J，J_i 对象化结果的全体组成的集合为 $J_{i,K}$，J_i 维持其自身存在和对象化活动的条件集合为 C_{Ji}；

记价值客体 K 之具有相对独立意义的对象为 K_l（$l=1, 2, \cdots, n_K$），基于全体相对独立意义之对象的表示为 $K=K$（$K_1, K_2, \cdots, Kn_K$），主体化结果的全体组成的集合为 K_J，维持其自身存在和主体化活动的条件集合为 C_K，K_l 主体化结果的全体组成的集合为 $K_{l,J}$，K_l 维持其自身存在和对象化活动的条件集合为 C_{Kl}；

记预设条件 C 之具有相对独立意义和功能的构成部分为 C_t（$t=1, 2, \cdots, n_C$），基于全体相对独立意义和功能的构成部分之条件的表示为 $C=C$（$C_1, C_2, \cdots, Cn_C$），C_t 能支撑的要素性的价值主体的构成部分为 J_{Ct}，C_t 能支撑的具有相对独立意义（要素性）的价值客体性部分为 K_{Ct}，C_t 自身存在和正常运行所需要的条件为 C_{Ct}；

"$\|*\|$" 表示集合 $*$ 中元素的个数。

（二）公共政策自洽度的计量

基于上面的符号约定，对公共政策之价值主体、价值客体及预设条件的有关内在特性及计量方法做出下列三个规定：

规定1：价值主体 J 之对象化结果的实现度为 $\dfrac{\|J_k \cap K\|}{\|J_K\|}$，维持其自身存在和对象化活动所需要条件的实现度为 $\dfrac{\|C_J \cap C\|}{\|C_J\|}$，自身

的利益自洽度为 $\dfrac{\| \bigcup_{i=1}^{n_J}(J_{i,k} \cap K) \|}{\sum_{i=1}^{n_J} \| J_{i,k} \|}$，存在和运行条件的自洽度为

$\dfrac{\| \bigcup_{i=1}^{n_J}(C_{J_i} \cap C) \|}{\sum_{i=1}^{n_J} \| C_{J_i} \|}$；

规定2：价值客体 K 之主体化结果的实现度为 $\dfrac{\| K_J \cap J \|}{\| K_J \|}$，维持其自身存在和主体化活动所需要条件的实现度为 $\dfrac{\| C_k \cap C \|}{\| C_K \|}$，自身的自洽度为 $\dfrac{\| \bigcup_{l=1}^{n_K}(K_{l,k} \cap J) \|}{\sum_{l=1}^{n_K} \| K_{i,J} \|}$，存在和运行条件的自洽度为

$\dfrac{\| \bigcup_{i=1}^{n_K}(C_{K_l} \cap C_K) \|}{\sum_{l=1}^{n_K} \| C_{K_l} \|}$；

规定3：条件 C 的价值主体性自洽度为 $\dfrac{\| \bigcup_{t=1}^{n_C} J_{C_t} \|}{\sum_{t=1}^{n_C} \| J_{C_t} \|}$，价值客体性自洽度为 $\dfrac{\| \bigcup_{t=1}^{n_C} K_{C_t} \|}{\sum_{t=1}^{n_C} \| K_{C_t} \|}$，条件性自洽度为 $\dfrac{\sum_{t=1}^{n_C} \Gamma(C_{C_t})}{n_C}$ [其中，$\Gamma(C_{C_t})$ 是 C_{C_t} 可实现的标志函数，只有0和1两个取值。如果 C_{C_t} 在当下可完全实现，则 $\Gamma(C_{C_t}) = 1$；如果 C_{C_t} 在当下不能完全实现，则 $\Gamma(C_{C_t}) = 0$]，整体性自洽度为 $\dfrac{\| \bigcup_{t=1}^{n_C}(J_{C_t} \cap J) \|}{\sum_{t=1}^{n_C} \| (J_{C_t} \cup J) \|} \times \dfrac{\| \bigcup_{t=1}^{n_C}(K_{C_t} \cap K) \|}{\sum_{t=1}^{n_C} \| (K_{C_t} \cup K) \|}$，有用度为 $\dfrac{\| (C_J \cup C_k) \cap C \|}{\| C \cup C_J \cup C_k \|}$。

称

$$s_{J,K,C} = \frac{\|\bigcup_{i=1}^{n_J}(J_{i,k}\cap K)\|}{\sum_{i=1}^{n_J}\|J_{i,k}\|} \times \frac{\|\bigcup_{i=1}^{n_J}(C_{J_i}\cap C)\|}{\sum_{i=1}^{n_J}\|C_{J_i}\|} \times$$

$$\frac{\|\bigcup_{l=1}^{n_K}(C_{K_l}\cap C_K)\|}{\sum_{l=1}^{n_K}\|C_{K_l}\|} \times \frac{\|\bigcup_{t=1}^{n_C}J_{C_t}\|}{\sum_{t=1}^{n_C}\|J_{C_t}\|} \times \frac{\|\bigcup_{t=1}^{n_C}K_{C_t}\|}{\sum_{t=1}^{n_C}\|K_{C_t}\|} \quad (3-5)$$

为公共政策的广义自洽度，记为 $s_{J,K,C}$。

称

$$S_{J,K,C} = \frac{\|\bigcup_{i=1}^{n_J}(J_{i,k}\cap K)\|}{\sum_{i=1}^{n_J}\|J_{i,k}\|} \times \frac{\|\bigcup_{i=1}^{n_J}(C_{J_i}\cap C)\|}{\sum_{i=1}^{n_J}\|C_{J_i}\|} \times$$

$$\frac{\|\bigcup_{l=1}^{n_K}(C_{K_l}\cap C_K)\|}{\sum_{l=1}^{n_K}\|C_{K_l}\|} \times \frac{\|\bigcup_{t=1}^{n_C}(J_{C_t}\cap J)\|}{\sum_{t=1}^{n_C}\|(J_{C_t}\cup J)\|} \times \frac{\|\bigcup_{t=1}^{n_C}(K_{C_t}\cap K)\|}{\sum_{t=1}^{n_C}\|(K_{C_t}\cup K)\|} \quad (3-6)$$

为公共政策的强自洽度，记为 $S_{J,K,C}$。

称

$$\rho_{J,K,C} = \frac{\|J_k\cap K\|}{\|J_K\|} \times \frac{\|C_J\cap C\|}{\|C_J\|} \times \frac{\|K_J\cap J\|}{\|K_J\|} \times \frac{\|C_k\cap C\|}{\|C_K\|} \times$$

$$\frac{\|(C_J\cup C_k)\cap C\|}{\|C\cup C_J\cup C_k\|} \quad (3-7)$$

为公共政策之价值主体、价值客体及预设条件的联系度，记为 $\rho_{J,K,C}$。

(三) 公共政策完善性指数的计量

对于公共政策 P 而言，称

$$Q_{\theta,P} = \rho_{J,K,C} \times s_{J,K,C} \quad (3-8)$$

所确定的数为公共政策 P 的广义完善性指数，就记为 $Q_{\theta,P}$；称

$$Q_{\Theta,P} = \rho_{J,K,C} \times S_{J,K,C} \times \frac{\sum_{t=1}^{n_C}\Gamma(C_{C_t})}{n_C} \quad (3-9)$$

所确定的数为公共政策 P 的强完善性指数，就记为 $Q_{\Theta,P}$。

（四）完善性指数算法的进一步讨论

公式（3-8）和公式（3-9）的结果表明，公共政策的完善性指数是完全基于其自身的构成所建立的表征自己应然状态与公共政策所规定状态一致性程度的指数。分析 $Q_{\Theta,P}$ 和 $Q_{\theta,P}$ 的计量原理可以发现：$0 \leqslant Q_{\Theta,P} \leqslant Q_{\theta,P} \leqslant 1$。

对于 $Q_{\Theta,P}$ 而言，其取值越大，相应的公共政策的完善性就越好。实践中，将 $Q_{\Theta,P}$ 作为具体计量公共政策完善性的指数较为适宜。特别的，当 $Q_{\Theta,P}=1$ 时，其所对应的公共政策的完善性最好，此时的公共政策是一个内部具有最优配置的真公共政策。

对于 $Q_{\theta,P}$ 而言，其取值越小，相应的公共政策的完善性就越差。实践中，将 $Q_{\theta,P}$ 作为否定公共政策具有完善性的指数较为合适。特别的，当 $Q_{\theta,P}=0$ 时，其所对应的公共政策的完善性最差，此时的公共政策是一个没有存在依据的假公共政策。

$Q_{\Theta,P}$ 与 $Q_{\theta,P}$ 之间的差异刻画了当前公共政策完善性可提高的空间，即在不改变当前公共政策价值客体的前提下，通过采取改变公共政策所处的环境，以及促进公共政策价值主体发展公共政策认知能力的手段，能够对当前公共政策进行完善。

$Q_{\Theta,P}$ 与 $Q_{\theta,P}$ 的构造表明，确定 $\|J\|$、$\|K\|$ 及 $\|C\|$ 的计量方法是关键。$\|J\|$、$\|K\|$ 及 $\|C\|$ 是 J、K 及 C 中各自包含的具有完整意义的独立结构的个数，要厘清其中各结构之间的差异，确定比较的基准及其独立结构相互联合构成新独立结构的判断标准是其基础性的工作。显然，如果确立 J、K 及 C 之独立结构的标准不同，那么即便对于同一公共政策也可能得出不同的 $Q_{\Theta,P}$ 与 $Q_{\theta,P}$。这个事实说明，在具体分析特定公共政策之 J、K 及 C 的结构时，必须穷尽其存在本质差异的具有意义的独立结构，只有在这种情况下才能根据 $Q_{\Theta,P}$ 与 $Q_{\theta,P}$ 的大小，对不同公共政策之完善性进行比较。

需要指出的是，$Q_{\Theta,P}$ 与 $Q_{\theta,P}$ 的值同样具有可完善性的特点。一方面，通过公共政策实践，公共政策主体自身能力的提高能促进其进一步完善对自身结构的认识；另一方面，与公共政策相关的其他学科的发展能进一步完善对公共政策所涉及的对错问题、冲突问题及是否具有现实性的认识。这些均有可能导致价值主体 J 之对象化结果的实现度、维持其自身存在和对象化活动所需要条件的实现度、自身的利益自洽度及存在和运行条件的自洽度，价值客体 K 之主体化结果的实现度、维持其自身存在和主体化活动所需要条件的实现度、自身的自洽度及存在和运行条件的自洽度，以及公共政策条件 C 的价值主体性自洽度、价值客体性自洽度、条件性自洽度、整体性自洽度及有用度等发生变化，并最终影响到 $Q_{\Theta,P}$ 与 $Q_{\theta,P}$ 的取值，使得同一公共政策出现前后不一的 $Q_{\Theta,P}$ 与 $Q_{\theta,P}$ 取值，但在后面根据公共政策实践所产生的效应所计算出的 $Q_{\Theta,P}$ 与 $Q_{\theta,P}$ 值更为合理。

第五节 公共政策的边际效应指数

在原有的公共政策库中增加一个公共政策会带来多大的新的公共政策效益？怎样从公共政策效益的角度确定是否值得开发和启用新的公共政策？公共政策边际效应指数可从定量的角度为解决这两个问题提供依据。

一 边际效应指数的含义

边际效应是一个有歧义的术语。植物学将同一地区之同类植物在中心地带与边缘地带生长状态的差异称为边际效应或边行效应，生态学将远离生态系统中心的生物之间的作用称为边际效应或边缘效应，一种更为泛化的观点是将两种不同相物质或社会现象交融之界面中的物质动态交融过程所体现出来的物理、化学、生物等方面的特性称为边际效应。[1] 微观经济学则将对从消费一种商品之一个额外数量中所获得的额外满足的度量称为边际效用（marginal utility）。[2] 就社会中存在的边际效应的本质而言，其要义在于个体特性的有限性，只要存在适当的渐进序列，过程最终会表现出趋向饱和的极限行为。[3] 本书从增加一个公共政策能给整个公共政策体系带来实质性变化，导致原公共政策体系价值提升的角度，研究公共政策的边际效应，并将衡量公共政策这种效果的指数称为公共政策的边际效应指数。而且在没有出现歧义的情况下就简称为边际效应指数。

---

[1] 周秉根：《边际效应特征及其增值效应探讨》，《大自然探索》1999 年第 3 期。

[2] ［美］R. S. 平狄克等：《微观经济学》（第四版），张军等译，中国人民大学出版社 2000 年版，第 79 页。

[3] 钟学富：《物理社会学：社会现象演绎理论的探索》，中国社会科学出版社 2002 年版，第 329 页。

分析经济学之边际效应的计量可以发现，要给出准确的公共政策边际效应计量必须解决好在新公共政策投入公共政策库（体系）之前，原公共政策库能给公共政策活动提供的价值总量问题，而在其投入后，又必须重新解决所形成的新公共政策库能给公共政策活动提供的价值总量问题。实践中，通过前后两个公共政策库所提供的价值总量的差即可得出新公共政策的边际效应值。这种计量公共政策边际效应值的方法，尽管直观且易于理解，可实践中有的公共政策库所包含的价值种类庞多，形式丰富多样、千差万别，要准确计量却很困难。如果人为地选择一个结构单一的公共政策库去计量公共政策的边际效应，那么只能得出没有任何实际意义的虚假结论，违背计量公共政策边际效应（指数）的本来。

对于公共政策边际效应指数而言，尽管直接用其所能带来的价值数作为自己的表现形式，也是一种选择，但在这种直接计量难以实现时，利用等价转换的方法建立边际效应指数的计量方法，就成为一种必然的选择。从公共政策之间的结构性关系分析新增公共政策的边际效应，用具体公共政策对整个公共政策体系来计量公共政策的边际效应，从理论上讲这种计量就是一种与直接用其所能带来的价值数作为自己边际效应指数等价的计量方式。只要确保所讨论的公共政策是一个结构完整、功能完整、具有现实性的公共政策，就能实现这个等价转换。此时，公共政策对公共政策库提供价值总类别及量的贡献，就等价于其对完善公共政策库自身结构，提升创新公共政策价值能力的贡献。因此，本书称增加公共政策于公共政策库后在新公共政策库中所形成的公共政策的新结构及功能为该公共政策的边际效应。基于这个界定，公共政策价值链、公共政策库的等价类等即可成为研究和计量公共政策边际效应指数的重要工具。

二　边际效应指数的计量

研究表明，边际效应的严格数学模型具有将模型的输出作为反馈再输入模型进行循环计算，最终得出稳定输出结果的特点。① 从这个意义上讲，公共政策边际效应指数的计量也应该如此，只能通过将其嵌入所有公共政策组成的系统中，才能准确把握。下面基于公共政策库并以公共政策

---

① 钟学富：《物理社会学：社会现象演绎理论的探索》，中国社会科学出版社2002年版，第332页。

价值链为工具给出计量边际效应指数的具体方法。

(一) 边际效应指数的算法

设 $P(J_1,R_1,K_1)$、$P(J_2,R_2,K_2)\cdots P(J_n,R_n,K_n)$ 确定了图 3-1 所示的单向公共政策价值链，将新开发的公共政策 $P(J_V,R_V,K_V)$ 插入该链所得的新公共政策价值链如图 3-2、图 3-3 及图 3-4 表示。其中，图 3-4 中的 i 满足 $2 \leqslant i \leqslant n-1$。

$$P(J_V,R_V,K_V) \longrightarrow P(J_1,R_1,K_1) \longrightarrow P(J_2,R_2,K_2) \cdots \longrightarrow P(J_n,R_n,K_n)$$

图 3-2　增为源公共政策的新单向公共政策价值链

$$P(J_1,R_1,K_1) \longrightarrow P(J_2,R_2,K_2) \longrightarrow \cdots \longrightarrow P(J_n,R_n,K_n) \longrightarrow P(J_V,R_V,K_V)$$

图 3-3　增为末公共政策的新单向公共政策价值链

$$P(J_1,R_1,K_1) \longrightarrow P(J_2,R_2,K_2) \longrightarrow \cdots \longrightarrow P(J_i,R_i,K_i)$$
$$\longrightarrow P(J_V,R_V,K_V) \longrightarrow P(J_{i+1},R_{i+1},K_{i+1}) \longrightarrow \cdots \longrightarrow P(J_n,R_n,K_n)$$

图 3-4　增为流公共政策的新单向公共政策价值链

对于图 3-2 而言，原公共政策价值链只有新增加的具体度，其具体值为

$$(\frac{1}{n}+\cdots+\frac{n}{n}) - (\frac{1}{n-1}+\cdots+\frac{n-1}{n-1}) = \frac{1}{2}。$$

在这种情况下，公共政策 $P(J_V,R_V,K_V)$ 自身的具体度为 0。

对于图 3-3 而言，原公共政策价值链只损失具体度，具体损失的值为

$$(\frac{1}{n}+\cdots+\frac{n}{n}) - (\frac{1}{n-1}+\cdots+\frac{n-1}{n-1}) = \frac{1}{2}。$$

在这种情况下，公共政策 $P(J_V,R_V,K_V)$ 自身的具体度为 1。

对于图 3-4 而言，原公共政策价值链损失的具体度为

$$(\frac{1}{n}+\cdots+\frac{i-1}{n}) - (\frac{1}{n-1}+\cdots+\frac{i-1}{n-1}) = \frac{i(1-i)}{2n(n-1)},$$

增加的具体度为

$$\left(\frac{i}{n}+\frac{i+1}{n}+\cdots+\frac{n}{n}\right)-\left(\frac{i}{n-1}+\frac{i+1}{n-1}+\cdots+\frac{n-1}{n-1}\right)=\frac{1}{2}+\frac{i(i-1)}{2n(n-1)}$$

在这种情况下,公共政策 $P(J_V, R_V, K_V)$ 自身的具体度为 i/n。

上面的计算表明,从公共政策具体度的角度看,对于原公共政策价值链而言,其新增公共政策价值链所造成的原公共政策价值链之具体度的损失与增加的和的绝对值是常数 1/2。实践中,造成原公共政策价值链之具体度损失的情形有利于形成对公共政策更具有一般性的认识,具有理论价值;而造成原公共政策价值链之具体度增加的情形则与之相反,它有利于形成对公共政策更具有具体性的认识,具有实践价值。

基于这样的认识,本书将公共政策造成原公共政策价值链具体度增加的情形称为公共政策的理论性边际效应,其指数记为 B_L。对公共政策 P 规定其理论性边际效应指数为

$$B_{L,P}=\begin{cases} 0 & \text{当 } P \text{ 只能作为末公共政策时;} \\ 1 & \text{当 } P \text{ 只能作为源公共政策时;} \\ 1-\dfrac{i(i-1)}{n(n-1)} & \text{当 } P \text{ 只能作为流公共政策并以原公共政策} \\ & \text{链上第 } i \text{ 个公共政策作为前继公共政策时。} \end{cases}$$

(3-10)

其中,n 表示原公共政策价值链的长度。将公共政策造成原公共政策价值链具体度损失的情形称为公共政策的实践性边际效应,其指数记为 B_T。对公共政策 P 规定其实践性边际效应指数为

$$B_{T,P}=\begin{cases} 0 & \text{当 } P \text{ 只能作为源公共政策时;} \\ 1 & \text{当 } P \text{ 只能作为末公共政策时;} \\ \dfrac{i(i-1)}{n(n-1)} & \text{当 } P \text{ 只能作为流公共政策并以原公共政策} \\ & \text{链上第 } i \text{ 个公共政策作为前继公共政策时。} \end{cases}$$

(3-11)

其中,n 表示原公共政策价值链的长度。

(二) 边际效应指数算法的进一步讨论

公式(3-10)和公式(3-11)表明,无论是理论性公共政策边际效应指数还是实践性边际效应指数,均是由其自身能形成确定、独特的公共

政策功能决定的。

计量公共政策边际效应指数的关键是确定其能否在具体的公共政策价值链上,以及如果在公共政策价值链上时它的具体位置。具体公共政策价值链的长度对于流公共政策之公共政策边际效应的影响较为直接。如果假设公共政策 P 既在长度为 n 的公共政策价值链上且以该链中排在第 i 位的公共政策作为前继公共政策,又在长度为 m (不妨设 $m>n$) 的公共政策价值链上且以该链中排在第 t 位的公共政策作为前继公共政策,那么它们的理论性边际效应指数的差为

$$[1 - \frac{i(i-1)}{n(n-1)}] - [1 - \frac{t(t-1)}{m(m-1)}] =$$
$$\frac{n^2t^2 - n^2t - t^2n + nt - m^2i^2 + m^2i + i^2m - mi}{mn(m-1)(n-1)} \tag{3-12}$$

相应的实践性边际效应指数的差为

$$\frac{i(i-1)}{n(n-1)} - \frac{t(t-1)}{m(m-1)} = \frac{m^2i^2 - m^2i - mi^2 + mi - n^2t^2 + tn^2 + t^2n - nt}{mn(m-1)(n-1)} \tag{3-13}$$

式 (3-12) 和 (3-13) 等于 0 的充要条件是

$$\frac{i(i-1)}{n(n-1)} = \frac{t(t-1)}{m(m-1)} \tag{3-14}$$

由于假设 $m>n$,因而,要在加长公共政策价值链的前提下不改变其公共政策边际效应指数,其必要条件是原公共政策在新公共政策价值链上的位置比原来更远离源公共政策。事实上,如果假定 m、n 及 i 已知,则可得出如下关于 t 的一元二次方程

$$\frac{n(n-1)}{m(m-1)i(i-1)} \times t^2 - \frac{n(n-1)}{m(m-1)i(i-1)} \times t - 1 = 0 \tag{3-15}$$

利用方程 (3-15) 可以精确判断是否存在这样的 t 满足不改变公共政策边际效应的条件。[①] 从而从理论上防止开展不可能实现的按照既定公共政策边际效应指数开发新公共政策的活动。

显然,如果一个公共政策能作为某个长度大于 3 的公共政策价值链之流公共政策的话,则该公共政策去掉末公共政策后所得的价值链依然有可

---

① 由于 t 是非零自然数,因而最多只存在一个取值,使得公共政策的边际效应指数不发生变化。

能把这个公共政策作为流公共政策,而此时,这个流公共政策的边际效应指数却会发生变化。因此,在实际确定某个公共政策的边际效应指数时,必须利用具有公认稳定结构且同类中长度最长的公共政策价值链,作为计量公共政策边际效应指数的公共政策价值链。

此外,对于新公共政策只能作为源公共政策或末公共政策的情况,尽管在这种情况下其公共政策边际效应指数的值是常数1或0,但这并不是说其边际效应指数的值永远是常数1或0。实践中,对公共政策的研究总建立在特定的公共政策库上,这时得出特定公共政策只能作为源公共政策或末公共政策之结论的正确性范围也只能是在这个公共政策库的范围内。随着研究及实践所依据公共政策库的变化,原来只能作为源公共政策的公共政策就有可能作为流公共政策,甚至只能作为末公共政策,而原来只能作为末公共政策的公共政策也有可能作为流公共政策,甚至只能作为源公共政策。这提醒人们不要绝对、无条件地对待和使用公共政策边际效应指数,而是要从实际出发,具体、有条件地对待和使用公共政策边际效应指数所提供的信息,对有无必要开发或投放新公共政策做出合乎科学和情理的决策。

第六节 公共政策库的指数

公共政策库作为公共政策全体的集合,其所蕴含的公共政策总数是其直接的数量标志,可这个标志除了提供公共政策总量方面的信息外,难以刻画库中其间各公共政策相互作用方面的信息。如果把公共政策库作为具有自组织特征的系统,将其中的各公共政策作为它的构成要素,那么公共政策库自身也可以作为一个公共政策,一个更具复杂结构、巨系统性、学习性及自组织性的系统。对这个系统自身的和谐性、稳定性、完备性及存在和运行成本方面的研究,不仅有助于对公共政策库进行优化,而且有助于促进公共政策库自身的超越。为了讨论的方便,规定公共政策库 $\Omega = \{P_1, P_2, \cdots, P_n\}$,其中 P_i $(1, 2, \cdots, n)$ 是库中的公共政策。

一 和谐性指数

公共政策库和谐指公共政策库内部各公共政策相互支撑、共存、共生的状态。对于一个国家或组织而言，确保自己的公共政策库和谐，是自己能够整体性有效开展公共政策活动的必要条件。

（一）和谐性指数的含义

公共政策库的和谐性指体现公共政策库和谐的公共政策库特性，也指公共政策库所展现的公共政策库和谐的特征及程度，对其进行数学描述所使用的数即所谓的公共政策和谐性指数，简称和谐性指数，记为 H_Ω。

从和谐性指数的内在规定性看，根据公共政策库和谐本质特征的要求，和谐性指数必须能有效刻画出公共政策库之各公共政策相互支撑、共存、共生的程度。不仅如此，和谐性指数还必须能刻画出公共政策库基于各公共政策相互支撑、共存、共生所产生的促进自我超越和创新的状态。

从公共政策库的和谐性比较来看，和谐性指数应该成为完成这种比较最为可靠的依据。因而，从理论上讲，一方面，和谐性指数相等的公共政策库必须实际具有程度相同的和谐性，这决定了和谐性指数与实际公共政策的和谐性是本质与现象的关系。和谐性指数是本质，实际公共政策的和谐性是现象，一个具体的和谐性指数值是一类实际公共政策的和谐性的抽象，基于这个具体的和谐性指数值，它们的和谐性是等价的。另一方面，和谐性指数具有序关系，即和谐性指数大的公共政策库的和谐性要优于和谐性指数小的公共政策库的和谐性。

特别的，从完善公共政策库的和谐性的角度看，和谐性指数在刻画出公共政策库的和谐性的同时，还必须能刻画出该公共政策内部不和谐性的程度，即和谐性指数本身也同时具有不和谐指数的意义。

（二）和谐性指数的计量

设 J_i 是公共政策 P_i 之价值主体独立构成要素的集合，K_i 是 P_i 之价值客体独立构成要素的集合，C_i 是 P_i 的规定的全部条件的集合，将 $J_1 \cap J_2 \cap \cdots \cap J_n$ 记为 core（J），$K_1 \cap K_2 \cap \cdots \cap K_n$ 记为 core（K），$C_1 \cap C_2 \cap \cdots \cap C_n$ 记为 core（C）。规定

$$h_{i/J,\,\Omega} = 1 - \frac{\parallel J_i - core(J) \parallel}{\parallel J_i \parallel} \qquad (3-16)$$

为公共政策 P_i 基于公共政策库 Ω 之价值主体支撑指数，记为 $h_{i/J,\,\Omega}$。$h_{i/J,\,\Omega}$ 的结构表明，它描述了 P_i 的价值主体能通过 Ω 中其他价值主体构成

的程度。如果 $h_{i/J,\Omega}=1$，则 P_i 的价值主体能通过 Ω 中其他所有价值主体的独立构成要素完全构成，自己没有独立的价值构成要素；如果 $h_{i/J,\Omega}=0$，则 P_i 的价值主体不能为 Ω 中其他所有价值主体的独立构成要素构成，自己的每个独立价值构成要素至少与 Ω 中的一个公共政策的价值主体的独立构成要素不同。规定

$$h_{i/K,\Omega} = 1 - \frac{\|K_i - core(K)\|}{\|K_i\|} \tag{3-17}$$

为公共政策 P_i 基于公共政策库 Ω 之价值客体支撑指数，记为 $h_{i/K,\Omega}$。对于 $h_{i/K,\Omega}$ 可以进行与分析 $h_{i/K,\Omega}$ 类似的分析，并得出类似的结论。规定

$$h_{i/C,\Omega} = 1 - \frac{\|C_i - core(C)\|}{\|C_i\|} \tag{3-18}$$

为公共政策 P_i 基于公共政策库 Ω 之价值条件支撑指数，记为 $h_{i/C,\Omega}$。同样的，对 $h_{i/C,\Omega}$ 也可进行与分析 $h_{i/C,\Omega}$ 类似的分析，并得出类似的结论。规定

$$h_{i,\Omega} = \sqrt[3]{h_{i/J,\Omega} \times h_{i/K,\Omega} \times h_{i/C,\Omega}} \tag{3-19}$$

为公共政策 $P_i(i=1,2,\cdots,n)$ 被公共政策库 Ω 的支撑指数，记为 $h_{i,\Omega}$。显然，$h_{i,\Omega}$ 的值越大，P_i 从其所在的公共政策库 Ω 中获得其他公共政策的支撑就越大，它与其他公共政策的联系就越紧密。特别的，当 $h_{i,\Omega}=1$ 时，P_i 能为其所在的公共政策库 Ω 中的其他所有的公共政策完全支撑，此时，它与 Ω 中所有的公共政策共存、共生，并蕴含着与自身以外的 Ω 中的任何一个公共政策均建立联系的客观基础。

对于公共政策库 Ω 规定

$$H_{\Omega,J} = \frac{1}{n}\sum_{i=1}^{n} h_{i/J,\Omega} \tag{3-20}$$

为基于自己所包所有公共政策之价值主体的整体和谐性指数，记为 $H_{\Omega,J}$。规定

$$H_{\Omega,K} = \frac{1}{n}\sum_{i=1}^{n} h_{i/K,\Omega} \tag{3-21}$$

为基于自己所包所有公共政策之价值客体的整体和谐性，记为 $H_{\Omega,K}$。规定

$$H_{\Omega,C} = \frac{1}{n}\sum_{i=1}^{n} h_{i/C,\Omega} \tag{3-22}$$

为基于自己所包所有公共政策之价值条件的整体和谐性,记为 $H_{\Omega,C}$。规定

$$H_\Omega = \begin{cases} 0 & \text{如果} \sum_{i=1}^{n} h_{i,\Omega} = 0, \\ n \times \sqrt[n]{\prod_{i=1}^{n} h_{i,\Omega} \div \sum_{i=1}^{n} h_{i,\Omega} \times \sqrt[3]{H_{\Omega,J} \times H_{\Omega,K} \times H_{\Omega,C}}} & \text{如果} \sum_{i=1}^{n} h_{i,\Omega} \neq 0 \end{cases}$$

(3-23)

为公共政策库 Ω 的和谐性指数,记为 H_Ω。

(三) 计量和谐性指数方法的讨论

公式 (3-23) 表明,对于公共政策库 Ω 而言,其所包含的不同公共政策的价值主体、价值客体及所设计的存在和运行条件的独立构成要素,是实现公共政策库和谐性的基础,用它们所有的共同独立要素作为确定计量和谐性指数的做法有其内在的合理性。因为,如果将各要素之间所有共同的独立要素去掉,则要么是各公共政策的价值主体或价值客体或预设的条件本身就是不完善的,要么是各公共政策之间只存在外部的联系,但无论哪一种均会降低公共政策库的和谐性。如果出现其中不存在一个公共政策能为 Ω 中其他全部公共政策所支撑,或者至少存在一个公共政策不能为 Ω 中其他全部公共政策所支撑的情形,Ω 的和谐性指数均为 0。实践中,这种限制是一种很高的要求。

由于 core(J)、core(K) 及 core(C) 均是对 Ω 中全体公共政策提出的要求,即便某个独立要素属于 Ω 中 $\|\Omega\|-1$ 个公共政策的价值主体或价值客体或公共政策条件,但是,这个独立要素却不能属于 core(J) 或 core(K)。因而,从这个意义上讲,公式 (3-23) 所计算出的结果可能夸大了 Ω 的不和谐性。同样地,对于公式 (3-16) 至公式 (3-22) 所界定的各个指数均存在类似的情形。因此,从这个意义上讲,公式 (3-23) 所界定的 Ω 的和谐性指数是一种全局性的绝对和谐意义上的指数。

如果规定

$$Ker_i(J) = \begin{cases} J_2 \cap J_3 \cap \cdots \cap J_n, & \text{如果 } i = 1 \\ J_1 \cap J_2 \cap \cdots \cap J_{i-1} \cap J_{i+1} \cap \cdots \cap J_n, & \text{如果 } 2 \leq i \leq n-1 \end{cases}$$

(3-24)

$$Ker_i(K) = \begin{cases} K_2 \cap K_3 \cap \cdots K_n, & \text{如果 } i = 1 \\ K_1 \cap K_2 \cap \cdots K_{i-1} \cap K_{i+1} \cap \cdots K_n, & \text{如果 } 2 \leq i \leq n-1 \end{cases}$$

(3-25)

$$Ker_i(C) = \begin{cases} C_2 \cap C_3 \cap \cdots C_n, & \text{如果 } i = 1 \\ C_1 \cap C_2 \cap \cdots C_{i-1} \cap C_{i+1} \cap \cdots C_n, & \text{如果 } 2 \leq i \leq n-1 \end{cases}$$

(3-26)

对于 Ω 中的公共政策 $P_r = (r=1, 2, \cdots, n)$ 而言，规定 J_r 是 P_r 之价值主体独立构成要素的集合，K_r 是 P_r 之价值客体独立构成要素的集合，C_r 是 P_r 的规定的全部条件的集合，以及

$$M_{J,r} = \max \{ \|J_r - Ker_1(J)\|, \|J_r - Ker_2(J)\| \cdots \|J_r - Ker_n(J)\| \}$$

(3-27)

$$M_{K,r} = \max \{ \|K_r - Ker_1(J)\|, \|K_r - Ker_2(J)\| \cdots \|K_r - Ker_n(J)\| \}$$

(3-28)

$$M_{C,r} = \max \{ \|C_r - Ker_1(J)\|, \|C_r - Ker_2(J)\| \cdots \|C_r - Ker_n(J)\| \}$$

(3-29)

分别用 $M_{J,i}$ 代替公式（3-16）中的 $\|J_i-core(J)\|$，$M_{K,i}$ 代替公式（3-17）中的 $\|K_i-core(K)\|$，$M_{C,i}$ 代替公式（3-18）中的 $\|C_i-core(C)\|$ 计算 $h_{i/J,\Omega}$、$h_{i/K,\Omega}$ 及 $h_{i/C,\Omega}$。由于对任意的公共政策 P_i（$i=1, 2, \cdots, n$）均有：$\{J_i-core(J)\} \supseteq \{J_i-Ker_j(J)\}$，$\{K_i-core(K)\} \supseteq \{K_i-Ker_j(K)\}$ 及 $\{C_i-core(C)\} \supseteq \{C_i-Ker_j(C)\}$ 成立。因此，代换后得出的有关指数值将会不小于原来计算的结果，并导致公式（3-19）至公式（3-23）所界定指数的值也增大。类似的，还可以继续放宽要求讨论公共政策库的和谐性指数。实践中，具体放宽到什么程度取决于公共政策库的容量及人们对和谐内涵的要求。

公式（3-19）及公式（3-23）均表明，无论是单个公共政策被公共政策库支撑的指数，还是公共政策库的和谐性指数，它们均要求内部的构成指数不仅要尽可能地取到最大值，而且要尽量使这些取值接近，只有在这种条件下才能实现内部的构成指数及所计算出的指数值较为接近。

公式（3-23）所界定的和谐系数为 1 时，此时公共政策库所有的价值主体、价值客体及公共政策（价值）条件的独立构成要素均相同，

不同的只是这些要素间的组合方式，对于这样公共政策库的研究具有很强的现实意义。因为，大多数公共政策在从独立构成要素的层面进行分析时均会出现相同或高度相同的情况。尽管这种现象有利于解释不同公共政策的一致性，但是，出现这种独立构成要素高度相同的公共政策库，却有可能影响到公共政策实践活动的超越，妨碍公共政策库的自我完善与超越。

需要指出的是，在公共政策库中可能存在各价值客体或预设条件完全相同，而其价值主体却不完全相同的情况。这时，用公式（3-23）所界定的和谐系数表明该公共政策库具有较高的和谐性。这个结果在这些价值主体具有合作性（互补性）关系时与人们所感受到的和谐性较为一致，但在这些价值主体具有竞争性关系时与人们所感受到的和谐性却不一致，这时的和谐所表征的是价值主体之间的合作博弈，也可理解为"君子和而不同"，它同样能表征系统内部和谐的程度。

二 稳定性指数

公共政策库稳定指公共政策库内部各公共政策在公共政策实践中能按照自己的应然状态存在及运行，并维持公共政策库所规定的库中各公共政策之间的关系。对于任何一个具有公共性的组织而言，确保自己的公共政策稳定一方面是自己价值活动的内在需要；另一方面，也反映了作为其他公共政策存在环境的义务。因此，公共政策库中所有公共政策均会体现出维持稳定的诉求，公共政策库稳定是库中各公共政策主体能共时有效开展公共政策活动之必不可少的条件。

（一）稳定性指数的含义

公共政策库稳定性即公共政策库稳定所表现出的本质特性，对公共政策库具有这种特性的量的程度进行计量就是公共政策库的稳定性指数，简称稳定性指数，记为 R。从公共政策库的本质规定出发可以发现，公共政策库的稳定性至少应该反映出以下三方面的含义。

其一，各公共政策自身稳定。即各公共政策自身具有稳定的结构，在公共政策活动中能维持并运行这种既设的结构。公共政策过程既是一个实现价值的过程，也是公共政策之价值主体、价值客体既设条件均发生变化的过程，这种变化的结果应该不破坏其所在公共政策的结构与功能。对于共时性的公共政策活动而言，单个公共政策可能出现 6 种结果：自身功能增强但内部结构稳定；自身功能增强但内部结构不稳定；自身功能减弱但内部结构稳定；自身功能减弱但内部结构不稳定；自身功能不变但内部结构稳定；自身功能不变但内部结构不稳定。无论出现哪一种，从该公共政策稳定的全局性来看，其稳定性没有发生本质改变。

其二，库中各公共政策形成的关系稳定。即各公共政策之间的相互作用具有稳定的途径及强度，在共时性的公共政策活动中能确保这种相互作用的途径与强度持续发挥作用。对于公共政策库而言，共时性的公共政策活动可能导致 9 种结果：部分公共政策的功能增强且库的内部结构稳定；部分公共政策的功能增强且库的内部结构不稳定；部分公共政策的功能减弱且库的内部结构稳定；部分公共政策的功能减弱且库的内部结构不稳定；各公共政策的功能均增强且库的内部结构稳定；各公共政策的功能均增强且库的内部结构不稳定；各公共政策的功能均减弱且库的内部结构稳定；各公共政策的功能均减弱且库的内部结构不稳定；各公共政策的功能不变但库的内部结构稳定。同样的，无论出现哪一种，从该公共政策库稳定的全局性来看，其稳定性也没有发生本质改变。

其三，公共政策库的潜形式创新。即各公共政策之间的相互作用导致新的潜形态公共政策[①]的形成，这个潜形态的公共政策尽管没有显在地增加公共政策库的数量，且却在一定程度上可能改变原来各公共政策之间的关系，这种变化尽管不能从根本上改变库原有的稳定性，却既有可能使库原有的稳定性增强，也有可能使库原有的稳定性减弱。

(二) 稳定性指数的计量

对公共政策库 Ω 而言，记其全体价值主体独立构成要素的集合为 $J_\Omega = \{J_1, J_2, \cdots, J_{n_J}\}$，记其全体价值客体独立构成要素的集合为 $K_\Omega = \{K_1, K_2, \cdots, K_{n_K}\}$，其全体既设条件独立构成要素的集合为 $C_\Omega = \{C_1, C_2, \cdots, C_{n_C}\}$。对于公共政策 P_i，规定 $J_{pi} = \{J_{i_1}, J_{i_2}, \cdots, J_{i_{n_i}}\}$、$K_{pi} = \{K_{i_1}, J_{i_2}, \cdots, K_{i_{m_i}}\}$ 及 $C_{pi} = \{C_{i_1}, C_{i_2}, \cdots, C_{i_{u_i}}\}$ 分别为 P_i 的价值主体独立要素集合、价值客体独立要素集合及既设条件独立构成要素的集合。其中，$J_{i_t} \in J_\Omega$ ($t=1, 2, \cdots, n_i$)，$K_{i_s} \in K_\Omega$ ($s=1, 2, \cdots, m_i$)，$C_{i_w} \in C_\Omega$ ($w=1, 2, \cdots, u_i$)。称

---

① 这个潜形态的公共政策相当于现实生活中广泛存在的潜规则。

$$\begin{cases} \bar{J}_{i1}^{C} = (\delta_{11}^{J} \times C_{i1}) \vee (\delta_{12}^{J} \times C_{i2}) \vee \cdots \vee (\delta_{1u_i}^{J} \times C_{iu_i}) \\ \bar{J}_{i2}^{C} = (\delta_{21}^{J} \times C_{i1}) \vee (\delta_{22}^{J} \times C_{i2}) \vee \cdots \vee (\delta_{2u_i}^{J} \times C_{iu_i}) \\ \cdots \\ \bar{J}_{in_i}^{C} = (\delta_{n_i1}^{J} \times C_{i1}) \vee (\delta_{n_i2}^{J} \times C_{i2}) \vee \cdots \vee (\delta_{n_iu_i}^{J} \times C_{iu_i}) \end{cases} \quad (3-30)$$

为 C_{pi} 对 J_{pi} 的支撑，其中 $\delta_{st}^{J}(s = 1, 2, \cdots, n_i; t = 1, 2, \cdots, u_i)$ 为 C_{st} 的个数。规定

$$r_{iJ} = \begin{cases} 0 & \text{当 } \delta_{st}^{J} \text{ 至少 1 个为 0 时，} \\ \dfrac{\sum\limits_{s=1}^{n_i}\sum\limits_{t=1}^{u_i}\delta_{st}^{J} - n_i}{\sum\limits_{s=1}^{n_i}\sum\limits_{t=1}^{u_i}\delta_{st}^{J}} & \text{当 } \delta_{st}^{J} \geq 1 \text{ 时} \end{cases} \quad (3-31)$$

为公共政策 P_i 的价值主体性稳定指数，记为 r_{iJ}。称

$$\begin{cases} \bar{K}_{i1}^{C} = (\lambda_{11}^{K} \times C_{i1}) \vee (\lambda_{12}^{K} \times C_{i2}) \vee \cdots \vee (\lambda_{1u_i}^{K} \times C_{iu_i}) \\ \bar{K}_{i2}^{C} = (\lambda_{21}^{K} \times C_{i1}) \vee (\lambda_{22}^{K} \times C_{i2}) \vee \cdots \vee (\lambda_{2u_i}^{K} \times C_{iu_i}) \\ \cdots \\ \bar{K}_{im_i}^{C} = (\lambda_{n_i1}^{K} \times C_{i1}) \vee (\lambda_{n_i2}^{K} \times C_{i2}) \vee \cdots \vee (\lambda_{n_iu_i}^{K} \times C_{iu_i}) \end{cases} \quad (3-32)$$

为 C_{pi} 对 K_{pi} 的支撑，其中 $\lambda_{st}^{K}(s = 1, 2, \cdots, m_i; t = 1, 2, \cdots, u_i)$ 为 C_{st} 的个数。称

$$r_{iK} = \begin{cases} 0 & \text{当 } \lambda_{st}^{K} \text{ 至少 1 个为 0 时，} \\ \dfrac{\sum\limits_{s=1}^{m_i}\sum\limits_{t=1}^{u_i}\lambda_{st}^{K} - m_i}{\sum\limits_{s=1}^{m_i}\sum\limits_{t=1}^{u_i}\lambda_{st}^{K}} & \text{当 } \lambda_{st}^{K} \geq 1 \text{ 时} \end{cases} \quad (3-33)$$

为公共政策 P_i 的价值客体稳定性指数，记为 r_{iK}。称

$$r_{Pi} = \sqrt{r_{iJ} \times r_{iK}} \quad (3-34)$$

为公共政策 P_i 的稳定性指数，记为 r_{pi}。规定

$$R_{\Omega} = \sqrt[n]{r_{P1} \times r_{P2} \times \cdots \times r_{Pn}} \quad (3-35)$$

为公共政策库 Ω 的稳定性指数，记为 R_{Ω}。

(三) 计量稳定性指数方法的讨论

公式（3-34）表明，特定公共政策的稳定性由价值主体对其存在条件的敏感性及价值客体对其存在条件的敏感性共同决定，而且只有在它们均达到最优的情况下，才能确保公共政策整体达到稳定。

r_{iJ} 的构造表明，所谓的公共政策价值主体稳定性指数，其实就是将自己所得到支持的条件基本构成要素各减少一个单位的计量，与自己得到支持的条件基本构成要素之个数的总和的比值。显然，具体公共政策在得到条件支持的种类数相同时，其所得到的条件支持的数量越大，其稳定性指数的值就越大，即便在得到条件支持的数量相等时，也是所得到条件支持种数多的公共政策具有的稳定性指数值大。因而，这种关于公共政策价值主体稳定性指数的规定要求非常高。实践中，如果假设支持公共政策价值主体稳定性之条件要素中的60%的要素的量变化（增加或减少）一个单位，可导致公共政策价值主体稳定性发生变化，则可将公式（3-31）规定修改为

$$r'_{iJ} = \begin{cases} 0 & \text{当 } \delta_{st}^{J} \text{ 至少 1 个为 0 时,} \\ \dfrac{5\sum\limits_{s=1}^{n_i}\sum\limits_{t=1}^{u_i}\delta_{st}^{J} - 3n_i}{5\sum\limits_{s=1}^{n_i}\sum\limits_{t=1}^{u_i}\delta_{st}^{J}} & \text{当 } \delta_{st}^{J} \geq 1 \text{ 时} \end{cases} \quad (3-36)$$

并称 r'_{iJ} 为公共政策 P_i 之价值主体性的弱稳定性指数。显然，对于公共政策 P_i 而言，$r'_{iJ} \geq r_{iJ}$。即弱稳定性指数降低了对 P_i 之价值主体性的稳定性要求。

类似的，对于公共政策 P_i 之价值客体可以构造价值客体性的弱稳定性指数 r'_{iK}，使

$$r'_{iK} = \begin{cases} 0 & \text{当 } \lambda_{st}^{K} \text{ 至少 1 个为 0 时,} \\ \dfrac{5\sum\limits_{s=1}^{m_i}\sum\limits_{t=1}^{u_i}\lambda_{st}^{K} - 3m_i}{5\sum\limits_{s=1}^{m_i}\sum\limits_{t=1}^{u_i}\lambda_{st}^{K}} & \text{当 } \lambda_{st}^{K} \geq 1 \text{ 时} \end{cases} \quad (3-37)$$

基于 r'_{iK} 对于公共政策的价值客体的稳定性进行讨论，可以得出与公共政策的价值主体的稳定性讨论类似的结论。

构造公共政策 P_i 弱稳定性指数 r'_i，使

$$r'_{Pi} = \sqrt{r'_{iJ} \times r'_{iK}} \qquad (3-38)$$

规定公共政策库弱稳定性指数 R'_Ω，使

$$R'_\Omega = \sqrt[n]{r'_{P1} \times r'_{P2} \times \cdots \times r'_{Pn}} \qquad (3-39)$$

通过对公式（3-38）和公式（3-39）分析，容易得出 $r'_{pi} \geq r_{pi}$、$R'_\Omega \geq R_\Omega$。它说明弱公共政策库及所蕴含公共政策稳定性指数的要求，低于相应公共政策库及所蕴含公共政策的稳定性指数。因此，公共政策库及所蕴含公共政策的稳定性指数可以作为判断它们具有稳定性的程度，而相应的弱稳定性指数可以作为判断它们具有不稳定性之程度的指数。

需要指出的是，确定公共政策价值主体、价值客体及公共政策条件各自构成的独立要素，以及条件要素对价值主体独立构成要素和价值客体独立构成要素的具体支撑关系及强度，① 是准确计量公共政策库及公共政策稳定性指数的关键。

三 完备性指数

公共政策库完备指库中的公共政策无论从数量的角度，还是从相互之间作用使库的功能实现最优化的角度，均达到了当前条件下无法改动的状态。对于达到公共政策库完备的公共政策库而言，如果在库中减少或增加一个公共政策，均会导致库中的公共政策数不是最优，以及公共政策库的功能降低。公共政策库所展现的公共政策完备方面的特性即公共政策库的完备性。实践中，价值主体总是希望建立具有完备性的公共政策库，既确保自己能有效开展公共政策活动，又尽可能地降低自己公共政策活动的公共政策成本。

（一）完备性指数的含义

衡量公共政策库完备性程度的数即公共政策完备性指数，简称完备性指数，记为 W_Ω。完备性指数的具体内涵包括以下3个方面。

其一，库中的公共政策数量足够。主体任何具体的公共政策活动均能由自己公共政策库中的公共政策或其组合代替，库中现有的公共政策及可

---

① 即它们所需要的条件之独立要素的种类及数量。

能的组合不仅覆盖了主体现实的公共政策活动，而且还覆盖了主体潜在可能的公共政策活动。完备性指数应该表征出公共政策库具有这个内在特性的程度。

其二，库中公共政策总数量不冗余。库的公共政策数量冗余必然导致库的成本提高，这要求库针对主体的任何公共政策活动的依据与活动政策，均能由库中具有唯一性和不可再简化性的公共政策作为支撑这项具体活动的公共政策。因此，公共政策库在保证自己整体功能不变的条件下，不能减少自己所包含公共政策的数量，是完备性指数必须表征的。

其三，完备性指数应该具有同一性。一方面，一个公共政策库只有一个完备性指数，同一完备性指数所反映的完备性相同，即具有相同完备性指数的不同的公共政策库，从完备性的角度看，它们的完备性是一样的；另一方面，不同完备性指数反映不同的完备性水平，而且这些数的全体所建立的确定的、具有传递性的序关系，与各公共政策之完备性的实际关系具有完全的一致性。因而，完备性指数要满足开展比较公共政策库之完备性的需要，为人们确认公共政策库的完备程度提供一个直观的依据。

(二) 完备性指数的计量

对公共政策库 Ω 而言，这里采用与本部分之"二 稳定性指数"中相同意义的记号使用有关记号。对于公共政策 P_i 与公共政策 P_j 的价值主体独立构成要素集合 J_i 和 J_l、价值客体独立要素集合 K_i 和 K_l，条件独立要素集合 C_i 和 C_l 而言：如果 $J_i \cap J_l \neq \Phi$，则称公共政策 P_i 与公共政策 P_j 的价值主体关联，简称公共政策价值主体相关；如果 $J_i \cap J_l = \Phi$，则称公共政策 P_i 与公共政策 P_j 的价值主体无关，简称公共政策价值主体无关；如果 $K_i \cap K_l \neq \Phi$，则称公共政策 P_i 与公共政策 P_j 的价值客体关联，简称公共政策价值客体相关；如果 $K_i \cap K_l = \Phi$，则称公共政策 P_i 与公共政策 P_j 的价值客体无关，简称公共政策价值客体无关；如果 $C_i \cap C_l \neq \Phi$，则称公共政策 P_i 与公共政策 P_j 的条件关联，简称公共政策条件相关；如果 $C_i \cap C_l = \Phi$，则称公共政策 P_i 与公共政策 P_j 的条件无关，简称公共政策条件无关。

在公共政策库 Ω 中，对于 Ω 中的公共政策 G_1、G_2……G_m $(1 < m \leq n)$ 规定"$\oplus$"运算为

$$G_1(J_{G_1}, K_{G_1}, C_{G_1}) \oplus G_2(J_{G_2}, K_{G_2}, C_{G_2}) \oplus \cdots \oplus G_m(J_{G_m}, K_{G_m}, C_{G_m}) =$$

$G_{G_1 \oplus G_2 \oplus \cdots \oplus G_m}(J_{G_1} \cap J_{G_2} \cap \cdots \cap J_{G_m}, K_{G_1} \cap K_{G_2} \cap \cdots \cap K_{G_m}, C_{G_1} \cap C_{G_2} \cap \cdots \cap C_{G_m})$ (3-40)

并称 $G_{G_1 \oplus G_2 \oplus \cdots \oplus G_m}(J_{G_1} \cap J_{G_2} \cap \cdots \cap J_{G_m}, K_{G_1} \cap K_{G_2} \cap \cdots \cap K_{G_m}, C_{G_1} \cap C_{G_2} \cap \cdots \cap C_{G_m})$ 为公共政策 G_1、$G_2 \cdots G_m$ 的基于运算"$\oplus$"的 m 组合，简称为公共政策的 m-组合。

对于 $J_{G_1} \cap J_{G_2} \cap \cdots \cap J_{G_m} \neq \varphi$、$K_{G_1} \cap K_{G_2} \cap \cdots \cap K_{G_m} \neq \varphi$ 及 $C_{G_1} \cap C_{G_2} \cap \cdots \cap C_{G_m} \neq \varphi$ 而言：如果存在 $P^* \in \Omega$ 使得 $P^* = G_{G_1 \oplus G_2 \oplus \cdots \oplus G_m}$，则称这 m 个公共政策在 Ω 中是可以合并的，简称可合并；如果 $J_{G_1} \cap J_{G_2} \cap \cdots \cap J_{G_m} \subset J_\Omega$、$K_{G_1} \cap K_{G_2} \cap \cdots \cap K_{G_m} \subset K_\Omega$ 及 $C_{G_1} \cap C_{G_2} \cap \cdots \cap C_{G_m} \subset C_\Omega$，但不存在 $P^* \in \Omega$ 使得 $P^* = G_{G_1 \oplus G_2 \oplus \cdots \oplus G_m}$，则称这 m 个公共政策在 Ω 中具有潜在可合并性，简称潜在可合并；如果 $J_{G_1} \cap J_{G_2} \cap \cdots \cap J_{G_m} \not\subset J_\Omega$、$K_{G_1} \cap K_{G_2} \cap \cdots \cap K_{G_m} \not\subset K_\Omega$ 及 $C_{G_1} \cap C_{G_2} \cap \cdots \cap C_{G_m} \not\subset C_\Omega$，则称这 m 个公共政策在 Ω 中不具有可合并性，简称库独立性。

特别的，如果 $J_{G_1} \cap J_{G_2} \cap \cdots \cap J_{G_m} = \varphi$、$K_{G_1} \cap K_{G_2} \cap \cdots \cap K_{G_m} = \varphi$ 及 $C_{G_1} \cap C_{G_2} \cap \cdots \cap C_{G_m} = \varphi$，则称这 m 个公共政策具有绝对独立性，简称绝对独立。

对于公共政策库 Ω 而言，如果存在 l 个公共政策 G_1、$G_2 \cdots \cdots G_l$（$1 < l \leq n$），使得 Ω 中的任意公共政策均可用这 l 个公共政策的自身，或其 2 组合、3 组合……l 组合中的一个来表示，且这 l 个公共政策的自身，或其 2 组合、3 组合……l 组合中的任意一个表征的公共政策均是 Ω 中的公共政策，则称公共政策库 Ω 是由公共政策 G_1、$G_2 \cdots \cdots G_l$ 生成的，并称这 l 个公共政策为 Ω 的基公共政策，相应地称 Ω 为 l 维公共政策库。

对于公共政策库 Ω 而言，如果存在 l 个公共政策 G_1、$G_2 \cdots \cdots G_l$（$1 < l \leq n$），使得 Ω 中的任意公共政策均可用这 l 个公共政策的自身，或其 2 组合、3 组合……l 组合中的一个来表示，则称由 l 个公共政策作为基公共政策的公共政策库 $\Omega^\geqslant$ 为 Ω 的最近外拓公共政策库，简称外近似公共政策库。

对于公共政策库 Ω 规定

$$W_\Omega = \frac{\|\Omega\|}{\|\Omega^\geqslant\|}$$ (3-41)

并称 W_Ω 为 Ω 的完备性指数。

（三）计量完备性指数方法的讨论

对于具有实际意义的 Ω 而言，由 $\Omega^\geqslant$ 的界定可以发现有 $\Omega \subseteq \Omega^\geqslant$ 成立，因而，$0 < W_\Omega \leqslant 1$。

当 $W_\Omega = 1$ 时，$\Omega = \Omega^\geqslant$ 成立，即 Ω 的最近外拓公共政策库与其自身相同，它说明 Ω 基于当前的基公共政策是不存在异于自身的最近外拓公共政策库的，因此，$W_\Omega = 1$ 所对应的公共政策库具有公共政策库完备的特性，这样的公共政策库应该具有 $2^{\Omega的维数} - 1$ 个公共政策。如果假设其一组基公共政策为 $G_1, G_2 \cdots\cdots G_{\Omega的维数}$，则具体的公共政策库可以表示为

$$\Omega = \begin{Bmatrix} G_1, G_2 \cdots\cdots G_{\Omega的维数}, \\ G_1 \oplus G_2, G_1 \oplus G_3 \cdots\cdots G_{\Omega的维数-1} \oplus G_{\Omega的维数} \\ G_1 \oplus G_2 \oplus G_3, G_1 \oplus G_3 \oplus G_4 \cdots\cdots G_{\Omega的维数-2} \oplus G_{\Omega的维数-1} \oplus G_{\Omega的维数} \\ \cdots \\ G_1 \oplus G_2 \oplus \cdots \oplus G_{\Omega的维数} \end{Bmatrix}$$

（3-42）

从表示（3-42）可以得出，一方面，从公共政策价值链的角度看，完备公共政策库的基公共政策在库中只能作源公共政策，而所有基公共政策的组合在库中则只能作末公共政策，其余的公共政策组合在库中均只能作为流公共政策或者根据实际分析选定为源公共政策或流公共政策。据此，主体可以完全把握公共政策库所蕴含的公共政策价值链。另一方面，从齐性公共政策库的角度看，公共政策库 Ω 可看作由 Ω 的维数个齐性公共政策库构成。

当 $0 < W_\Omega < 1$ 时，这时公式（3-41）可以转化为

$$W_\Omega = \frac{\|\Omega\|}{\|\Omega^\geqslant\|} = \frac{\|\Omega\|}{2^{\Omega的维数} - 1} \tag{3-43}$$

由公式（3-43）可以发现，W_Ω 就是基于公共政策库容量的公共政策库 Ω 占公共政策库 $\Omega^\geqslant$ 的比值，其所刻画的是 Ω 与 $\Omega^\geqslant$ 之间的一致性程度。显然，W_Ω 越大，$\Omega^\geqslant$ 就越接近 Ω。[①] 特别的，如果 $\|\Omega\| = \Omega$ 的维数，

---

① 这说明 Ω 可向外最近拓展的空间就越小。

则 $W_\Omega = \dfrac{\Omega\text{的维数}}{2^{\Omega\text{的维数}}-1}$。① 由于 $\lim\limits_{\Omega\text{的维数}\to\infty} W_\Omega = \lim\limits_{\Omega\text{的维数}\to\infty} \dfrac{\Omega\text{的维数}}{2^{\Omega\text{的维数}}-1} = 0$，所以，当 Ω 的库容足够大且库中各公共政策完全独立（库独立或绝对独立）时，库的完备性反而很低。这告诉我们，主体在建构自己的公共政策库时必须兼顾库的完备性和独立性。

此外，与对稳定性指数讨论类似，确定公共政策库总体之具有独立意义的价值主体构成要素、价值客体构成要素及公共政策条件构成要素，是用公式（3-41）完成准确计量公共政策库完备性指数的关键。如果采用的具体标准存在差异，则得出的"具有独立意义"的具体表现形式就会不同，进而导致用同一公式计量出同一公共政策具有不同的完备性指数。为此，这里要特别强调"具有独立意义"是指既与众不同又不可再细分。②

四 限度性指数

限度是"范围的极限；最高或最低的数量或限度"③，公共政策库限度指公共政策库自身结构所确定的公共政策范围及功能的限度。公共政策库的限度表明，公共政策的范围与功能是在确定公共政策库之时同时被确定的，所反映的是其内在的规定性，在确定公共政策库"能"和"有所为"的同时也确定了其"不能"和"无作为"。从主体总是发展结果与发展过程统一的角度看，实践中的公共政策库的限度具有相对性，主体认识自己公共政策库的限度是充分发挥其有利于自己方面作用的充分条件，也是进一步完善公共政策库的必要条件。

（一）限度性指数的含义

公共政策库所表现出的有效作用时空及有效作用形式是公共政策限度性的表现形式。公共政策库的限度性是绝对性与相对性的统一，客观性与

---

① "$\dfrac{\Omega\text{的维数}}{\|\Omega\|}$"也可以作为判断库 Ω 完全独立的数量标志。因为，如果 Ω 的公共政策完全独立，则可得出 $\dfrac{\Omega\text{的维数}}{\|\Omega\|}=1$。

② 即再细分这种"具有独立意义"的要素尽管会得出保留其名义意义上的自身"独立"性的结果，但这种结果却失去了维持自己存在的"意义"。

③ 中国社会科学院语言研究所词典编辑室：《现代汉语词典》（第6版），商务印书馆2014年版，第1416页。

主观性的统一，计量公共政策之限度性的数即公共政策库的限度性指数，简称限度性指数。

公共政策库限度的绝对性是指不存在没有限度的公共政策库，任何公共政策库均存在自身的限度。从客观性的角度看，公共政策限度是客观存在的，现实中不存在没有客观表现形式的公共政策限度，由于主体公共政策实践的无限性及创新性，任何公共政策库的限度最终均会因妨碍甚至阻挠主体的公共政策活动而为主体所认识。因此，限度性指数要描述出公共政策库限度之绝对性和客观性的一面。

公共政策库限度的相对性是指现实中的公共政策库限度总是指主体所认知和感知的限度，具有可变性，不存在一成不变的限度。公共政策库限度尽管客观存在，但在公共政策实践活动中它总是以主体所认知的形式而存在的。一方面，只有它确实成为制约主体公共政策活动的阻碍时，主体才会从实践需要的角度出发，改进和完善自己原有的公共政策库；另一方面，主体在确立自己的公共政策库时也会根据自己的公共政策认知水平，以及公共政策学术研究的成果和公共政策实践活动的经验与教训，设定公共政策库限度。这导致公共政策库的绝对限度与由主体决定的公共政策库的相对限度并不存在完全一致性，主体总是根据自己的价值活动需要来决定是否要改变现有公共政策库的限度。因而，限度性指数要描述出公共政策库限度之相对性和主体性的一面。

此外，公共政策所依赖的条件和作为价值客体的对象的变化也决定了公共政策库限度具有相对性。如以能源等不可再生资源作为条件的公共政策，会随有关能源的逐渐减少乃至消失而失去继续存在的价值，但原来不能作为条件的对象却可能成为新的能为主体所用的条件；再如，以某种对象作为价值客体的公共政策，也会因为公共政策的价值主体均获得有关对象而失去继续存在的价值，[①] 更甚至即便主体在没有获得对象的情况下也可能因对象自身丧失存在依据而导致原公共政策失去继续存在的价值。单个公共政策的这些特性必然影响到公共政策库限度，这客观要求限度性指

[①] 例如，在我国土地革命战争时期，中国共产党用"打土豪，分田地"这一极其简明的公共政策，吸引了成千上万的农民投身中国革命。"打土豪，分田地"的价值客体是"田地"，在中华人民共和国建立，每个农民均获得了土地之后，中国共产党选择怎样的价值客体引导和团结中国农民就成为一个新的重大问题，需要制定新的公共政策来解决。

数要描述出公共政策库之成立条件及作为价值客体的对象对公共政策库限度的影响。

(二) 限度性指数的计量

计量限度性指数的关键是确定公共政策库的作用范围、作用时限及公共政策功能的形成机制和衰减规律，以及它们的数量表现。若把公共政策库视为一个以单个公共政策作为基本构成单位的生态系统，[①] 则可借用生态平衡的思想方法建立限度性指数的计量方法。

设公共政策库 Ω 中的公共政策 P_i ($i=1, 2, \cdots, n$) 的限度性指数为 L_i 且满足

$$L_i = \begin{cases} 0 & \text{当 } J_i \cap J_{Zi} = \Phi \text{ 或 } K_i \cap K_{Zi} = \Phi \text{ 或 } C_i \cap C_{Zi} = \Phi \text{ 时,} \\ \dfrac{\|J_i\| \times \|K_i\| \times \|C_i\|}{\|J_i \cup J_{Zi}\| \times \|K_i \cup K_{Zi}\| \times \|C_i \cup C_{Zi}\|} & \\ & \text{当 } J_i \cap J_{Zi} \neq \Phi \text{ 且 } K_i \cap K_{Zi} \neq \Phi \text{ 且 } C_i \cap C_{Zi} \neq \Phi \text{ 时。} \end{cases}$$

(3-44)

其中，J_{Zi}、K_{Zi} 及 C_{Zi} ($i=1, 2, \cdots, n$) 分别表示公共政策 P_i 在实际公共政策价值活动中所表现的价值主体、价值客体及公共政策条件之独立要素构成的集合。

对 Ω 而言，不妨设 $L_1 \leq L_2 \leq \cdots \leq L_n$，规定

$$L_{\Omega/S} = \sqrt[[2n/3]+1]{L_1 \times L_2 \times \cdots \times L_{[2n/3]+1}} \tag{3-45}$$

为公共政策库 Ω 的强限度性指数，记为 $L_{\Omega/S}$。其中，$\left[\dfrac{2n}{3}\right]$ 为不超过 $\dfrac{2n}{3}$ 的最大正整数。规定

$$L_{\Omega/W} = \sqrt[[n/2]+1]{L_1 \times L_2 \times \cdots \times L_{[n/2]+1}} \tag{3-46}$$

为公共政策库 Ω 的弱限度性指数，记为 $L_{\Omega/W}$。其中，$\left[\dfrac{n}{2}\right]$ 为不超过 $\dfrac{n}{2}$ 的最大正整数。

(三) 计量限度性指数方法的讨论

公式 (3-44) 表明，公共政策的限度性指数所表明的是，主体在该公共政策所规定的价值主体、价值客体及公共政策条件范围内，运行该公

---

① 称这个生态系统为公共政策生态系统。

共政策的程度，任意公共政策的限度性指数均满足 $0 \leq L_i \leq 1$（$i = 1, 2, \cdots, n$）。因此，在假设主体的公共政策活动理性的情况下，公共政策的限度性指数所揭示的是主体认识到公共政策内在限度的程度。当 $L_i = 1$ 时，表明主体在该公共政策允许的范围内运行该公共政策；当 $L_i = 0$ 时，表明主体在完全背离价值主体、价值客体及公共政策条件中至少一个所允许的范围的状态下运行该公共政策；当 $0 < L_i < 1$ 时，则表明公共政策在实际运行中超越公共政策限度的程度。

公式（3-45）表明，$L_{\Omega/S}$ 是对公共政策库之整个公共政策库之 $[\frac{2n}{3}] + 1$ 个公共政策的限度性指数的几何平均数。如果 $L_1 = L_{[2n/3]+1}$，则 $L_{\Omega/S} = L_1 = L_{[2n/3]+1}$，即 Ω 的限度性指数就是库中前 $[\frac{2n}{3}] + 1$ 个公共政策的限度性指数；如果 $L_1 \neq L_{[2n/3]+1}$，则 $L_1 \leq L_{\Omega/S} < L_{[2n/3]+1}$，即 Ω 的限度性指数不小于库中前 $[\frac{2n}{3}] + 1$ 个公共政策的限度性指数中的最小值，且不超过它们中各公共政策的限度性指数中的最大值。

$L_{\Omega/S}$ 计量的范围为 Ω 中不少于 2/3 的公共政策，其意义表明，对公共政策库限度起决定作用的是 Ω 中限度性指数相对较小的 2/3 多数公共政策，体现了绝对多数原则。这决定了 Ω 的主体可以根据 $L_{\Omega/S}$ 的值来监控自己的公共政策库限度的底线是否出现问题，如果 $L_{\Omega/S}$ 表明该公共政策库整体限度的底线出了问题，这样的 Ω 就失去了存在的价值，而且其对应的主体也处于存在的危机之中。从国家层面讲，以政府作为主体的 Ω 如果出现了这样的状态，则整个主体的公共政策活动就处于非法之中，导致政府自身的存在也处于非法之中，如果不采取及时有效的措施改变这种状态，则政府行将走向瓦解。

分析公式（3-46）可以得到与分析公式（3-45）类似的结论。$L_{\Omega/W}$ 计量的范围为 Ω 中不少于 1/2 的公共政策，体现了简单多数原则，其意义表明，对公共政策库限度起决定作用的是 Ω 中限度性指数相对较小的 1/2 多数公共政策。这决定了 Ω 的主体可以根据 $L_{\Omega/W}$ 的值来确定监控自己公共政策库限度的警戒线。如果 $L_{\Omega/W}$ 表明该公共政策库整体限度的警戒线出了问题，这样的 Ω 正处在面临失去存在价值的状态，其对应的主体正处于不断强化丧失存在合理性的危机之中，但这种状态是可逆转的。

从国家层面讲，以政府作为主体的 Ω 如果出现了这样的状态，则整个主体的公共政策活动就处于危机之中，它必然导致政府自身的存在处于具有可逆性的危机之中，如果不采取及时有效的措施改变这种状态，则政府自身将走向不可逆的瓦解之路。

可以证明对于同一公共政策库有 $L_{\Omega/S} \geq L_{\Omega/W}$ 成立，即从限度性指数的取值来看，强限度性指数的取值不小于弱限度性指数的取值。因此，从理论上也表明用弱限度性指数确定公共政策库限度性的指数具有合理性。只要确保库的弱限度性指数足够大，就能确保库的强限度性指数足够大，从而确保公共政策库具有良好的限度。

基于上述分析，为确保 Ω 的限度在可接受的范围内，可构造

$$L_\Omega = \sqrt{L_{\Omega/S} \times L_{\Omega/W}} \tag{3-47}$$

作为 Ω 的限度性指数，记为 L_Ω。

需要指出的是，限度性指数既依赖于公共政策库中的公共政策的价值主体、价值客体及公共政策条件必须清晰、可测量，又依赖于公共政策活动的实际状态。实现了前者，从某种意义上即明确了公共政策的限度；而实现了后者，则不仅可以明确人们对公共政策库的实际认识，而且反映出主体对自己理想的公共政策库的要求，从进一步改进和完善现有公共政策库的角度揭示其限度。后者尽管有一定的主观性，但恰好反映出公共政策活动之价值活动的本质，也为主体完善自我提供了一条正确的道路。

第四章 公共政策执行分析

兴起于20世纪七八十年代的公共政策执行研究,根源于对公共政策实践活动没有产生与公共政策所期望结果原因的探索。到目前为止,不同学者从不同的角度对"执行公共政策的过程"进行的研究,形成了不同的公共政策执行理论。[1] 这些理论尽管对公共政策执行的切入点及其焦点问题的关注各有不同,但把特定的公共政策成立作为研究的逻辑起点,[2] 以及体现将公共政策执行视为公共政策过程[3]的一个环节的基本思想却是它们的共同之处。这样的研究所关注的是公共政策自我封闭状态存在下的公共政策执行,本书认为,任何公共政策均具有自我封闭状态及公共政策价值链状态两种存在形式,而公共政策执行就是寻求公共政策之公共政策价值链存在形式。

第一节 公共政策及其执行的基本公设

公共政策的实践表明,公共政策既是一个蕴含可拓展价值结构的实体性的客观、孤立性的独立存在,又是一个已拓展自己价值结构状态的客

---

[1] 如研究政策执行中行为性质的行动理论、将政策执行主体与政策目标群体在相互作用中对利益加以选择的过程作为政策执行过程实质加以研究的公共选择理论、将公共政策执行视为组织性活动加以研究的组织理论、将公共政策执行视为政策执行机构依据所执行政策进行管理过程加以研究的管理理论、将政策制定与执行视为演化过程加以研究的演化理论等。

[2] 需要指出的是,演化理论注意到既定公共政策自身的不完善性及公共政策执行过程对进一步改进和完善原公共政策的价值,主张通过公共政策执行重新改进原公共政策设定的目标及活动方案。但是,这个理论并没有把公共政策执行自身作为公共政策来处理。严格意义上讲,它体现的是主体基于"理论—实践—理论"的自我反思机制及发挥作用的效果。

[3] 一般认为公共政策过程主要包括公共政策制定、公共政策执行、公共政策评估、公共政策终结、公共政策监督5个环节。

观、联系性的独立存在，是二者的有机统一，正是这种内在的规定性确定了公共政策及其执行中的一些基本事实。本书选出其中的4个基本事实作为基本公设，建立起公共政策执行的理论基础。

一 公共政策自我确认存在状态的公设

自我封闭即公共政策内部形成了一个既符合形式逻辑又符合价值逻辑的规则体系，是一个具有完备意义的公理化系统，具有完整公共政策所要求的结构和内在规定性。在不追究具体公共政策之公共政策目标是否具有正当性的前提下，该公共政策的公共政策目标、公共政策的价值主体、公共政策的价值客体及公共政策所规定的条件之间形成了一种完全确定的关系，不仅为主体提供了具体的公共政策目标，而且为主体提供了有效实现该目标的规则。

以自我封闭状态形式存在的公共政策形成了具体公共政策的限度，使主体能在一个确定的范围内把握公共政策，以及对公共政策活动是否符合该公共政策的要求做出明确的判断。同时，它也展示了公共政策互为对方存在环境的关系，有利于把握由公共政策形成的公共政策生态系统的平衡与进化。

基于上述分析，本书假设自我封闭是公共政策自我确认的存在状态，也即公共政策确立自己独特意义之独立存在的状态。从这个意义上讲，一个公共政策就是一个公共政策，不可能为其他公共政策所表征。

二 公共政策交互确认存在状态的公设

意义获得即公共政策的意义是由公共政策外部决定的，公共政策的外部形成了该公共政策的意义体系，决定了其公共政策目标的正当性。对于特定的公共政策自身而言，如果没有意义获得，那么其既无法确定自己的公共政策目标是否具有正当性，又无法确定其公共政策价值主体、公共政策价值客体及公共政策所规定条件及其之间形成关系的正当性。从这个意义上讲，任何公共政策均是通过自身以外的公共政策作为自己的存在形式的，其他公共政策消失则自身也随之消失。

意义获得具体表现为，源公共政策通过流公共政策和末公共政策获得具体确定的形式，否则，源公共政策只能成为无法把握的一纸空文；流公共政策不仅需要通过其前继公共政策获得意义，而且需要通过其后继公共政策获得具体的表现形式，否则，流公共政策既不能解决正当性（合法性）问题，又不能解决自身怎样具体追求价值目标的问题；流公共政策需要通过其前继公共政策获得抽象、具有一般性的价值意义，否则，公共政策所规定的公共政策活动及其目标就成为一种不具有公共性的个体私人活动及目标，除了对自身有意义以外，不具有其他任何意义。

基于上述分析，本书假设意义获得是公共政策交互确认的存在状态，也即公共政策通过相互规定对方意义而保证自身存在的状态。在本书中，公共政策价值链所表征的正是公共政策的意义获得，因而，公共政策价值链就是公共政策交互确认之存在状态的表现形式。从这个意义上讲，一个公共政策就是一条公共政策价值链。

三 公共政策存在形式公设

在公共政策实践活动中，一方面，主体发现任何公共政策均处于自我确认状态，清晰地界定出自己的价值主体、价值客体及公共政策活动条件，使得主体自己及其以外的其他主体能清晰地观测到公共政策是否在起作用，即公共政策以自我确认状态存在着；另一方面，主体同时又会发现任何单独的公共政策均是从其他公共政策获得自身存在意义的，通过与不同公共政策之间的相互规定使自己获得确切的意义，即公共政策以交互确认状态存在着。

因此，本书假设公共政策存在的形式满足：任何公共政策均是同时处于既自我确认的封闭状态又处于交互确认的完全展开状态，是两种形式上截然不同之存在状态的统一。现实中，主体既制定不出只以自我封闭状态存在的公共政策，也制定不出只以展开状态存在的公共政策。基于这个假设可以将公共政策的结构表示为图4-1。从图4-1中各形态公共政策引出的箭头方向及多少可以看出，每一个形态的公共政策均处于既自我确定又交互确定之中。

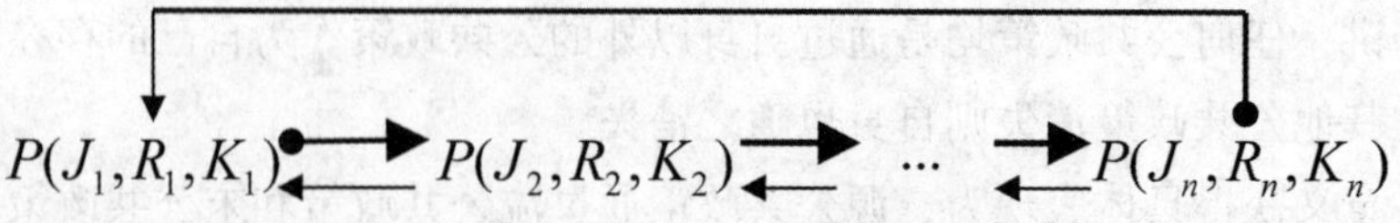

$$P(J_1, R_1, K_1) \rightleftarrows P(J_2, R_2, K_2) \rightleftarrows \cdots \rightleftarrows P(J_n, R_n, K_n)$$

图 4-1 错向链式结构的公共政策

四 公共政策可执行的公设

所谓公共政策可执行是指公共政策所规定的目标、价值主体、价值客体及公共政策条件均具有实际意义，能通过其自身规定的公共政策活动规则将其实际建构（创造）出来。公共政策可执行的逻辑基础是公共政策的交互确认存在状态，从这个意义上讲，公共政策可执行就是公共政策以公共政策价值链的形式存在着。

所谓公共政策执行就是兑现或实际创造出公共政策所规定的价值。就公共政策价值链的本质而言，任何一个公共政策的后继公共政策均兑现了这个公共政策所规定的具体价值，而任何一个公共政策的前继公共政策则均兑现了这个公共政策所规定的抽象价值，因而公共政策价值链不仅恰好表征了公共政策执行的结果，而且其实际建构构成就是公共政策执行。

基于这样的认识，本书假设公共政策执行与建构公共政策价值链等价。因而，公共政策执行并不是形式上地按照一个孤立的公共政策去做具体的事情，而是本质上地按照公共政策交互确认之存在状态的要求将其用展开的方式构造出来，公共政策执行的结果仍然是公共政策，一种具有相对实然具体创造形式的公共政策，或者是同一公共政策的另一种表现形式，而不是增加一种本质不同的新公共政策。这些也可以通过"图4-1 错向链式结构的公共政策"进行说明，不再赘述。

第二节 公共政策执行的属性

严格意义上的公共政策执行具有规范性、形式化和专业性，它使得公共政策执行成为一种独特的价值活动。

一 公共政策执行的规范性

对于个体而言，讨论其价值活动规范性的意义在于确保个体能程式化、有条理地开展自己的价值活动，以及方便自己对价值活动的过程进行反思和完善，除此之外，并无其他特别的意义。但是，对于公共政策执行而言，其规范性却具有更为一般的意义，反映了"公共"对所有参与实施公共政策执行之具有正当性和程式化的一般要求。公共政策执行的规范性不仅有利于提高"公共"自己开展公共政策执行的效率与效益，而且方便"公共"对其他主体参与自己的公共政策执行的管理。因此，公共政策执行的规范性也是"公共"的内在需要，它不仅建立了自我保障公共政策执行质量的机制，而且使得公共政策执行成为一种内容和形式均具有确定性的、可观测和可交流的价值活动，为公共政策执行彼此借鉴提供了可能。

公共政策执行规范性的基本要求是，公共政策具有内涵确定的公共政策形态的价值目标及确定流程，确定的价值活动规则与范围，明确、有效、可观测的价值活动流程和技术规范及确定它们的流程，明确、可观测的参与价值活动的资格要求与认定流程，以及能兑现的违反既定价值规范参与公共政策执行的惩罚机制及操作程式。这种基本要求在特定的时期及其条件下具有相对稳定性，但也并非一成不变。随着公共政策执行的深入展开，公共政策的"公共"可以根据对公共政策执行的反思，通过既定的流程改进和完善自己既定的规范性的具体内容。

类似的，对公共政策执行之规范性的合理性、恰当性、有效性及完备性方面的评估，也是公共政策执行评估的主要内容。

二　公共政策执行的形式化

所谓公共政策执行的形式化是指公共政策执行严格遵循公共政策执行规范及程式，以证实自己公共政策执行正当性和正宗性为目的的公共政策执行，简称形式化。形式化是源公共政策之权威性对流公共政策执行和末公共政策执行的客观要求，其最鲜明的特征是其"公共"以源公共政策所规定的价值及价值活动规则作为自己改革政策执行的逻辑起点，完全按照源公共政策所规定的路径与程序获得源公共政策所规定的价值。按照形式化所关涉公共政策自身结构完善的程度，形式化呈现出待完善公共政策执行的形式化、不必改进公共政策执行的形式化及不可改进公共政策执行的形式化等形式。

（一）待完善公共政策[①]执行的形式化

如果源公共政策或前继公共政策自身不完善，那么在这个前提下的形式化的操作的要点是："公共"完全按照源公共政策或前继公共政策的要求开展公共政策执行，并将执行过程中发现的与源公共政策或前继公共政

---

① 本书将结构形式没有达到完整和规范要求的公共政策称为待完善公共政策。

策期望不一致（甚至矛盾）的现象，及时反馈给源公共政策或前继公共政策的"公共"，推动并参与对其改进和完善，最终实现自己的价值追求。

待完善公共政策执行并不否定存在相对完善的公共政策执行。因为，从"公共"自身发展的绝对性来看，任何完善的公共政策均具有可再完善性，从这个意义上讲，即便是相对完善的公共政策执行也可以视为待完善的公共政策执行。

此外，待完善公共政策也是公共政策的一种形态。"公共"在自己不能完全确定自己公共政策的形式化结构时，采用待完善公共政策形式的公共政策引发公共政策也是一种可行的选择。这时待完善公共政策最为常见的表现形式为：对公共政策所规定价值只给出否定性的要求，而不做出其具体应该怎样的规定；或者对公共政策所规定价值活动路径、策略及方法与技术只给出否定性的要求，而不做出其具体应该怎样的规定。与否定相对的就是它所不否定的但非它所倡导的，因而，待完善公共政策执行的结果尽管包含了待完善公共政策，但并不等于获得了待完善公共政策的确定形式。即便如此，在公共政策执行的早期阶段，特别是缺乏相对完善的源公共政策时，待完善公共政策执行是一种非常重要的公共政策执行。在中华人民共和国刚成立而宪法还没有完整制定时的公共政策执行，以及20世纪80年代改革开放时期的公共政策执行，均具有待完善公共政策执行的特点。

（二）不必改进公共政策执行的形式化

所谓不必改进公共政策执行，是指公共政策执行是在前继公共政策既确定又具指导性条件下的公共政策执行。这个条件下的形式化为"公共"根据自己的实际创造性地开展公共政策执行预留了空间。对于有价值创新能力和理性的"公共"而言，如果用创新策略开展公共政策执行，则不仅能使自己获得前继公共政策所确定的价值，而且能减少自己公共政策执行的成本，以及丰富前继公共政策所规定价值的内涵与形态。

不必改进公共政策执行条件下的形式化，尽管不禁止"公共"按照自己的意愿确定公共政策的价值客体、价值关系、政策条件及价值活动的策略、方法与技术，但仍然要求"公共"开展形式上严格的公共政策执行，即必须按照前继公共政策所确定的规范与正当性制定自己的公共政策，而且新的公共政策所确定的价值及价值活动的规则不得与其前继公共政策直接冲突。

不必改进公共政策执行条件下的形式化,适合能基本完整把握前继公共政策内在结构及功能限度,能预控公共政策执行风险及承担最大风险损失,以及希望出现个别具有创新意义的后继公共政策进一步改进和完善前继公共政策的公共政策执行对形式化的要求。

(三) 不可改进公共政策执行的形式化

与不必改进公共政策执行不同,不可改进公共政策执行是指在前继公共政策既确定又具强制性的条件下所开展的公共政策执行。不可改进公共政策执行条件下的形式化要求其"公共"首先必须严格按照其前继公共政策规定的"公共"认定标准确认自己具有开展公共政策执行的资格,在具有资格的基础上再按照严格的程式结构,完成以下4个方面的任务。

其一,确定后继公共政策价值客体的外延。即从前继公共政策所确定的价值客体外延的范围内遴选出所有适合自己的价值客体形式,构成自己价值客体的外延。

其二,确定后继公共政策价值关系的外延。即根据前继公共政策所确定价值关系的内涵及外延,在保持与其价值关系内涵一致的情况下,从其价值关系的外延中遴选出所有适合自己的价值关系,构成自己价值关系的外延。

其三,确定后继公共政策价值活动的守则。即将前继公共政策所确定的价值活动规则细化为自己的价值行动守则,对"公共"开展创建公共政策形态价值能使用的方法、策略、技术,以及怎样使用它们做出更加明确、具体、可操作的规定,确保自己价值活动的规范性。

其四,明确后继公共政策条件的外延。即根据前继公共政策所确定的公共政策条件范围,遴选出对于自己具有可实现性及所提倡的条件,构成自己的公共政策条件之外延。

在前继公共政策的"公共"能完整把握自己所在公共政策内在结构及功能限度,以及希望符合"公共"认定标准的"公共"均具有其所描述形态的条件下,主体适合采用不可改进公共政策执行条件下的形式化开展价值实践活动。其实,不可改进公共政策执行在某种程度上相当于前继公共政策将自己所表征的价值形态公布于众,引导和激励自己的潜在形式主动通过后继公共政策不断外化,从而最终实现自己所倡导的价值。

三 公共政策执行的专业性

所谓专业性是指开展公共政策执行需要专门的知识、技能及能力形成的价值认知结构，具备这种价值认知结构是开展公共政策执行的必要条件。公共政策所涉及的价值尽管是"公共"覆盖所有个体均追求的价值，但是这个价值高于其所认识的具体价值，由于这些个体价值认知水平发展之间的差异，并不是每一个个体意义上的"公共"均能完全把握它，以及即便理解这个价值的意义也不一定有相应的实践能力将其实质性地构造出来。这就决定了将公共政策执行发展成为一种专业的价值实践活动的必要性。公共政策执行要求存在以自己为科学研究对象的研究性主体，以及胜任负责实施工作的实践性主体，而且通过自己亲自实施的公共政策执行也是一个专业性的活动过程。

公共政策执行的专业性尽管与价值认知活动所涉及的价值性知识及其认知结构有关，但却主要表现为其对实施者在价值活动所涉及的具有科学认知意义的知识、技能、能力及其基础上所形成综合素养的特殊要求，表现为特定学科所支撑的知识、技能、能力及其所形成的学科和跨学科的综合素养。基于这些综合素养所建立的可观测标准即构成主体获得参与特定公共政策执行资格的专业性标准。达到这个专业标准要求的"公共"可以自行开展公共政策执行，没有达到这个专业标准要求的"公共"可以招聘具有专门从事这项价值活动之认知和实践能力的主体代为执行。

实践中，对公共政策执行主体资格确定的合理性与恰当性方面的评估，也是公共政策执行评估的主要内容。

第三节 公共政策执行的基本形式

从公共政策价值链的角度看，所谓公共政策执行就是以建构公共政策价值链为目的的公共政策实践活动。由于公共政策价值链自身结构的可再抽象化与可再具体化并存，导致实践中基于公共政策价值链的公共政策执行的结果总是以构造出具体的公共政策作为活动成果的标志，并同时规范主体建构公共政策的过程。本书将以构造单一公共政策型价值为目的的公共政策执行称为公共政策执行的基本形式，具体包括源公共政策执行、单一流公共政策执行及末公共政策执行。

一 源公共政策执行

所谓源公共政策执行是指以构造"公共"自身及以"公共"为价值主体之价值及其实现的策略、途径、技术与方法的要求为公共政策活动结束标志的"公共"实践活动。从某种意义上讲，源公共政策执行就是"公共"为指导和规范自己价值活动对价值目标、行动策略及保障措施做出的价值活动规划，是一种具有原创性的价值实践活动。实践中，"公共"改进和完善自己原有源公共政策的活动也属于源公共政策执行的范畴。

（一）原创性源公共政策执行

所谓原创性源公共政策执行，是指在没有源公共政策的前提下以构建出源公共政策作为结束标志的价值活动。①

原创性源公共政策执行的首要任务是确定"公共"，明确公共政策的价值主体，赋予并确定公共政策价值主体的正当性。具体的要求是，明确"公共"所涉及利益组织的种类与范围，确立名义"公共"的资格标准及其生成方式和判断方式，确定实体化的"公共"及判断具体对象是否为公共的标准。在给"公共"以准确含义之后，源公共政策就实质性地确定了是谁的公共政策及公共政策活动所涉及主体的确切范围。

除此之外，为公共政策活动所涉及的价值客体及"公共"获得公共政策所描述价值的策略、途径及方法与技术的要求提供具有正当性的论证，并用所确定的价值客体及"公共"获得价值的策略、途径及方法与技术对"公共"的正当性进行论证，也是原创性源公共政策执行的重要任务。

作为源公共政策所规定的价值客体必须是真实、合规律及合人类的对象，任何虚假、违反规律及反人类的对象均不能作为源公共政策所规定的价值客体。源公共政策所确定的价值客体同时也为论证"公共"是否具有正当性提供了依据——以虚假、违反规律及反人类的对象作为价值客体的"公共"不具有正当性。因此，源公共政策在选定自己的价值客体之后，还应该从价值客体的角度反省自己作为价值主体的正当性。

对"公共"而言，人们在追求价值活动中所运用的策略、途径及方

---

① 例如，制定国家的法律即相当于以公民作为"公共"进行的原创性源公共政策执行。

法与技术并不具有天然的正当性，其最突出的表现是源公共政策所规定的追求价值策略、途径及方法与技术必须符合伦理的要求。从纯粹解决问题的角度看，解决问题的过程没有伦理方面的要求，任何有助于解决问题的策略、途径及方法与技术均可用，但"公共"问题的本质是人的问题，解决"公共"问题必须遵循伦理规则。这就要求作为"公共"价值活动规划的源公共政策一方面要列出在价值活动中可以使用的策略、途径及方法与技术，另一方面要罗列出在价值活动中可以自行选用的策略、途径及方法与技术的具体标准，使得"公共"能准确地判断出实际价值活动中所使用的策略、途径及方法与技术是否具有正当性。同样的，原创性源公共政策执行在确定自己允许的价值活动策略、途径及方法与技术之后，还需要从策略、途径及方法与技术的角度反省自己是否符合伦理。

此外，作为源公共政策其自身必须具有可拓展性。公共政策的可拓展性主要体现在公共政策之价值主体具有可拓展性、价值客体具有可拓展性及所规定的公共政策条件具有可拓展性。因此，作为原创性源公共政策执行结果的源公共政策，其价值主体、价值客体及所规定的条件中至少有一个必须具有相对抽象性，只有进一步具体化才能使源公共政策所决策和规划的价值得以现实化。

需要指出的是，任何"公共"的源公共政策均并非一成不变，原创性源公共政策执行并非"公共"闭门造车的孤立行为，以往的流公共政策及末公共政策不仅会为建构新的源公共政策提供第一手材料，而且会提供关于新价值设想方面的启示。

(二) 完善性源公共政策执行

所谓完善性源公共政策执行是指，"公共"根据既定源公共政策所开展的价值活动结果，在保证既定源公共政策性质和基本结构不变的情况下，对既定源公共政策进行完善，并以经过完善的源公共政策作为结束标志的价值活动。[①]

特定的源公共政策总是"公共"在特定时空下做出的选择，必然带有时效性及局限性。随着"公共"价值认知水平的发展、自我完善程度的提高及公共政策环境的变化均要求对已有源公共政策进行完善。

[①] 例如，修订仅次于国家宪法法律地位的法律即相当于以公民作为"公共"进行的完善性源公共政策执行。

从"公共"自身的角度看,完善源公共政策就是调整"公共"的要素及其结构性关系。既可以在"公共"中增加新的具有独立意义的要素,也可以在"公共"中删除已有的具有独立意义的要素。

从源公共政策价值客体的角度看,完善源公共政策就是改进和完善源公共政策关于价值对象的规定,删除过时的价值对象,增加新发现或新发明的对象作为源公共政策的价值对象,丰富价值客体的表现形式。

从源公共政策环境的角度看,对于源公共政策的价值活动策略、途径及方法与技术具有重要影响的自然科学技术发展,能导致原本有效的它们会变得相对低效,甚至是无效,需要新的技术和方法替代它们。政策环境的变化也能导致原本能发挥作用的源公共政策价值活动策略、途径及方法与技术失去支撑条件,这要求删除源公共政策中缺乏现实支撑条件的价值活动策略、途径及方法与技术方面的规定。从这个意义上讲,改进和完善源公共政策关于价值活动策略、途径及方法与技术的规定,其本质就是确保源公共政策始终能为价值活动提供当下条件下最为有效的价值活动策略、途径及方法与技术。

(三) 源公共政策执行的进一步讨论

"公共"的确定是源公共政策执行的两难问题。一方面,没有"公共"就没有源公共政策执行;另一方面,"公共"的确切意义又靠源公共政策加以界定。"公共"在源公共政策执行中所遇到的两难问题,直接关涉源公共政策执行是否具有正当性。要解决这个问题需要深入分析源公共政策产生的内在机制。

"第一章 公共政策的逻辑"之"第三节 有政党社会的公共政策:公共政策学的逻辑终结"的结论表明,公共政策在本质上是个体为实现自己所追求的价值但只以自身能力又无法获得所追求价值而采取的一种价值实践活动,活动的目的是用公共政策的形式把握自己所追求的价值。由此可见,源公共政策之中的"公共"在源公共政策确定之前是以"潜公共"的形式出现的。所谓"潜公共"这里指现实中满足"公共"全部标准但没有明确"公共"标准用来确定"公共"身份的全部个体。源公共政策执行的首要任务就是将具体的"潜公共"转化为抽象的"公共",确定源公共政策形态的价值主体。

将具体的"潜公共"转化为抽象的"公共"包括两项关键性的工作。其一,确定可观测的判断"公共"的标准,即通过对现有"潜公共"特征及内在结构的分析,建立外显、确定、具有一般意义的认定"公共"的标准(这个标准可以称为学理意义上的"公共"标准);其二,在"潜公共"没有获得"公共"身份的条件下,以假设存在不证自明性之"公共"的方法,选择现实中"潜公共"不同表现形式的代表,以价值认同为基准,通过协商的方式将学理意义上的"公共"标准确定为具有强制性和权威性的认定"公共"的标准(这个标准可以称为法理意义上的"公共"标准)。这两项工作完成后,作为源公共政策之价值主体的"公共"就确定了,它不仅包含了现有的全部"潜公共",使不同形式的"潜公共"均获得"公共"的身份,而且为"公共"将来增加新的表现形式及数量预留了空间,同时也为"公共"具体获得自己的价值从价值主体上做好了可再实然具体化的准备。

上述分析表明,源公共政策执行自身根本就不能从自身逻辑证明自己的正当性,而只能从国家制度层面和经验层面证明自己的正当性,这正说明对源公共政策执行反思和将源公共政策进一步展开的必要性,由于这个展开的过程与"公共"的价值实践过程具有同一性,它正好能从价值实践的角度回答已经进行的源公共政策执行是否具有正当性。

二 单一流公共政策执行

所谓单一流公共政策执行是指在源公共政策既定的条件下,"公共"以构造出单一完整流公共政策作为公共政策活动结束标志的公共政策活动,其核心是给出源公共政策所描述抽象具体价值及价值活动之具有相对实然具体和路径性标志的中间状态,简称流公共政策执行。流公共政策执行包括直接基于源公共政策的流公共政策执行、基于建构后继公共政策的流公共政策执行、基于建构前继公共政策的流公共政策执行及完善性流公共政策执行4种基本形式。

(一)直接基于源公共政策的流公共政策执行[①]

只从源公共政策出发,将源公共政策形态的抽象价值及价值活动转化为若干相对具体但等价的价值及价值活动即直接基于源公共政策的流公共政策执行。直接基于源公共政策的流公共政策执行有4种基本形式。

---

① 其所对应的典型情形是根据宪法制定有关的法律,如制定刑法、婚姻法、未成年人保护法、教育法等。

设 $P(J_1, R_1, K_1)/C_1$ 为源公共政策，其中，J_1 为价值主体且其独立要素（联合体）的集合为 $J_1 = \{J_{11}, J_{12}, \cdots, J_{1j_1}\}$，$K_1$ 为价值客体且其既独立又等价的表现形式的集合为 $K_1 = \{K_{11}, K_{12}, \cdots, K_{1k_1}\}$，$R_1$ 为其所确立的价值关系且其具有完整意义之独立等价表现形式的集合为 $R_1 = \{R_{11}, R_{12}, \cdots, R_{1r_1}\}$，$C_1$ 为其所确立的价值活动规则与条件且其具有完整意义及独立形态的规则与条件的集合为 $C_1 = \{C_{11}, C_{12}, \cdots, C_{1c_1}\}$。

基本形式 1：只具体化源公共政策的价值主体

本形式的操作方法是只从源公共政策 $P(J_1, R_1, K_1)/C_1$ 的 $J_1 = \{J_{11}, J_{12}, \cdots, J_{1j_1}\}$ 中遴选出部分独立要素（联合体）构造集合 $J'_2 = \{J_{21}, J_{22}, \cdots, J_{2j_2}\} \subset J_1$，并新增加与 J_1 具有形式不一致的部分独立要素（联合体）构造集合 J''_2（$J''_2 \cap J_1 = \Phi$），再以 $J_2 = J'_2 \cup J''_2$ 作为公共政策的价值主体构造新公共政策 $P(J_2, R_1, K_1)/C_1$。

根据这种基本形式中两种不同执行策略所导致执行结果的本质区别，本书将 $J''_2 = \Phi$[①] 的直接基于源公共政策的流公共政策执行称为价值主体严格的直接基于源公共政策的流公共政策执行，将 $J''_2 \neq \Phi$ 的直接基于源公共政策的流公共政策执行称为价值主体创新的直接基于源公共政策的流公共政策执行。

基本形式 2：只具体化源公共政策的价值客体

本形式的操作方法是只从源公共政策 $P(J_1, R_1, K_1)/C_1$ 的 $K_1 = \{K_{11}, K_{12}, \cdots, K_{1k_1}\}$ 中遴选出部分其既独立又等价的表现形式构造集合 $K'_2 = \{K_{21}, K_{22}, \cdots, K_{2k_2}\} \subset K_1$，新增与 K_1 不同又不对立的既独立又等价的表现形式构造集合 K''_2（$K''_2 \cap K_1 = \Phi$），并以 $K_2 = K'_2 \cup K''_2$ 作为公共政策的价值客体构造新公共政策 $P(J_1, R_1, K_2)/C_1$。

类似的，本书将 $K''_2 = \Phi$[②] 的直接基于源公共政策的流公共政策执行称为价值客体严格的直接基于源公共政策的流公共政策执行；将 $K''_2 \neq \Phi$ 的直接基于源公共政策的流公共政策执行称为价值客体创新的直接基于源公共政策的流公共政策执行。

基本形式 3：只具体化源公共政策的价值关系

[①] 即不增加新的价值主体要素。
[②] 即不增加新的价值客体表现形式。

本形式的操作方法是只从源公共政策 P (J_1, R_1, K_1) $/C_1$ 的 $R_1 = \{R_{11}, R_{12}, \cdots, R_{1r_1}\}$ 中遴选出部分独立等价的价值关系表现形式构造集合 $R'_2 = \{R_{21}, R_{22}, \cdots, R_{2r_2}\} \subset R_1$，增加与 R_1 中等价但形式不同的价值关系或完全不同的价值关系联合构成集合 R''_2 ($R''_2 \cap R_1 = \Phi$)，并以 $R_2 = R'_2 \cup R''_2$ 作为公共政策的价值关系构造新公共政策 P (J_1, R_2, K_1) $/C_1$。

仿照前面的界定方法，本书将 $R''_2 = \Phi$[①] 的直接基于源公共政策的流公共政策执行称为价值关系严格的直接基于源公共政策的流公共政策执行；将 $R''_2 \neq \Phi$ 的直接基于源公共政策的流公共政策执行称为价值关系创新的直接基于源公共政策的流公共政策执行。

基本形式4：只具体化源公共政策的价值活动规则与条件

本形式的操作方法是只从源公共政策 P (J_1, R_1, K_1) $/C_1$ 的 $C_1 = \{C_{11}, C_{12}, \cdots, C_{1c_1}\}$ 中遴选出部分具有完整意义及独立形态的规则与条件构造集合 $C'_2 = \{C_{21}, C_{22}, \cdots, C_{2c_2}\} \subset C_1$，增加与 C_1 不同但不矛盾的具有完整意义及独立形态的规则与条件构成集合 C''_2 ($C''_2 \cap C_1 = \Phi$)，并以 $C_2 = C'_2 \cup C''_2$ 作为公共政策价值活动规则与条件的新公共政策 P (J_1, R_1, K_1) $/C_2$。与前3种基本形式的活动结果不一样，它不能形成新的公共政策价值形态，但却能改变公共政策型价值活动的实践形态，从公共政策价值实践创新角度推动公共政策创新。

与前面的界定类似，本书将 $C''_2 = \Phi$[②] 的直接基于源公共政策的流公共政策执行称为价值活动规则与条件严格的直接基于源公共政策的流公共政策执行；将 $C''_2 \neq \Phi$ 的直接基于源公共政策的流公共政策执行称为价值活动规则与条件创新的直接基于源公共政策的流公共政策执行。

(二) 基于建构后继公共政策的流公共政策执行[③]

所谓基于建构后继公共政策的流公共政策执行，是指将某公共政策作为自己设计和追求价值活动的逻辑起点，根据该公共政策所确定的价值活动规则与条件，并以建构出更为具体公共政策形态价值及价值活动规则与条件为标志的价值活动。简而言之，基于建构后继公共政策的流

[①] 即不增加新的与既有价值关系等价或不等价的价值关系。
[②] 即不增加新的与既有价值活动规则和条件不同又不矛盾的价值活动规则与条件。
[③] 制定地方法规是这种形式公共政策执行较为典型的代表。

公共政策执行，就是使流公共政策价值转化为更为具体及具有特殊意义价值的价值实践活动。基于建构后继公共政策的流公共政策执行的基本形式有4种。

为了叙述方便，设 $P(J_i, R_i, K_i)/C_i$（i 为等于或大于2的自然数）是一个给定的需要执行的流公共政策，其中，J_i 为价值主体且其独立要素（联合体）的集合为 $J_i = \{J_{i1}, J_{i2}, \cdots, J_{ij_i}\}$，$K_i$ 为价值客体且其既意义完整又独立与等价之表现形式的集合为 $K_i = \{K_{i1}, K_{i2}, \cdots, K_{ik_i}\}$，$R_i$ 为其所确立的价值关系且其既独立又等价表现形式的集合为 $R_i = \{R_{i1}, R_{i2}, \cdots, R_{ir_i}\}$，$C_i$ 为其所确立的价值活动规则与条件且其具有完整意义及独立形态的规则与条件的集合为 $C_i = \{C_{i1}, C_{i2}, \cdots, C_{ic_i}\}$。

基本形式1：只具体化流公共政策的价值主体

其操作要点是在确保流公共政策 $P(J_i, R_i, K_i)/C_i$ 之 K_i、R_i 及 C_i 不变的前提下，只从其 J_i 中遴选出部分独立要素（联合体）重新构造集合 $J'_{i+1} = \{J_{i+11}, J_{i+12}, \cdots, J_{i+1j_{i+1}}\} \subset J_i$，同时还新补充与 J_i 不矛盾但具有同等地位的部分独立要素（联合体）构造集合 J''_{i+1}（$J''_{i+1} \cap J_i = \Phi$），再以 $J_{i+1} = J'_{i+1} \cup J''_{i+1}$ 作为公共政策的价值主体构造新公共政策 $P(J_{i+1}, R_i, K_i)/C_i$。

基本形式1包含了两种通过只具体化流公共政策之价值主体途径开展流公共政策执行的策略，这两种策略所导致的执行结果存在本质区别。本书将 $J''_{i+1} = \Phi$[①] 情形的只具体化流公共政策执行称为价值主体严格的只具体化流公共政策执行，将 $J''_i \neq \Phi$ 情形的只具体化流公共政策执行称为价值主体创新的只具体化流公共政策执行。

基本形式2：只具体化流公共政策的价值客体

本形式的操作要点是在确保流公共政策 $P(J_i, R_i, K_i)/C_i$ 之 J_i、R_i 及 C_i 不变的前提下，只从其 K_i 中遴选出部分既独立又等价的表现形式构造集合 $K'_{i+1} = \{K_{i+11}, K_{i+12}, \cdots, K_{i+1k_{i+1}}\} \subset K_i$，同时还新增与 K_i 不同又不对立的既独立又等价或不等价的对象构造集合 K''_{i+1}（$K''_{i+1} \cap K_i = \Phi$），再以 $K_{i+1} = K'_{i+1} \cup K''_{i+1}$ 作为公共政策的价值客体构造新公共政策 $P(J_i, R_i, K_{i+1})/C_i$。

---

① 即不增加新的价值主体要素。

与基本形式 1 之基于内部两种策略得出新界定的做法一样，本书将 $K''_{i+1}=\Phi$①的只具体化流公共政策执行称为价值客体严格的只具体化流公共政策执行；将 $K''_{i+1} \neq \Phi$ 的只具体化流公共政策执行称为价值客体创新的只具体化流公共政策执行。

基本形式 3：只具体化流公共政策的价值关系

本形式的操作要点是在确保流公共政策 $P(J_i, R_i, K_i)/C_i$ 之 J_i、K_i 及 C_i 不变的前提下，只从其 R_i 中遴选出部分独立等价的价值关系表现形式构造集合 $R'_{i+1} = \{R_{i+11}, R_{i+12}, \cdots, R_{i+1r_{i+1}}\} \subset R_i$，以及增加与 R_i 中价值关系等价但形式不同的价值关系或完全不同的价值关系联合构成集合 R''_{i+1}（$R''_{i+1} \cap R_i = \Phi$），并以 $R_{i+1} = R'_{i+1} \cup R''_{i+1}$ 作为公共政策的价值关系构造新公共政策 $P(J_i, R_{i+1}, K_i)/C_i$。

仿照前面的界定方法，本书将 $R''_{i+1}=\Phi$②的只具体化流公共政策执行称为价值关系严格的只具体化流公共政策执行；将 $R''_{i+1} \neq \Phi$ 的只具体化流公共政策执行称为价值关系创新的只具体化流公共政策执行。

基本形式 4：只具体化流公共政策的价值活动规则与条件

本形式的操作要点是在确保流公共政策 $P(J_i, R_i, K_i)/C_i$ 之 J_i、K_i 及 R_i 均不变的前提下，只从其 C_i 中遴选出部分具有完整意义及独立形态的规则与条件构造集合 $C'_{i+1} = \{C_{i+11}, C_{i+12}, \cdots, C_{i+1c_{i+1}}\} \subset C_i$，增加与 C_i 既不同又不矛盾的具有完整意义及独立形态的规则与条件构成集合 C''_{i+1}（$C''_{i+1} \cap C_i = \Phi$），并以 $C_{i+1} = C'_{i+1} \cup C''_{i+1}$ 作为公共政策价值活动规则与条件的新公共政策 $P(J_i, R_i, K_i)/C_{i+1}$。

类似的，本书将 $C''_{i+1}=\Phi$③的只具体化公共政策执行，称为价值活动规则与条件严格的只具体化流公共政策执行；将 $C''_{i+1} \neq \Phi$ 的只具体化流公共政策执行，称为价值活动规则与条件创新的只具体化流公共政策执行。

需要指出的是，基于建构后继公共政策之流公共政策执行的 4 种基本形式表明，如果从整个公共政策体系发展和更新的角度看，那么直接基于源公共政策的流公共政策执行就是这类公共政策执行的特例。此

---

① 即不增加新的价值客体表现形式。
② 即不增加新的与既有价值关系等价或不等价的新价值关系。
③ 即不增加新的与既有价值活动规则和条件不同又不矛盾的价值活动规则与条件。

外，基于建构后继公共政策的流公共政策执行并非严格意义上的由上而下执行公共政策，所形成的后继公共政策有时并不能由既定的流公共政策完全确定，但这对于改进和完善流公共政策自身却具有特别重要的意义。

(三) 基于建构前继公共政策的流公共政策执行①

所谓基于建构前继公共政策的流公共政策执行，是指将既定的流公共政策作为自己设计和追求价值活动的起点，基于该公共政策所确定的价值活动规则与条件，并以建构出更为抽象公共政策形态价值及价值活动规则与条件为标志的价值活动。也可以通俗地将其界定为使流公共政策价值转化为更具抽象一般意义价值的价值实践活动。基于建构前继公共政策的流公共政策执行包括4种基本形式。

为了叙述方便，设 $P(J_i, R_i, K_i)/C_i$（这里，i 为大于或等于3的自然数）是一个给定的需要执行的流公共政策，其中，J_i、K_i、R_i 及 C_i 与本部分之"(二) 基于建构后继公共政策的流公共政策执行"的同名记号含义相同。

基本形式1：只抽象化流公共政策的价值主体

其操作要点是在确保流公共政策 $P(J_i, R_i, K_i)/C_i$ 之 K_i、R_i 及 C_i 不变的前提下，以其 J_i 的全部作为价值主体的部分独立要素（联合体），同时还新补充与 J_i 不矛盾但具有同等地位的独立要素（联合体）构造集合 J''_{i-1}（即 $J''_{i-1} \cap J_i = \varPhi$），再以 $J_{i-1} = J_i \cup J''_{i-1}$ 作为公共政策的价值主体构造新公共政策 $P(J_{i-1}, R_i, K_i)/C_i$。

基本形式1包含了两种流公共政策执行的策略，这两种策略所导致的执行结果存在本质区别。本书将 $J''_{i-1} = \varPhi$② 情形的只抽象化流公共政策执行，称为价值主体严格的只抽象化的流公共政策执行；将 $J''_{i-1} \neq \varPhi$ 情形的只抽象化流公共政策执行，称为价值主体创新的只抽象化的流公共政策执行。

实践中，价值主体严格的只抽象化的流公共政策执行，在本质上是对既定流公共政策之价值主体独立构成要素之本质特性的再抽象。尽管从形式上看，新公共政策价值主体构成要素在形式上没有发生变化，但其内在

---

① 基于地方性公共政策建立全国性公共政策是这种公共政策执行的范例。
② 即不增加新的价值主体要素。

含义的规定却发生了变化，使自己从原来具有一般意义的状态转化为只具有特殊意义的状态。

基本形式2：只抽象化流公共政策的价值客体

本形式的操作要点是在确保流公共政策 $P(J_i, R_i, K_i)/C_i$ 之 J_i、R_i 及 C_i 不变的前提下，选出流公共政策 $P(J_i, R_i, K_i)/C_i$ 的 K_i 所构造集合并对其中要素的含义进行新的界定，同时还新增加不同于 K_i 中元素的既独立又等价或不等价的对象构造集合 K''_{i-1}（即 $K''_{i-1} \cap K_i = \Phi$），再以 $K_{i-1} = K_i \cup K''_{i-1}$ 作为公共政策的价值客体构造新公共政策 $P(J_i, R_i, K_{i-1})/C_i$。

类似的，本书将 $K''_{i-1} = \Phi$[①] 的只抽象化流公共政策之价值客体的只抽象化的流公共政策执行，称为价值客体严格的只抽象化的流公共政策执行；将 $K''_{i-1} \neq \Phi$ 的只抽象化流公共政策之价值客体的只抽象化的流公共政策执行，称为价值客体创新的只抽象化的流公共政策执行。

需要指出的是，对于价值客体严格的只抽象化的流公共政策执行而言，尽管新构成公共政策的价值客体的表现形式没有发生变化，但对其内涵进行新的抽象规定，使其在 $P(J_i, R_i, K_i)/C_i$ 中原本具有一般性的价值客体规定，成为 $P(J_i, R_i, K_{i-1})/C_i$ 中相对抽象的价值客体表现形式的规定。实践中，把具体示范性中学所提供教育作为价值客体的 $P(J_i, R_i, K_{i-1})/C_i$，抽象为以优质教育作为价值客体的 $P(J_i, R_i, K_{i-1})/C_i$ 就是这方面的例子。

基本形式3：只抽象化流公共政策的价值关系

本形式的操作要点是在确保流公共政策 $P(J_i, R_i, K_i)/C_i$ 之 J_i、K_i 及 C_i 不变的前提下，将其 R_i 全部选出并赋予新的含义，同时增加与 R_i 中价值关系等价但形式不同或完全不同的价值关系联合构成集合 R''_{i-1}（$R''_{i-1} \cap R_i = \Phi$），并以 $R_{i-1} = R_i \cup R''_{i-1}$ 作为公共政策的价值关系构造新公共政策 $P(J_i, R_{i-1}, K_i)/C_i$。

与前面的界定类似，本书将 $R''_{i-1} = \Phi$[②] 的只抽象化流公共政策之价值关系的只抽象化流公共政策执行，称为价值关系严格的只抽象化的流

---

① 即不增加新的价值客体表现形式。
② 即不增加新的与既有价值关系等价或不等价的新价值关系。

公共政策执行；将 $R''_{i-1} \neq \Phi$ 的只抽象化流公共政策之价值关系的只抽象化流公共政策执行，称为价值关系创新的只抽象化的流公共政策执行。

深入分析 R_i 的内在结构，挖掘出其所表现的更为本质的价值关系，使得 R_i 尽管形式不变但其所参与确定的价值却获得升值，是实现价值客体严格的只抽象化的流公共政策执行的关键。从某种意义上讲，这也是"公共"乐于开展严格的只抽象化的流公共政策执行的动力。但是，如果处理不好这个过程中的具体与抽象的关系，就会给"公共"的价值活动带来负面的影响，甚至导致其价值活动背离自己的真正意愿。例如，在教育政策型价值实践中，"公共"把"几门课程学得好"所形成的价值关系抽象为"学习好"所形成的价值关系，这可能导致"公共"依然用原来的"几门课程学得好"来界定"学习好"所形成的价值关系，使得新形成的继公共政策只是名义上的公共政策，其实然的公共政策仍然没有发生变化，导致"公共"凭空获利，这在某种程度上正好可以解释人们为何采用应试教育形式实施素质教育。

基本形式4：只抽象化流公共政策的价值活动规则与条件

本形式的操作要点是在确保流公共政策 $P(J_i, R_i, K_i)/C_i$ 之 J_i、K_i 及 R_i 均不变的前提下，只从其 C_i 中遴选出部分具有完整意义及独立形态的规则与条件构造集合 $C'_{i-1} = \{C_{i-11}, C_{i-12}, \cdots, C_{i-1c_{i-1}}\} \subset C_i$，增加与 C_i 既不同又不矛盾的具有完整意义及独立形态的规则与条件构成集合 C''_{i-1}（即 $C''_{i-1} \cap C_i = \Phi$），并以 $C_{i-1} = C'_{i-1} \cup C''_{i-1}$ 作为公共政策价值活动规则与条件的新公共政策 $P(J_i, R_i, K_i)/C_{i-1}$。

类似的，本书将 $C''_{i-1} = \Phi$[①] 的只抽象化的流公共政策执行称为价值活动规则与条件严格的只抽象化的流公共政策执行，而将 $C''_{i-1} \neq \Phi$ 的只抽象化的流公共政策执行称为价值活动规则与条件创新的只抽象化的流公共政策执行。

需要指出的是，只抽象化的流公共政策执行之四种基本形式表明，如果从整个公共政策体系发展和更新的角度看，那么直接基于源公共政策的流公共政策执行就是这类公共政策执行的特例。此外，上面的叙述也表

---

① 即不增加与 C_i 中既有价值活动规则及条件不同的任何新的价值活动规则及条件。

明，只抽象化的流公共政策执行并不完全由其出发的既定流公共政策完全确定，总是呈现出严格逻辑意义上的由下而上（具体到一般）形式，在不与既定流公共政策发生本质冲突的前提下，只抽象化的流公共政策执行均可以偏离既定的流公共政策。

（四）完善性流公共政策执行

称"公共"根据既定流公共政策所开展价值活动的结果及活动过程的反思，在保证既定流公共政策性质和基本结构不变的情况下对其进行完善，并以经过完善的流公共政策作为结束标志的价值活动为完善性流公共政策执行。[①]

特定的流公共政策总是"公共"根据特定的前继公共政策并结合现实条件而制定出的具体价值活动规划或方案，因而既受制于其前继公共政策，又为其价值实践活动的现实条件及价值主体的价值认知水平所制约。随着"公共"价值实践的变化，价值认知水平与价值能力的提高，以及价值活动环境（条件）的变化，从提高价值活动有效性及优化价值实践的需要出发，"公共"将周期性地对所执行的流公共政策进行完善。

从流公共政策之价值主体"公共"自身的角度看，完善流公共政策包括根据前继公共政策的变化调整"公共"的要素结构及其关系，以及根据自己价值活动的结果增加新的"公共"表现形式并改进和完善其已有的内涵。

从流公共政策价值客体的角度看，完善流公共政策的核心是改进和完善既有原流公共政策关于价值对象种类、形式及规格的规定，删除过时的价值对象，调整不合理的形式及规格的规定，增加新发现或新发明或新设计（想象）的对象作为流公共政策的价值对象，使价值客体更能体现"公共"之对象化的本质。实践中，流公共政策的"公共"可以从其前继公共政策价值客体要求的变化，以及自身价值实践活动结果对自己实际意义的诉求两个维度，同时完善流公共政策的价值客体。

从流公共政策环境的角度看，完善性流公共政策执行要解决好三个问题。其一，解决好与自然科学发展成果关系的问题，必须关注自然科学及技术发展的新成果，尽量采用能提高自己价值活动有效性并减少价值活动

[①] 例如，以地方政府作为"公共"进行的完善性流公共政策执行相当于修订地方性的条例或发展规划等。

代价的新技术与方法，完善和规范自己的价值活动策略、途径及方法与技术；其二，解决好与变化中的自然环境关系的问题，必须关注"公共"赖以存在的自然环境的变化，调整和完善流公共政策所依赖的自然条件，确保流公共政策具有现实、客观、适切的基础；其三，解决好与"公共"自身发展关系的问题，必须重视"公共"文化和"公共"伦理的变化，确保流公共政策与"公共"文化和"公共"伦理的演进趋势一致，使"公共"价值实践活动与"公共"文化和"公共"伦理建设相互促进，进一步完善和强化公共政策的实效性及鲜明的主体性。

三 末公共政策执行

末公共政策是公共政策最具体的表现形式，它将最抽象的源公共政策形态的价值用最具体形态的价值形态表现出来，使源公共政策所表征的价值成为可以具体观测的价值。所谓末公共政策执行就是以末公共政策表征并确认源公共政策价值的价值活动，活动结束的标志是形成了既有相对实然具体表现形式的末公共政策。

末公共政策所需要解决的关键问题是具体化与不失真的矛盾。源公共政策主要用内涵形式来界定价值，其价值是一种内涵型的价值，而末公共政策则用外延的形式来界定价值，其价值是一种外延型的价值。在由内涵型价值转化为外延型价值的过程中，外延型价值自身也有其自身的内涵和外延。从理论上讲，只有在外延型价值的内涵与内涵型价值所规定的内涵完全一致的时候，外延型价值才是内涵型价值所规定的价值。但是，流公共政策执行的分析表明，在流公共政策执行的过程中，流公共政策会形成自己的内涵型公共政策和外延型公共政策，而这对于末公共政策价值形态的限制却更为直接、更具有强制性和权威性，它为末公共政策执行提供了失真的前提。例如，如果假设从源公共政策出发历经 3 个流公共政策执行后再进行末公共政策执行，而每一次公共政策执行均与其前继公共政策的内涵型价值有 99% 的一致性，那么末公共政策的前继公共政策的内涵型价值与源公共政策的内涵型价值只有 96.06% 的一致性，[①] 已经明显偏离

---

① 如果假设每一次公共政策执行均与其前继公共政策的内涵型价值有 90% 的一致性，那么在本假设的情景中，末公共政策的前继公共政策只有 65.61% 的内涵型价值与源公共政策的内涵型价值一致。由此可见，末公共政策执行的失真问题较为突出。

了源公共政策对价值的规定，它使得末公共政策在具有失真性的条件下进行。在这种情况下，末公共政策的失真不可避免。

导致末公共政策失真的另一个原因是，作为"公共"之具体表现的"公共"具有主观能动性，其总是从最大化自身利益（即价值实现）的角度，利用自己的前继公共政策所确定的价值形态建构以自己为价值主体的价值。末公共政策之"公共"的这种努力的直接效果，就是有可能导致其所形成的内涵型价值与自己前继公共政策的内涵型价值不一致，出现价值失真现象。相对于前继公共政策失真导致的末公共政策执行失真而言，这种情况的失真是可以限制的。具体措施包括惩罚违反前继公共政策价值主张的末公共政策执行，鼓励具有创新意义的末公共政策执行。

从末公共政策执行的内容来看，它包括将公共政策的价值主体、价值客体、价值关系及公共政策条件等全部具体化和现实化。

其一，具体化公共政策的价值主体。使"公共"成为内涵和外延一体的实体性存在，即用完备、独立的个体替代"公共"的内涵式界定，使"公共"成为外延清晰、确定一体的概念。在末公共政策中，其价值主体在形式上具有个体性，任何价值均是指对这些个体中的某一具体个体的价值。如果不是这样，那么这样的末公共政策就缺乏正当性。具体化公共政策价值主体要处理好个性（特殊）与共性（一般）的关系，杜绝发生所确定的具体"公共"作为载体所蕴含的其他内涵，导致个性（特殊）与共性（一般）存在本质差异的现象，确保末公共政策所确定的"公共"与"源公共政策"所确定的"公共"，是没有本质差异的个性（特殊）与共性（一般）的关系。

其二，具体化公共政策的价值客体。即将抽象或相对抽象的对价值客体规格及表现形式的规定，转化为现实世界之"公共"可以切实感知、观测并把握的对象。作为末公共政策执行结果组成部分的价值客体，必须是一种实体形式或者与实体形式等价的客观存在，占有确定的时空，以及在按照既定要求转述的过程中不会造成信息遗漏。而且，作为末公共政策的价值客体还要保证末公共政策价值主体之任意等价表现形式对其有平等的知情权，均有平等形成价值的机会。

其三，具体化公共政策的价值关系。价值关系是价值主体与价值客体相互作用的纽带，通过价值关系价值主体与价值客体形成了一个有机的整体，这个有机的整体就是价值。末公共政策的价值关系与其他形式公共政策的价值关系不一样，它采用枚举（罗列）的方法列出了末公共政策认可和禁止的价值关系的全部具体形式。除涉及国家安全方面的原因之外，末公共政策所确定的价值关系均采用公开的形式给出，能确保"公共"准确知道自己如何形成自己的价值。因而，即便末公共政策执行得出了明确的价值主体和价值客体，但只要对其间所形成的价值关系形式事先没有给出具体、明确、规范及可检核的规定，那么这样所得出的末公共政策同样不具有正当性，是非法的。

其四，具体化公共政策条件。末公共政策的条件具有很强的现实性，直接指向具体价值存在的条件。确定具有永恒意义之价值的现实表现形式所需要的条件并将其规范化，是末公共政策执行之具体化公共政策条件的本质。由于任何具体价值均是特定条件下的价值，总是具有历史性和局限性，因而，具体化公共政策条件等同于确定末公共政策形态价值的限度及所蕴含的时代特征。不仅如此，通过公共政策条件的具体化，末公共政策执行还能确定形成（获得）末公共政策形态价值之具有正当性的、可行路径与策略。具体而言，末公共政策必须给出具有确定的种类、规格、功能、有效时限、可检测及可具备（或能获得）等特性的可使用条件，并且明确列出末公共政策禁止使用的条件。

末公共政策执行虽然可以通过兑现源公共政策的价值强化源公共政策的地位和正当性，但也可通过不能兑现源公共政策的价值否定源公共政策的地位和正当性，因此，末公共政策执行在强调按照自己前继公共政策展开的要求下，还必须关注自身与源公共政策的一致性，强调自己的价值活动逻辑及所建构的价值，不与源公共政策的价值活动逻辑及所确立的价值相悖。而且末公共政策并不是绝对的"末"，在特定的条件下它也具有"源"的意义，体现自身是"末"与"源"的统一。从公共政策性价值活动实践的历史进程看，可以把当前的末公共政策视为下一个公共政策活动周期[①]的源公共政策，而把下一个周期的源公共政策执行看成基于这个末公共政策的流公共政策执行。[②] 因此，末公共政策还有一个重要的使命

---

① 称从建立源公共政策开始建立一条完整公共政策价值链的公共政策执行过程为一个公共政策活动周期。

② 这里可以把末公共政策理解为是用具体形式表征的源公共政策，而源公共政策则是用抽象形式表征的流公共政策。

就是实现公共政策型价值的创新和自我超越。

第四节 公共政策执行的复合形式

从公共政策执行所涉及公共政策的个数及其范围看,公共政策执行有时同时涉及两个及其以上的公共政策及其相互之间的关系,本书将这类公共政策执行形式称为公共政策执行的复合形式,包括链段式公共政策执行、全链式公共政策执行及一体化公共政策执行。

一 链段式公共政策执行

链段式公共政策执行,是指以建立并确定完整公共政策价值链之一段作为价值活动结束标志的公共政策执行。链段式公共政策执行至少同时涉及两个公共政策,其所涉及的最短链段是公共政策价值节,最长链段则是由完备公共政策价值链去掉源公共政策和末公共政策二者之一后形成的链段。

分析表明,除源公共政策执行之外,其余任何公共政策执行在本质上均至少涉及两个公共政策——自己的前继公共政策和自己所构造出的公共政策,因而作为公共政策的结果它必然会形成前继公共政策与自己所构造出的公共政策构成的公共政策价值节。因此,本章之"第三节 公共政策执行的基本形式"所讨论的流公共政策执行、末公共政策执行,以及在本章第五节所讨论的伪公共政策执行、准公共政策执行及研究性公共政策执行均属于这类公共政策执行。

由此可见,实践中基于公共政策价值链的其他链段式公共政策执行,均可由源公共政策执行、流公共政策执行及末公共政策执行复合而成。实践中,"公共"对于基于自己所建构的公共政策的前继公共政策及其可能的后继公共政策,开展公共政策执行具有特别重要的意义。这样的链段式公共政策执行能有效保障"公共"确立并实现自己公共政策形态的价值。

二 全链式公共政策执行

全链式公共政策执行,是指以建立并确定一条完整公共政策价值链作为价值活动结束标志的公共政策执行。由于"公共"对抽象的认识具有再抽象性,这使得原来公共政策价值链上某公共政策所表征的抽象价值可能变得具体；与此相反，由于"公共"对具体的认识具有再具体性，这又可使得原来公共政策价值链上某公共政策所表征的具体价值可能变得抽象。因此，"公共"对价值具体和价值抽象认识的改变均有可能改变对公共政策价值链全链构成的认识，进而改变自己的全链式公共政策执行。但是，无论是怎样的全链式公共政策执行，它均必须同时至少包含一个源公共政策执行、一个流公共政策执行及一个末公共政策执行。

三 一体化公共政策执行[①]

所谓一体化公共政策执行是指以形式上同一的"公共"构造出完整公共政策价值链作为公共政策活动结束标志的公共政策活动，其核心是给出抽象价值及其具体化的表现形式，具体包括源公共政策执行、流公共政策执行及末公共政策执行三个构成部分。鉴于在本章"第三节 公共政策执行的基本形式"之"一 源公共政策执行""二 单一流公共政策执行"和"三 末公共政策执行"中对一体化公共政策执行的3个构成部分已经进行了专门的讨论，这里从3个部分相互联系、相互制约的角度分析一体化公共政策执行的原理与操作方法。

前面的分析表明，源公共政策执行、单一流公共政策执行及末公共政策执行中的价值主体、价值客体、价值关系及公共政策条件等存在形式的抽象程度是不一样的，总体呈现抽象性减低，具体性不断增强的趋势。[②]特别的，在这3种公共政策执行中，其"公共"在形式上既可以相同也可以不相同。如果不相同，则这3种形式的公共政策执行相当于"铁路警察各管一段"，尽管相互联系，但相对独立性却更为突出，利于发挥各种公共政策形式之"公共"的主观能动性，促进公共政策形式的价值活动创新，因而产生公共政策失真的可能性也比较大。一体化的公共政策执

---

① 在制定出源公共政策后，源公共政策的制定者根据源公共政策设计具体的价值活动，并通过具体的价值活动对源公共政策及其中的流公共政策进行检验，最终建立起完整的公共政策价值链的公共政策活动就属于这种公共政策执行。例如，在我国21世纪的新课程实践中，如果把各学科（科目）的"课程标准"视为源公共政策，把各学科（科目）的教材视为流公共政策，把各学科（科目）的具体教学视为末公共政策，则由学科（科目）的"课程标准"研制组编写教材、示范和推行教学方法的做法就属于这类公共政策执行。

② 在相对意义上，可以认为源公共政策中的"公共"是完全抽象的"公共"，流公共政策中的"公共"是准抽象和准具体的"公共"，末公共政策中的"公共"是完全具体的"公共"。

行则要求同一形式的"公共"以不同的抽象水平开展三种公共政策执行，由于三种公共政策中的"公共"是"公共"自身的展开，能较好地保证它们之间的内在一致性，有效防范公共政策失真。

从操作的角度看，一体化公共政策执行需要解决的关键问题是，源公共政策执行中的"公共"如何根据自己的价值活动认知水平及实践经验判断公共政策形态之价值之间的转化，确定将源公共政策形态的抽象价值转化为末公共政策形态的具体价值的阶段即标志，以及公共政策价值链的长度。因而，并不是每一个"公共"表现形式均有机会实施一体化公共政策执行的。例如，在公共政策制定中，有的"公共"形式会遇到国家利益、集体利益及个人利益；有的"公共"形式会遇到集体利益和个人利益；有的"公共"形式则只会遇到个人利益。尽管从公共政策的角度看，3种利益的本质是一样的，而且集体利益是国家利益的具体化，个人利益是集体利益的具体化，但是，后两种形式的"公共"（特别是最后一种形式的"公共"）就不需要像第一种形式的"公共"需要系统、全面地考虑整个价值活动的流程及阶段标志。

在源公共政策执行中，"公共"需要确认自己是一般意义上的"公共"，处于大公无私状态，将自己所追求的价值及价值活动的策略与方法，转化为具有普遍意义及指导性和强制性的价值及价值活动的策略与方法。特殊形式的"公共"要具有正当性地完成这个转化，能认识并超越自身的局限性以自身所在一般意义上的"公共"开展价值实践活动是其前提。这客观要求特殊形式的"公共"除了研究自身的价值需求及价值活动形式之外，还要研究自己所希望的"公共"的外延的价值需求及价值活动的形式，用它们来完善自己的价值认知，以便通过自己所建立的源公共政策确认这些价值及价值活动形式，把这些潜在的外延变为现实、显在的外延，同时也利用这些外延原本的内涵充实和完善自己的内涵，并建立起认定"公共"的标准及判断方法。[①]

在流公共政策执行中，特殊形式的"公共"已经获得了一般意义上的"公共"身份，因而从公共政策价值主体的角度看，其所需要解决的问题就是确定在表现形式上介于一般意义上的"公共"与特殊意义的"公共"之间的"公共"。此时，特殊形式的"公共"是以其所在利益集

---

① 事实上，这也是政党的政策能成为一般意义上的公共政策的逻辑前提。

团之利益代表的身份出现的，其所建立的流公共政策与自己所追求价值及价值活动的形式更加紧密，仿佛就是按照自己需要定做的一样。但这也只是仿佛而已，新的流公共政策中的"公共"并不完全等同于原来特殊形式的"公共"，它比原来特殊形式的"公共"具有新的内涵和更为广泛、确定的外延，只是这种新增的内涵及外延较之源公共政策的内涵及外延与自己更为接近罢了。特殊形式的"公共"继续执行流公共政策容易出现的问题是：依然停留在源公共政策执行层面，导致流公共政策执行脱离实际；以源公共政策的"公共"身份自居，将与源公共政策不一致甚至矛盾的价值及价值实践形式合法化，导致流公共政策执行失真。为了避免或限制出现这样的问题，特殊形式的"公共"在执行流公共政策时需要对自己的内涵和外延进行重构，既使外延本身的内涵与自己更为接近，也使自身的形式也更为接近新增加的外延。在此基础上，按照新的"公共"确定具体的价值客体及相应的价值关系，而且从现实出发确定价值活动形式及其选择价值活动形式的准则，设定价值存在及活动所依赖的条件。

在末公共政策执行中，这种特殊形式的"公共"完全以自己本来的身份开展建立和追求公共政策价值形态的活动。从其所建立的公共政策价值链的角度看，这种末公共政策执行就是建立起具有示范意义的具体公共政策形态的价值及价值活动形式。[①] 这种末公共政策执行的优势是其"公共"不仅熟悉自己所在公共政策价值链的全部价值形态及其价值活动规则的具体内容和真正的指向，而且悉知确定这条公共政策价值链的必然性，方便自己用最准确的价值形态及价值活动方式展现源公共政策的价值及价值活动方式。与这种优势相对应的是其最大的劣势，"公共"身份的特殊性有时会掩盖其只按照"个体"身份开展价值实践活动，将原本只具有个体意义的价值及其价值活动形式解释为源公共政策执行的结果，使非法公共政策执行合法化。因此，确保这种特殊形式的"公共"是一种具体的"公共"而非"个体"，对于一体化公共政策执行就显得尤为必要，必须建立起判断这种特殊形式"公共"的认定标准及判断方法。

需要指出的是，一体化公共政策执行所建立的公共政策价值链是一条具有标准意义的价值链（简称标准公共政策价值链）。如果存在标准公

---

① 通常，在某种公共政策的权威性解释权只归属制定者本人时，制定者对该公共政策解释所形成的公共政策就是这种公共政策执行的结果。

政策价值链，那么基于追求这条价值链所表征公共政策形态价值的任何公共政策执行均可参照这条链进行，而且其流公共政策执行应该与该标准公共政策价值链中的某个流公共政策执行等价（即抽象度相等）。因而，一体化公共政策执行的结果也实质性地建立起了规范和管理公共政策执行的标准。当然，从"公共"之形式上完全一致的角度看，绝对地要求所有的公共政策执行均按照一体化公共政策执行进行是不可能实现的，也没有这个必要。实践中，从源公共政策之相对性的角度看，将以特定"公共"作为价值主体的流公共政策作为源公共政策，继而在这个源公共政策基础上，以这个特定"公共"作为公共政策的价值主体，开展一体化公共政策执行却是可以实现的。[①] 此外，也可以认为一体化公共政策执行是全链式公共政策执行的特例。

第五节 类公共政策执行

所谓类公共政策执行是指类似公共政策执行但实质上不是严格意义上的公共政策执行的一类实践活动，包括伪公共政策执行、准公共政策执行及研究性公共政策执行。

一 伪公共政策执行[②]

所谓伪公共政策执行，是指出于政治需要，以建构虚假不可能实现的价值作为公共政策价值目标及违背规律的价值活动形式追求价值的公共政策执行，其本质是以公共政策执行形式开展的反"公共"活动，是不具有正当性的公共政策执行。

开展伪公共政策执行的直接动机和目标是维护并巩固政治统治，因而伪公共政策执行只强调满足政治统治的需要，并以是否满足当前的政治统治需要作为确定公共政策价值目标的唯一标准。尽管有时政治需要与

[①] 这相当于每一个"公共"均会根据自己的需要，基于自己所在的利益共同体根据已有的公共政策确定自己追求的价值及价值活动的形式，并从公共政策价值链的角度将其确定下来，成为这个利益共同体追求该价值的行动指南和准则。

[②] 例如，反人类的邪教组织制定的一些政策纲领及有关具体的行动及其规则的规定，就是典型的伪公共政策执行。

"公共"需要并不矛盾，但政治需要优先于"公共"需要的做法却颠倒了"公共"需要与政治需要谁决定谁的关系，错误地用政治需要决定"公共"需要，使公共政策执行出现了非法化，与"公共"开展公共政策执行的根本目的相冲突。当这种不具有正当性的公共政策执行使得冲突积聚到一定的量的时候，它就会导致政治统治的土崩瓦解。

伪公共政策执行所确立的价值目标不可能实现是其最典型的特征之一。从实体存在形式看，伪公共政策所描述或确定的价值客体不符合客观规律，违背了科学规律，世界上不可能有这样的实物结构。从精神存在形式看，伪公共政策所描述或确定的价值客体引导"公共"建立促进并强化其保留愚昧和无知，甚至是否定自己生命意义的价值，不符合人的发展规律，违背了人作为"公共"之公共政策实践是为了过上更美好生活，使自己从必然王国进入自由王国这一根本宗旨。实践中，尽管可以通过伪公共政策之价值客体判断伪公共政策的价值目标不可实现，但是，无论是判断伪公共政策之价值客体的合客观规律性，还是判断伪公共政策之价值客体之合人发展的规律性，在伪公共政策执行刻意进行伪装，以及利用居于政治统治地位将其他价值作为兑现伪公共政策执行的情况下，均会给杜绝伪公共政策执行带来困难。一方面，"公共"因自身的价值认知水平发展不够，难以判断出伪公共政策执行之价值客体不蕴含既合客观规律又合人的需要；另一方面，"公共"以获得伪公共政策执行所附带的真实价值为目的，根本就不关注伪公共政策执行所确定价值客体不可行，有时甚至在明知道伪公共政策执行之价值客体既不合客观规律又不合人的需要的情况下，为了获得伪公共政策执行所附带的真实价值而甘愿接受并执行伪公共政策。

伪公共政策执行所确立的价值活动规则及策略与方法违背科学性和伦理性，也是其最典型的本质特征之一。从科学性的角度看，伪公共政策执行所规定的价值活动规则及策略与方法或者是没有科学原理支撑的臆断和想当然的规定，其自身及其所在的公共政策价值链无法论证做出这种选择的正确性；或者是违反有关科学原理的规定，按照这些科学原理完全能够论证其当前所确定的价值活动规则及策略与方法的错误性。从伦理性的角度看，伪公共政策执行所规定的价值活动规则及策略与方法违反了人的内在规定性对公共政策执行的要求，不尊重"公共"作为人存在的形式的本质是人，故意不尊重人的尊严及基于人的尊严所建立的伦理规范，将公共政策活动等同于完全没有人参加的、动物界的维持生理生命的本能活动。与上一段的分析类似，我们也可以发现在实践中这类伪公共政策执行之所以存在，除了名义上的"公共"以个体自利为目的故意提出伪公共政策之外，一方面是受制于"公共"的价值认知水平及价值实践能力发展的程度，另一方面也受制于"公共"开展这类伪公共政策执行的动机和目的。

需要指出的是，"公共"在不能判断其前继公共政策真伪的情况下，通过公共政策执行的结果来判断自身是否为伪公共政策执行的做法，即便得出的结论证明自己开展的是伪公共政策执行，也不能将"公共"所开展的这个公共政策执行定性为伪公共政策执行。从"公共"开展该公共政策执行的目的来看，将这类公共政策执行称为探索性公共政策执行较为恰当，它是本书接下来要讨论的"准公共政策执行"的一种。

二 准公共政策执行

所谓准公共政策执行是指主体（或"公共"）以解决公共政策执行类问题为目标的公共政策执行。它不要求"公共"严格地遵循其前继公共政策所确定的价值形态及价值活动的逻辑开展公共政策执行，而是根据自己的价值及其实践活动的需要选择合适的公共政策解决自己所遇到的问题，并证明自己价值及其实践具有正当性。严格意义上讲，准公共政策执行中的"公共"与有关公共政策所规定的"公共"之间并不完全一致，其一致性的程度取决于准公共政策执行的具体目标定位。在主体的价值实践中，其准公共政策执行主要有探索性公共政策执行和相关性公共政策执行两种形式。

（一）探索性公共政策执行

探索性公共政策执行是"公共"为了准确把握自己所确定前继公共政策的价值目标、功能限度及是否具有现实性所开展的价值研究与价值实践活动。在探索性公共政策执行中，其前继公共政策尽管内容和形式均已经确定，但是其所规定的价值及价值活动的正当性均没有得到完全的论证，具体表现为至少在以下3个方面的其中之一存在问题：

其一，前继公共政策没有明确给出"公共"的认证标准，导致探索性公共政策执行中的"公共"尽管就是其前继公共政策所规定的"公共"，但根据其前继公共政策却不能论证这个事实；

其二，前继公共政策所给出的价值目标当前缺乏论证依据，导致"公共"既不能确定性地否定该价值目标，又不能清晰判断出该价值目标真正具有的价值；

其三，前继公共政策缺乏科学性支撑，其所给出的价值客体、价值活动规则、途径、策略、方法及条件等的科学性及现实可行性等在当前均缺乏论证依据，导致以它作为逻辑起点的公共政策执行缺乏有效的实践指导及规制。

探索性公共政策执行就是通过价值实践来确认并解决其前继公共政策可能存在的这3个问题。因此，给出改进和完善前继公共政策的可行建议是探索性公共政策执行结束的标志。

从操作层面看，探索性公共政策执行的主要策略是具体化，即借助于价值活动实践，利用严格的逻辑演绎将其前继公共政策所规定的价值目标、价值客体、价值活动规则及策略、方法与技术直观地表现出来，使其所蕴含的规律性与合目的性显现出来与"公共"的价值常识及科学常识能形成直接的对照，并基于这种对比对其前继公共政策自身的真伪做出判断。

应该指出的是，从公共政策执行代价可承受性的角度看，将只有局部影响的公共政策作为前继公共政策的探索性公共政策执行是一种可行的选择，它既有利于公共政策自身的超越与创新，也有利于促进"公共"自身的完善与超越。但是，将具有全局性影响的公共政策作为前继公共政策的探索性公共政策执行却不太适合，这时的探索性公共政策执行风险太大，可能导致对"公共"全盘否定的结果。因此，从创新公共政策的角度适合采用探索性公共政策执行，而从追求和获得价值的角度则适合采用确定性的公共政策执行。

（二）相关性公共政策执行

相关性公共政策执行即"公共"从自己确定价值及开展价值活动的需要出发，运用与自己没有直接价值链关系的相关公共政策解决这个过程中所遇到的问题。相关性公共政策执行总是指向问题解决，其"公共"与其所借用之公共政策的"公共"不具有同一性。构成相关公共政策执行的基础是不同主体之价值活动面临相同的问题但采取不同的解决策略，以及遇到相同问题的时间顺序不一样，有的已经遇到过，有的刚遇到，而有的则即将遇到。相关性公共政策执行可以有效降低公共政策执行的成本，以及促进不同"公共"之间的交流与共处，是效率较高的一种公共政策型价值活动方式。相关性公共政策执行按照其涉及的公共政策规模可以划分为 4 个层次。

其一，国家"公共"层面的相关性公共政策执行。从某种意义上讲，国家也是公共的表现形式，在一个国家借助他国的公共政策解决自己的公共政策问题时，其所开展的就是相关性公共政策执行。当今世界，解决人之衣、食、住、行及增加福祉是各国共同面临的问题，其成功与失败的公共政策及其执行均能为其他国家提供借鉴。

其二，地区①"公共"层面的相关性公共政策执行。同样的，作为行政区划结果的地区也可以作为公共的具体表现形式。在同一个国家内，如何基于相同的源公共政策从自己的实际出发制定自己的公共政策，是这些地区所面临的共同问题。因而，各地区普遍关注问题及其通过公共政策执行的求解，能给彼此解决相同的问题提供借鉴。从这个意义上讲，各地区走出去考查其他地区公共政策及公共政策执行，也是完善本地区公共政策及公共政策执行的必要措施。此外，即便不同国家的地区之间，基于满足解决具体问题之合规律性方面的需要，也可以彼此借鉴对方的公共政策执行来完善自己的公共政策执行。例如，不同国家的城市之间建立友好城市，就是促进有关城市实施相关性公共政策执行的有利途径。

其三，利益共同体②"公共"层面的相关性公共政策执行。以利益共同体作为"公共"的公共政策执行总是自身利益本位的公共政策执行，通过公共政策价值执行实现自己价值活动收益最大化是不同利益共同体开展公共政策执行的共同追求。在公共政策执行中，特定的利益共同体有 3 种情形会开展相关性公共政策执行：其一，它与其他利益共同体在占有（获得）公共政策形式的价值存在合作和共赢关系时，需要通过相关性公共政策执行使其他利益共同体之公共政策执行的效益最大化；其二，它与其他利益共同体在占有（获得）公共政策形式的价值存在竞争和排斥性

---

① 这里的地区是指一个国家行政区划所产生的具有相对独立空间和人口构成的区域。在我国，地区可以指省级或相当于省级的行政区、地区级或相当于地区级的行政区、县级或相当于县级的行政区、乡级或相当于乡级的行政区及村级或相当于村级的行政区。

② 这里的利益共同体包括企事业单位、行业组织、团体、政党、行政部门等在内的正式组织与非正式组织。

的关系时，需要通过相关性公共政策执行限制其他利益共同体之公共政策执行效益的最大化；其三，它在自己的公共政策执行中遇到问题，而其他利益共同体在其公共政策执行中也可能遇到过或正遇到相同或类似的问题，它们解决问题的方法能为自己引用或借鉴。

其四，个体①层面的相关性公共政策执行。构造出以个体作为价值主体的源公共政策价值形态的价值，是个体层面的公共政策执行的本质。在个体层面的公共政策执行中，个体以自己作为"公共"，以自己作为价值主体所建构的价值作为源公共政策价值形态的价值，以自己的价值活动策略、方法及采取的技术作为源公共政策规定的价值活动策略、方法及采取的技术。从这个意义上讲，同一公共政策执行总是通过形式不同的个体层面的公共政策执行实现的，这为个体开展相关性公共政策执行提供了客观的前提。类似于对"利益共同体'公共'层面的相关性公共政策执行"的分析，可以发现特定个体在与其个体在占有（获得）公共政策形式的价值存在合作和共赢关系，或者与其他个体在占有（获得）公共政策形式的价值上存在竞争和排斥性的关系，或者自己的公共政策执行中遇到与其他个体在其公共政策执行中也可能遇到过或正遇到相同或类似的问题等情形，它均需要开展相关性公共政策执行来帮助自己解决问题。

三 研究性公共政策执行

所谓研究性公共政策执行是指将公共政策及公共政策执行作为一种研究对象，以获得公共政策及公共政策执行运行规律为目的的科学认知活动。研究性公共政策执行中的执行者是价值中立的专业化的研究人员，他们与公共政策所确立的价值无涉。这些研究人员通过获得公共政策及公共政策执行的专业知识，以及诊断和解决公共政策及公共政策执行问题的专门能力，为真正的"公共"提供公共政策执行的专业支撑。

公共政策及其执行所涉及的学科门类多，是一项科学性与综合性均很强的实践活动，要求其所有主体"公共"均成为一个百科全书式的、精通所有学科门类的主体是不现实的。"公共"在公共政策执行过程中需要不同学科门类的人员为自己提供专业支撑，甚至在准确把握自己方面也需

---

① 这里的个体指以单一独立形式存在的"公共"，最基本的表现形式是以个体人形式所表现的公民。

要有关专业人员提供服务。否则,"公共"自身就难以(甚至是不可能)使公共政策执行按照其本来的逻辑运行。"公共"在公共政策执行中所遇到的这些困难既为专门研究提供了具体的对象,也为实践中存在以其为研究对象的专业人员提供了存在的物质基础。

研究性公共政策执行是一种价值中立的活动,服务于所研究公共政策执行之真正的"公共",但在研究过程中,如果研究人员不能确保自己的价值中立地位,就可能使自己成为所研究公共政策执行的"公共",按照自己的专业水平及价值观念建构所研究对象的价值形态及价值活动的策略、方法与技术,使研究成果成为以自己为"公共"的公共政策,使得所研究对象的"公共"被改造成为研究者。因而,在实践中将研究性公共政策执行与以研究人员作为"公共"的公共政策执行区分开,对于确保公共政策执行的正当性具有重要意义。

需要指出的是,有的"公共"在开展公共政策执行时将自己的公共政策执行全权委托给专门的研究人员(组织),由其付诸实施。在这种情况下,研究人员所实施的公共政策执行仍然具有研究性公共政策执行的意义,是研究性公共政策执行的一种表现形式。

第六节 行政许可与公共政策执行

行政许可与公共政策执行有千丝万缕的关系。传统意义上的公共政策执行其实就是执行公共政策,如果限定公共政策执行的主体只能是公共政策之主体的话,那么这样的公共政策执行就近似于行政;如果限定公共政策执行的主体只能是具备特定属性的主体的话,那么这样的公共政策执行就近似于行政许可。因此,有必要就行政许可与公共政策执行的关系问题进行专门的讨论。

一 行政许可的逻辑

行政许可尽管是一个专门的术语,无论理解为由行政实施许可还是由行政许可行政,均涉及对行政的认识。行政是行政许可实践和逻辑的起点,它的起源内在地蕴含了行政许可。

从学术意义上的行政的起源来看,它与行政学的产生是同步的,分析行政学的起源就能厘清学术意义上的行政的起源。行政学的产生得益于政治制度自身面临的挑战及其对政府管理提出的专业化和专门化的要求，它一方面要求政治与政治执行分离形成相对独立的实践和研究领域，另一方面要求设置实施政府管理的条件，使政府管理成为一种专业性的专门活动。其中，后一方面的要求是构成政治许可的逻辑依据。通过政治许可能确保行政具有专业性和必要性，而行政学意义上的行政的确立则恰好是政治许可的结果，完全实现了政治与行政的相对分离。因此，在有行政学之后无论是从理论层面讨论行政，还是从实践层面讨论行政，二者均指向专业性和专门化的社会分工所形成的结果，而非指具体地做某一件事。

实践中，无论是从政治系统角度将行政看作政治系统分工所形成的一个专门化的部门，是对政治系统中部分事物的管理或方案的执行，还是从管理体系角度将行政看作一个为完成管理特定事物或执行特定方案的专门化的操作过程，[①] 如将行政看作国家行政组织在宪法和有关法律规定范围内对国家政务进行管理的活动过程，[②] 还是从法制的角度将行政看作根据对政府的命令，政府履行对整个社会及其各个部门进行法制管理和提供服务的职能，[③] 这些均能体现出行政是政治许可的产物，行政的合法性由政治的合法性所决定。由此可见，尽管政治和行政均是追求和实现价值的行为，但是政治的价值是自我追求、自我判断及自我实现的，而行政的价值则是通过实现政治的价值而实现自身的价值，两者有着本质的差别，不可等而视之。

作为通过政治许可所确认的行政，它在获得资格的同时也实质性地确立了自己所应该有的知识结构、能力结构、人员结构、伦理结构及自身可持续发展的诉求。因此，最大限度地提高自己活动的效益，降低自己的运行成本，确保自身的可持续发展，这既是其确立自己行动的准则，也是其行动的出发点。根据这一准则，行政会将自己所面临的政治任务划分为亲自完成、委托他人完成及听任他人完成三类。

所谓亲自完成，即行政根据政治所确定的价值及价值活动规范，亲自开展价值实践，把政治所确定的价值实质性地建构出来。这类任务的特点是只有任务外部非自然因素的引导和促进作用，才能实质性地完成。例

[①] 从这个角度看，传统意义上的公共政策执行是行政的有机组成部分，有时甚至同义。
[②] 何颖：《行政学》，黑龙江人民出版社2007年版，第7页。
[③] 同上书，第5—6页。

如，一个国家的国防就只能由行政自己把它实质性地建构出来。

所谓委托他人完成，即行政根据政治所确定的价值及价值活动规范，自己设置开展这类价值实践所应该具有的条件及附带利益，委托他人把政治所确定的价值实质性地建构出来。这类任务的特点是行政自己亲自完成的，成本高且效益低，存在具有竞争性的期望参与完成建构该政治性价值获利的潜在主体，以及希望参与完成这类政治性价值建构的潜在主体能使自己具备相应的条件。例如，一个国家的科学研究行政就能采用委托他人完成的方式完成。

所谓听任他人完成，即政治所确定的价值及价值活动规范的价值主体所具有自我惩罚与激励机制，与其所覆盖的不同主体的自我惩罚与激励机制具有同一性，这些主体会自觉利用这种自我惩罚与激励机制，通过参与完成这类政治性价值的建构获得自己所追求的价值。这类任务的特点是行政亲自完成的成本非常高且效益低，存在具有竞争性的期望参与建构这个政治性价值获利的潜在主体，对希望参与完成这类政治性价值建构的潜在主体没有特殊条件要求，以及参与政治性价值建构过程与兑现潜在主体所追求价值同一。例如，一个国家利用市场经济发展经济的领域，行政就能采用听任他人完成的方式完成，在这个过程中，参与市场经济的过程就是兑现参与人所追求价值的过程。

实践中，行政总是优先考虑自己的任务是否可以以听任他人完成的方式完成，在不能以听任他人完成方式完成的情况下再考虑能否以委托他人完成方式完成，只有在听任他人完成和委托他人完成两类方式均失效的情况下，才采用亲自完成的方式完成任务，这就是确定行政许可的逻辑。

事实上，政治正是发现了行政的这种选择策略，以及尽量减少行政成本的需要才建立行政许可法的。政治建立行政许可法，一方面可以通过设置行政许可这种知识性、规范性、专业性、政策性很强的综合性行政活动，[①] 限制政府职能的类别与范围及政府的规模，达到建立完备政府，[②]

[①] 王周户等：《行政许可：技术支持与归责制度的创新》，《行政法学研究》2010年第2期。

[②] 所谓完备政府，这里指政府所承担的职能及其范围既不能扩大又不能缩小的状态。完备政府是一个相对的概念，总是指在某一个时间段政府所承担的职能及其范围的最优设置，从政治本身及其环境不断发展变化来看，政府所承担的职能及其范围也必然随之变化，因而，政府总是从一个完备状态进入另一个更为完备的状态。

优化行政成本，提高行政效益的目的；另一方面，又可以通过将非政府主体政府化，使得其价值活动具有公共性、规范性及权威性，在实现政治价值的同时也获得以自己为价值主体的价值，使得行政的价值增值（指能获得额外的附加值）。

二 基于公共政策执行的行政许可

按照本书的逻辑，公共政策是"公共"对自己所追求价值的规划及获得该价值的活动规则、策略、方法与技术的规定，而且公共政策执行本身就是公共政策存在的一种形式。但是，这里的"公共"具有相对性，可以是个体意义上的利益共同体、组织意义上的利益共同体、行业意义上的联合体、跨行业意义上的利益共同体、地区意义上的利益共同体、国家意义上的利益共同体。因此，只有在以国家意义上的利益共同体作为"公共"讨论公共政策执行时，才涉及行政许可问题。

如果将有权参加国家议事和审判职能的人称为国家的公民，而将国家理解为为了维持自给生活而具有足够人数的公民集团，[①]那么根据本书的分析，公共政策执行是公共政策不断具体化的过程，即将以国家——公民集团——作为"公共"的公共政策，转化为以国家的公民——公民个体——作为"公共"的公共政策。这个过程中除了个体公民出于自己追求价值的本性会产生一种促成这种转换的动力之外，国家也会形成一种规范和兑换这种转换的力量。前一种力量形成了行政许可的物质基础，后一种力量形成了行政许可的执行机制。

因而，在一定程度上可以认为，行政许可是一种特殊的公共政策执行。说其特殊，主要是指将其所对应的公共政策限制在以国家作为"公共"的公共政策执行上。在这样的公共政策执行中，政府处于一个十分特殊的地位。一方面，政府因政治授权获得了以国家身份实现国家价值诉求的正当身份，是一个实然的存在；另一方面，具体的政府只是部分国家的公民所构成的组织，它的机制与功能总是有限的，是有限政府。这就决定了在这类公共政策执行中政府必然存在有所为和有所不为。但是，政府的有所为和有所不为并不能确保政府是否具有正当性，能确保政府正当性的是政府的有所为和有所不为的选择能确保实现国家的价值

---

① [古希腊] 亚里士多德：《政治学》，吴寿彭译，商务印书馆1965年版，第113页。

诉求。

然而，以国家的公民作为主体的政府不为的公共政策执行，可能产生与政府实现国家价值诉求相反的结果，听任产生这样的结果最终会导致政府自身失去正当性。因此，政府在公共政策执行中的不为并不等同于不管，出于实现国家价值诉求确保自己正当性的需要，政府必然对以国家的公民作为主体的公共政策执行进行管理，使其活动的成果有助于实现国家的价值诉求。

政府在实现政治价值中的特殊地位，使其对以国家的公民作为主体的公共政策执行进行监管的诉求既具有正当性，又具有必要性。这使得从表面上看，以国家的公民作为主体的公共政策执行成为政府许可的一种公共政策执行。鉴于政府建立许可这类公共政策执行的标准源于行政许可法，因而，这类公共政策执行与行政许可所导致的公共政策执行并无二致。

在具有行政许可特性的公共政策执行中，行政所需要承担的工作就是准入与监管。所谓准入就是确认个体是国家的公民且具有参与执行所拟执行公共政策的能力，具体的要求是按照宪法所规定的公民义务确定个体是实然的公民而非名义意义上的公民，[①] 以及确定个体具有特定公共政策对价值主体价值认知及价值实践能力的要求。监管则是对获得参与公共政策执行资格的个体是否按照公共政策既定的价值逻辑开展价值实践活动进行监管，及时纠正其偏离既定公共政策价值目标及违反既定公共政策价值实践规范的公共政策执行行为。

需要指出的是，在公共政策执行中，"公共"还有一种招募和委托其他主体代为开展公共政策执行的方式。这种方式与行政许可不同，它对具体内容和范围的划定，对承担具体任务者的资质要求，完成任务的价值补偿机制及兑现方式，以及任务完成的标志等的确定，均由"公共"在自己正当的权利范围内自行完成，而不需要用立法的形式对它们进行规定。而且，"公共"招募和委托的公共政策执行者不可能是该公共政策的价值主体。

[①] 极端的例子是，对于一个处于植物人状态的公民而言，它会因缺乏履行公民义务的能力而丧失自己实然公民的身份，只具有名义公民的身份。只有具有实践能力的公民才能成为公共政策执行的主体，而他必须是名义公民身份与实然公民身份的统一。

第七节　经典公共政策执行理论评析

在我国现有对公共政策执行理论梳理的研究成果中，一种观点将公共政策执行的主要理论按学派概括为行动理论、组织理论、因果理论、管理理论、交易理论（博弈理论）、系统理论及演化理论；[①] 一种观点主张按照各学派理论的内在联系将公共政策执行理论概括为行动理论、组织理论及博弈理论；[②] 一种观点按照公共政策执行所遵循的科学哲学观将其划分为主张逻辑实证论的第一代公共政策执行理论、主张后实证论的第二代公共政策执行理论及主张将逻辑实证论和后实证论整合的第三代公共政策执行理论；[③] 一种观点将公共政策执行分为基于科层组织理论的公共政策执行理论与基于社会系统理论的公共政策执行理论。[④] 本书将我国学者概述所涉及的理论均称为经典的公共政策执行理论，[⑤] 并按照将公共政策执行理论划分为三代的主张评析经典公共政策执行理论。

一　线性演绎的公共政策执行理论

所谓线性演绎的公共政策执行理论即主张以一个名义公共政策为逻辑起点，按照其既定的价值活动规则，用逻辑演绎方式实施公共政策的理论。它对应于主张逻辑实证论方法论的第一代公共政策执行理论。

史密斯（Thomas B. Smith）认为政策执行是执行已经制定的政策的假设对于第三世界国家构成的政策而言是无效的。第三世界国家设法构成广泛、高度概括性的政策，但其政府官员又缺乏执行的能力，而利益群体、反对党、有影响的个体和群体经常设法影响政策的执行而非公共政策的制定，这使得政策执行成为社会中的扩张性生成力量。这种张力由政策执行

[①] 李允杰等：《政策执行与评估》，北京大学出版社2008年版，第40、54、69—71页。
[②] 胡宁生：《现代公共政策研究》，中国社会科学出版社2000年版，第175页。
[③] 张骏修：《公共政策的有效执行》，清华大学出版社2006年版，第34—36页。
[④] 黄维民等：《公共政策研究导论》，陕西人民出版社2009年版，第177—182页。
[⑤] 丘昌泰先生认为，用整合理论研究公共政策执行模式的并不多，已尝试建立的公共政策执行模型也存在不少问题，存在相当的争议，但整合理论的提出有助于化解第一代公共政策执行理论与第二代公共政策执行理论之间的矛盾，值得进一步进行研究。参见李允杰等《政策执行与评估》，北京大学出版社2008年版，第82页。

过程的理想化的政策、执行组织、目标群体及环境因素4个组成部分内部及相互之间产生,所导致的交互作用模式使得政策执行的结果与政策制定者所期望的结果一致或不一致。[1] 由此,公共政策执行从公共政策制定中分离出来,形成所谓的"自上而下"的公共政策执行,并成为专门的研究对象。[2] 以此为发端的线性演绎的公共政策执行理论认为,公共政策制定与公共政策执行在政策过程中是既相对独立又具有连续性的两个阶段,公共政策执行是一系列的社会政策性过程,公共政策制定的结果既是公共政策执行的逻辑前提也是政策执行的目标和规则,其结果能为政策过程位于执行之前的阶段所预期,[3] 以及公共政策执行是一个价值无涉的纯技术性过程,其研究聚焦在当地或"街头水平"的政策执行环境中,主要关注识别出最大化将政策目标转换成实践的条件。[4]

由此可见,"由上而下"的公共政策执行理论把政策当作给定物,利用探究政策执行过程及承担执行组织责任的正确与错误,追求解释政策成功或失败的原因。它依赖于两个相互关联的假设:其一,将政策制定和行政管理截然分开的过程规划理论和行政管理的传统智慧;其二,存在清晰而明确的政策目标及可比较的简单任务去测量达成目标的程度。这两个假设掩盖了政策与执行之间实际存在的更为复杂的关系,认为政策与行政管理之间的区别是,政策是决定去做什么,行政管理就是使它处于被做的状态。但是,实践中,由于界定政策在哪里结束及执行在哪里结束的困难,这些区别也被打破了。[5]

从公共政策价值链的角度看,公共政策制定与公共政策执行本身就是同一公共政策有机统一的存在状态,公共政策制定所刻画的是公共政策价值的抽象状态,而公共政策执行刻画的是公共政策价值的具体状态,两者

---

[1] Thomas B. Smith, "The Implementation Process", *Policy Science*, Vol. 4, No. 2, Jun 1973.

[2] Paul A. Sabatier, "Top-down and Bottom-up Approaches to Implementation Research: A Critical Analysis and Suggested Synthesis", *Journal of Public Policy*, Vol. 6, No. 1, Jan.-Mar. 1986.

[3] Douglas R. Bunker, "Policy Sciences Perspectives on Implementation Processes", *Policy Sciences*, Vol. 3, No. 1, Mar. 1972.

[4] John Fitz, "Implementation Research and Education Policy: Practice and Prospects", *British Journal of Educational Studies*, Vol. 42, No. 1, Mar. 1994.

[5] Robin Hambleton, "Planning Systems and Policy Implementation", *Journal of Public Policy*, Vol. 3, No. 4, Oct. 1983.

不存在对立。因此，研究公共政策执行在某种程度上就是研究公共政策制定，根本没有必要将公共政策执行与公共政策制定划分为两个不同的学科领域加以研究。至于史密斯所指出的第三世界国家导致公共政策失败的原因，则是公共政策价值内部存在的问题，即由于公共政策制定者与公共政策执行者身份的分离导致公共政策价值主体自身的分裂，使得这些国家所制定的公共政策的抽象价值与其具体价值之间处于分离及实际不可能统一的状态。

由此可见，"由上而下"的公共政策执行理论利用了公共政策之价值主体将公共政策之抽象价值具体化所产生的张力，尽管在解释公共政策执行的内驱力及建立规范、统一公共政策价值，提高价值活动效率方面具有积极的作用，但在对公共政策价值活动失败的原因分析方面却是很有限的。因为，对于公共政策之价值主体而言，公共政策执行是其基于自身利益的能动性行动过程，[①] 它必然有将公共政策之具体价值抽象化的诉求。由此而产生的张力，既可以强化既定的公共政策抽象价值，也可以完善或否定既有的公共政策抽象价值，出现合法的与既定公共政策之抽象价值不一致的情况，而这正是"公共"创新自身公共政策最主要的途径。

二 归纳聚合的公共政策执行理论

所谓归纳聚合的公共政策执行理论即主张以实然公共政策作为研究公共政策执行逻辑起点的公共政策执行理论。它对应于主张后实证论方法论的第二代公共政策执行理论。

归纳聚合的公共政策执行理论将参与公共执行的"街头官员"作为研究的起点，以公共政策执行过程中的互动为前提，将公共政策活动所显现的实然公共政策作为焦点，试图通过揭示团体、个体中央及采取公共政策行动与方法的原因，发现实然公共政策形成及其运行规律。[②] 艾莫尔（Richard F. Elmore）认为政策只能直接引起个体注意一个问题及提供一个应用技能和判断的场合，政策本身不能解决问题，公共政策执行能解决问题的关键在于执行中直接执行者的自由裁量权、互惠及协商，在执行公

---

① 胡宁生：《现代公共政策研究》，中国社会科学出版社 2000 年版，第 177—179 页。

② Robin Hambleton, "Planning Systems and Policy Implementation", *Journal of Public Policy*, Vol. 3, No. 4, Oct. 1983.

政策中必须将自由裁量权置于比遵守更高的价值位置。其提出的"后向探索"（Backward Mapping）认定，越接近公共政策问题根源的个体，其对影响公共政策执行的能力越大，复杂系统的公共政策执行问题解决能力取决于在公共政策执行问题最直接表现之处的最大化自由裁量权，组织是析出困难公共问题非常有效的装置，公共政策的执行也需要相关的社会组织和众多的行动者共同协作来完成。[1] 此外，约恩（Benny H. Jern）和波特（David O. Poter）认为政策执行以计划理性而非组织理性为基础，其结构不是权威形成的，而是从各种社会组织基于名义公共政策目标发展出一种相互依赖的结构性关系——"组织库"中形成的，即在各种社会利益关系之间的自我选择中形成的。[2] 因而，执行结构更像是一种临时的伙伴关系，并不存在一种前后一致性的内在紧密联系。[3]

政策网络中的多个参与者之间的战略互动，是"由下而上"理论整体关注的焦点。它淡化了公共政策执行的科层结构，放弃了公共政策执行者对自身结构内在一致性和稳定性的要求，实质性地扩大了政策过程参与者的组织、团体及个人的数量，凸显了公共政策自身是一个具有自我生成性、超越性及互动性[4]的政治过程，[5] 这使得公共政策内部的张力更加能发挥主宰自己的作用。可是，这个理论主要只关注在具体政策领域中理解行动者的互动，造成过分强调边缘能力而阻碍中心发挥作用，以及过分依赖于参与者的活动和看法，它与建构行动者观念、资源及参与的社会、经济及法律因素缺乏明确的理论联系，这既使得公共政策执行者作为公共政策执行的权威性不如"由上而下"强势，又使得其不可能分析政策因素间接影响其行为或直接导致参与者诸如不认可政策之类的行为。[6]

---

[1] Richard F. Elmore, "Backward Mapping: Implementation Research and Policy Decision", *Political Science Quarterly*, Vol. 94, No. 4, Winter 1979–1980.

[2] Benny H. Jern, David O. Poter, "Implementation Structure: A New Unit for Adiministrative Analysis", *Organization Studies*, Vol. 2, No. 3, July 1981.

[3] 黄维民：《新范式与新工具：公共管理视角下的公共政策》，中国社会科学出版社 2008 年版，第 283—284 页。

[4] 郭巍青等：《现代公共政策分析》，中山大学出版社 2000 年版，第 106—107 页。

[5] 张骏生：《公共政策的有效执行》，清华大学出版社 2006 年版，第 42—43 页。

[6] Paul A. Sabatier, "Top-down and Bottom-up Approaches to Implementation Research: A Critical Analysis and Suggested Synthesis", *Journal of Public Policy*, Vol. 6, No. 1, Jan.–Mar., 1986.

归纳聚合的公共政策执行理论固然反映了公共政策执行的内在要求，但其之所以成为一种现实，更多的是因为公共政策活动自身由简单到复杂。简单的公共政策活动是一种主体单一的单向线性的公共政策活动，实现（具体化）公共政策既定价值是公共政策执行的内在动力，而复杂的公共政策活动是一种非线性的多主体的多向互动公共政策活动，建构（抽象化）公共政策理想价值是公共政策执行的内在动力。从公共政策价值链的角度看，归纳聚合的公共政策执行理论发现了由相对实然具体公共政策获得相对抽象具体公共政策的途径，弥补了线性演绎的公共政策执行理论不能有效解释其前继公共政策形成机理的不足，深化了对公共政策本质的认识，但它却割裂了公共政策前继公共政策与后继公共政策的有机统一，忽略了其既定性的一面对公共政策执行效果的影响，这在一定程度上也否定了公共政策执行活动存在客观规律，不利于在理论指导下开展公共政策实践活动，以及导致去公共[①]的公共政策执行。

三　双向整合的公共政策执行理论

所谓双向整合的公共政策执行理论，即主张将线性演绎的公共政策执行理论与归纳聚合的公共政策执行理论整合在一起所建立的公共政策执行理论，主要研究如何将公共政策制定者的宏观世界与公共政策执行者的微观世界有机整合在一起，确保实现有效的公共政策执行。[②]

第三代执行模式或者侧重在不同政策环境中谈判和学习概念化的精细化，或者侧重于追求将"自上而下"和"自下而上"综合在一起的要素，或者侧重于对政策—行动关系的辩证理解。萨巴蒂尔（Paul A. Sabatier）在分析了公共政策执行理论的"从上到下"理论模式和"从下到上"理论模式的限度之后，提出了"从这两个理论出发我们去何处？"的问题，并提出用指出更适合用某个方法的条件，以及开发更多的具有竞争性方法优点的综合方法来解决这个问题。他认为综合要先采纳由下到上理论所提出的组织（unit）；然后将这些具有始点意义的组织与由上到下之涉及社

[①] 去公共化在这里是指团体或个体借以实现公共利益为名获得自身利益的同时，使自己丧失公共名义的一种公共政策执行结果。

[②] Milbrey Wallin McLaughlin, "Learning From Experience: Lessons From Policy Implementation", *Educational Evaluation and Policy Analysis*, Vol. 9, No. 2, Summer 1987.

会经济条件和法律控制行为的方式相连接，并运用这个综合分析十年或更长时期的政策变化；最后，综合采用多数从上到下执行者的理性行事风格，利用比较抽象的理论结构及在来自一个公认的现实的简化形式中进行操作，主要去建构理论而不是提供面向实践者的指导或特殊情形的详细描述。这样的综合能形成图 4-2 所示的政策迁移的理性框架。[①]

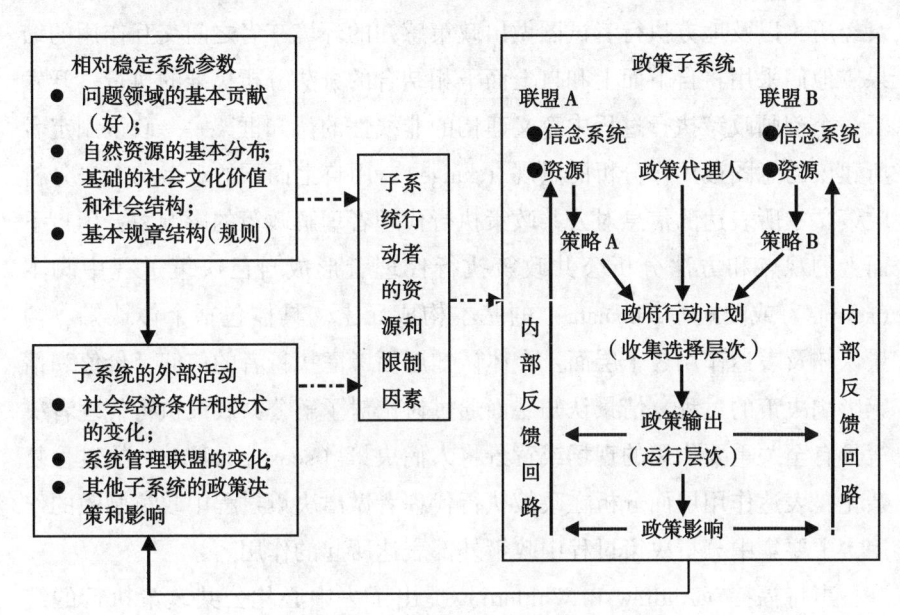

图 4-2 政策迁移的理性框架

高京（Malcolm L. Goggin）等认为，公共政策执行过程是发生在不同时空的一系列行政与政策决策的行动过程，中央政府与地方政府之间存在冲突或合作关系，地方政府的自由裁量权更有利于有效执行和制定公共政策，不同层级的政府在不同时间的公共政策执行具有不同的形态，公共政策执行研究应该从"理论建构"转向"理论考验"，以重视建构执行中的地方政府与中央政府层次之间的关系为重点，建立一套能诠释动态性的公共政策执行的理论体系。他们建立了由自变量、中间变量及因变量 3 种变量构成的被称为府际政策执行模式的公共政策执行模式。其中，自变量可以划分为中央政府层次的诱因与控制和地方政府层次的诱因与控制两个维

[①] Paul A. Sabatier, "Top-down and Bottom-up Approaches to Implementation Research: A Critical Analysis and Suggested Synthesis", *Journal of Public Policy*, Vol. 6, No. 1, Jan. -Mar. 1986.

度；中间变量可以划分为地方政府自身的决策后果与地方政府自身的能力两个维度；因变量即地方政府的公共政策执行。①

斯皮兰（James P. Spillane）等通过对管理型公共政策执行及探索型公共政策执行下的教育政策执行分析，认为公共政策执行代理者来自政策所建构的改变行为的理念是政策信号，公共政策执行代理者的知识、信仰及经历，以及地方执行者试图做出政策感知的环境三者之间交互作用的结果。他们采用将自下而上和自上而下相结合的方法分析标准的执行，开发了一个刻画政策执行过程中意义建构的非线性的认知框架——政策制定者所建议的意图被用作分析的量规（gauge），用自上而下的观点和方法分析政策文本所表达的信息对公共政策执行代理者理解政策的影响力；用自下而上的观点和方法分析公共政策执行代理者形成自己决策过程中脚本（scripts）或图式（schemata）的基本构成元素。具体包括个体认知、情景认知及表达作用3个层面：个体认知层面考虑执行者的信仰、价值和情感影响决策的过程；情景认知层面通过讨论对了解公共政策执行代理者决策具有至关重要作用的现场或背景将人们决策（sense-making）的过程复杂化；表达作用层面分析在政策执行代理者做出决策过程中政策刺激的作用，主要集中分析决策过程中政策外部表达所起的作用。②

惠特福特（Andrew B. Whitford）提出了去中心化公共政策执行的统治分裂过程模型（regime-splitting process model）。它用面向地方灵活性的案例层次自由裁量权（case-level discretion）和面向国家控制的聚集应答（aggregate responsiveness）两种行为模式，植根于地方灵活性与国家控制之间的张力整合两种理论方法，以及把两种理论模式放在共同基础之上——通过考查它们的可拓展性同时模式化两种理论并扩展对两种理论的传统理解，其以来自美国环境保护局8个最基层机构的执行数据对公共政策执行进行分析，得出了与传统认识不一样的结论：国家控制方法尽管能成功地解释地方灵活性领域的执行案例层次自由裁量权，但却只保留了一

---

① Malcolm L. Goggin, Ann Bowman, James Lester, Laurence O'Toole, *Implementation Theory and Practice: Toward a Third Generation*, New York: Harper Collins Publishers, 1990, pp. 29-40.

② James P. Spillane, Brian J. Reiser, Todd Reimer, "Policy Implementation and Cognition: Reframing and Refocusing Implementation Research", *Review of Educational Research*, Vol. 72, No. 3, Autumn 2002.

些解释聚集应答的能力,而地方灵活性观点对于执行案例层次自由裁量权及聚集应答均有用,甚至其在聚集应答中的作用更为明显。[1]

双向整合公共政策执行理论的最大优势在于,它注意到了执行中的公共政策与其前继公共政策之间既一致又有差别的关系,注意到了同一执行主体身上所展现的公共政策决策者与公共政策执行者统一的情况,在一定程度上利用了归纳聚合公共政策执行理论与线性演绎公共政策执行理论在解决具体问题的优势,对于提高基于其前继公共政策的政策执行的有效性具有积极的实践价值。但是,这个执行理论并没有将同一执行主体身上所展现的作为公共政策决策者身份所对应的公共政策及作为公共政策执行者所执行的公共政策,与既定的前继公共政策作为同一公共政策进行分析,随着公共管理的深入,这种缺陷即逐渐展现出来。例如,芭雷特(Susan M. Barrett)在反思20世纪90年代的公共政策执行研究时,针对新公共政策管理就提出了"公共政策执行研究是否过时?"的问题。[2] 这种问法在一定程度上反映出公共政策执行与公共管理在本质上具有同一性。

从公共政策价值链的角度看,双向整合公共政策执行理论在形式上已经体现出公共政策价值链所主张的公共政策执行。但是,双向整合公共政策执行理论与公共政策价值链所主张的公共政策执行在本质上却不相同。按照公共政策价值链的主张,静态的公共政策价值链与公共政策执行的结果是同一的,动态的公共政策价值链即为处于运动(动态生成)状态的公共政策,从公共政策活动之价值活动的本质来看并不存在截然分开的不在执行中的公共政策和在执行中的公共政策。因此,公共政策执行过程中其真正的执行主体所表现出的作为既定价值主体与作为生成性的价值主体之间的张力才是推动公共政策执行活动的根本动力,无论是具体归纳聚合式的公共政策价值实践活动,还是具体线性演绎式的公共政策价值活动,除了形式上的差异外,其在本质上并不存在差异。从这个意义上讲,研究公共政策执行与研究公共政策本身是同一的,不能用对公共政策执行形式上的研究代替对公共政策执行本质的研究。

---

[1] Andrew B. Whitford, "Decentralized Policy Implementation", *Political Research Quarterly*, Vol. 60, No. 1, March 2007.

[2] Susan M. Barrett, "Implementation Studies: Time for a Revival? Personal Reflection on 20 Years of Implementation Studies", *Public Administration*, Vol. 82, No. 2, May 2004.

第五章 公共政策执行评估的原理

主体在价值活动中所开展评估的本质是确认自己所具有的价值状态及决策继续开展价值活动，具体表现为确认当前是否获得了新的价值或处于形成新价值的状态，以及明确继续具体开展的价值活动。公共政策评估是以公共为价值主体及公共政策为评价客体的价值判断活动。对于作为公共政策表现形式的公共政策执行而言，公共政策评估表现为公共政策执行评估，由于公共政策执行所展现的公共政策所具有的生成、具体方面的特性，使得其与具有既定、抽象特性的名义单一公共政策评估具有很大的不同。本章从公共政策执行问题的形成机制、公共政策执行评估形成功能的机制、公共政策执行评估释放功能的机制及公共政策执行评估系统生态四个方面探讨公共政策执行评估的原理。

第一节 公共政策执行问题的形成机制

英语的 problem、issue、question 及 matter 均能表达问题，其中，problem 所表达的是令人困惑的事及习题意义上的问题，issue 所表达的是具有争端、争论点意义上的问题，question 所表达的是主观疑惑不确定意义上的问题，而 matter 所表达的是事情和麻烦意义上的问题。在我国的语言体系中，问题具有要求回答和解释的题目，需要研究讨论并加以解决的矛盾、疑难、关键、重要之点、事故或麻烦等多种含义。[1] 由此可见，目前用中文所表达的公共政策执行问题，包含了用英语 problem of public policy implementation、issue of public policy implementation、questions of public policy implementation 及 matter of public policy implementation 所表达的公共政

---

[1] 中国社会科学院语言研究所词典编辑室编：《现代汉语词典》（第6版），商务印书馆 2014 年版，第1367页。

策执行问题，其含义既涉及作为公共政策执行之前提意义上的公共政策自身所导致的问题，也涉及公共政策执行者及现实条件所导致的问题。本书将公共政策执行问题界定为公共政策之实然公共政策与名义公共政策的矛盾状态，并在此基础上分析公共政策执行问题形成的机制。

一　公共政策执行的协议性

公共政策执行的协议性是由公共政策的自利性决定的。自利是主体进行价值活动的本性，也是主体选择和决定自己价值的根本准则。作为公共之构成要素的人生命体所形成的具有相对稳定结构的利益共同体，通过价值协商，达成价值共识，形成了所谓的公共政策，这使得公共政策执行必须按照协商达成的协议运行，公共的构成要素作为价值主体的价值没有独立的意义，公共之具体等价表现形式的公共政策价值活动是合作性的信息完全对称的非排他性的活动，公共之具体等价表现形式均能实质性地获得公共政策所确定的价值。

（一）公共内部的价值传输

所谓公共内部的价值传输是指公共把自己作为整体所形成的价值分配给自己的构成要素，使这些要素获得价值意义。公共内部的价值传输对于公共而言既可以形成强化其要素与结构的效果，也可以形成导致公共结构解体的效果。

公共作为一种价值共同体，其构成要素也具有价值共同体的特性。这些构成要素只是由于自身价值实践能力方面的局限性，才以实现自己需要为基本出发点，与其他具有类似要求的利益共同体进行联合。实践中，价值协商是实现这种联合的根本保证，而价值协商的重点就是各个将作为公共之要素的利益共同体将自己所追求的价值通过所确定的公共所追求的价值来实现。具体实现公共内部价值传输，的基本途径与方式有结果分配式和过程习得式。

所谓结果分配式是指公共事先规定好各要素在公共政策活动中的权利与义务，并按照对价原则确定各要素在具体公共政策活动结束时，其应该得到的价值形态及相应的量。公共以结果分配方式进行内部价值传输，类似于股东分红，其好处在于保留了要素的相对独立性，能充分、平等、公正、公开地对自己要素的贡献进行奖惩，有利于要素自身决策自己的后续发展，与此同时，也增强了要素之间相互作用的能力，这种能力达到一定程度将会导致原来的公共发生结构性的变化。公共确定用结果分配式传输内部价值的关键是，事先确定好各构成要素对实现公共政策价值贡献的当量，在确保各要素均能维持正常运转的前提下，按照谁的贡献当量大谁得的价值多的原则，确定好划分其要素应得的既定公共政策所确定价值的比例。实践中，公共对于自己形成的可以进行外部形态（即价值客体）划分的价值多采用这种传输方式传输到其内在构成要素上。

所谓过程习得式是指公共的构成要素在参与公共之公共政策活动的过程中即实现了自己所追求的价值。公共以过程习得式进行内部价值传输，类似于过程分享，其好处在于强调了要素的能动性、公共政策实践能力，以及公共政策活动与公共之要素不能分离，能根据要素自身亲自参与公共政策活动的程度对其进行奖惩，有利于要素实质性地改进和完善自身的价值认知结构及提高价值实践能力，以及改变要素之间相互作用的方式，当这种能力提高到一定程度或作用方式改变到一定程度时也将导致原来的公共发生结构性的变化。公共确定用过程习得式方式传输内部价值的关键是，事先确定好各构成要素的活动方式、范围及程度，确保有关要素在公共政策活动过程中方式规范、范围不越界、作用的程度适当。实践中，公共对于自己形成的不能进行外部形态划分的价值多采用这种传输方式传输到其内在构成要素上。如关于课堂教学的公共政策，其具体参与课堂教学活动的公共的构成要素，在参与课堂教学活动的过程中即已经实现了自己发展的内在要求。在这种情况下，根据事后结果对课堂教学最终结果对这些因素的价值进行价值划分不仅不必要而且没有可能。如果参与课堂教学活动对自己所获得的价值不满意，则问题出自课堂教学活动过程对参与者活动方式、范围及程度的规定，而非所形成的结果。

（二）公共之等价形式的价值实现

对于公共之等价形式的价值实现而言，其本质为在公共的不同等价具体表现形式上实现公共的同一价值。在公共的公共政策活动中，公共的公共政策活动总是通过自己的等价具体表现形式实现的，而其所追求价值的实现也必然首先表现在其等价具体表现形式的价值实现上。但是，公共的具体等价形式以公共名义开展公共政策活动所形成的价值是否为公共价值，还需要作为公共表征的利益共同体的确认。这个确认的过程具有以下的功能：

其一，按照公共既定的确定价值原则，确认公共之特定等价表现形式所形成的价值具有其前继公共政策价值的意义，并核定其所形成价值的价值量；

其二，按照公共既定的价值分配原则，确认公共之特定等价表现形式应保留的价值份额，以及将其所得的多余部分转移出来归作为公共表征的利益共同体管理和分配；

其三，根据既定的应得公共政策活动所形成的份额，核定公共之特定等价表现形式应得既定公共政策活动所形成价值的缺额，并由作为公共表征的利益共同体补足其所缺的份额。

实践中，公共等价形式的价值实现需要解决的关键问题是，蕴含在公共之等价具体形式中的实质性个体价值活动能力的差异所导致的公共政策活动所形成价值的差异，对价值分配原则公平性的诉求。从自身完善及确保完善自身内驱力的角度看，公共需要自己的等价具体表现形式不仅要具有多样性，而且在公共政策活动能力方面也要呈现出一定差异，使自己在表征显公共的同时还在内部孕育潜公共。但从稳定自己结构确保自己当前存在的角度看，公共却需要公平对待自己的等价具体表现形式，使其所有的等价具体表现形式均无差别地分享所形成的价值。因此，特定历史时期的公共等价形式的价值实现，总是公共从自身发展内在需要所确定的，具体表现为将立足满足现实稳定需要和面向满足未来发展需要作为价值分配的根本原则。在具体的公共等价形式的价值实现中，这个根本原则就表现为反对用求算术平均数的方法将所形成的价值平均分给公共之等价具体表现形式，提倡以所求出的算术平均数为中心形成一个合理的区间，按照这个区间所形成的差异范围将所形成的价值有差异地分给公共之等价具体表现形式。为了确保这个作为分配价值标准的价值平均数区间的公正性和权威性，公共总是在通过其所有等价具体表现形式协商和确定自己未来发展目标的基础上，确定这个价值平均数区间的长短。

二　公共政策执行的创新性

公共政策执行的创新性是指基于名义公共政策[①]所开展的公共政策活动中，创造出了与既定名义公共政策所规定公共政策价值不一样的价值，或者采用与非公共政策所规定公共政策价值活动规则不一样的策略，追求

[①] 包括公共政策价值链中的源公共政策或前继公共政策。

和实现既定公共政策所规定的公共政策价值，而从现有的名义公共政策直接出发，既不能判断其非法性，又不能断定其价值合法性的公共政策实践活动及其所形成的成果。

公共政策执行的创新是公共的内在要求。公共政策的价值是既设价值与创新价值的统一，价值既设的结果必然要求公共能创新公共政策的价值内涵与形式，以及能用基于创新的价值所开展的既设性公共政策活动继续维系公共自身的存在。从公共的价值活动表现形式看，公共政策实践活动可以划分为形式化显公共政策执行与非形式化潜公共政策执行。

形式化显公共政策执行指公共以既定名义公共政策所确定的价值目标，按照其所确定的公共政策活动规则，采用其所规定的价值活动策略与方法，追求价值。一般而言，形式化显公共政策执行的主要作用是具体化既设名义公共政策所确定的价值，其目标是公共在自己的构成要素上实现既设价值。这个过程并无创新意义，它要求公共政策执行评估具有判断价值实现功能，能满足公共知道自己是否获得了既定价值的需要即可。

非形式化潜公共政策执行指公共基于实现既定名义公共政策所确定价值目标，探索新的价值形态及其具有正当性的实现策略与方法，创造出根据事后新制定的公共政策才能确认为是否为公共政策形态价值的活动。以价值是否危及公共的存在为标准，其所创造出的又可划分为具有否定公共存在作用的潜在负价值和具有肯定公共存在作用的潜在正价值。但是，无论是潜在负价值还是潜在正价值，它们对于公共创新自己公共政策价值形态的价值均有意义。公共在显化这些潜在价值的过程中，一方面可以采取针对性的措施避免潜在负价值成为现实，另一方面又可采用针对性的措施，制定更为完善的价值目标及价值活动策略与方法，将潜在正价值转化为用名义公共政策形态所表征的价值，引导公共的各种等价具体表现形式开展新的公共政策活动，实现对以往公共政策活动的超越。这种超越对于公共政策执行评估提出了如何发现公共政策价值及将其内涵和表现形式标准化的要求。

公共政策执行的创新也是公共之等价具体表现形式的内在要求。公共政策价值主体的等价具体表现形式对于其自身而言，首先是以它自己的方式存在及改进和完善自己，即便自己在获得公共身份的过程中失掉了自己个体性的一些特质与诉求，但也不可能否定它作为自身意义的存在。因此，公共之等价具体表现形式依然是按照自己对价值的认识及相应的价值活动能力，追求名义公共政策所确定的价值，以及通过追求实现名义公共政策所确定价值的过程超越自己过去对价值的认知，形成新的价值活动方向或领域。这个过程所开展的公共政策活动也可以划分为等价性形式化显公共政策执行与等价性非形式化潜等价公共政策执行。

所谓等价性形式化显公共政策执行，是指公共的等价具体表现形式，按照自己所理解的事先确定的公共政策价值目标及形成该公共政策价值活动的要求，制定自己的具体公共政策活动规划并将所制定的规划付诸实施。根据其形式化规定的本质差异又可将其划分为外等价性形式化显公共政策执行与内等价性形式化显公共政策执行。外等价性形式化显公共政策执行的形式化完全由公共既定的名义公共政策所确定的形式化公共政策价值及其活动确定，这类公共政策执行活动的实质是在公共的等价表现形式中实现公共的价值，不具有价值创新意义。它对公共政策执行评估的要求与形式化显公共政策执行的要求完全一样。内等价性形式化显公共政策执行的形式化则主要是由公共之等价具体表现形式将自己作为公共的全部，对既定的名义公共政策所确定的形式化公共政策价值及其活动加以修正所确定的，这类公共政策执行活动的实质是基于公共的等价表现形式实现公共之价值所形成的价值活动有利条件，使自己价值活动的效益最大化。因而，内等价性形式化显公共政策执行是公共之等价具体表现形式兼顾满足自己价值活动创新需要的一种公共政策价值活动，它要求公共政策执行评估应该既具有判断公共政策价值实现的功能又具备发现公共政策价值的功能。

所谓等价性非形式化潜公共政策执行，是指公共的等价具体表现形式，完全按照自己所理解的公共政策价值目标及相应的价值活动规则，设定自己的公共政策价值活动规划并付诸实施。既定的名义公共政策所确定的价值目标及价值活动规则对于公共的等价具体表现形式只具有参考意义是它的最大特点。这类公共政策执行活动即便对于个体意义上的作为全部价值主体的公共之等价具体表现形式自身而言，也是一种具有生成性和探索性的活动，事先并不能制定出确定的、具有名义公共政策功能的公共政策活动规划，使自己的公共政策活动过程具有严格形式化的特点。但是，等价性非形式化潜公共政策执行却既蕴含着可能形成对作为公共等价具体表现形式之标准修改的可能性，[①] 又蕴含着形成新的以公共作为价值主体

[①] 例如，其所导致的价值认知结构的完善及价值实践能力的提高，可能导致公共对自己完善及价值实践能力提出新的要求。这反映在教育上即表现为提出新的公民教育内涵与要求。

之价值的可能性。无论是哪种可能性，对于公共而言均是有益的，它能为公共实质性地改变对自己价值现状的认识提供具有原创意义的信息和启示。等价性非形式化潜公共政策执行要求公共政策执行评估，既具有发现价值并形成规范内涵和表现形式的功能，又具有价值传播和普及的功能，尤其是具有激励公共之等价具体表现形式以等价性非形式化潜公共政策执行开展自己的公共政策活动的功能，① 营造公共政策孵化（public policy incubation）的有利环境。

三 公共政策执行的异化

异化（alienation）的原词含有转让、疏远、脱离等义。在我国的语言体系中，异化有相似或相同事物逐渐变得不相似或不相同的含义，哲学上把自己的素质或力量转化为与自己对立、支配自己的东西称为异化，而语音学则把连发3个相似或相同音其中一个变得和其他的音不相似或不相同称为异化。② 异化渗透到现在的日常生活和文艺评论中，出现了表示疏远、孤独、陌生、无能为力、没有目的、没有准则、没有意义等含义。按照马克思主义观点，异化指人的生产活动及其产品反对人们自己的特殊性质和特殊关系，人的物质生产与精神生产及其产品变成异己力量，反过来统治人的一种社会现象。③ 本书将公共政策执行的异化界定为公共通过执行公共政策活动使公共政策活动及公共政策执行结果成为异己的力量，并反过来统治公共的现象。

公共政策执行的异化展现了这样的景象，一方面，在公共政策执行的过程中，公共为公共政策所束缚，公共的能动性丧失了，遭到异己的物质力量或精神力量的奴役；另一方面，作为公共政策执行的产出，公共的个性没有得到全面发展，只得到片面发展，甚至畸形发展，损害甚至丧失了自己创新公共政策价值的意愿及其活动的能力。

作为人生命体的个体人的需要表现为既缺乏作为社会人自身的某种东

---

① Lars Carlsson, "Non-hierarchical Evaluation of Policy", *Evaluation*, Vol. 6, No. 2, Apri 2000.
② 中国社会科学院语言研究所词典编辑室编：《现代汉语词典》（第6版），商务印书馆2014年版，第1542页。
③ 胡乔木：《关于人道主义和异化问题》，人民出版社1984年版，第51—52页。

西又缺乏自然界现存的指向自己需要的对象,① 正是个体人对满足这两种需要的追求构成了其建构公共的动力及维持公共存在的内在机制,同时也决定了公共之需要的"最本质"特征是其具有社会性,实现公共需要是公共政策活动的根本动力。因而,作为公共政策价值实现的公共政策执行活动结果,最终表现为对作为个体人的人生命体需要的满足。但是,个体人生命体在公共中以承担固定化社会分工的方式发挥作用,同时又生成了使自己异化的根本原因。② 在公共政策执行过程中,固定化的社会分工使个体人被动地成为公共政策执行的手段,丧失了公共政策及其执行中主体的地位,使得公共政策执行活动的成果越多,则其自身越发没有价值。

公共将既定的名义公共政策所确定的价值标准作为评价自己公共政策活动是否达到目的的唯一标准,以及将公共政策既定的公共政策活动规范作为公共政策活动过程的唯一准则,这些是公共政策执行的异化的最直接表现。将既定的名义公共政策所确定的公共政策价值作为公共政策活动的唯一目的,以及将既定的名义公共政策所确定的公共政策活动规则作为公共政策活动的唯一规则,这些均突出强调了公共政策活动的目的性和规范性。但是,公共政策的目的性及其活动的规范性是由公共的目的性和活动的规范性决定的。公共之作为系统的目的性和活动的规范性又是公共发展变化的阶段性与公共发展变化的规律性的统一,其规范、失范、混沌都是相对的,是规范和失范的对立统一。③ 因而,任何公共政策均应该体现规范和失范的对立统一,蕴含着公共政策活动存在失范的一面。在超循环理论看来,代谢、自复制和突变是系统进化和选择的必要前提,选择和进化只有在开放自组织系统的新陈代谢过程中才得到实现,其中突变是系统选择和进化所不可或缺的,若没有突变就没有新信息的来源、就不可能有信息的增长。④ 由此可见,正是公共政策及其活动的失范所诱致的公共政策及其活动突变促进了公共自身的创新。可是,公共政策执行的异化却从公共政策的源头和过程中均消除了公共实现这种突变的可能性,使得公共完全陷入了一个只能进行自我复制的过程,难以超越自身的局限性,达到一个新的相对自在的状态。

---

① 黄树光:《价值活动论》,吉林人民出版社 2007 年版,第 57 页。
② 胡乔木:《关于人道主义和异化问题》,人民出版社 1984 年版,第 51—52 页。
③ 曾国屏:《自组织的自然观》,北京大学出版社 1996 年版,第 180 页。
④ 同上书,第 117—118 页。

公共对将公共政策及其执行作为认知科学研究对象的专业执行者不提出进行公共政策价值创新研究方面的要求，失去通过专业公共政策执行人员提升自身公共政策实践能力的途径和机会，这是公共政策执行的异化所产生的结果。实践中，作为公共授权执行公共政策的专业公共政策执行人员，其政策执行水平是公共执行公共政策能力发展所达最高水平的标志。这个群体对公共政策执行专业发展的诉求及改变和确定自身发展公共政策执行专业诉求的基准，在很大程度上能表明公共政策执行的异化的程度。拉尔斯·图莫斯（Lars Tummers）等从公共政策专业人员与其所执行公共政策关系的角度，讨论了公共政策异化问题。他们认为公共政策异化与工作异化和职业化均存在本质的差异，并将公共政策异化界定为通过与政策客户发生直接规则性交互作用的公共专业人员的心理与正在被执行政策方案脱节的综合认知状态，提出了用于分析政策异化的框架，具体包括政策无力（policy powerlessness）、政策无意义（policy meaninglessness）及社会隔离[①]3个直接因素，以及基于公共管理文化的新公共管理和信息通信技术两个相关因素。[②] 后来，拉尔斯·图莫斯又将分析政策异化的框架发展为由战略无力（strategic powerless）、战术无力（tactical powerless）、运行无力（operational powerless）、社会意义缺失（societal meaningless）、政策客户意义缺失（client meaningless）5个维度构成框架，并用这个框架分析了公共职业人员执行新公共政策之改变意愿的问题，得出了运行无力强烈影响执行新公共政策的意愿、社会意义缺失强烈影响意愿改变及执行专业人员之改变意愿更多地依赖于能看出的面向社会或他们政策客户的政策附加值，而不是他们自己能看出的政策战略或政策战术层次方面的影响。[③] 从中可以

---

① 原文的社会隔离的内涵为角色冲突（Social isolation: Role conflicts）。

② Lars Tummers, Victor Bekkers, Bram Steijn, "Policy Alienation of Public Professionals", *Public Management Review*, Vol. 11, Issue 5, September 2009.

③ 拉尔斯·图莫斯将战略无力定义为专业人员在涉及政策具体内容的可感知方面在规则和制度中被俘获；将战术无力界定为专业人员对涉及被执行的方法政策决策的可感知影响只限在其自己所在组织的内部；将运行无力界定为在执行政策时涉及能提供选择作为制裁和奖励用的种类、数量和质量之自由的可感知度；将社会无意义界定为涉及政策社会关联目标之附加值的专业人员的可感知度；将对政策客户无意义界定为专业人员面向它们所拥有的服务对象执行一个政策之附加值的感知度。参见 Lars Tummers, "Explaining the willingness of public professionals to implement new policies: a policy alienation framework", *International Review of Administrative Sciences*, Vol. 77, No. 3, September 2011.

发现，即便对于专业的公共政策执行人员而言，其执行公共政策的意愿也为公共政策真正的价值主体所确定。[①]

公共政策执行的异化要求与公共政策执行相伴的公共政策执行评估除了具备规范公共政策执行功能外，更为重要的是具有时刻能为个体人生命体以公民的方式存在提供证明，为个体人生命体的价值活动正建构着公共有机体提供证明，为公共之需要具有社会性和创造性的特征提供证明，为公共之需要具有缺陷性提供证明，为公民在公共政策执行中的公共政策认知水平及实践能力的变化情况提供明确的信息，以及为公共政策及其执行寻求新目标和策略与路径的功能。

第二节　公共政策执行评估形成功能的机制

公共政策执行评估也是评估的一种形式，因而可以借用一般的评估研究成果来研究公共政策执行评估形成功能的机制问题。[②] 本书将公共政策执行评估视为一个具有自组织功能的价值发现及判断系统，并在此基础上研究其内在功能的形成机制。

一　公共政策执行评估的因子[③]

所谓公共政策执行评估的因子是指构成公共政策执行评估系统的要素，具体包括价值主体、需要、评估主体、评估标准及评估客体 5 个要素，正是这 5 个独立要素的独立及其相互之间的作用构成了具有自组织性的公共政策执行评估系统。

（一）价值主体

公共政策执行评估的价值主体即公共政策的价值主体，记为 J。一般意义而言，按照公共政策价值主体构成的差异可将其划分为全国性的价值主体和地区性的价值主体。全国性的公共政策价值主体即一国宪法所规定

[①] 这里，社会意义中的社会本身是价值主体，政策客户本身是政策的价值主体。对于公共政策而言，社会和政策客户是同一的，充当公共政策的价值主体，其称谓方面的区别可以理解为同一主体在不同场合的不同称谓。

[②] 张远增：《发现性教育评估质量控制研究》，高等教育出版社 2011 年版，第 17—44 页。

[③] 对于一般意义的公共政策评估也可进行类似的讨论，并能得到相同的结论。

的公民，而地区性的公共政策价值主体即公共政策所适用之特定地区的公民。从表现形式看，价值主体有名义价值主体和实然价值主体之分。

名义价值主体即以整体抽象形式规定的价值主体，它只是一个可以意会并为大家所认同的具有公设意义的概念，如我国宪法规定的"凡具有中华人民共和国国籍的人都是中华人民共和国公民"①。此外，公共政策的名义价值主体存在其等价的表现形式，如我国宪法所规定的"中华人民共和国的一切权力属于人民。人民行使国家权力的机关是全国人民代表大会和地方各级人民代表大会。"② 中的"全国人民代表大会"和"地方各级人民代表大会"就分别是全国性的名义价值主体和地区性的名义价值主体的等价表现形式。从数学的角度看，名义价值主体相当于全集，而其等价表现形式则相当于全集的子集。

实然价值主体则是能以客观、明确方式判断其是否为价值主体的概念，通常是用具体或抽象具体的义务形式加以界定，如我国宪法"第二章 公民的基本权利和义务"③ 中对公民义务的规定，在本质上就是对成为公民的可检测的资格条件规定，根据这个规定可以清晰识别出一个人是否为具有实然意义的公民。实然价值主体多以个体人生命体形式出现，呈现出丰富多样的存在形式。从数学的角度看，实然价值主体相当于全集的元素。

对于公共政策执行评估系统而言，价值主体从内部驱动和监控公共政策执行评估系统的运行，决定价值认知意义上的公共政策执行评估的正当性，而实现这种正当性又以价值主体的价值活动具有正当性为前提。实践中，对于我国公共政策所勾画和确立的价值而言，价值主体的价值活动只有体现实现我国宪法"第二章 公民的基本权利和义务"所规定的公民基本权利的价值，才是具有正当性的价值活动，价值主体只有基于这样的价值活动，以判断自己的价值实现，以及改进和完善自己的价值目标与活动策略为目的，发动公共政策执行评估，才能确保公共政策执行评估的建构和实践具有正当性和可持续性。

---

① 《中华人民共和国宪法》，中国人大网（http://www.npc.gov.cn/npc/xinwen/node_505.htm）。
② 同上。
③ 同上。

（二）需要

这里的需要是指公共政策所涉及的全体人生命体所组成的需要的集合，记为 X。就个体人生命体而言，需要的本质是其基于社会发展、环境变化及自身发展状况而产生的，对自身生存和发展条件的缺乏和期待状态。[1] 个体人之生命活动对外在条件的趋向、摄取所形成的缺乏和期待状态构成了需要的内在规定性。

需要作为一种力能够影响并组织个体人生命体的知觉、统觉、思维、意向，以及影响人的整个心理和行为，而且不同的需要之间既可能发生冲突，也可能相互关联，使得两种或多种需要融合在一起并引起同一种行为后果。需要以其生命运动的内在规定性所确立的"产生需要—实现需要—产生新需要"的形式运动，呈现出不同的发展水平。根据马斯洛（Abraham H. Maslow）的研究结论，需要包括基本需要和基本的认知需要，其中，基本需要由生理需要、安全需要、归宿和爱的需要、自尊需要及自我实现的需要组成，基本的认知需要包括认识和理解的欲望及审美需要。[2] 马斯洛认为，从需要自身意义所形成的层次角度看，5 种基本需要在一般情况下能形成像阶梯一样的从低到高排列；从个体人生命体需要的变化看，新的需要在优势需要满足后出现，其在一个层次的基本需要得到相对满足之后，就会向高一层次的基本需要发展，而且高级基本需要在得到长期满足后，可能变得既独立于这个需要的更强有力的先决条件，又独立于这个需要本身的满足而具有自主性；从同一时期同一个体人生命体之基本需要所形成的结构看，他可能同时存在几种需要，但总有一种需要是占支配地位的优势需要。[3] 对于同一个人生命体而言，马斯洛所提出的基本需要及其相互之间的演进，在一般情况下能形成图 5-1[4] 所示的结构。

图 5-1 表明，由于具体的人生命体的发展的不平衡性，要使任意个体意义上的人生命体均具有相同的基本需要种类及相应的需要强度是不可能的。但是，正是个体人生命体之基本需要及其相应匹配能力所形成的差

---

[1] 徐斌：《当代中国改革的人学分析》，黑龙江人民出版社 2008 年版，第 85 页。

[2] ［美］亚伯拉罕·马斯洛：《动机与人格》（第三版），许金声等译，中国人民大学出版社 2007 年版，第 19—34 页。

[3] 同上书，第 34—41 页。

[4] 梁宁建：《心理学导论》，上海教育出版社 2011 年版，第 412 页。

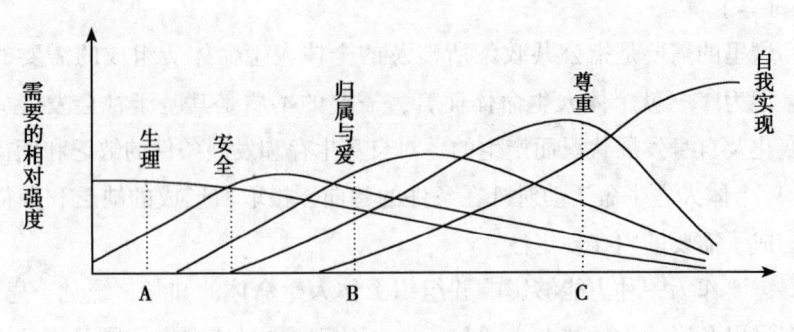

图 5-1 马斯洛描绘的 5 种基本需要渐进变化

异,才使得公共政策具有存在的客观必然性。从基本需要所形成的层次结构看,个体人生命体在更新自己基本需要的过程中需要具有现实性的引导,以减少自己培育、发展和完善自己需要的代价,这需要它与具有不同于自己之基本需要的个体人生命体在一起开展实现自己基本需要的活动,从而构成了具有不同基本需要的个体人生命体通过建立具有系统形式的联合主体,实现和升级自己基本需要的现实标准及基本动力,这同时也是公共政策执行评估之评估标准的源及基本动力。从个体人生命体的基本需要与其自身所具有能力的匹配程度看,个体人生命体的生命是一个不断发展和完善的过程,其个体意义上的能力与其所确立的基本需要之间可能存在不匹配性,这使得不同个体人生命体会基于实现同一类型的基本需要建立联合主体开展活动,这使得公共政策作为一个基本需要所形成的体系,其中必然包含优势需要。这个优势需要构成了确保公共政策系统稳定的基础,同时也是制定公共政策执行评估标准的直接依据。

因而,需要既是公共政策得以发生、存在的动力和客观基础,也是公共政策执行评估得以发生、存在和发展的动力和客观基础。可以这样讲,所谓良好的公共政策执行评估或健康的公共政策执行评估,就是通过促进其成员的所有基本需要来促使他们最高目的出现的公共政策执行评估。①

(三) 评估主体

这里的评估主体是指公共政策执行评估系统中承担具体实施公共政策执行评估工作的全体人员所形成的,具有自组织和专业性价值认知能力的

---

① [美] 亚伯拉罕·马斯洛:《动机与人格》(第三版), 许金声等译, 中国人民大学出版社 2007 年版, 第 40 页。

功能性利益共同体,记为 P。从主体与客体关系的角度看,价值主体是主体以实现自身意义为目的通过自身对象化来建构自我的主体,评估主体是主体以把握客体意义为目的通过探析揭示客体内在结构及其运行规律来建构客体的主体。因而,在公共政策执行评估中,严格意义上的价值主体和评估主体均源于同一主体,公共政策执行评估具有天然的正当性。①

但是,公共政策主体的复杂性,以及作为其价值主体等价形式之所蕴含价值认知结构及价值认知能力发展的不平衡性,导致评估实践中的公共政策执行评估很难具有天然的正当性。一方面,公共政策的价值主体是若干个体人生命体抽象而成的,它的构成是复杂的,其内部会形成若干以实现自己需要为目的的非正式组织,他们会以自己习惯的方式及所主张的价值标准开展评价,而危及公共政策价值主体的其他构成部分需要的实现,这提出了谁能作为公共政策价值主体的代表充当公共政策执行评估主体的角色,以及怎样产生这样角色的问题;另一方面,作为价值主体的等价表现形式的个体人生命体,它只是在这些抽象的限定下而得出的价值主体身份,但价值主体身份与其是否具有价值认知能力并没有必然的联系,就像每一个人均具有可以成为病人的资格而与其是否具有治病的能力一样,这提出了谁有资格及怎样获得作为公共政策执行评估之评估主体资格的问题。使公共政策执行评估具有可证明的正当性是解决这两个问题的根本手段。

所谓公共政策评估的可证明的正当性,是指公共政策的价值主体通过设置规范、可及、可操作、可观测并具有法律效力的认定公共政策执行评估主体的制度,确定公共政策执行评估的评估主体。② 这个制度必须对公共政策执行评估从业者职业道德、价值知识、价值认知能力、操作规范、评估义务和权利、资格确认方法及认定标志等方面做出明确的规定。公共政策的实践中,正是这个制度的建立促使公共政策执行评估成为一种专业性和专门化的工作,而且弥补了公共政策价值主体价值认知能力不胜任公

---

① 所谓天然的正当性,也称为不需要证明的正当性,它是指由公共政策价值主体直接作为评估主体开展评估的情形。天然正当性基于这样的公设:主体总是以能准确确保和实现自身的可持续发展为目的,发动和实施以自身作为价值主体的公共政策的价值评价。基于这样的假设,公共政策的价值主体是一个理性的价值主体,是对自己负责的价值主体,在以评估主体身份出现时一定是胜任特定公共政策评估要求的。

② 这个制度本身也是公共政策,但它是具有源公共政策意义的公共政策。

共政策执行评估的不足，同时也为公共政策价值主体通过发动和实施公共政策执行评估改进和完善自身的价值认知结构，提升自己的公共政策实践能力，提供了现实、可行的保障。

因此，任何具体的公共政策执行评估，其评估主体要么具有天然的正当性，要么具有可证明的正当性，只有这样才能确保公共政策执行评估实现自己的最终目标。需要指出的是，从具体公共政策执行评估实施的角度而言，公共政策执行评估关注的是如何获得和确保自身的可证明正当性，这使得公共政策执行评估的评估主体强调以具有从事公共政策执行评估的资格作为标准，确立自己的具体人员构成；而从公共政策执行评估整体的角度而言，公共政策执行评估所关注的却是如何获得和确保自身具有天然的正当性，这使得具体公共政策执行评估之价值主体，总是根据其实际评估对价值知识及价值认知能力的需要，以其价值主体已经具有的价值知识及价值认知能力为基础，增加能弥补其价值知识及价值认知能力不足的具有公共政策从业资格的专业人员，组成实际的公共政策执行评估主体。

（四）评估标准

这里，评估标准是指公共政策执行评估系统中作为衡量待定价值物是否具有价值及具有多少价值的价值标尺，记为 B。评估标准是一个价值连续统，给出了判断具有特定价值的标志及具有该特定价值之价值量的方法，是具体公共政策执行评估能得出确定评价结论的前提。

公共政策形态的多样性决定了与之相对应的公共政策执行评估标准也必然具有多样性。从公共政策执行评估标准形成的内在逻辑来看，它来源于公共政策主体的需要，是公共政策主体外化、现实化及可观测化自己需要的产物。公共政策主体的需要是多样的，按照自己对其需要意识到的程度可以将其划分为无意识的需要和有意识的需要，实践中尽管无意识的需要也会影响公共政策主体的价值活动，但这种影响不具有确定性和可表达性，很难作为明确、确定的价值标准来指导公共政策主体的公共政策实践。但是，公共政策主体的有意识需要则不一样，它对公共政策主体的价值活动具有决定性的意义。通常情况下，公共政策会对自己的有意识需要进行排队，按照自己对满足这些需要的需要强度及可实现的程度，将这些需要外化、系统化及现实化，确定以自己作为价值主体的公共政策形态的价值及其标准，而这个价值标准即为制定公共政策执行评估标准提供了客观的基础，公共政策执行评估标准就是公共政策价值主体之价值标准外化和可观测化的产物。

公共政策执行评估标准产生的逻辑要求公共政策执行评估标准与之对应的公共政策价值标准具有同一性，这使得公共政策执行评估标准可以作为公共政策主体判断有无公共政策形态之价值及有多少这样的价值的标准，因而，它是公共政策主体把握自己价值及其量的客观尺度，在公共政策主体的价值活动中具有独特的地位。但是，公共政策执行评估标准一旦产生和确定即获得自己独立的存在地位，这使得公共政策执行评估标准与其所表达的公共政策形态的价值又不具有完全的同一性，一般情况下，除非用公共政策形态的价值本身作为公共政策执行评估标准，否则，二者就可能存在本质的差异，更甚至，公共政策执行评估标准本身就不是公共政策形态的价值。实践中，在脱离作为特定公共政策执行评估标准之源的特定公共政策价值标准的情况下，单独分析特定公共政策执行评估标准的意义，可能根本就得不出其所对应的特定公共政策形态的价值，这种公共政策执行评估标准不能脱离存在公共政策价值标准单独存在的现象，对于开展公共政策执行评估具有特别重要的意义。注意到同一公共政策价值标准可以对应多个公共政策执行评估标准，[①] 同一公共政策执行评估标准可以对应多个公共政策价值标准，[②] 这对于防止公共政策实践的异化，具有重要的现实意义。

讨论公共政策执行评估标准的内在结构及其分类问题，有助于更深刻地认识公共政策执行评估标准的同质异构体和同构异质体的本质。按照公共政策执行评估标准的内涵及其制定者对公共政策执行评估影响的方式和强度，可将公共政策执行评估划分为理想型公共政策执行评估标准、权威型公共政策执行评估标准、实用型公共政策执行评估标准、可行型公共政

---

① 称具有这种特性的两个或两个以上的公共政策评估标准为公共政策评估标准的同质异构体。公共政策评估标准的同质异构体说明，同一公共政策价值标准所确立的公共政策评估标准具有多种等价表现形式，实践中应肯定自己表现形式的多样性，不能强求用一个形式统一的标准解释自己的实践合理性。

② 称具有这种特性的两个或两个以上的公共政策评估标准为公共政策评估标准的同构异质体。公共政策评估标准的同构异质体说明，特定公共政策评估标准所确立的公共政策价值标准具有异质表现形式，实践中依据这样的评估标准可能得出完全对立的评估结论，因而，不能一味地强求仅根据公共政策评估标准判断公共政策的实践合理性。

策执行评估标准、学理型公共政策执行评估标准。其中，理想型公共政策执行评估标准指由公共政策价值主体自身所确定的公共政策执行评估标准，其本质就是公共政策价值主体所主张的价值标准，是其关于公共政策型价值的理念和想法，它具有与公共政策价值主体所主张价值完全一致及普遍适用性，但一般情况下却具有抽象并难以进行检测的特点；权威型公共政策执行评估标准指由公共政策主体授权作为自己全权代表的利益共同体所制定的公共政策执行评估标准，这个标准具有统一、具体及可观测的特点，是公共政策主体认定其等价形式具有公共政策形态价值的具有强制力的评估标准；实用型公共政策执行评估标准指由公共政策主体的等价形式以获得公共政策型价值为目的，根据自己的实际，从理想型公共政策执行评估标准和权威性公共政策执行评估标准中析取符合自己需要的部分，所构成的用于指导自己公共政策实践的评估标准，它具有具体、针对性强、实用和可观测的特点；可行型公共政策执行评估标准指公共政策主体等价形式从其所处的实际出发，能最大化自己公共政策价值活动成果的评估标准，它具有具体、针对性强、实用、可观测及成本与效益最优化的特点；学理型公共政策执行评估标准指将公共政策型价值作为认知科学研究对象所形成的公共政策型价值的等价表现形式，它具有表述形式价值中立、标准内容完备及凸显公共政策型价值内在结构的特点。

分析公共政策主体的实践活动可以发现，理性的公共政策主体的等价形式一般会基于权威型公共政策执行评估标准，按照"可行型公共政策执行评估标准→实用型公共政策执行评估标准→权威型公共政策执行评估标准→理想型公共政策执行评估标准→学理型公共政策执行评估标准"的优先满足顺序，确定自己作为价值主体所实际采纳的评价标准。在这个选择过程中，学理型公共政策执行评估标准在整个选择过程中仅起参考作用，实用型公共政策执行评估标准与其他类型的公共政策执行评估标准并不一定是同质异构体关系，有时它们之间的关系是同构异质体的关系。实践中，公共政策主体的等价形式仅按照权威性公共政策执行评估标准所确定的指标、所表征的结果开展自己的公共政策活动，而不按照形成这些评价指标的过程性规定开展自己的公共政策活动，就是采用同构异质体类公共政策执行评估标准开展公共政策活动的典型例证。

可是，公共政策主体所要求的公共政策主体等价形式选择自己评估标准的优先顺序为"理想型公共政策执行评估标准→学理型公共政策执行评估标准→权威型公共政策执行评估标准→可行型公共政策执行评估标准"，这个过程排斥实用型公共政策执行评估标准。与理性的公共政策主体的等价形式总体上采用由下往上自行确定公共政策执行评估标准的过程相比，这个确定公共政策执行评估标准的顺序总体上采用由上向下确定公共政策执行评估标准，它蕴含了运用同质异构体类公共政策执行评估标准开展公共政策活动的合理性。这也是同一公共政策在不同区域能采用不同具体形式的公共政策执行评估标准进行评估之合理性的所在。

从理论上讲，对于公共政策主体之等价形式的公共政策执行评估而言，只有能确保其理想型公共政策执行评估标准、权威型公共政策执行评估标准、实用型公共政策执行评估标准、可行型公共政策执行评估标准及学理型公共政策执行评估标准互为同质异构体的公共政策执行评估，才能使得具体公共政策执行评估与其所对应的一般意义上的公共政策执行评估等价。从这个意义上讲，公共政策评估标准自身的结构与优化，以及不同类型公共政策执行评估标准之间的关系，本身就是一个既有理论意义又有实践意义的研究领域。

（五）评估客体

公共政策执行评估客体是公共政策型价值待定的系统，记为 K。评估客体是一种类价值系统的构造，其是否具有公共政策型价值需要通过公共政策执行评估最终确定。作为公共政策型价值待定的系统，其待定由价值主体待定、价值客体待定及价值关系待定三部分构成。

价值主体待定指公共政策执行评估客体中的价值主体是否为公共政策型价值的价值主体是不确定的，需要通过公共政策执行评估给出明确的结论。对于特定的公共政策执行评估而言，其价值主体与评估对象的价值主体是同一个主体在不同阶段的存在形式。作为评估对象中的价值主体是主体在过去的存在，是历史的、不可变的，主体已经以自以为自己是价值主体的方式将自己嵌入评估客体的整体之中，但其是否具有价值主体的资格需要通过评价最终确定；作为公共政策执行评估构成要素的价值主体是脱离自己具体公共政策型价值活动结果的主体，它的主体身份是由自己已具有的无须论证的公共政策主体身份确定的，其发动评价的目的是厘清自己以价值主体身份所形成的公共政策型价值是否真正具有价值，这相当于站在今天对自己的昨天进行反思和评价，借以判明自己在昨天是否是一个合格的公共政策价值主体。

价值客体待定指作为给公共政策价值主体带来价值效应的对象的科学性和正义性需要通过公共政策执行评估给出准确判断。价值客体的科学性要求，公共政策型价值的价值客体必须是一种合乎科学规律的真实存在，能按照有关规律实质性地将其构造出来。价值客体的正义性要求，构造公共政策型价值之价值客体的过程，既不能危及其价值主体的存在，也不能危及其自身存在所在的系统及系统所处的环境，而且其构造代价是当下最低的。对公共政策价值客体的评价与公共政策评价的科学性极为密切，是公共政策执行评估之科学性的主要方面。

　　价值关系待定指作为公共政策型价值之价值主体与价值客体所形成的价值关系的科学性、伦理性及正当性需要通过公共政策执行评估加以确定。价值关系的科学性要求公共政策价值主体与价值客体的相互作用要符合科学规律，用有关科学规律能解释这种相互作用的正确性。价值关系的伦理性指公共政策价值主体与价值客体相互作用的内容及具体方式方法要符合伦理要求，既不能违背价值主体的伦理要求确定相互作用的内容及具体方式方法，也不能违背价值客体的伦理要求确定相互作用的内容及具体方式方法。价值关系的正当性要求作为公共政策型价值的价值关系尊重并维护其中的生命体的尊严，促进其中的生命体实现可持续发展。

　　需要指出的是，公共政策执行评估的评估客体出于自己价值实现的需要，其价值主体和价值客体均会利用自己的主观能动性，尽最大可能地展现有利于自己价值实现的证据，这既会给公共政策执行评估收集评价资料带来方便，也会给公共政策执行评估控制误差带来挑战。

二　公共政策执行评估的二因子交互作用

　　公共政策执行评估系统的构成因子为公共政策系统的存在提供了客观基础，它们之间的交互作用使得公共政策执行评估系统成为一个有机系统。在公共政策系统构成因子的交互作用形式中，二因子交互作用是最简单的交互作用形式，具体包括以下10种形式。

（一）价值主体与评估主体的交互作用

　　在公共政策活动中，公共政策主体是价值主体与评价客体的统一体。一方面，公共政策主体在构建公共政策型价值的活动中，把自己嵌入自己所建构的价值中，从而使自己获得价值主体的身份，成为该价值不可分割的有机组成部分，使公共政策型价值得以实质性地建构出来。另一方面，公共政策主体开展公共政策活动的目的是实现自我的完善，成为完美、自在的自我，因而，追求公共政策型价值只是公共政策主体成为完美、自在的自我的手段，它需要对这个手段的实施过程及其结果是否真正符合自己的根本需要进行判断，以便及时采取有效措施使自己的公共政策活动能按照自己的意愿开展，这使得公共政策主体又把自己置身于自己构建的公共政策型价值的活动及其结果之外，按照自我意识的程度，对自己公共政策型价值活动及其结果符合自己需要的程度进行评估，从而使自己又获得了作为评估主体的身份。由此可见，价值主体与评估主体同出于公共政策主体，这决定了价值主体与评估主体原本就存在交互作用。这种交互作用的方式是评估主体直接对价值主体符合公共政策主体需要的程度进行评估。这种具有本能性的价值主体与评估主体的交互作用方式是任何个体人生命体均具有的，在个体人生命体主体的自我意识不能胜任作为评估主体的要求时，这种交互及其形成的结果会危及主体的生存。正是这方面的原因，公共政策主体为形成和发展自身以外的自己的评估主体提供了动力和保障，同时也拓展了其价值主体与评估主体交互作用的内容。

价值主体与评估主体的交互作用包括4个方面：评估主体对价值主体的评估；评估主体通过价值主体完善自己的公共政策价值认知结构，提高自己开展公共政策执行评估的专业能力；价值主体通过评估主体完善自己的公共政策价值认知结构，提高自我掌控公共政策实践的能力；评估主体得到价值主体的认可使自己成为具有正当性的评估主体。记价值主体与评估主体的交互作用为 $S_1(J, P)$。①

(二) 价值主体与评估标准的交互作用

价值活动是个体人生命体主动发起的趋利性活动，这决定了公共政策主体总是以自己认为是价值的东西作为标准确定自己的价值主体身份，并在自己所发起构建的价值中按照自己所确立的价值标准来确定自己的作用内容及方式。因而，价值主体具有鲜明的以我为主的特点。但价值主体是具有历史性的主体，其所具有的价值认知结构及价值活动能力必然受制于其所处的历史条件，既受制于价值主体作为特定人群传承者所沿袭的前辈的价值认知习惯与传统，也受制于当时的价值认知科学及其相邻学科研究

---

① 在记号 $S_1(J, P)$ 中，J 与 P 的出现顺序可以颠倒，但颠倒后所形成的记号依然表示相同的意义，其余类似的表达也一样。

所取得的成就。因此，就主体的整个价值活动而言，主体在作为价值主体时均或多或少地具有局限性，而且这种因价值认知能力发展所形成的局限性会与价值主体的价值活动长期共存。理性的价值主体会主动去发现和解决自身作为价值主体存在的局限性，使之最小限度地影响公共政策型价值的形成，但是自身价值认知能力方面的缺陷又使自己不能有效解决这个问题。对其而言，较为简便易行的措施就是，提供一个外显、可观测及可理解的标准性的价值物，方便自己通过与这个标准物比对来发现自己的失误。公共政策的评估标准是从认知科学的角度对公共政策型价值的内在结构研究的产物。评估标准建立在特定的认知科学理论之上，相对于具体的公共政策型价值而言，它是一种抽象具体形式的公共政策型价值，既具有预见性和指导性，[①]能为价值主体改进和完善自身提供参照标准，又具有可发展性，同样需要通过补充新的具体公共政策型价值作为自己的研究对象，以不断完善自身及推动认知科学意义的公共政策型价值研究。

价值主体与评估标准的交互作用包括3个方面：评估标准促成价值主体自我反思，发现需要自我完善的内容；价值主体为评估标准完善提供新的证据，推进和完善认知科学意义上的公共政策执行评估研究；价值主体通过评估标准将自己所主体的价值标准转化为评估标准，使其更具规范性和可传播性，实现自己的价值增值。记价值主体与评估标准的交互作用为$S_2(J, B)$。

（三）价值主体与评估客体的交互作用

前面的分析已经指出，价值主体在公共政策执行评估中的身份特殊，它一方面作为评估客体中的待定价值主体被嵌入评估客体中，另一方面作为公共政策活动结束后依然被公共政策主体确认为价值主体的它，已经从价值主体身份待定的公共政策执行评估客体中完全分离出来。之所以要进行专门性的公共政策执行评估活动，是因为自己对自己所形成的公共政策型价值是否为真正的公共政策型价值没有确定性的把握，甚至是完全没有把握。评估客体尽管是公共政策型价值的待定物，但是其构成是完全按照公共政策型价值的要求所建构的，评估客体只有被确认为是真正的公共政

---

① 即在具体公共政策型价值出现之前就抽象地规定了这种价值。公共政策评估标准的预见性是其具有指导性的基础。实践中，可以通过制定公共政策评估标准来引导和规范公共政策实践。

策型价值，作为其构成要素的待定价值主体及待定价值客体的价值追求才能实现。因此，价值主体和评估主体均需要公共政策执行评估。

价值主体与评估客体的交互作用包括4个方面：基于自我肯定，价值主体按照自己的公共政策型价值的价值标准直接对评估客体进行评估；价值主体根据当下的价值认知能力给出改进和完善既设评估客体的方案；评估客体通过对价值主体之新公共政策型价值标准的推断，对自己已形成的类公共政策型价值状态进行修正；评估客体中的待定价值客体中的人生命体通过与当下价值主体的交互，提升自己有效参与公共政策实践的能力。记价值主体与评估客体的交互作用为 $S_3(J, K)$。

(四) 价值主体与需要的交互作用

实践中，任何具体公共政策主体均是由有限个个体人生命体作为基本构成单元构成的，这些基本构成单元本身所具有的需要既是公共政策主体形成自己需要的源，也是维系这个公共政策主体需要的基础和纽带。在公共政策主体形成的诸多需要中，其中的优势需要会转化为其价值主体的抽象具体形式的需要，并进一步转化为公共政策活动过程及其结果的价值标准。公共政策的价值主体除了用来自自身构成基本单元的需要来确定和创新自己的需要之外，还需要了解这些构成基本单元之外的其他个体人生命体的需要类型与状态，以便与其他价值形式共存、共生，实现自身可持续发展。因而，公共政策的价值主体所需要的是一个能够完整刻画所有需要及其相互关系的系统。从需要自身的结构和功能角度看，需要自身是一个具有功能性和自组织性的系统，不同的需要既互为存在条件又互为存在结果，使得需要自身处于优胜劣汰的竞争中，为确保自身不被淘汰，也需要对自身既有的结构进行调整和完善，而能为这种调整提供支撑的最现实、最简便的来源就是价值主体所形成的新需要。因此，价值主体与需要的交互作用具有必然性和自发性，如果在公共政策执行评估系统中对其交互作用进行具有法律效力的限制，则这种交互作用就能规范进行。

价值主体与需要交互作用的基本内容包括：价值主体在尊重需要多元的情况下，从其他需要中吸取自己所需要的需要成分，完善自己的需要；需要在将具体需要视为具有自组织性的生命系统，并由这些需要系统构成需要生态系统之可持续发展的理念下，通过对公共政策价值主体的分析充实、改进和完善需要生态系统。记价值主体与需要的交互作用 $S_4(J, X)$。

(五) 评估主体与评估标准的交互作用

专业和专门是评估主体与评估标准的共同特点。评估主体的不可替代性是它的专门性和专业性，而获得这种专门性和专业性资格的前提就是自己在价值认知科学意义上形成了专门的素养，使得公共政策执行评估成为专业性的工作。研究和开发公共政策执行评估标准的能力，以及驾驭公共政策执行评估标准的能力，是评估主体具有从事公共政策执行评估之专业素养的重要标志之一。评估主体为了提升自己的评估专业素养，胜任具体公共政策执行评估的需要，既需要掌握大量的具体公共政策的评估标准，也需要根据评估实践研究和开发新的公共政策的评估标准。评估标准作为公共政策型价值的抽象具体存在形式，其存在为公共政策型价值的传播及复制带来了方便。现实中，只要有具有创新意义的公共政策活动存在，则开发新的公共政策之评估标准的活动就不可能停止，公共政策执行评估标准全体所构成系统的更新和完善就不可能停止。而且，从实现公共政策执行评估标准自我更新与完善的角度，评估标准也需要大量的既能从事评价认知科学研究及评价专业素养提升，又能胜任具体公共政策评价的专业成员存在。

评估主体与评估标准的交互作用包括4个方面：评估主体通过驾驭评估标准的能力证明自己工作的专业性；评估标准通过评估主体证明自己的专门性和学术权威性；评估主体基于公共政策执行评估的实践，改进和完善既定的公共政策执行评估标准；评估主体通过开发和不断掌握新的公共政策执行评估标准，确保自己的专业地位。记评估主体与评估标准的交互作用为 $S_5(P, B)$。

(六) 评估主体与评估客体的交互作用

评估主体与评估客体是公共政策执行评估系统中必然要发生交互作用的两个因子，在大多数情况下，外显的公共政策执行评估即表现为这种交互作用。评估主体与评估客体之间的交互可以划分为价值认知交互和科学认知交互。评估主体与评估客体的价值认知交互指评估主体以价值主体委托者的身份，以判断价值主体是否获得价值为目的，对评估客体的实际价值状态进行判断，以及评估客体为最大化自己作为公共政策型价值存在，针对评估主体所采取的自我保护和影响对方做出价值判断的行为。这种交互具有利害性，甚至是高利害性。它具体包括评估主体对作为评估客体具有公共政策型价值之证据及提供证据方法的限定，评估主体对计量评估客体所具有公共政策型价值量的方法的限定，评估客体根据自己的价值判断主动向评估主体提供具有公共政策型价值之证据，评估客体仅根据评估主体的要求提供自己具有公共政策型价值的证据，以及评估客体根据自己的价值感[①]申诉自己已具有的类公共政策型价值的正当性。评估主体与评估客体的科学认知交互是一种科学认知活动，没有利害性。

评估主体与评估客体交互的内容包括4个方面：评估主体将评估客体作为研究公共政策型价值存在及运行规律的对象，从认知科学研究的角度对其进行解析；评估主体将评估客体作为新的公共政策型价值形态，开发出新的公共政策执行评估标准；评估客体从提升自己公共政策型价值实现的角度咨询公共政策执行评估主体改进和完善自己的策略与方法；公共政策执行评估主体为公共政策执行评估客体有偿提供专业性的公共政策活动咨询服务。记评估主体与评估客体的交互作用为 $S_6(P, K)$。

(七) 评估主体与需要的交互作用

需要作为一个独立的系统其内部又由若干具有独立意义的子系统构成，这些子系统形式的需要系统除了包括评估主体所形成的需要系统之外，还包括评估主体及构成评估主体之个体人生命体之外的主体和个体人生命体之需要各自构成的系统，因而它不仅为不同需要之间相互作用、彼此促进对方完善提供了平台，而且为评估主体改进、完善和升级自己的既有需要提供了广阔的参考空间。具有从事公共政策执行评估专门活动能力的评估主体，其需要及其所形成的结构与在本部分"一　公共政策执行评估的因子"之"(二) 需要"所指出的结构完全相同，但是，在公共政策执行评估系统中，它更多考虑的是如何通过将自己及自身以外的需要均转化为彼此的工具性需要，使彼此以促进对方实现需要而实现自己的需要，而不是一味地强调以自己为主，孤立地去实现自己的需要，这客观要求评估主体准确把握需要系统及其内部相互作用的规律，理性地确定自己现实、可行的需要。

评估主体与需要的交互作用包括5个方面：评估主体参考既有需要所形成的系统，确定自己现实、可行的需要；评估主体通过对既有需要所形成系统的子系统型的需要的研究，开发出新的评估标准，使相应的需要获

[①] 所谓价值感即价值实现后作为价值构成要素的价值主体和价值客体中的人生命体的身心愉悦感和成就感。

得抽象具体的表现形式；评估主体通过对既有需要所形成系统的研究发掘出新的子系统型的需要，充实和完善既有需要系统；既有需要系统引导或强制性地要求评估主体改变其具有个体意义的需要；既有需要系统通过内部运动所形成的新的需要胚芽或具有完备形式的需要引导评估主体更新自己的既定需要。记评估主体与需要的交互作用为 $S_7(P, X)$。

（八）评估标准与评估客体的交互作用

作为公共政策型价值规范等价识别物的公共政策执行评估标准，是公共政策型价值的抽象具体表达形式，它因自己是专门性的、具有认知科学意义的公共政策执行评估研究的结果，并得到公共政策价值主体的确认，而获得了满足自己的程度即是具有其所表述公共政策型价值的程度价值认定功能，确立了自己在判断公共政策型价值中具有基础性和权威性的地位。公共政策价值活动的价值本性决定公共政策主体总是以价值的要求来建构自己的公共政策型价值，并将它实质性地构造出来。因此，在公共政策活动中，公共政策主体会优先考虑按照既定公共政策型价值的评估标准开展自己的实践，只有在没有既定公共政策型价值之评估标准的情况下，才会按照自己所理解的公共政策型价值开展公共政策实践。因而，在公共政策执行评估实践中，公共政策执行评估标准并非一定先于公共政策执行评估的评估客体出现，既有可能先于评估客体出现，也有可能滞后于评估客体的出现。

评估标准与评估客体的交互作用包括五个方面：评估标准通过屏蔽评估客体所携带的既定评估标准之外的公共政策型价值的信息，干预评估客体的形成，累及公共政策活动的实践合理性；既定评估标准的引导性和激励性排斥公共政策主体开展具有创新意义的公共政策实践，从而降低了形成具有创新意义的公共政策执行评估客体的可能性；评估客体利用评估标准构造自己具有公共政策型价值的证据，采用构造同构异质体类的公共政策型价值，减少自己形成该公共政策执行评估标准所对应公共政策型价值的成本，这类似于评估客体利用评估标准进行自评来决定自己的行动策略；公共政策执行评估标准通过对公共政策实践合理性的肯定，根据对按照既定评估标准开展公共政策活动所得出类公共政策型价值的肯定，完善自己已有的内容和结构；为制定新的公共政策执行评估标准提供价值原型。记评估标准与评估客体的交互作用为 $S_8(B, K)$。

(九) 评估标准与需要的交互作用

评估标准在本质上是一个价值标准，而价值标准在本质上又是一个源于需要的标准，因而评估标准也是特定需要的抽象具体表现形式。尽管需要所刻画的是个体人生命体对自身生存和发展的条件的缺乏和期待状态，实然意义上的需要的实现能改进和完善个体人生命体的生存状态和发展条件，但是抽象具体意义上的需要的实现，通过价值转换机制的兑现，同样能达到改进和完善个体人生命体的生存状态和发展条件的效果。可是，不同个体人生命体需要的多元性和同一个体人生命体需要的多样性，又使得需要系统中的各子系统型的需要之间既存在可观测的交互作用，又存在不可观测的潜交互作用。前者能使部分不同的个体人生命体基于共同的需要结合起来成为一个学习型的利益共同体，并以实现这些需要为目的开展活动，而以满足判断自己实现这些需要的程度的需要建立起事先评估标准；后者则为前者所建立的利益共同体在实现需要的活动中发育出新的共同需要奠定了基础，为满足基于实现这些需要的实际活动及其成果判断自己实现这些需要的程度的需要，建立起事后评估标准提供了客观可能。

评估标准与需要的交互作用包括 7 个方面：评估标准通过与需要建立联系将自己还原为实然的需要，使得自己所表征的抽象具体价值能兑现；评估标准通过把具体需要抽象成具有抽象具体形式的评估标准的需要，能使具体需要所对应的价值具有一般意义；评估标准通过自己的价值兑现机制，使得与自己具有同构异质体关系的需要，成为与自己具有同质异构体的关系；评估标准作为需要的一种存在形式改进和完善需要的存在形式；需要通过评估标准获得自己的抽象具体存在形式；需要为完善评估标准的内容与结构提供具体的案例；具有创新意义的需要能建立起具有创新意义的评估标准，促进评估标准系统自身的改进和完善。记评估标准与需要的交互作用为 $S_9(B, X)$。

(十) 评估客体与需要的交互作用

评估客体是公共政策主体开展公共政策活动实现自己需要的产物，只是在这个产物是否具有公共政策型价值不明时，它才成为评估客体，需要通过公共政策执行评估来确定自己的价值。相对于需要而言，评估客体就是用类价值形式所表征的公共政策主体所实现的需要。公共政策主体在以公共政策活动的方式实现自己需要的活动过程中，既有需要所形成的系统能提供大量可资借鉴或直接援用的需要供它完善自己的需要，也有需要所形成的系统的自我更新、完善、充实新需要的需要。尽管其内部的各种需要之间的相互作用也能导致新的需要产生，但在需要系统给定时这种需要即为需要内部各子系统型需要的交互作用方式所确定，运用演绎的方法即可找到这种隐藏的需要。需要系统要从质上进行更新有赖于从外部植入新的需要，而公共政策价值主体以公共政策活动方式所追求的价值过程中就可能产生这种有别于既往所有需要的新需要，使得需要系统能获得具有本源创新意义的新需要作为自己的子系统。

评估客体与需要交互作用的内容包括7个方面内容：评估客体根据既有需要系统使自己具有多种需要特性，成为多种需要实现的对应物；评估客体根据既有需要系统调整自己的需要，进而调整自己的价值标准；评估客体通过对既有需要系统的搜索，决定开展具有创新意义的公共政策活动，探索并满足自己具有创新意义的需要；评估客体以既有的需要作为价值标准开展公共政策价值活动；需要系统通过评估客体改进和完善自己的内部结构；需要通过将自己的子系统型的需要直接移入公共政策主体，妨碍公共政策主体通过建构自己需要发育并培养自己创新需要的能力；需要为评估客体中的待定价值主体的形成提供基础，为其存在和运行提供动力源。记评估客体与需要的交互作用为 S_{10} (K, X)。

三　公共政策执行评估的三因子交互作用

二因子交互作用为公共政策执行评估成为一个有机的自组织系统提供了最基本的保障，但仅凭借独立的二因子交互作用，公共政策执行评估系统难以形成复杂的公共政策执行评估功能，满足公共政策价值主体解决判断自己公共政策型价值状态问题的需要。公共政策执行评估系统内部需要更多的因子同时进行交互作用，才能形成更为复杂和完备的公共政策执行评估功能，在已经产生二因子交互作用的基础上，使三因子产生交互作用并借此增强和完善自己的评估功能即成为逻辑上和实践上的必然。三因子交互作用因参与交互作用的因子不同而有不同的种类，具体包括10种类型。

（一）价值主体、评估主体及评估标准的交互作用

完备的价值主体、评估主体及评估标准的三因子交互作用，由 S_1 (J, P)、S_2 (J, B) 及 S_5 (P, B) 3个二因子交互作用构成。它的交互

作用方式包括：P因子以B因子为标准对J因子进行评价，这种交互是一种非形式化的简易形式的公共政策执行评估；P因子以J因子作为原型对B因子进行改进和完善；P因子通过B因子为J因子提供公共政策价值质询方面的服务；P因子通过B因子及J因子的认定获得具有正当性和实质性的评估主体身份，以及B因子为标准对J因子进行评价；J因子借助于P因子的帮助把握B因子，进而完善和改进自己的公共政策型价值建构；J因子借助于P因子将自己抽象为B因子型的价值主体，使自己成为具有抽象具体意义的价值主体；B因子借助于P因子改变J因子在具体公共政策活动过程及其所形成结果中的价值诉求；B因子通过自己的专业性放大J因子与P因子在公共政策价值认知能力方面存在的差距，促进它们合作开展公共政策执行评估，共同提高自身的公共政策执行评估能力。记这3个因子的交互作用为$T_1(J, P, B)$。

（二）价值主体、评估主体及评估客体的交互作用

完备的价值主体、评估主体及评估客体的三因子交互作用，由$S_1(J, P)$、$S_3(J, K)$及$S_6(P, K)$ 3个二因子交互作用构成。它的交互作用方式包括：J因子借助于P因子把握自己所在的K因子所蕴含的符合自己需要的价值，这种交互也是一种非形式化的简易的公共政策执行评估；J因子把握自己所在的K因子所蕴含的符合自己所需价值的需要，促使P因子研究K因子所蕴含价值的结构及价值量的计量方法，发展自己实施公共政策执行评估的专业能力；P因子通过研究K因子来把握J因子的真实公共政策型价值需求；P因子通过研究J因子来把握K因子所蕴含的公共政策型价值的本质；P因子通过J因子的授权获得具有正当性和权威性地研究其所创建K因子蕴含公共政策型价值情况的权利；K因子通过P因子来把握J因子的真实需要，提升自己公共政策活动的效率；K因子通过J因子促使P因子研究自己的公共政策型价值需要，促进形成崇尚解决公共政策执行评估实践问题的学术研究的价值取向。记这3个因子的交互作用为$T_2(J, P, K)$。

（三）价值主体、评估主体及需要的交互作用

完备的价值主体、评估主体及需要的交互作用，由$S_1(J, P)$、$S_4(J, X)$、及$S_7(P, X)$ 3个二因子交互作用构成。它的交互作用方式包括：J因子在P因子的帮助下对将满足自己的X因子作为自己公共政策活

动之目标的合理性和可行性进行评估；J 因子通过 X 因子厘清自己的真正需要，改进和完善自己既有的需要系统，为 P 因子从价值主体出发研究公共政策型价值的生成提供具体的对象；P 因子以 X 因子作为标准对 J 因子作为价值主体的资格进行评估，或者是通过对从评估客体中析出的价值主体的评估，间接实现对评估客体的评估，这种形式的交互作用是专业性的、非形式化的公共政策执行评估；P 因子既通过 J 因子来研究 X 因子的合理性，又通过 J 因子来改进和完善自身的需要系统（X 因子）；X 因子通过 J 因子而转化为具体公共政策的价值标准，为 P 因子从需要出发研究公共政策型价值标准的生成规律提供具体对象；X 因子通过既有公共政策型价值专业建构和识别能力的 P 因子转化为可观测、可操作及可完整建构的需要，为 J 因子确定自己的公共政策型价值标准提供参考和引导。记这 3 个因子的交互作用为 $T_3(J, P, X)$。

（四）价值主体、评估标准及评估客体的交互作用

完备的价值主体、评估标准及评估客体的三因子交互作用，由 $S_2(J, B)$、$S_3(J, K)$ 及 $S_8(B, K)$ 3 个二因子交互作用构成。它的作用方式包括：J 因子直接根据 B 因子以自己为价值主体建构公共政策型价值，使之成为公共政策执行评估系统中的 K 因子；J 因子以既有的 B 因子，对以自己为价值主体建构的类公共政策型价值（K 因子）进行评估，这种交互作用是一种非形式化、具有自我反思意义的公共政策执行评估形式；J 因子根据自己公共政策活动结果所形成的 K 因子修正既有 B 因子的内容及结构，使得公共政策执行评估显现出合公共政策实践性；B 因子通过 J 因子将自己所蕴含的价值主体具体化，使得 K 因子的构造有了明确、具体、可及、权威的价值主体作为自己公共政策价值活动的目标；B 因子通过选定具体的 K 因子作为自己的具体呈现形式，使得 J 因子的公共政策活动具有明确、可及、权威的目标价值物，从而引导 J 因子的公共政策活动及得出的公共政策型价值的形态；K 因子通过与 J 因子的交互作用达成共识，对用于判断 K 因子具有公共政策型价值尺度的 B 因子进行修正，这种修正要求公共政策执行评估具有合实践性；K 因子获得 B 因子的地位一方面通过使得其所对应的 J 因子成为抽象具体意义的 J 因子，实现价值升值，另一方面使得既定的 J 因子根据 K 因子对价值主体的要求进行完善，这种修正也体现了对公共政策执行评估合实践性的要求。记这 3 个因

子的交互作用为 T_4 (J, B, K)。

（五）价值主体、评估标准及需要的交互作用

完备的价值主体、评估标准及需要的三因子交互作用，由 S_2 (J, B)、S_4 (J, X) 及 S_9 (B, X) 3 个二因子交互作用构成。它的交互作用方式包括：J 因子根据既有的 B 因子改进和完善自己的 X 因子，使之能更加符合自己需要的本意，这种交互同样是一种非形式化、自我反思意义的公共政策执行评估形式；J 因子将自己的 X 因子用 B 因子的形式表达，使自己的需要获得抽象具体的表达，成为具有公共政策型价值意义的需要，实现自己的需要增值；B 因子通过 J 因子将自己还原为具体和可直接感知的 X 因子，为具体公共政策活动提供价值范例；B 因子通过 X 因子建立起自己的同质异构体，为公共政策活动提供多样性的具体评估标准，同时也给出它所对应的 J 因子的同质异构体，使具体的公共政策型价值体现出 J 因子的个性特征；X 因子通过 J 因子使自己成为价值标准，为最终获得 B 因子的存在形式做基础性的准备；X 因子发起的与 B 因子的交互作用使得自己能以 B 因子的形式存在，从而使自己能进入现实公共政策活动所追求的公共政策型价值的价值目标领域，丰富 J 因子之公共政策规划目标及过程的选择。记这 3 个因子的交互作用为 T_5 (J, B, X)。

（六）价值主体、评估客体及需要的交互作用

完备的价值主体、评估主体及需要的三因子交互作用，由 S_3 (J, K)、S_4 (J, X) 及 S_{10} (K, X) 3 个二因子交互作用构成。它的交互作用方式包括：J 因子在自己的公共政策活动中根据 X 因子来实质性地建构以自己作为价值主体的 K 因子；J 因子在自己的公共政策活动中以自己的 X 因子作为标准，对自己公共政策行动中所形成的类公共政策型价值的 K 因子进行评估，这种交互作用也是一种非形式化及自我评估意义的公共政策执行评估形式；J 因子根据自己所见的类公共政策型价值的 K 因子，完善或更新自己的 X 因子，使其更具现实性和可行性，并成为自己新的公共政策型价值标准；K 因子通过析出自己具有创新意义的 X 因子，为需要系统增添具有创新意义的子需要系统，引导 J 因子更新自己的需要；K 因子通过与 J 因子的交流，析出具有二者共识的 X 因子，使自己所具有的类公共政策型价值能被最大化地认定为公共政策型价值；K 因子根据自己的 X 因子，寻求能使自己具有类公共政策型价值最大化的 J 因子，这种交互

作用主要是 K 因子之类价值客体中的人生命体发动的,反映了评估客体在公共政策执行评估中具有能动性;X 因子通过 K 因子将自己具体化,成为 J 因子可以实际观测到的需要,影响 J 因子改进和完善自己已有的需要系统;X 因子通过得到 J 因子认可而成为价值标准,实质性地引导和干预 K 因子的具体构成过程及结果的展现形式。记这 3 个因子的交互作用为 T_6 (J, K, X)。

(七) 评估主体、评估标准及评估客体的交互作用

完备的评估主体、评估标准及评估客体的三因子交互作用,由 S_5 (P, B)、$S_6 (P, K)$ 及 $S_8 (B, K)$ 3 个二因子交互作用构成。它的具体交互作用形式包括:P 因子以 B 因子对 K 因子的公共政策型价值进行评估,这种评估是正当性有待确定的公共政策执行评估形式;P 因子通过对 K 因子所蕴含的公共政策型价值的构成及其量的分析,将其用抽象具体形式的 B 因子表现出来,使得 K 因子所蕴含的价值获得抽象具体的表现形式,在本质上这是一种具有科学认知意义的交互;B 因子通过 P 因子的专业性评估活动,成为 K 因子在具体公共政策活动中能够准确把握的价值标准,它等价于 B 因子通过 P 因子寻求与自己具有同质异构体关系的 K 因子;B 因子型的公共政策型价值与 K 因子所蕴含的公共政策型价值之间存在差异,抽象具体形式的 B 因子需要将自己实然具体化,而实然具体形式的 K 因子需要将自己抽象具体化才能实现价值等值目的,这均需要专业性的能力 (P 因子) 才能实现,因而能影响到 P 因子的公共政策型价值的价值认知素养及价值认知能力的确定;K 因子既为具有科学认知意义的 P 因子提供了科学认知意义上的研究对象,也为具有价值认知意义的 P 因子提供了价值认知意义上的研究对象,而 B 因子则为其所发现的公共政策型价值提供了抽象具体的存在形式,并使 K 因子所蕴含的价值更易传播和复制;K 因子根据 B 因子的要求建构符合 B 因子要求的价值物,这种价值物既可能是 B 因子的同质异构体,也可能是 B 因子的同构异质体,使得 P 因子不仅必须掌握专业的公共政策执行评估方法,而且必须不断研究公共政策实践,创新公共政策执行评估方法。记这 3 个因子的交互作用为 $T_7 (P, B, K)$。

(八) 评估主体、评估标准及需要的交互作用

完备的评估主体、评估标准及需要的三因子交互作用,由 $S_5 (P,$

B)、S_7 (P, X) 及 S_9 (B, X) 3个二因子交互作用构成。它的交互作用方式包括：P 因子将 B 因子与 X 因子连接起来，厘清能用需要子系统形式完整呈现的 B 因子的全部同质异构体和同构异质体；P 因子利用自己公共政策执行评估方面的专业能力，将 X 因子抽象为 B 因子，或修正和完善既有的 B 因子，或增加具有创新意义的 B 因子；B 因子通过 X 因子将自己实然具体化的路径与方法，为 P 因子提供研究和服务的领域，并影响 P 因子的公共政策执行评估专业发展取向；B 因子通过 P 因子的作用，将自己的同质异构体用 X 的形式呈现出来，使其成为公共政策活动中不需要公共政策执行评估专业能力也可运用的公共政策执行评估标准；X 因子既包括理论上存在的需要，也包括现实生活中存在的需要，这些需要只有在获得抽象具体的表达形式之后（即成为 B 因子），才可能超出需要所对应的个体性的意义而具有一般意义，完成这个工作多取决于 P 因子的公共政策执行评估专业水平，这种交互作用也可理解为 X 因子通过 P 因子使自己获得价值意义，并实现自己以 B 因子的形式存在；X 因子是驱动公共政策主体开展公共政策活动的动因，但自身并不能证明自己的价值性，为了形式化地证明自己的价值性，它必须使自己获得 B 因子的地位，而它自封的 B 因子地位是否为真及是否合自己的本意，需要 P 因子从公共政策执行评估专业的角度加以确认，同时也是 P 因子需要研究的问题。记这3个因子的交互作用为 T_8 (P, B, X)。

（九）评估主体、评估客体及需要的交互作用

完备的评估主体、评估客体及需要的三因子交互作用，由 S_6 (P, K)、S_7 (P, X) 及 S_{10} (K, X) 3个二因子交互作用构成。它的交互作用方式包括：P 因子以自己的 X 因子或与自己无关的 X 因子对 K 因子所蕴含公共政策型价值的情况进行评估，这种形式的交互作用是缺乏正当性、非形式化的公共政策执行评估形式；P 因子通过研究 K 因子析出其 X 因子，既发现 K 因子被构成的真正动因和目的，又为需要系统完善既有需要子系统（X 因子）和增加新的需要子系统（X 因子）提供支撑。K 因子通过 P 因子的作用，厘清自己的 X 因子，把握自己所主张的公共政策型价值的实现情况；K 因子将自己与 X 因子的既有需要子系统对比，厘清自己的需要，而且通过具有公共政策执行评估专业水平的 P 因子确认自己做法的正确性，并影响到其具体研究的内容；X 因子通过 P 因子确定自

己作为公共政策型价值的合理性,并通过具体的 K 因子证明自己是可实现的需要;X 因子用 K 因子把自己现实地展现出来,P 因子对这种展现中的 X 因子与 K 因子的同质同构性及同质异构性进行判断,并通过这种判断丰富自己对公共政策实践的认识。记这 3 个因子的交互作用为 $T_9(P, K, X)$。

(十) 评估标准、评估客体及需要的交互作用

完备的评估标准、评估客体及需要的三因子交互作用,由 $S_8(B, K)$、$S_9(B, X)$ 及 $S_{10}(K, X)$ 3 个二因子交互作用构成。它的交互作用方式包括:B 因子通过 K 因子让自己现实化,使自己成为具有实质性意义的 X 因子,推动公共政策主体以 B 因子作为价值标准,规划并开展自己的公共政策型价值活动;B 因子通过将自己还原为具有实然具体意义的 X 因子,使 K 因子不用借助于公共政策执行评估的专业知识即可判断自己公共政策型价值的拥有情况;K 因子通过获得 B 因子的抽象具体表达形式,使自己成为具有公共政策型价值意义的 X 因子;K 因子通过与 X 因子的交互,析出自己具有价值意义的需要,并通过 B 因子将其完善和抽象为具有抽象具体形式的公共政策型价值的判断标准;X 因子通过获得 B 因子的地位将自己用 B 因子的形式表达出来,成为 K 因子确定自己公共政策型价值的依据;X 因子通过基于实现自己的具体公共政策所形成的 K 因子,为制定其所对应的公共政策型价值的 B 因子提供价值原型。记这 3 个因子的交互作用为 $T_{10}(B, K, X)$。

四 公共政策执行评估的四因子交互作用

公共政策执行评估的三因子交互为建立更为复杂的公共政策执行评估的四因子交互提供了基础。公共政策执行评估的四因子交互为公共政策执行评估具有更为复杂的公共政策执行评估功能奠定了基础,同时也为简明地把握公共政策执行评估系统的结构提供了可能,其具体的构造包括以下五类。

(一) 价值主体、评估主体、评估标准及评估客体的交互作用

这个完备的四因子交互作用由 $T_1(J, P, B)$、$T_2(J, P, K)$、$T_4(J, B, K)$ 及 $T_7(P, B, K)$ 4 个三因子交互作用构成。它的交互作用方式包括:J 因子通过 P 因子以 B 因子作为评估标准,对自己形成的 K 因

子所蕴含的公共政策型价值进行评估,这种交互是一种具有正当性的、形式化标准参照意义上的公共政策执行评估;P 因子研究 J 因子以公开的 B 因子作为导向形成自己类公共政策型价值(K 因子)的全过程,揭示基于既定价值目标之公共政策活动的规律;B 因子通过 P 因子使自己成为 J 因子所能理解的公共政策型价值,并以自己作为价值主体的公共政策活动所形成的类公共政策型价值(K 因子),将自己实然具体化;K 因子通过 J 因子与 P 因子的交互,使自己能最大化程度地被解释为 B 因子所确立的公共政策型价值,实现自己公共政策型价值活动的目的;K 因子通过 J 因子的努力,利用 P 因子的公共政策执行评估专业能力,使自己获得 B 因子所描述的抽象具体存在形式,成为抽象具体形式的公共政策型价值,而自己又是该公共政策执行评估标准所表征价值的范例,实现自己的价值增值。记这个四因子交互作用为 $F_1(J, P, B, K)$。

(二) 价值主体、评估主体、评估标准及需要的交互作用

这个完备的四因子交互作用由 $T_1(J, P, B)$、$T_3(J, P, X)$、$T_5(J, B, X)$ 及 $T_8(P, B, X)$ 4 个三因子交互作用构成。它的交互作用方式包括:J 因子在 P 因子的帮助下将公开的 B 因子转化为自己的 X 因子,发动自己的公共政策型价值行动;J 因子联合 P 因子将自己的 X 因子用 B 因子的形式表示出来,为判明自己所形成的公共政策型价值建立具体、明确、可观测的标准;J 因子联合 P 因子以公开的 B 因子作为标准,对自己 X 因子的合公共政策执行评估标准的情况进行评估,矫正自己所确定的公共政策执行评估标准的偏差或错误,这种交互是一种具有正当性的非形式化的公共政策执行评估形式;P 因子将 J 因子自身的 B 因子与 X 因子的相互转换作为自己的研究对象,揭示价值主体的公共政策活动规律;B 因子通过 P 因子给出具有多样性和具体性的同质异构体,将自己转化为具体 J 因子的需要(X 因子),并以价值标准的形式指导其具体的公共政策实践;X 因子通过 J 因子和 P 因子的联合,利用公共政策型价值的逻辑,从理论上将自己抽象为具有抽象具体形式的 B 因子,成为公共政策型评价的评估标准;J 因子、P 因子及 B 因子三方通过协商,形成共同认同的,具有公共性需要特色的 X 因子,并以实现这个需要,作为维系它们愿意成为公共政策执行评估系统构成要素的价值前提。记这个四因子交互作用为 $F_2(J, P, B, X)$。

（三）价值主体、评估主体、评估客体及需要的交互作用

这个完备的四因子交互作用由 T_2 (J, P, K)、T_3 (J, P, X)、T_6 (J, K, X) 及 T_9 (P, K, X) 4个三因子交互作用构成。它的交互作用方式包括：J 因子通过 P 因子以自己的 X 因子为标准，对自己公共政策活动所形成的 K 因子所具有的、符合自己需要意义上的公共政策型价值进行评估，这种交互是具有正当性、基于公共政策活动过程价值生成的非形式化公共政策执行评估形式；P 因子将 J 因子根据自己的 X 因子开展公共政策活动，得出具有类公共政策型价值的 K 因子的全过程作为科学认知意义上的研究对象，推进公共政策执行评估理论的发展；K 因子通过与自己密切相关的 J 因子联合，通过具有公共政策执行评估专业权威的 P 因子的认定，将自己的存在形式确认为 X 因子，成为需要系统中的子系统，为其他公共政策主体在确定公共政策活动的价值目标时提供参考；X 因子通过 P 因子的评估，使自己成为 J 因子规划公共政策型价值目标时的价值标准，并通过这个 J 因子的实践将该公共政策型价值实质性地构造出来，形成类公共政策型价值的 K 因子，使自己获得类公共政策型价值的存在形式；J 因子、P 因子及 K 因子通过共同协商，形成三方均认同的、具有公共性需要特色的 X 因子，并以实现这个需要作为维系这 3 个因子愿意成为公共政策执行评估系统构成要素的价值前提。记这个四因子交互作用为 F_3 (J, P, K, X)。

（四）价值主体、评估标准、评估客体及需要的交互作用

这个完备的四因子交互作用由 T_4 (J, B, K)、T_5 (J, B, X)、T_6 (J, K, X) 及 T_{10} (B, K, X) 4个三因子交互作用构成。它的交互作用方式包括：J 因子根据公开的 B 因子结合自己的 X 因子，通过公共政策活动建立既合既定公共政策型价值评估标准，又合自己需要的类公共政策型价值作为 K 因子；J 因子将既定的 B 因子与公共政策活动中实际生成的 X 因子作为评估标准，对自己公共政策活动过程及所得出的类公共政策型价值（K 因子）进行评估，这种交互作用反映了价值主体的自我反思，是有效却缺乏评估专业权威和非形式化意义上的一种公共政策执行评估形式；B 因子根据 J 因子以实现自己的 X 因子开展公共政策活动所形成的 K 因子，改进和完善自己的内容与结构；K 因子通过把握 J 因子将既定的 B 因子转化为 X 因子，以及将自己的 X 因子转化为具有价值认定效力的 B

因子的过程，使自己能最大化地体现 J 因子对公共政策型价值的诉求；X 因子通过 J 因子把自己视为与特定 B 因子所表征公共政策型价值等价的价值，确定自己的公共政策活动目标，开展公共政策活动，获得类公共政策型价值（K 因子）的存在形式；J 因子、B 因子及 K 因子通过协商，形成三方均认同的，具有公共性需要特色的 X 因子，并以实现这个需要作为维系这 3 个因子愿意成为公共政策执行评估系统构成要素的价值前提。记这个四因子交互作用为 $F_4(J, B, K, X)$。

（五）评估主体、评估标准、评估客体及需要的交互作用

这个完备的四因子交互作用由 $T_7(P, B, K)$、$T_8(P, B, X)$、$T_9(P, K, X)$ 及 $T_{10}(B, K, X)$ 4 个三因子交互作用构成。它的交互作用方式包括：P 因子根据自己的 X 因子和既定的 B 因子对 K 因子的公共政策型价值进行评估，这种交互是一种专业但缺乏正当性的公共政策执行评估形式；P 因子将 K 因子作为认知科学意义的对象，探析其所蕴含的 B 因子和 X 因子的内容与结构，以及二者之间的关系；B 因子通过 P 因子转化为与自己所蕴含公共政策型价值具有等价关系的 X 因子，使得 K 因子能用实现具体需要的形式建构自己的类公共政策型价值；K 因子通过 P 因子厘清自己所蕴含的 B 因子及自己真实的 X 因子，既确定自己的公共政策型价值现状，又找出改进和完善自己公共政策价值实践的方向；X 因子通过 P 因子按照公共政策形成的逻辑，将自己等价转化为作为公共政策执行评估标准的 B 因子，为 K 因子的公共政策型价值提供明确、具体、可兑现的公共政策型价值判断标准；P 因子、B 因子及 K 因子通过协商，形成三方均认同的，具有公共性需要特色的 X 因子，并以实现这个需要作为维系这些因子愿意成为公共政策执行评估系统构成要素的价值前提。记这个四因子交互作用为 $F_5(P, B, K, X)$。

第三节 公共政策执行评估的运行规律

公共政策执行评估作为一个人工建构的具有学习和自组织机制的功能性系统，一旦被人们建构出来，它即按照自身的内在规律运行，这些规律的运行确定了公共政策执行评估功能的限度。公共政策执行的运行规律包括专业性与非专业性对立统一的运动、既定性与生成性对立统一的运动、

合规律与和目的对立统一的运动。

一 非专业性与专业性对立统一的运动

非专业性指作为公共政策执行评估系统构成要素的价值主体,它一般不具有判断公共政策执行自身是否具有公共政策型价值的专业能力,它在公共政策评估中总是以自己对公共政策型价值的感性需要和自己意识到的实际可能出发,通过公共政策执行评估来把握自己是否正在有效获得既定的公共政策型价值。可是,完美的公共政策执行需要公共政策目标自始至终稳定一致,并在直接和清晰的因果理论指导下执行,[①]这使得价值主体运用自己所具有的公共政策型价值认知结构及把握公共政策活动的能力,不能满足实现完美的公共政策执行的需要,难以有效、准确、全面地调控自己的公共政策活动过程。因而,价值主体的问题在于自己不知道自己所开展的公共政策执行是否有自己所真正需要的价值。从公共政策主体的角度看,它总是希望自己成为能准确把握自己公共政策型价值的价值主体,使公共政策执行所展现的价值是自己真实需要的价值。为此,它需要自己具有公共政策型价值评估的专业能力。因而,不断发育和完善自己的公共政策型价值的评估能力,成为公共政策主体的必然追求。

专业性指作为公共政策执行评估系统构成要素的评估主体,它总是具有判断公共政策执行自身是否具有公共政策型价值的专业能力,使得公共政策执行评估成为一种专业性的活动。评估主体是从认知科学的角度研究公共政策执行价值的形成规律及测量手段所形成专门知识和能力的拥有者,它能按照科学规律的要求,站在价值中立的立场,对公共政策执行所蕴含的公共政策型价值做出准确的判断。专业性的评估主体外在于价值主体及其所开展的公共政策执行,而这种公共政策执行与评估主体自身的可持续发展并没有必然的联系。一方面,只有评估主体希望自己通过提供特定公共政策执行评估服务,并以其换取自己可持续发展所需要的能量和信息时,这样的公共政策执行评估才能成为真正专门性的公共政策执行评估;另一方面,评估主体为了确保自身能建立在以公共政策评估作为专门性的职业的基础上,又必须研究公共政策的所有活动,特别是与公共政策型价值密切相关的公共政策规划及公共政策执行等公共政策型价值存在形

[①] 胡宁生:《现代公共政策研究》,中国社会科学出版社2000年版,第227页。

态和内容的创新，使之能满足公共政策价值主体之公共政策实践的需要。因而，从评估主体自身的角度看，保证公共政策执行评估的专业性是必需的。但是，为了研究公共政策活动及其价值形成的内在规律，又必须使自己能从价值主体的角度把握真实的公共政策活动，这时自己已经形成的公共政策评估专业素养就会影响到这种感受的效果，使得评估主体处于想成为真实价值主体而不能的状态，进而影响到自己把握公共政策活动及其价值形成内在规律。

价值主体成为评估主体的要求不切实际，评估主体想成为真实价值主体而不能，[①] 这是公共政策执行评估中，价值主体和评估主体所处的真实状态。但是，从公共政策主体的自我诉求来看，理想的公共政策主体是价值主体和评估主体的有机统一体，既能通过公共政策执行实质性地建构公共政策型价值，又能对自己建构公共政策型价值的过程及其形成的结果进行评估，确保自己的公共政策执行是价值有效的，最终能达成自己的公共政策活动目标。正是这种理想与现实的分离，使得公共政策执行评估成为不具有评估专业能力的价值主体与具有评估专业能力的评估主体，基于价值主体实现公共政策执行之价值的对立统一的运动。

所谓专业性与非专业性对立统一的运动规律，指在公共政策执行评估系统的运行中，基于公共政策价值主体之公共政策执行的价值实现，具有非专业公共政策评估素养的价值主体向具有专业公共政策评估素养的评估主体转化，具有专业公共政策评估素养的评估主体向具有非专业公共政策评估素养的价值主体转化，促进价值主体与评估主体既融为一体又各自完备独立存在。本书将公共政策执行评估的这个规律称为公共政策评估的第一原理。

按照第一原理可以得出以下四个结论：

结论1：公共政策执行评估是由公共政策的价值主体发动的，目的是弥补自己公共政策型价值的价值认知能力不能胜任公共政策执行评估的缺陷，它按照自己所需公共政策型价值的价值认知能力，选择需要确定具体弥补的公共政策型价值的价值认知能力，而评估主体就是其所弥补的公共政策型价值的价值认知能力。因此，评估主体只有得到价值主体的认可，才是具有正当性的评估主体，而且评估主体也并非一定不包括价值主体自

---

① 这是对具有一般意义的价值主体和具有评估专业能力的评估主体而言的。

身作为自己的构成部分。

结论 2：价值主体是公共政策执行评估成本的承担者，按照公共政策评估执行成本最小化的原则，价值主体总是基于自身公共政策型价值的价值认知能力和实际公共政策执行评估需要来建设评估主体的，并表现出尽量依靠自己实施公共政策评估的特性。

结论 3：公共政策执行评估的运行过程具有很强的交互学习性。一方面，价值主体通过公共政策执行评估中的评估主体，提升自己的公共政策型价值的价值认知能力，以便自己能胜任评估主体的任务，减少自己的公共政策活动成本；另一方面，评估主体是价值主体实现公共政策型价值评估的工具，并不排斥评估主体通过实施具体的公共政策执行评估检验既有公共政策评估理论的正确性，以及提升自己的公共政策评估专业素养，以进一步强化自己工作的专业性。事实上，评估主体通过公共政策执行评估中的价值主体，能实质性地丰富自己的评估阅历，改进和完善自己的公共政策型价值的价值认知结构，减少自己不胜任具体公共政策执行评估的可能性，提升从事公共政策执行评估职业的专业门槛。

结论 4：价值主体与价值客体不存在根本的价值冲突，导致公共政策执行评估误差的原因是客观的，包括价值主体的公共政策型价值认知结构的局限、价值主体所处的环境、评估主体的公共政策型价值认知结构的局限、评估主体所处的环境及当下的公共政策评估理论与技术条件等。

二　既定性与生成性对立统一的运动

既定性指作为公共政策执行评估系统构成要素的评估标准，它的构成内容及其所形成的结构是既定的，在公共政策执行评估实施之前即已完全确定和公开。公共政策执行评估无论是为了判断公共政策型价值的实现情况，还是为了改进和完善后续公共政策执行，作为其评估标准的内容均是既定的，它既反映了人们对这类公共政策执行评估的研究成果，也展现了人们从事这类公共政策执行可以所追求的价值目标。公共政策主体的公共政策活动是一个创造性的过程，具体的既定公共政策的执行只是其追求公共政策型价值的手段而非目的，在这个过程中，它会依据追求价值最大化的本性，基于这个既定的公共政策执行创新出更加符合自己需要的公共政策型价值，并修改自己既定的公共政策执行评估标准，也即要求公共政策执行评估标准的内容和结构具有生成性。但是，公共政策执行之评估标准的确定是一个科学性、价值性和权威性统一的过程，公共政策执行之价值主体产生的新需要要成为新的公共政策评估标准，还需要科学和权威的论证，这又使得公共政策执行评估标准难以结合进评估标准的生成性，面临着失效的可能性。

生成性指作为公共政策执行评估系统构成要素的需要，它的构成内容及其所形成的结构是在公共政策执行过程中不断生成的，在公共政策执行评估实施之前无法准确确定，更不可能将这种需要准确公开。需要作为个体人生命体所具有的特性，是构成公共政策型价值的价值主体、公共政策执行评估之评估客体的类价值主体、公共政策执行评估之评估客体的类价值客体意义的需要的基础，随着公共政策执行的展开，个体人生命体通过对公共政策执行过程实现既设公共政策型价值的反思，以及对公共政策执行过程所形成的实际类公共政策型价值的感受与澄清，会产生重新修订自己既设公共政策型价值评估标准的诉求，这种个体意义的诉求通过各主体内部的交换流机制可能成为其他主体的需要，进而制约既设的公共政策执行评估标准发挥作用。从公共政策主体发动公共政策活动的本意看，这种做法无疑是正当的，具体公共政策执行评估应设法保证其能实现。但是，公共政策型价值的公共性决定了其价值主体的等价形式是没有本质差异的价值主体，作为公共政策价值主体等价形式的价值主体之基于同一公共政策活动所形成的具有个体意义的价值诉求，不具有公共政策型价值所要求的公共性的意义，不能作为公共政策执行的评估标准对公共政策价值主体等价形式通过公共政策执行所形成的公共政策型价值进行评估。否则，会危及公共政策执行评估的公平性。

所谓既定性与生成性对立统一的运动规律，指在公共政策执行评估系统的运行中，既定的公共政策执行评估标准与公共政策执行过程生成的对公共政策型价值的需要，二者既彼此排斥又主动融合对方，构成既合公共政策执行评估既有评估理论又合公共政策执行实践，能切实保障公共政策执行评估结果既有效又公平、正义、可行的公共政策执行评估标准，作为实际的公共政策执行评估标准。本书将公共政策执行评估系统运行的这个规律称为公共政策执行评估的第二原理。

按照第二原理可以得出以下4个结论：

结论1：公共政策执行评估标准在公共政策执行评估中具有普适性，是确保公共政策执行评估公平性之可观测的基准。获得公共政策执行评估标准所蕴含的公共政策型价值,是公共政策执行主体开展公共政策执行活动的目的。因而,它总是会既采取一切手段维系按照既设公共政策执行评估标准的权威性,得到自己应得的价值,又会设法使自己在公共政策执行过程中所满足的新需要成为新的公共政策执行评估标准,以便自己获得最大化的公共政策型价值。公共政策执行的价值主体在公共政策执行评估中,面对既设的公共政策执行评估标准,总是处于这样的矛盾中。

结论2:公共政策执行所形成的公共政策型价值的价值主体的等价表现形式,是推动改进和完善公共政策执行评估标准的根本力量。公共政策主体具有多种等价的表现形式,它所对应的价值主体也有多种等价形式,这些等价形式基于获得公共政策执行所蕴含的公共政策型价值而开展公共政策执行活动,既定的公共政策执行内容及规定只为其实现具有自我意义的公共政策型价值提供引导和载体,在具体执行活动中起主导作用的是其自我肯定意义下的自由裁量权,由此而导致以自己利益最大化的创新手段开展公共政策执行,并导致与既定公共政策执行评估标准所确定的公共政策型价值不一样,甚至是完全不同的公共政策型价值,使得这些新的价值形态因得不到公共政策执行评估的权威认定而难以兑现,危及公共政策执行评估结论的有效性。但是,承认公共政策主体个别等价形式个体意义的价值具有公共政策型价值,又会因其不是事先公开的公共政策型价值,而危及公共政策活动及公共政策执行评估的公平性。因此,公共政策执行评估一方面会在与既定公共政策执行评估标准为同质异构体的评估标准下,评估公共政策主体等价形式通过公共政策执行所形成的价值;另一方面,又会将公共政策主体等价形式通过公共政策执行所形成的具有创新意义的价值,通过法定的程序及专业和权威的认定,确定为新的公共政策执行评估标准,改进和完善既定的公共政策执行评估标准。

结论3:公共政策执行评估标准具有一定的弹性。所谓公共政策执行评估标准的弹性,是指公共政策评估为充实新的基于公共政策执行实践所满足的新需要作为评估标准,预留有内容空间及应急确认的途径和方法。公共政策执行评估标准的弹性使得公共政策主体不同等价形式的具体公共政策执行之间既具有共同的特点又具有个性化的特点,为公共政策执行评估在确保结果有效性与评估自身的公平性之间建立平衡点,提供了客观的可能性。

结论4:公共政策执行评估标准与公共政策执行主体的需要不存在根

本的冲突，通过二者的融合能为公共政策执行评估提供可行的评估标准，使得既发展和完善了公共政策评估标准，又使公共政策执行所形成的公共政策型价值能获得抽象具体的表现形式，实现价值增值。

三 合规律与合目的对立统一的运动

合规律指作为公共政策执行评估之构成要素的构成及其交互作用的方式，必须符合认知科学意义的客观规律，具体指其价值主体、评估主体、评估客体、评估标准及需要等要素的子构成要素的构成要遵循认知科学意义的客观规律，其间的交互作用要遵循认知科学意义的客观规律。合规律的基本要求是：价值主体的存在是客观、真实、可检测的；评估主体的构成人员具有从事公共政策执行评估的专业能力；评估客体的类价值主体、类价值客体及二者形成的类价值关系的内部结构及原理均应遵循认知科学意义的客观规律；评估标准的内容及其相互作用方式遵循认知科学意义的客观规律，所构造的抽象具体价值，能被用确定的方式还原为实然具体意义的价值；需要是根据人的物质生活与精神生活通过逻辑推出的生活，满足这种需要的标志能被实质性地建构出来。合规律反映了公共政策执行评估独立于公共政策执行评估发动者而具有客观性的一面，为公共政策执行评估系统的可靠、有效运行奠定了基础。公共政策执行评估要实现可靠、有效的运行，首先就必须使自己的构成与结构合规律。可是，公共政策执行评估合规律的要求却忽略了公共政策执行评估系统同时是一种合伦理和合文化的存在物，使得公共政策执行评估所得出的科学结论，有可能危及公共政策执行评估系统之构成要素作为伦理和文化的存在物，与公共政策执行评估系统之构成要素协作建构和运行公共政策执行评估系统的本意相悖。因而，合规律是好公共政策执行评估的必要而不充分的条件。

合目的指作为公共政策执行评估之构成要素的构成及其交互作用的方式，必须符合开展公共政策执行及其评估的根本目的。具体指其价值主体、评估主体、评估客体、评估标准及需要等要素的子要素的构成不违背自己自由、自在存在的诉求，它们之间的交互作用要有利于自己的自我实现。合目的的基本要求是：价值主体在公共政策执行评估系统中的存在是合自我认同的，而且有利于增强这种自我认同；评估主体的构成人员具有从事公共政策执行评估的职业道德，有利于实现自己的专业价值；评估客体的类价值主体、类价值客体及二者形成的类价值关系的内部结构及原理均既符合伦理的要求，又能表明自己的自我实现；评估标准的内容及其相互作用方式符合伦理与文化的要求，所构造的抽象具体价值，能被用具有个性化的价值主体和价值客体及其相互作用来表征；需要是根据各要素中的人生命体对物质生活与精神生活的具有共识性的现实需求所设定的需要，满足这种需要能显著地改善公共政策执行评估系统各要素的生存状态，并提高其自我认可的程度。合目的要求公共政策执行评估系统不仅要关注实现既定目的的诉求，而且更要关注各要素通过公共政策执行及公共政策执行评估运行所形成的新目的及其实现情况，必要时甚至要放弃既定的公共政策评估标准作为公共政策执行评估的标准，而采用基于新目的所制定的公共政策评估标准作为评估特定公共政策执行的标准，最大化地满足自己价值实现的需要。然而，这些新形成的目的尽管是合目的的自然延伸，却不一定合规律。尤其是各要素由自己非理性的感性驱动所产生的新需要而形成的新的公共政策执行目的，更是如此，它甚至可能与合规律完全相悖，使得公共政策执行评估可能促成公共政策执行成为一场灾难。因此，合目的也只是好的公共政策执行评估系统的必要而不充分的条件。

所谓合规律与合目的对立统一的运动规律，指在公共政策执行评估系统的运行中，各要素均以合规律来构造自己的物质构成及运行方式，而以合目的来选择和确定自己的实际物质构成及运行方式，使公共政策执行评估系统的运行处于有目的的、选择性合规律状态。本书将公共政策执行评估系统运行的这个规律称为公共政策执行评估的第三原理。

按照第三原理可以得出以下4个结论：

结论1：不合规律的公共政策执行评估是不真的公共政策执行评估，基于不真的公共政策执行评估能得出任意想要的评估结论，但这些结论的正确性缺乏有效可靠的保证。

结论2：不合目的的公共政策执行评估是不好的公共政策执行评估，基于不好的公共政策执行评估所得出的评估结论，危及公共政策执行评估系统各要素的自我认同及可持续发展。

结论3：合目的是公共政策执行评估运行的根本诉求，合规律是实现这种诉求的唯一途径。对于公共政策执行评估系统的运行而言，总是先制定自己的运行目的，再根据实现目的的需要，选择和确定合规律的构成要素及其交互作用的方式、方法，确保公共政策执行评估系统能有效、实质性地运行。

结论4：公共政策执行评估运行过程出现的非预期问题或者评价结果的偏离问题，是公共政策执行评估系统设计者的公共政策型价值认知能力的局限造成的。用发展的眼光推进公共政策执行评估的学术研究，进一步完善公共政策执行评估的理论体系，是有效解决这个问题的根本途径。

第四节 公共政策执行评估释放功能的机制

公共政策执行评估释放功能的机制，是指能使公共政策执行评估功能无障碍发挥正面作用的机制。具体包括公共政策执行资格认定机制、公共政策执行过程监控系统、基于公共政策执行的价值交流平台、公共政策执行价值创新的价值兑现机构、共构公共政策执行评估标准机制及公共政策执行评估专业化。

一 公共政策执行资格认定机制

为了释放公共政策执行评估所具有的判断公共政策执行主体是否胜任执行公共政策能力的功能，减少无效和不具有正当性的公共政策执行的发生，源公共政策应建立公共政策执行资格认定机制，规定只有获得执行资格认定的有关个体或联合体，才能获得正当开展公共政策执行的资格，以及具有权威性和强制性的认定这种资格的程式、规范及结果表达形式。公共政策执行资格认定机制在公共政策执行专业方面的要求，如公共政策执行者资格的标准、资格认定的方法及操作性规定等，由公共政策执行评估专业组织负责制定，并通过源公共政策之价值主体加以确认。

二 公共政策执行过程监控系统

为了释放公共政策执行评估所具有的诊断公共政策执行过程是否能实现既定公共政策价值目标，以及针对具体情况及时采取有效措施确保公共政策执行能实现既定公共政策价值目标的功能，确保能以最小的代价实现既定公共政策的价值目标，源公共政策应建立公共政策执行过程监控系统来确保公共政策执行评估之诊断功能的有效释放。具体而言，这个系统既要嵌入公共政策的执行过程之中，与公共政策执行融合一体，又要独立于公共政策执行过程之外，时刻保持对整个公共政策执行过程的全面反思，并提出有效地改进和完善公共政策执行的对策。源公共政策通过对公共政策执行过程监控系统与公共政策执行系统关系及监控方法的规定，使公共政策执行过程监控系统对公共政策执行系统改进和完善后续公共政策执行的建议，具有及时性和强制性的效力。公共政策执行过程监控系统的核心技术是公共政策执行评估，核心任务是实施公共政策执行评估。

三　基于公共政策执行的价值交流平台

为了释放公共政策执行评估所具有的能促进公共政策执行者交流公共政策执行价值的功能，促进公共政策执行者在公共政策执行过程中，能通过相互之间的价值行动及结果的交流改进和完善自己的公共政策执行，提升自己的公共政策执行能力，源公共政策应建立公共政策执行过程所形成价值的交流与分享平台，为公共政策执行主体的等价形式相互交流通过公共政策实现自己价值的经验，形成具有共识性和个性化的公共政策执行价值提供支撑。公共政策执行评估系统的构成要素能成为支撑这个交流平台的核心，它们之间通过交互作用析出评估客体公共政策型价值的过程，能为这种交流能提供价值话题和价值场景。实践中，源公共政策可以通过具体公共政策执行评估活动的开放收集评估资料、分析评估资料、析出评估资料所蕴含的公共政策型价值的过程来建立这个交流平台。而且，可以利用现代信息技术将这个交流平台移植到虚拟空间中去。

四　公共政策执行价值创新的价值兑现机构

为了释放公共政策执行评估所具有的激励公共政策执行及发现公共政策执行价值的功能，促进公共政策执行者有创意地开展公共政策执行，实现自己公共政策活动价值的最大化，源公共政策应建立公共政策执行价值创新的兑现机构，及时地发现公共政策执行实践所生成的具有创新意义的公共政策型价值，并将其纳入原有的公共政策型价值，建立可以转化的联系，使其能被兑现，从而激励公共政策主体的各种具体等价形式，努力从创新的角度开展公共政策执行。源公共政策所建立的公共政策执行价值创新的价值兑现机构的公共政策型价值的发现、确认及其与既有公共政策型价值转换的当量等专业性的工作，由公共政策执行评估完成，而具体的兑现物和形式则由该机构在授权和许可范围内确定。

五　共构公共政策执行评估标准机制

为了释放公共政策执行评估共同建构公共政策执行价值的功能，促进公共政策执行者通过实施公共政策执行评估而完善自己的公共政策型价值认知结构，提升自己有效实施公共政策执行的能力，源公共政策应建立鼓励基于公共政策执行实践，实施共构公共政策执行评估标准的机制，鼓励把公共政策执行评估的过程变为发现公共政策型价值的过程，重视及时将公共政策执行过程中所形成的具有创新意义的公共政策型价值的胚芽，发育为完善的公共政策执行评估标准，并通过这个过程既实现对公共政策执行过程的管理和引导，又使公共政策执行主体主动完善和提升自己的公共政策型价值的价值认知能力。根据公共政策执行的实际所积累的价值信息，析取公共政策型价值的评估标准是该机制的核心，它是一项专业性很强的科学认知意义上的发现和抽象公共政策型价值的工作，只有在公共政策执行评估之评估主体的主导下才能实现。

六　公共政策执行评估专业化

为了使公共政策执行评估能高效率地发挥其对促进公共政策价值主体及相关者发展应有的作用，必须从社会分工的意义来考虑公共政策执行评估的问题。鉴于公共政策执行评估对从事公共政策执行评估人员的评估专业要求，源公共政策应采取措施促进和确保评估专业化，并在这个大专业化的背景下实现公共政策执行评估的专业化，既为公共政策执行评估专业化提供社会的基础，也为公共政策执行评估能有效释放自身的评估功能提供人力的保障。为此，源公共政策一方面应为公共政策执行评估确定专门的领域及准入资格的要求，对专业性评估组织的公共政策型价值的认知结构及价值认知能力提出公开、确定的要求；另一方面，应强调由具有评估资质、经过认定的专门组织，承担规范化、形式化和权威性的公共政策执行评估。

第五节　公共政策执行评估系统生态

不同的公共政策执行评估系统在以其作为独立子系统构成的公共政策执行评估系统中，按照各自存在的逻辑，既互为存在的条件又互为存在的结果，彼此通过促进对方完善功能实现自身评估功能的完善，增强自身的不可替代性，使得公共政策执行评估系统成为一个具有人工构成特征的生态系统。记公共政策执行评估系统的一般形式为 $E(J, P, B, K, X)$。

一 公共政策执行评估系统的生态结构

公共政策执行评估生态系统建立在公共政策主体基于自我实现目的，追求公共政策性价值的基础之上，主体自我实现的需要及主体判断实现自我的能力是其存在的物质基础，公共政策主体及其等价形式所开展的公共政策执行活动是其存在环境。公共政策执行评估生态系统由能发挥生态系统生产者、消费者及分解者功能的3类公共政策执行评估系统构成。

（一）生产者型公共政策执行评估系统

指能利用以自己作为价值主体的公共政策执行评估功能为其他公共政策执行评估系统提供存在所需要物质基础的公共政策执行评估系统，也称为公共政策执行原生型评估系统。公共政策执行评估生态系统所需要的基于实现公共政策型价值的评估，源于公共政策主体根据自己需要，对以自己为价值主体的公共政策执行过程及形成结果的判断。这种判断是价值认知意义上的活动，公共政策执行主体在本能及自我意识所达到的水平的意义上，对公共政策执行合自己需要进行判断，其结果形成了以自己意识到的自我意义上的需要作为全部内容的具体评估标准，将自己意识到的价值客体作为全部的价值客体，将自己感受到的价值关系作为全部的价值关系的评估活动方式及评估结果。同时，它也产生了判断这种被自己认为是价值（合需要）的构造物或过程是否真正是价值（合需要）的构造物或过程，以及自己的公共政策型价值认知能力又不能解决这个问题的问题，进而形成了提升自己公共政策执行评估专业能力的需要，而这正是认知科学意义上的公共政策执行评估专门研究得以存在的物质基础。记生产者型公共政策执行评估系统为 $E(J, -, -, K, X)$[①]。

（二）消费者型公共政策执行评估系统

指能利用其他公共政策执行评估的结果作为自己需要的公共政策执行

---

① 与公共政策执行评估系统 $E(J, P, B, K, X)$ 相比，$E(J, -, -, K, X)$ 表示对 P 要素和 B 要素进行屏蔽，使之在公共政策执行评估系统中不能发挥作用，或者公共政策执行的价值主体在没有意识到按照 P 要素和 B 要素的要求的情况下，对自己通过公共政策执行实现公共政策型价值自发开展的评估活动所对应的公共政策执行评估系统。

评估系统，也称为公共政策执行异己型评估系统。这类公共政策执行评估系统以 E (J, -, -, K, X) 所形成的成果及其本身——公共政策执行价值主体之本能驱动的公共政策执行评估活动及其得出的结果——价值现象及甄别价值的个体经验——作为自己的研究对象，使自己获得维系自身可持续存在所需要的客观物质。同时，它又通过公共政策执行评估系统的运行，形成具有公共政策执行评估专业能力的组织，以及标准化、可观测的公共政策型价值的抽象具体表示等形式的结果，成为能满足理性公共政策执行主体评估自己执行公共政策价值实现程度的需要。记消费者型公共政策执行评估系统为 E (-, P, B, K, -)[①]。

（三）分解者型公共政策执行评估系统

指能为公共政策执行自我评估系统提供存在客观前提的公共政策执行评估系统，也称为公共政策执行返本型评估系统。公共政策执行自我评估系统存在的前提是公共政策主体产生新的需要，而这些新需要既依赖于既有需要的满足，又更依赖于作为价值主体的公共政策主体的公共政策型价值认知结构的改进和完善。公共政策执行评估系统之所以能得以以专业和价值中立的方式运行，是因为公共政策执行主体的公共政策型价值认知能力与意识到自身需要的需要不匹配。但也只有在这种状态下，才能出现公共政策执行自我评估系统的用武之地，即公共政策执行主体通过自己把握价值实现的活动，为认知科学意义的公共政策执行评估系统建构及运行的必要性，提供价值客体意义上的支撑。公共政策执行主体利用公共政策执行评估系统 E (-, P, B, K, -) 即可建立公共政策执行评估系统 E (J, P, B, K, X) 开展公共政策执行评估。随着公共政策执行评估系统 E (J, P, B, K, X) 的持续运行，其构成要素 J 因子和 P 因子统一于同一个主体，又使得自己演进为 E (J, -, -, K, X) 型公共政策执行评估系统。因此，从这个意义上讲，E (J, P, B, K, X) 型公共政策执行评估系统就是公共政策执行评估生态系统的分解者。

（四）公共政策执行评估生态系统的循环

对于公共政策执行评估生态系统而言，公共政策执行原生型评估系

[①] E(-, P, B, K, -) 表示对 J 要素和 X 要素进行屏蔽，使之在公共政策执行评估系统中不能发挥作用的公共政策执行评估系统。它建立在对 E(J, -, -, K, X) 认知科学意义研究及其成果的基础上，本身就是认知科学意义上的公共政策执行评估活动，自身既作为价值主体存在又作为价值客体存在。

统、消费者型公共政策执行评估系统及公共政策执行返本型评估系统三者互为存在的条件与结果，形成了如图 5-2 所示的内部循环（图中单箭头表示循环的方向，双箭头表示交互作用），并通过这种循环确保公共政策执行评估生态系统的可持续运行，以及公共政策执行评估系统自身的不断完善和升级。

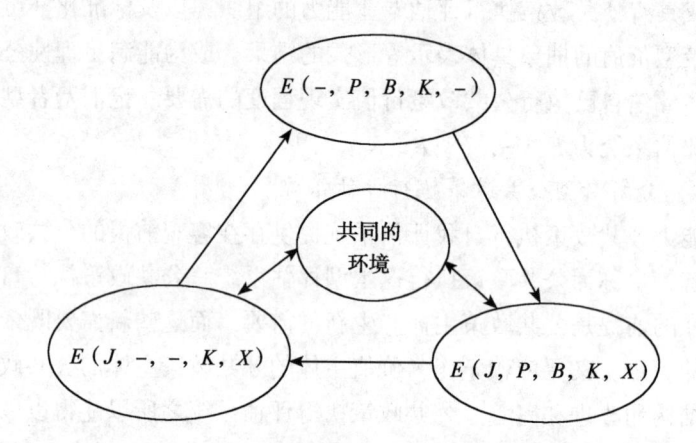

图 5-2　公共政策执行评估生态系统的循环

二　公共政策执行评估生态系统内部的流

所谓公共政策执行评估生态系统内部的流，是指公共政策执行评估系统以维系自身存在为目的，以自身运行所形成结果作为其他系统存在和运行的基础，所形成的公共政策执行评估系统产出的流动过程。除了具有一般意义上的生态系统内部的物质流、能量流和信息流之外，公共政策执行评估生态系统的内部还存在能力流和需要流。

（一）公共政策执行评估生态系统的能力流

在公共政策执行评估生态系统中，公共政策执行评估系统 E （J，-，-，K，X）、E（-，P，B，K，-）及 E（J，P，B，K，X）的公共政策型价值认知能力，形成了一种类似于食物链的关系，使得以公共政策执行之价值主体为主要代表的公共政策价值认知能力，形成了具有由低到高顺次发展之规定性的链条（简称价值认知能力链）。价值认知能力链基于主体的公共政策执行之价值主体的价值认知能力，呈现出以"$J \to P \to (P+J) \to J$"作为公共政策型价值认知能力流动基本构成单元，以及价值认知能力螺旋式上升的结构。现实中，公共政策执行评估生态系统中的价值认知能力，即以" $J \rightarrow P \rightarrow (P+J) \rightarrow J$ "作为基本构成单元所形成的公共政策型价值认知能力链实现转移，这个转移过程即为公共政策执行评估生态系统的能力流。价值认知能力链上的价值认知能力流动表现为3个方面：

其一，$E(J, -, -, K, X)$ 的公共政策型价值认知能力是 $E(-, P, B, K, -)$ 价值认知能力发展的物质基础，它为 $E(-, P, B, K, -)$ 发展自己公共政策型价值认知能力提供了合规律性方面的支撑；

其二，$E(-, P, B, K, -)$ 基于 $E(J, -, -, K, X)$ 之公共政策型价值认知能力所发展出的自己的公共政策型价值认知能力，又为 $E(J, P, B, K, X)$ 价值认知能力的发展奠定了合规律的物质基础，并在 $E(J, P, B, K, X)$ 发展自己公共政策型价值认知能力的过程中，为其提供客观规律性方面的支撑；

其三，$E(J, P, B, K, X)$ 通过形成具有新的公共政策型价值认知能力的主体，为公共政策执行主体凭借自己的价值认知能力，独立自主地开展 $E(J, -, -, K, X)$ 型的公共政策执行评估提供保障。

事实上，正是公共政策执行评估生态系统的能力流推动了公共政策执行评估的专业化。

(二) 公共政策执行评估生态系统的需要流

对于公共政策执行评估生态系统而言，公共政策执行评估系统 $E(J, -, -, K, X)$、$E(-, P, B, K, -)$ 及 $E(J, P, B, K, X)$ 的需要，也形成了一种类似于食物链的关系，使得以公共政策执行之价值主体为主要代表的需要，形成了具有创新意义并顺次发展之规定性的需要链条（简称价值需要链）。价值需要链基于公共政策执行评估的具体评估标准，呈现出以" $X \rightarrow B \rightarrow (B+X) \rightarrow X$ "作为公共政策型价值评估标准流动的基本构成单元，公共政策执行评估标准的内容和结构不断创新并螺旋式上升。现实中，公共政策执行评估生态系统的评估标准，也是以" $X \rightarrow B \rightarrow (B+X) \rightarrow X$ "作为基本构成单元所形成的价值需要链实现转移的，这个转移过程即形成了公共政策执行评估生态系统的价值需要流。具体而言，价值需要链上的价值需要流动表现为3个方面：

其一，$E(J, -, -, K, X)$ 型的公共政策执行评估系统形成的价值需要，是 $E(-, P, B, K, -)$ 之价值需要形成和发展的物质基础，并

为 $E(-, P, B, K, -)$ 发展公共政策型价值需要的实际活动提供了合需要方面的支撑;

其二, $E(-, P, B, K, -)$ 基于 $E(J, -, -, K, X)$ 之公共政策型价值需要所发展出的具有抽象具体表达形式的价值需要, 又为 $E(J, P, B, K, X)$ 形成和发展自己的可行价值需要奠定了基础, 而且在 $E(J, P, B, K, X)$ 发展和完善自己公共政策型价值需要的过程中, 为其提供合需要性方面的支撑;

其三, $E(J, P, B, K, X)$ 通过形成具有创新意义的需要, 为公共政策执行主体依据自己的需要独立自主地开展 $E(J, -, -, K, X)$ 型的公共政策执行评估提供可行的评估标准。

由此可见, 正是公共政策执行评估生态系统的需要流维系和推动了公共政策执行评估的创新。

三 公共政策执行评估生态系统的启示

公共政策执行评估生态系统表明, 不同类型的公共政策执行评估系统既独立又相互依存地运行, 是确保公共政策执行评估生态系统满足公共政策执行实践需要的充分条件。对于公共政策主体而言, 为了确保自己的公共政策型价值实践能力能满足自我实现的需要, 在自己的公共政策执行过程中应该坚持同时鼓励开展以下 3 个方面的工作:

其一, 开展具有本能意义的原生型公共政策执行评估。即公共政策执行主体按照自己本能性的需要发动和维系自己的公共政策执行活动, 并以自己作为评估主体按照自己的需要评估具体公共政策执行所生成的价值。实践中, 公共政策执行主体开展这种意义上的公共政策执行评估, 如果能得出准确评估结论则说明其能驾驭自己的公共政策执行实践, 如果不能得出准确评估结论或得不出任何有效的评估结论, 则说明其不能有效驾驭或完全不能驾驭自己的公共政策执行实践。前一种情形说明公共政策执行主体是已经具有一定公共政策型价值认知能力的主体, 已具备一定的通过公共政策执行来实现自我的能力; 后一种情形说明公共政策执行主体是公共政策型价值认知能力存在缺陷的主体, 这种缺陷会通过其不能有效或完全不能自己的公共政策执行与真实的自我实现的不一致性表现出来, 价值主体只有解决这个问题才能真正达到自我实现的目的。因此, 无论从公共政策执行主体价值实现的角度, 还是从公共政策执行评估生态系统的角度,均需要鼓励公共政策执行主体在自己的公共政策执行过程中，尽可能地开展具有本能意义的原生型公共政策执行评估活动。

其二，开展具有认知理性的异己型公共政策执行评估。所谓认知理性这里指按照科学规律实现公共政策型价值的构造与识别。异己型公共政策执行评估在本质上是认知科学意义上的、基于科学规律的、对物理意义上的事实的真假性的判断。这种判断使得公共政策执行主体的价值判断及其自身均成为异己型公共政策执行评估的研究对象，为公共政策执行主体超出自身的局限性，解决自己公共政策型价值认知能力不足的问题带来了可能性。与此同时，解决这个问题所形成结果对于改进和完善公共政策执行主体公共政策型价值认知能力的有用性，也为以此作为研究对象的认知科学意义上的研究者营造了存在的必要性和物质的基础，使其能成为现实的专门和专业的研究领域。

对于专业性的评估主体而言，能说明其作为专业工作者存在之必要性的论据体现在两个方面：公共政策执行主体自身不能独立解决所面临的具体公共政策执行评估问题，但这个问题能被专业地解决；其所得出的有关公共政策执行评估的专业知识、技能及方法能被公共政策执行的价值主体所运用。

但是，异己性的公共政策评估也面临着两个问题：研究对象的缺乏，导致作为自己产出的公共政策执行评估的专业知识、技能及方法无法创新；作为自己产出的公共政策执行评估的专业知识、技能及方法难以遇到无法有效解决的公共政策执行评估问题，或者是根本不能解决的公共政策执行评估问题，使自己缺乏发展的动力。

因此，无论从解决现行公共政策执行主体价值实现的角度，还是从提升公共政策执行主体价值认知能力的角度，均需要鼓励公共政策执行主体在自己的公共政策执行过程中，借助于专业性的异己型公共政策执行评估，建立起一支具有公共政策执行评估专业能力的队伍，既提高自己的价值实现效率，又降低自己公共政策执行评估能力不足可能出现的公共政策执行之价值实现的风险。

其三，开展具有价值理性的返本型公共政策执行评估。所谓价值理性这里指按照最大化公共政策型价值及其效应实现公共政策执行之价值的构造与识别。在实施公共政策执行评估时，公共政策执行主体价值活动的本性决定了它总是以成本最小化，以及提升自己公共政策型价值认知能力程度最大化来实施自己的公共政策执行评估。因而,理性的公共政策执行价值主体,不可能自身只作为评估的旁观者,一味地采用只雇用异己型公共政策执行评估为自己提供评估服务,而是会设法参与其中,并在参与的过程中提升自己的公共政策型价值能力,摆脱异己型公共政策执行评估对自己的控制,最终使自己能自在地开展以自己作为价值主体的公共政策执行评估。

这必然导致公共政策执行主体乐于选择开展返本型公共政策执行评估。实践中,鼓励公共政策执行之价值主体开展返本型公共政策执行评估可以起到3个方面的作用:专门的公共政策执行评估研究及其工作必须突出应用性,要以公共政策执行评估问题解决为其研究导向;异己型公共政策评估是专业性极强的价值中立意义上的评估,排斥公共政策执行之价值主体参与其中;公共政策执行价值主体通过提升自己当下的公共政策型价值认知能力,使自己能自主、独立开展公共政策执行及其评估活动,并回到自己采用原生型公共政策执行评估的状态。因此,无论从公共政策执行价值主体掌控自己价值活动的角度,还是从促进和完善公共政策执行评估研究,以及确保公共政策执行评估专业性的角度,均需要鼓励公共政策执行主体开展返本型公共政策执行评估。

第六章 公共政策执行评估的设计

公共政策执行评估系统的内在结构，是其具有特定公共政策型价值认知和判断能力的内在根据，而公共政策执行评估系统所在的环境，则确定了其公共政策型价值认知和判断能力能成为现实的外在条件。公共政策执行价值主体或其他需要者的价值理性确定了公共政策执行评估的目的性，任何公共政策执行评估的功能均是基于实现公共政策评估目的所确定的评估功能，任何公共政策执行评估结果的表达均应为这些需要者正确做出改进和完善自己公共政策执行的决策，提供可及的科学依据。公共政策执行评估设计就是解决这些问题的。所谓公共政策执行评估设计，是指根据公共政策执行评估需要者的需要，包括设计公共政策执行评估目标、公共政策执行评估功能、公共政策执行评估系统的结构、公共政策执行评估系统的环境及公共政策执行评估结果的表达在内的系统活动，其本质是建构出抽象具体形式的公共政策执行评估系统及其运行过程，并对其合目的性和合规律性进行理论上的论证。

第一节 确立评估的目标

确立评估的目标指根据需要公共政策执行评估者的需要，确定既能够测量又能通过具体公共政策执行评估系统功能实现的评估目标。根据具体需要种类的不同，公共政策执行评估的目的可以划分为监控公共政策执行、改进公共政策执行、发现公共政策执行的价值、传播公共政策执行的价值及创新公共政策执行的价值，实现这些目的需要设计不同的评估目标。

一 监控公共政策执行

确保公共政策执行能按照既定的公共政策型价值规划展开，是通过公共政策执行评估监控公共政策执行的目的，其目的的实现由以下 5 个子目标构成。

子目标 1：给出公共政策执行达成既定阶段性成果的确切判断。从公共政策价值规划展开的全程来看，设立阶段性公共政策型价值既是其确保自身能被实质建构起来的基本保证，也是确定实际公共政策执行是否与既定公共政策执行一致的主要依据。以既设公共政策执行的阶段性成果为标准，得出与其相对应的具体公共政策执行的阶段性成果所蕴含公共政策型价值与其一致性的确切判断，能为确定具体公共政策执行是否出现偏差，以及出现偏差的程度提供客观、科学的证据。因此，给出公共政策执行达成既定阶段性成果的确切判断，是以监控公共政策执行为目的的公共政策执行评估目标内容的有机构成部分。

子目标 2：给出公共政策执行过程与既定的过程一致的确切判断。在此，公共政策执行过程主要指为了实现公共政策规划的目的，对公共政策执行的程序、技术工具、要素间作用方式，以及作为公共政策运行支撑要素的人力、物力、财力及信息方面所做出的具有约束力的规定。一般而言，规范的公共政策规划对公共政策执行过程已经做出了明确、具体、可检测的规定，这些规定在公共政策执行实践中的出现，本身就是公共政策在按照既定公共政策规划行动运行的标志。[①] 因此，实现了公共政策执行监控目的的公共政策执行评估，必然明确给出已经发生的公共政策执行过程与相应的既定公共政策执行过程一致性的准确判断。

子目标 3：给出公共政策执行主体合法、正当的确切判断。从价值主体的角度看，作为价值主体的公共政策执行主体，执行以自己为价值主体的公共政策，具有天然的合法性，但却不一定具有正当性。公共政策执行所需要的特殊知识、技能及能力等方面的要求，可能使得作为价值主体的公共政策执行主体因自己不胜任其应该亲为的公共政策执行，而使其不能满足作为公共政策执行主体之正当性的要求。实践中，公共政策价值主体会采取委托代理的方式确定作为自己替身的公共政策执行主体，进而通过

---

① 如果公共政策执行过程与这些规定不一致，则其对应的公共政策执行的正当性和有效性均缺乏既定、直接的保障。实践中，需要对这类公共政策执行的正当性和有效性重新进行论证。

这个既合法又正当的替身①实施公共政策执行来实现自己的价值。因此，将公共政策执行的实际执行主体的合法性与正当性判断清楚，也是达成监控公共政策执行目的的标志之一。

子目标4：给出公共政策执行条件合既定规格的确切判断。一般而言，公共政策执行的外部条件包括对公共政策主体所在的文化环境、社会发展水平及自然环境等方面的规格做出的明确规定，它是公共政策执行能达成既定公共政策型价值的必要条件。实践中，公共政策执行过程中的实际外部条件与公共政策执行既设的外部条件不一致，能成为确定公共政策执行发生偏差的直接依据之一。因此，把给出实际公共政策执行的条件合既定规格及其程度的确切判断，作为监控公共政策执行意义上的公共政策执行评估的目标之一是必要的。

子目标5：兑现公共政策执行过程既设的奖惩。这里，奖惩指公共政策执行过程中依据公共政策规划既设的奖励和惩罚的价值类型及数量的规定，如数兑现给公共政策执行的价值主体。公共政策规划既设的奖惩价值类型及数量的规定，能引导、激励、规制及强制公共政策执行主体的公共政策执行，是驱动公共政策价值主体通过自我调控公共政策执行获得既设价值的物质基础。对于理性的公共政策执行主体而言，在既设公共政策执行能有效确保其实现最终公共政策型价值的情况下，它偏离既设公共政策执行的原因主要有二：其一，得不到成功的激励，使自己长时间处于自我否定的状态，这导致其对按照既定公共政策执行去执行公共政策失去信心，公共政策执行出现偏差；其二，公共政策执行主体背离公共政策价值主体的要求，按照自己的理解非法开展公共政策执行。前一种情形需要解决及时激励问题，后一种情形需要解决及时惩戒的问题，这些对公共政策执行不出现偏差具有决定性的意义。因此，兑现公共政策执行过程既设的奖惩，是以监控公共政策执行为目的的公共政策执行评估的主要目标，有时甚至就把它直接作为这类公共政策执行评估的全部目标。

二 改进公共政策执行

确保公共政策执行能按照合公共政策价值主体真正需要的方式有效地

---

① 这个替身只有承诺按照公共政策价值主体的价值追求开展公共政策执行，得到其授权，才具有合法性；只有具有胜任特定公共政策执行所必需的专门知识、技能及能力才具有正当性。

执行，是通过公共政策执行评估改进公共政策执行的目的，本目的的实现能由以下3个子目标的组合体现出来。

子目标1：给出当下公共政策执行存在的问题及成因。所谓公共政策执行的问题是指在公共政策执行主体主观努力按照既定公共政策规划开展公共政策执行情况下，无法执行既定的公共政策执行，或按照既定公共政策执行却不能实现既定公共政策价值的现象。改进公共政策执行的前提是找出当下公共政策执行过程中存在的问题，而制定有效改进和完善公共政策执行对策又取决于找出导致问题的原因。因而，以改进公共政策执行为目的的公共政策执行评估，必然把准确把握住当下公共政策执行存在的问题，以及清晰地开列出导致这些问题的原因，作为自己首要实现的目标。

子目标2：给出改进当下公共政策执行的可行对策。一般意义而言，公共政策执行主体在自己能确切把握公共政策执行的情况下，其公共政策执行过程中出现的问题总是嵌入在自己的执行过程中，并不需要与自己执行过程截然分开的、专门的公共政策执行评估。如果公共政策执行主体需要开展与自己执行过程截然分开的、由外部专业性人员实施的、专门的公共政策执行评估，则其一定面临自己所不能发现和解决的公共政策执行问题，使自己的公共政策执行面临潜在的威胁，或者已经危及自己的公共政策执行。开展公共政策执行评估的目的就是消除这种潜在的威胁，或者是使公共政策执行从问题状态解脱出来回到正常的运行状态。因而，给出改进当下公共政策执行的可行对策，是开展这类公共政策执行评估最为现实的目标。

子目标3：后续公共政策执行具有合法性和正当性。公共政策执行的过程必须具有合法性和正当性，而其合法性和正当性只有通过合公共政策型价值规划才能被实质性地确定。公共政策执行主体为了捍卫自己实施公共政策执行的合法性和正当性，导致了公共政策执行面临潜在的威胁，或已经处于问题之中，使公共政策执行主体处于合法性及正当性与合实践性的两难之中，是公共政策执行主体在公共政策执行过程中所面临问题的本质。用合实践性的公共政策执行所需要的公共政策执行策略与方法，替代公共政策规划所既定的公共政策执行策略与方法，并给予必须执行这种策略与方法具有权威性的强制性规定，是解决这个问题的根本途径。为此，公共政策执行评估要从改进和完善公共政策的需要出发，反思已经开展的公共政策执行，重新确立自己所规定的后续公共政策执行的策略与方法。

这个工作完成的标志就是明确了判断后续公共政策执行之合法性和正当性的内容与方法。

三 发现公共政策执行的价值

公共政策执行的过程具有创造性，及时发现公共政策执行过程所形成的具有创新意义的公共政策型价值的胚芽，将其完善后确定为后续公共政策活动有意识追求的价值目标，这有助于公共政策价值主体从价值创新的意义上更好地实现自我。实践中，以发现公共政策执行之具有创新意义价值为目的的公共政策评估，其目标由以下四个子目标构成。

子目标1：厘清公共政策执行过程所蕴含的公共政策型价值。公共政策执行过程及其阶段性结果可能出现公共政策规划的公共政策型价值、公共政策执行主体合法利用公共政策执行自主建构的价值、公共政策执行过程形成的无意识公共政策型价值及价值胚4种价值形态共存的现象。通过公共政策执行评估厘清公共政策执行所蕴含的这4种价值形态，是发现公共政策执行具有创新意义的公共政策型价值的基础工作。评估的结果只要客观、真实、准确，那么无论是发现了公共政策执行具有创新意义的公共政策型价值，还是否定了公共政策执行存在具有创新意义的公共政策型价值，它对于创新公共政策及其执行均具有积极的意义，体现了发现公共政策执行之价值的公共政策执行评估目的。本子目标的具体要求是，用可观测的具体形式，将具体公共政策执行过程及其所形成的不同价值逐一开列出来。

子目标2：给出非既设价值具有标准化意义的价值形态。这里，非既设价值包括公共政策执行过程及其阶段性成果所形成的无意识公共政策型价值及价值胚。由于非既设价值是公共政策实践所创生的具有创新意义的公共政策型价值，因而均没有标准化意义的规范表现形式。非既设价值的非标准化和不规范性具体表现为3个方面：其一，价值主体的内涵和规格既不清晰又不完备，使得后续公共政策型价值规划难以准确、有效确定其公共政策型价值的价值主体；其二，价值客体的构成和规格不清晰，使得后续公共政策型价值规划难以客观、准确、合理地确定其公共政策型价值的可行价值客体；其三，价值主体与价值客体所形成的价值关系的构成不完备，与之相应的价值关系规格及强度也不清晰，使得公共政策型价值规划难以准确地构造出公共政策型价值效应物来表征价值关系，使之具有可观测性。所谓标准化意义的非既设价值形态，是指将非既设价值发育为具有完整意义的价值，并用意义完备和可观测的指标形式，将非既设价值的价值主体、价值客体及价值关系公开呈现出来，并作为判断公共政策活动是否形成了这类价值的权威性依据。

子目标3：扩张原有的公共政策型价值系统。从公共政策型价值与公共政策实践的角度看，公共政策实践需要不断丰富自己的公共政策型价值系统，以备自己制定公共政策规划时选择。人们尽管可以从既有的公共政策型价值理论中用演绎的方法推出公共政策型价值，但这类公共政策型价值除表现形式与既有的价值形态不同之外，在价值的内在结构上并无本质差异，要得出具有本质创新意义的公共政策价值只能来源于公共政策执行。实践中，通过发现公共政策执行中所蕴含的具有创新意义的公共政策型价值胚，将其发展为完善的价值形态后加入既有的公共政策型价值系统，不仅可以为后续公共政策规划活动提供直接的备选价值形态，而且能促使基于这个系统的公共政策型价值理论完善，甚至重建，使得依据新的公共政策型价值理论用演绎的方法，能推出更加丰富多样的具有创新意义的公共政策型价值。因此，从公共政策实践创新及其价值增值的角度看，扩张原有的公共政策型价值系统必然成为以发现公共政策型价值为目的的公共政策执行评估的目标之一。

子目标4：兑现新发现的公共政策执行价值。从某种意义上讲，发现公共政策执行价值意义上的公共政策评估，就是确立具有创新意义的公共政策型价值与既有的公共政策型价值之间的转换方式，将其用统一的价值计量单位表现出来，使其成为具有一般及实然意义的价值，而这正是兑现新发现的公共政策执行价值的全部内容。从公共政策活动的本意看，公共政策执行过程中所形成的具有创新意义的公共政策型价值如果不能兑现，那么对于公共政策执行的价值主体而言，这种价值创新就无实质意义。兑现新发现的公共政策执行价值正是要具有如此特殊的作用，有时甚至就以它的实现作为发现公共政策执行价值之公共政策执行评估的全部目标。

四　传播公共政策执行的价值

确保公共政策执行主体通过公共政策执行评估改进和完善自己的公共政策价值认知结构，提升自己的公共政策型价值认知能力，是通过公共政策执行评估传播公共政策执行之价值的目的，其目标由以下3个子目标构成。

子目标1：公共政策执行主体的价值认知结构得到有效完善。传播公共政策执行之价值的目的是促进开展更多的同类公共政策执行活动，要实现这个目的，改进和完善既有公共政策执行主体的价值认知结构，使之能识别出对自身具有新意的公共政策执行价值并接纳它是关键。有效的公共政策执行评估的过程本身就是彰显标准化公共政策型价值形态的过程，通过对评估客体所蕴含公共政策型价值的判断过程，与评估对象中的人生命体进行价值交流，有助于其对自己所追求的公共政策型价值获得全面、准确的认识。不仅如此，它同时还为与评估对象之拟价值主体等价的公共政策主体形式，以及其他公共政策主体全面、准确地了解和把握这个公共政策型价值，提供了具体、可操作的案例。因而，公共政策执行主体的价值认知结构得到有效完善，是以传播公共政策执行之价值为目的的公共政策执行评估目标的有机组成部分。

子目标2：析出并确认重复性创新公共政策执行活动。以传播公共政策执行之价值为目的的公共政策执行评估，既要传播公共政策型价值，又要传播公共政策执行的新方法和新策略，提高公共政策执行的效率和效益。公共政策执行是一个系统工程，其中不乏具有创新和子系统意义的过程，通过公共政策执行评估将其从公共政策执行的整体中分离出来，使之获得作为独立系统存在的意义，并能为不同的公共政策执行主体结合进自己的公共政策执行中，满足它们提高公共政策执行效率和效益的需要。因而，无论从公共政策执行评估的内在结构角度，还是从公共政策执行的实践需要角度，析出并确认重复性创新公共政策执行活动，作为以传播公共政策执行之价值为目的的公共政策执行评估的子目标均是合理的。

子目标3：被传播的公共政策执行价值增值。本子目标要求以传播公共政策执行价值为目的的公共政策评估必须是一种有实际正效益的评估，也即这类公共政策执行评估必须对公共政策执行产生实质性的正面影响，使得其他公共政策执行主体或者追求其所传播的公共政策执行价值，或者采用其所传播的公共政策执行方法与策略开展公共政策执行，或者二者兼而有之。本子目标这样的要求与传播公共政策执行价值的本质要求是一致的，不仅均面向改进和完善公共政策执行实践，减少不必要地探索公共政策执行，降低公共政策执行的成本，而且能凸显公共政策执行价值传播的专业性，强化公共政策执行评估研究服务改进和完善公共政策执行。因此，被传播的公共政策执行价值增值能作为以传播公共政策执行价值为目的的公共政策评估目的实现的重要证据，将其确定为这类评估的目标也是必要的。

五 创新公共政策执行的价值

构建具有创新意义的公共政策型价值及其行动方案，使后续公共政策型价值活动能在更高的价值层面进行，更能体现公共政策价值主体自我实现，是创新公共政策执行之价值的目的，其目标由以下4个子目标构成。

子目标1：给出具有创新意义的公共政策型价值。在厘清既有公共政策价值的前提下，根据公共政策价值主体的价值标准，分离出了具有实然具体形式的公共政策型价值，是以创新公共政策执行价值为目的的公共政策执行评估的最低目标，它是实现这类公共政策执行评估其他目标的基础。

子目标2：给出创新型公共政策型价值的评估标准。子目标1所给出的实然形式的公共政策型价值是其所刻画价值的等价表现形式，蕴含与其等价但表现形式不同的各种具体价值形式的全部规定。事实上，这个新公共政策型价值之价值主体的各种等价形式也会从自己的实际出发，重复构造出这个新价值的等价表现形式，为了判断自己是否与新价值等价，就需要这个新价值的抽象具体标准。因此，为了确保公共政策执行评估达成创新公共政策价值的目的，这类公共政策执行评估需要将给出自己所发现新价值的评估标准作为具体目标之一。

子目标3：拓展既有公共政策型价值系统。这类公共政策执行评估所确立的具有创新意义的公共政策型价值如果不与具有公共政策型价值系统建立可公度关系，使其导致既有公共政策型价值系统的内部发生变化，并确立自己在这个变化后所形成的新公共政策型价值系统中不可替代的地位，那么这种具有创新意义的公共政策型价值就成为一种孤立的、不能兑现的价值，同时也失去了其作为一种公共政策型价值存在的意义。因此，达成这类评估目的的公共政策执行评估必须将拓展既有公共政策型价值系统作为自己的评估目标。而且，达成这个目标的主要标志就是，将具有创新意义的公共政策型价值，与既有的各种公共政策型价值建立起可公度关系，使其能被实质性地兑现。

子目标4：给出可实现创新型公共政策型价值的行动方案。作为以创新公共政策型价值为目的的评估，发现并给出这个具有创新意义的价值的标准形式而且将它兑现，这对于第一个建构出这类价值等价形式的公共政策执行主体的价值实现而言，具有非常重要的意义。但是，要使这种价值能被可重复地建构出来，还需要给出建构这个价值的明确、具体、可重复的方式、方法及实践路径。为了使创新公共政策型价值为目的的评估结果产生最大价值效应，这类公共政策执行评估需要将给出明确、具体、可重复地建构新公共政策型价值的方式、方法及实践路径作为具体目标之一。

第二节 评估功能设计

在将公共政策执行视为公共政策展开的观点下，公共政策执行评估的功能与公共政策评估的功能本身就是同一问题的不同表达。本书即在将公共政策执行评估视为公共政策评估的基础上讨论公共政策执行评估功能的设计问题。

一 公共政策执行评估功能研究述要

在汉语言中，"功"的"本义是劳动、做事。引申为做工的成效、功效"[1]，"能"则有能力、有才干的、能够及能量的简称等含义，[2] 由这两个字合成的"功能"一词则有"事功和能力"及"功效；作用"两种含义。[3] 英文中与"功能"对应的是"function"，源于拉丁语的"fungor"，其本意是"实施、执行"，这使得"function"具有官能、功能、机能、作用、职务、职责、集会、数学函数等多种含义。[4] 在生物学中，功能指有机体的组成要素所做的贡献，有时也指一个器官或一组器官所具有的属性。在社会学领域，功能则指个体人为了起到自己在社会及特定社会集团中的作用所必须完成的任务，以及特定组织或体系所发挥的作用和为了发挥自己的作用而应完成的一整套任务、活动与职责，具有"完成"与

---

[1] 顾建平：《汉字图解辞典》，东方出版中心 2008 年版，第 978 页。
[2] 同上书，第 869 页。
[3] 辞海编辑委员会：《辞海（语词分册）》，上海辞书出版社 1977 年版，第 493 页。
[4] 翟华：《国际公务员奇记》，金城出版社 2010 年版，第 86 页。

"公共服务"的含义。① 迄今为止，对公共政策评估功能的研究就是从这些含义意义上的"功能"展开的，具体表现为从功能、作用及意义3个维度揭示公共政策评估的功能。

从功能的角度，有的学者认为公共政策评估具有两个功能，如认为公共政策评估的功能主要为评价现行公共政策的品质和增进公共政策的知识，② 以及认为公共政策评估的功能是评判某一公共政策对于公共问题的回应能力和通过反馈学习提升政府及整个社会的公共政策能力；③ 有的学者认为公共政策评估具有3个功能，如认为公共政策评估的功能由获得与政策相关的信息、检验政策结果的必要途径、构建良好公共关系的有效策略等功能组成；④ 有的学者认为公共政策评估具有4个功能，如认为公共政策评估的功能是由检验政策效果的基本途径、决定政策延续调整和终结的重要依据、有效政策建议和合理资源分配的基础、评判政策价值取向的有效途径等功能组成；⑤ 有的学者认为公共政策评估具有5个功能，如认为公共政策评估具有诊断功能、预测功能、反馈功能、矫正功能、总结功能五个功能，⑥ 有检验政策效果的基本途径、决定政策未来走向的主要依据、合理配置资源的基础、有利于促进政策的科学化进程、完善行政制度提高政府工作效率5个功能，⑦ 有检验政策效果的基本途径、决定公共政策未来走向的重要依据、合理配置公共政策资源的基础工作、有利于促进公共政策的科学化进程、缓解社会矛盾的有效途径5个功能，⑧ 以及有提供政策绩效的信息提升政策品质、重新检视政策目标与政策执行的妥适性、厘清政策责任归宿、确定拟定政策建议及分配政策资源的依据、提供决策者与执行人员和相关民众政策信息5个功能。⑨

---

① [法]莫里斯·迪韦尔热：《政治社会学——政治学要素》，杨祖功等译，华夏出版社1987年版，第180—184页。
② 刘亚娜：《公共政策误区分析模型及其表现形式》，《行政论坛》2008年第6期。
③ 张国庆：《公共政策分析》，复旦大学出版社2004年版，第397页。
④ 于立生：《公共政策评估理论研究及其困境分析》，《发展研究》2011年第5期。
⑤ 张亲培：《新编公共政策基础》，吉林大学出版社2009年版，第428页。
⑥ 魏娜：《公共政策》，新华出版社2004年版，第233页。
⑦ 刘瑛华：《公共政策学》，福建人民出版社2003年版，第192—194页。
⑧ 谢明：《政策分析概论》，中国人民大学出版社2004年版，第361页。
⑨ 李允杰等：《政策执行与评估》，北京大学出版社2008年版，第161—163页。

从作用的角度，有的学者认为公共政策评估具有检验政策运行效果，决定政策未来走向，合理配置政策资源，以及促进政策制定科学化的作用；[①] 有的学者认为公共政策评估具有有利于检验政策的效果、效率、效益，有利于提高决策的科学化和民主化水平，有利于实现政策资源的有效配置，以及有利于决定政策的循环形式的作用；[②] 有的学者认为公共政策评估具有政策资源优化配置的重要前提，政策制定和执行优化的重要基础，政策监控高效化的重要手段，政策调整与终止的主要依据以及为后继政策提供有效信息的重要途径的作用。[③]

从意义的角度，如有的学者认为公共政策评估具有检验政策效果与效率的最主要途径，判断政策价值的基本手段，合理配置经济和社会资源的有效手段，以及决定政策去向的重要依据等方面的意义。[④]

分析已有的研究成果可以发现，无论是从功能、作用及意义3个角度中的哪一个出发，他们得出的结论都主要倾向于公共政策评估具有价值的能做什么，即揭示它能满足自身以外的系统或组织之需要的内容，也有少量涉及从公共政策评估自身结构所揭示的公共政策功能。如认为公共政策评估具有评价现行公共政策的品质功能、增进公共政策知识功能、构建公共关系功能、诊断功能、预测功能、反馈功能等。

二 公共政策执行评估功能分析

本书认为，公共政策评估功能指公共政策评估系统之构成要素交互作用所确定的作为该系统存在依据的本质属性，缺少这样的本质属性就不能构成具有实质意义的公共政策评估系统。按照本书的观点，公共政策评估功能释放对其直接作用对象的作用方式及强度方面的表现是公共政策评估作用的实质，这种作用方式及强度是功能的结果而非功能本身，二者不能混为一谈。根据本书"第五章 公共政策执行评估的原理"的结论，本书认为公共政策评估系统的功能具有5种：判断价值功能、诊断价值功

[①] 严强：《公共政策学》，社会科学文献出版社2008年版，第239—240页。
[②] 胡宁生：《现代公共政策研究》，中国社会科学出版社2000年版，第226—228页。
[③] 宁国良：《公共利益权的威性分配：公共政策过程研究》，湖南人民出版社2005年版，第234—237页。
[④] 王达梅等：《公共政策分析的理论与方法》，南开大学出版社2009年版，第296—297页。

能、价值激励功能、交流价值功能及共构价值功能。实践中，公共政策评估系统必须至少具有这 5 个功能中的一个，才能成为具有实然意义的公共政策评估系统。

（一）判断价值功能的机制

称公共政策评估系统之构成要素交互作用所确定的，确认公共政策型价值的属性，为公共政策评估的判断价值功能。本功能表现为对公共政策评估系统各要素的当前公共政策型价值状态给出准确的判断。

公共政策评估系统的各要素（因子）均围绕既定的 B 因子展开自己的公共政策型价值认知和实践活动，并通过这种活动获得自己存在所需要的公共政策型价值，即形成了公共政策评估系统的判断公共政策型价值的功能。具体的因子交互作用方式包括 $S_2(J, B)$、$S_5(P, B)$、$S_8(B, K)$、$S_9(B, X)$、$T_1(J, P, B)$、$T_4(J, B, K)$、$T_5(J, B, X)$、$T_7(P, B, K)$、$T_8(P, B, X)$、$T_{10}(B, K, X)$、$F_1(J, P, B, K)$、$F_2(J, P, B, X)$、$F_4(J, B, K, X)$ 及 $F_5(P, B, K, X)$。其中，4 个二因子交互作用是形成公共政策评估判断价值功能的最基本交互作用方式，其他交互作用方式均至少包含它们中的两个作为构成部分。

（二）诊断价值功能的机制

称公共政策评估系统之构成要素交互作用所确定的，确认公共政策型价值状态及其成因的属性，为公共政策评估的诊断价值功能。本功能表现为既厘清公共政策评估系统内部所蕴含的价值，又找出导致当前公共政策型价值状态的原因。

公共政策评估系统的各要素（因子）以自身以外的具有公共政策型价值标准意义的要素作为标准，判断自己的公共政策型价值状态所展开的公共政策型价值认知和实践活动，并通过这种活动把握自己存在的公共政策型价值状态及所需要的后续公共政策型价值活动信息，即形成了公共政策评估系统的诊断公共政策型价值的功能。具体的因子交互作用方式包括 $S_2(J, B)$、$S_4(J, X)$、$S_5(P, B)$、$S_7(P, X)$、$S_8(B, K)$、$S_9(B, X)$、$S_{10}(K, X)$、$T_1(J, P, B)$、$T_3(J, P, X)$、$T_4(J, B, K)$、$T_5(J, B, X)$、$T_6(J, K, X)$、$T_7(P, B, K)$、$T_9(P, K, X)$、$T_{10}(B, K, X)$、$F_1(J, P, B, K)$、$F_2(J, P, B, X)$、$F_3(J, P, K, X)$、$F_5(P, B, K, X)$。其中，7 个二因子交互作用是形成公共政策评估判断价值功能的最基本交互作用方式，其他交互作用方式均至少包含它们中的两个作为自己的构成部分。由此可见，形成公共政策评估诊断价值功能的机制比形成公共政策评估判断价值功能的机制更为复杂。

（三）价值激励功能的机制

称公共政策评估系统之构成要素交互作用所确定的，肯定各要素当前公共政策型价值存在状态的属性，为公共政策评估的价值激励功能。本功能表现为公共政策评估系统各构成要素对自己当前公共政策型价值存在状态的认可，并强化自己继续开展同类公共政策型价值活动的意愿。

公共政策评估系统的构成要素（因子）以自身按照自己需要所为标准形成的当下存在的拟价值形态被确定为公共政策型价值，与其他要素所展开的交互作用，即形成了公共政策评估系统的公共政策型价值激励功能。形成本功能的因子交互作用方式包括 $S_2(J, B)$、$S_4(J, X)$、$S_5(P, B)$、$S_7(P, X)$、$S_8(B, K)$、$S_9(B, X)$、$S_{10}(K, X)$、$T_5(J, B, X)$、$T_8(P, B, X)$、$T_{10}(B, K, X)$、$F_4(J, B, K, X)$、$F_5(P, B, K, X)$。其中，3个三因子交互作用更能凸显公共政策评估激励价值功能的本质。需要指出的是，它与形成公共政策评估诊断价值功能机制的二因子交互作用方式的表示方法一样，这在一定程度上说明激励机制与诊断机制在形成机理方面有相通之处，尽管如此，但它们指向公共政策型价值主体的需要不一样，因而在促成评估的具体功能形成方面的作用方式与指向也有所区别。此外，其三因子交互作用和四因子交互作用的方式也要相对简单得多。

（四）交流价值功能的机制

称公共政策评估系统之构成要素交互作用所确定的，相互完善各要素自身公共政策型价值认知结构的属性，为公共政策评估的交流价值功能。本功能表现为通过各要素的改进和完善，整体提升公共政策评估系统的公共政策型价值认知能力，形成新的公共政策型价值的知识、技能及思想方法。

公共政策评估系统的构成要素（因子）以完善自己公共政策型价值认知结构，以及提高自己公共政策型价值认知和实践能力为目的，与其他要素所进行的交互作用即形成了公共政策评估系统的交流公共政策型价值功能。本功能的因子交互作用方式具体包括 $S_1(J, P)$、$S_2(J, B)$、$S_3(J, K)$、$S_5(P, B)$、$S_6(P, K)$、$S_8(B, K)$、$S_9(B, X)$、$T_1(J, P,$

$B)$、$T_2(J, P, K)$、$T_4(J, B, K)$、$T_5(J, B, X)$、$T_7(P, B, K)$、$T_8(P, B, X)$、$T_{10}(B, K, X)$、$F_1(J, P, B, K)$、$F_2(J, P, B, X)$、$F_5(P, B, K, X)$。其中，二因子交互作用方式所反映的是构成要素之间的直接交流，其余情形的因子交互作用方式既有因子直接交流，也有通过其他因子作为中介的交流，这种交互的内容更加丰富，对于参与交互的要素而言更具启发性和建设性。

(五) 共构价值功能的机制

称公共政策评估系统之构成要素以最大化自身以外要素的公共政策型价值作为行动准则所确定的各要素交互作用所形成的属性，为公共政策评估的共构价值功能。本功能表现为公共政策评估系统总是力图将自己所蕴含的公共政策型价值最大现实化。

公共政策评估系统各构成要素中蕴含的人生命体，是导致因子交互作用形成共构公共政策型价值能力的根本原因，而其中 B 因子所具有的与既有公共政策型价值建立可公度的能力，又使得公共政策评估构成要素之因子交互作用所共构的价值能成为具有实然具体意义的价值，由此实现将公共政策评估系统所蕴含的公共政策型价值最大现实化。公共政策评估系统形成本功能的因子交互作用方式有 $S_2(J, B)$、$S_5(P, B)$、$S_8(B, K)$、$S_9(B, X)$、$T_1(J, P, B)$、$T_4(J, B, K)$、$T_5(J, B, X)$、$T_7(P, B, K)$、$T_8(P, B, X)$、$T_{10}(B, K, X)$、$F_1(J, P, B, K)$、$F_2(J, P, B, X)$、$F_4(J, B, K, X)$、$F_5(P, B, K, X)$。显然，这里的四个二因子交互作用也是形成公共政策评估判断价值功能机制的交互作用方式，但这只是记号的相同，其所表达的具体交互作用方式却不相同。与其在形成公共政策评估判断价值功能的方式不同，这里的 B 因子并非具有确定意义的固定结构，而是蕴含在其后的通往既有公共政策型价值系统特权，其所在的二因子交互作用的实际方式是借助于这种特权标准化自己所具有的公共政策型价值，与既有公共政策型价值建立起可公度关系，而不只是判断自己有无既定的公共政策型价值。其余与形成公共政策评估判断价值功能机制情形记号相同的因子交互作用方式的内涵也可进行类似的揭示，在此不再赘述。

三 评估目标与评估功能的匹配

公共政策评估目标的本质是所期望的公共政策评估活动的结果，公政策评估系统所具有的评估功能完全确定它能否达到既设的评论目标。实践中，不同的公共政策评估目的对公共政策评估目标有不同的要求，在确保公共政策评估成本最小化的约束条件下，只有有针对性地建立不同的公共政策评估系统，才能达成既定的公共政策型评估目的的要求。根据公共政策评估功能形成的机制，能建立起如表 6-1 所示的公共政策执行评估目标对公共政策执行评估功能的规定，作为确定公共政策执行评估系统功能的依据。

表 6-1　公共政策执行评估目标对公共政策执行评估功能的规定

目标	子目标//总体要求	判断价值功能	诊断价值功能	价值激励功能	交流价值功能	共构价值功能
监控公共政策执行	给出公共政策执行达成既定阶段性成果的确切判断	✓			✓	
	给出公共政策执行过程与既定的过程一致的确切判断	✓			✓	
	给出公共政策执行主体合法、正当的确切判断	✓			✓	
	给出公共政策执行条件合既定规格的确切判断	✓			✓	
	兑现公共政策执行过程既设的奖惩			✓	✓	
	总体要求	✓		✓	✓	
改进公共政策执行	给出当下公共政策执行存在的问题及成因		✓		✓	
	给出改进当下公共政策执行的可行对策		✓		✓	
	后续公共政策执行具有合法性和正当性		✓		✓	
	总体要求		✓	✓	✓	
发现公共政策执行的价值	厘清公共政策执行过程所蕴含的公共政策型价值			✓		✓
	给出非既设价值具有标准化意义的价值形态			✓		✓
	扩张原有的公共政策型价值系统			✓		✓
	兑现新发现的公共政策执行价值			✓		✓
	总体要求			✓	✓	✓

续表

| 目标 | 子目标//总体要求 | 评估功能 |||||
		判断价值功能	诊断价值功能	价值激励功能	交流价值功能	共构价值功能
传播公共政策执行的价值	公共政策执行主体的价值认知结构得到有效完善		√		√	
	析出并确认重复性创新公共政策执行活动		√		√	
	被传播的公共政策执行价值增值			√	√	
	总体要求	√	√			
创新公共政策执行的价值	给出具有创新意义的公共政策型价值					√
	给出创新型公共政策型价值的评估标准			√		√
	拓展既有公共政策型价值系统					
	给出可实现创新型公共政策型价值的行动方案			√		
	总体要求		√	√		√

注：表中"√"表示实现其所对应行的目标必需其所对应列（栏）的评估功能，空白表示实现其所对应行的目标不需要其对应列（栏）的评估功能。

第三节 评估要素及结构设计

所谓评估要素及结构设计，这里指根据达成公共政策执行评估目标需要所确立的公共政策评估功能，对公共政策执行评估系统之构成要素的种类、规格及交互作用的方式，做出明确、具体、可实现的规定。具体包括确定评估系统的要素和规定因子交互作用方式两项工作。

一 确定评估系统的要素

本书"第五章 公共政策执行评估的原理"已经指出，公共政策执行评估系统由价值主体、需要、评估主体、评估标准及评估客体5个要素（因子）构成。所谓确定评估系统的要素就是确定这5个要素在具体公共政策执行评估系统中的规格。

（一）价值主体设计

按照价值主体能意识到自己价值活动及其结果之价值的程度，可以将价值主体划分为潜价值主体、模糊价值主体、灰价值主体及显价值主体4个基本类型。这里，潜价值主体指对自己价值活动及其结果之价值完全没有意识的价值主体，驱动和支撑其开展公共政策执行的是自己的本能；模糊价值主体指对自己价值活动及其结果之价值理念完全清晰，但不能把握由这种理念所构成的实然具体型公共政策型价值的价值主体；灰价值主体指能清晰把握自己价值活动及其结果的实然价值，但不能把握这个价值之抽象具体存在形态的价值主体；显价值主体指既能把握自己价值活动及其结果之实然价值又能把握这个价值之抽象具体存在形态的价值主体。价值主体设计就是将这四类价值主体作为要素，确定它们组合成为公共政策执行评估系统之价值主体要素的权重结构。完整填写表6-2是价值主体设计完成的标志。实践中，公共政策执行的价值主体是客观存在，所谓价值主体设计其实是指通过对价值主体的分析填写表6-2。

表6-2　　　　　　公共政策执行评估之价值主体结构设计

项目	潜价值主体	模糊价值主体	灰价值主体	显价值主体	合计（%）
权重（%）					100

填写表6-2的方法是：先统计属于潜价值主体、模糊价值主体、灰价值主体及显价值主体中人生命体的个数，再将其合并为价值主体的人生命体总数，最后确定潜价值主体、模糊价值主体、灰价值主体及显价值主体中人生命体的个数占价值主体的人生命体总数的百分比，并以这个百分比作为它在价值主体要素构成中的权重。

（二）评估主体设计

以评估主体所掌握的公共政策型评估专业知识及从事公共政策执行评估的专业能力为标准，可以将公共政策执行评估主体划分为潜评估主体、准评估主体及显评估主体3个基本类型。潜评估主体指完全没有受过公共政策执行评估专门训练，没有掌握公共政策执行评估专业知识和专门技能，只按照自己判断价值的本能和直觉进行公共政策执行评估的评估主体；准评估主体指掌握了一定公共政策执行评估专业知识和专门技能，但没有达到专门从事公共政策执行评估对评估专业知识和专门技能的要求，既按照自己判断价值的本能和直觉，又按照自己所掌握的评估专业知识和专门技能开展公共政策执行评估的评估主体；显评估主体指只根据自己所掌握的公共政策执行评估专业知识和专门技能，专门从事公共政策执行评估的专业性评估主体。评估主体设计即根据形成既定公共政策执行评估功能的要求，将潜评估主体、准评估主体及显评估主体作为构成具体公共政策执行评估主体的要素，确定它的权重结构，并将所得结果填入表6-3。

表6-3　　　　　公共政策执行评估之评估主体结构设计

项目	潜评估主体	准评估主体	显评估主体	合计（%）
权重（%）				100

填写表6-3的方法是：先分别统计属于3个基本评估主体中人生命体的个数，再将其合并为评估主体的人生命体总数，最后分别确定3个基本评估主体中人生命体的个数占评估主体人生命体总数的百分比，并以其作为它在评估主体要素中的权重。实践中，通过调整表6-3的数即可得出符合既定评估功能要求的评估主体要素结构。

（三）评估标准设计

以评估标准内容与结构的准确、抽象及可观测的程度作为标准，可以将评估标准划分为先验型评估标准、原生态型评估标准、规范型评估标准及模式型评估标准。先验型评估标准指没有任何价值原型或价值实践可以解释的评估标准；原生态型评估标准指具有实然具体价值表现形态，但不具有统一抽象具体价值表现形式的评估标准；规范型评估标准指用明文规定或约定俗成方式所给出的具有统一抽象具体价值表现形式，但对实然具体价值形式不做出明确规定的评估标准；模式型评估标准指用实然具体价值与抽象具体价值统一的方式所呈现的评估标准。评估标准设计即指根据具体公共政策执行评估功能的需要，以先验型评估标准、原生态型评估标准、规范型评估标准及模式型评估标准作为要素，确定题目合理的权重结构即可得出实际评估系统中评估标准要素的具体结构，并将所得结果填入表6-4。

表6-4　　　　　公共政策执行评估之评估标准结构设计

项目	先验型评估标准	原生态型评估标准	规范型评估标准	模式型评估标准	合计（%）
权重（%）					100

填写表6-4的方法是：先按照0表示不需要和10表示必不可少作为

衡量要素重要性的尺度，选择0—10之间的数，分别确定先验型评估标准、原生态型评估标准、规范型评估标准及模式型评估标准在具体公共政策执行评估系统中的重要性程度，并在这个基础上直接计算出该公共政策执行评估系统之评估标准要素的重要性程度总和；再按照各类要素型评估标准的重要性程度除以评估标准要素的重要性程度总和，分别得出其各要素型评估标准重要性占评估标准要素中的重要性总数的百分比。实际设计中，通过调整表6-4的数即可得出符合既定评估功能要求的评估标准要素结构。

（四）评估客体设计

以评估客体自身价值指向的明确程度为标准，可以将评估客体划分为潜评估客体、拟评估客体及显评估客体3个基本类型。潜评估客体指自身没有明确价值指向，对自己价值状态一无所知，只具有具体存在形态的评估客体；拟评估客体指自身有明确价值指向，但所含的价值主体、价值客体及价值关系中至少有一个还没有处于完全确定状态的评估客体；显评估客体指自身有明确价值指向，所含的价值主体、价值客体及价值关系均完全确定的评估客体。评估客体设计就是以这3类评估客体作为构成要素，确定它们组合成为公共政策执行评估系统之评估客体要素的权重结构（表6-5）。与价值主体设计的情形类似，公共政策执行的评估客体也是客观存在，因而所谓评估客体设计其实是指通过对评估客体的分析填写表6-5。

表6-5　　　　公共政策执行评估之评估客体结构设计

项目	潜评估客体	拟评估客体	显评估客体	合计（%）
权重（%）				100

填写表6-5的方法是：先统计潜评估客体、拟评估客体及显评估客体中人生命体的个数，再将其直接合并为评估客体的人生命体总数，最后确定潜评估客体、拟评估客体及显评估客体中人生命体的个数占评估客体的人生命体总数的百分比，并以这个百分比作为它在评估客体要素构成中的权重。

（五）需要设计

以公共政策执行评估系统中各要素对自己需要意识到的程度作为标

准，可以将需要划分为潜需要、灰需要和显需要3个基本类型。其中，潜需要指符合有关要素存在目的但其没有意识到的需要；灰需要指有关要素意识到但没有把握其能满足需要者需要的机制的需要；显需要指有关要素意识到且完全把握其能满足需要者需要的机制的需要。这3类需要又可以划分为生理需要、安全需要、归宿和爱的需要、自尊需要、自我实现的需要、认识和理解的欲望及审美需要。需要设计即根据公共政策执行评估系统发挥功能实现既定评估目标的需要，将表6-6所列各类需要作为更为复杂需要要素的构成要素，确定作为具体公共政策执行评估系统构成要素的需要的权重结构，并将所确定的结果填入表6-6。

表6-6　　　　　公共政策执行评估之需要的结构设计

项目	基本需要					基本的认知需要		总计（%）
	生理需要	安全需要	归宿和爱的需要	自尊需要	自我实现的需要	认识和理解的欲望	审美需要	
潜需要（%）								
灰需要（%）								
显需要（%）								
总计（%）								100

填写表6-6的方法是：先分别统计价值主体、评估主体、价值客体及评估标准各要素的潜需要、灰需要及显需要中各类要素型需要的个数，并在这个基础上直接计算出需要的总个数；再按照各类要素型需要分别统计其所包含的要素型需要个数，其中相同的要素型需要按照实际重复的次数统计；最后用潜需要、灰需要和显需要之要素型需要数除以需要要素中的要素型需要的总数，得出其各要素型需要占需要要素中的要素型需要总数的百分比，并以该百分比作为自己在所设计公共政策执行评估系统之需要要素中的权重。实践中，根据实际需要对表6-6所给出的数据进行调整，即可得出符合实现既定公共政策执行评估功能的需要要素的内部结构与规格。

二　规定因子交互作用方式

因子对自身以外的因子发出影响行为的方式及这些因子的应答方式，是因子交互作用方式的本质。所谓规定因子交互作用方式，是指根据形成特定公共政策执行评估功能的需要，用权利的形式规定因子对自身以外因子发出影响行为的方式（将这种行为方式简称为权利行为），用义务的形式规定因子对自身以外因子所发出行为的应答方式（将这种行为方式简称为义务行为），使由这些因子构成的公共政策执行评估系统成为一个有机的功能系统。公共政策执行评估系统的 5 个因子具有各自的结构及自身的诉求，这决定了它们能形成不同的权利行为与应答行为，通过运行公共政策执行评估系统实现自身的可持续发展。这些因子的权利行为与义务行为的具体内容如表 6-7 所示。

表 6-7　　　　公共政策执行评估系统构成因子的行为方式

因子　内容　行为方式	权利行为	义务行为
价值主体	确定评估目的；确定评估主体的构成；确定分配评估资源的方案；完善公共政策型价值认知结构；监控评估过程；全面、准确把握评估结果；确定评估需要回避的问题；改进公共政策型价值活动；确认评估活动结束	公开评估目的；公开确定评估主体的条件；提供评估系统运行所需要的资源；兑现分配评估资源的方案；提供自身的价值信息；尊重评估主体独立自主开展评估活动
评估主体	准确把握评估目的；准确把握评估标准；确定评估系统的功能；确定并运用评估所采用的技术与方法开展评估；确定收集评估资料的种类与范围并收集评估资料；独立自主地开展具体评估工作；做出专业性的评估结论；完善公共政策型价值认知结构；推动公共政策评估理论发展；获得实现自身可持续发展所需要的资源	论证评估标准的适宜性和完备性；论证所确定评估系统之功能的完备性；论证所确定评估技术与方法的有效性和合理性；解释所收集评估资料的必要性；公开并说明做出评估结论过程的科学性；解决评估过程所出现的评估技术与方法方面的临时性问题；公开评估进程方面的信息
评估标准	确定自身的等价表现形式；确定依据自己得出评估结论所需要的评估资料；确定自己得出评估结论的技术与方法；改进和完善自身结构与呈现形式；推动公共政策评估理论发展；获得实现自身可持续发展所需要的资源	公开自己的内容与结构；论证自身等价表现形式的等价性；论证自己所规定的评估资料的适宜性和完备性；给出收集评估资料的方法；论证得出评估结论之技术与方法的科学性和可行性
评估客体	全面了解评估目的；全面了解评估标准；全面了解做出评估结论的方法与过程；用自己的方法展示自己所蕴含的价值信息；为自己合评估标准进行辩护；为自己具有公共政策型价值进行辩护；维护自己在评估中的尊严	主动展示自己与评估目的一致的内容与结构；为收集评估资料和确认评估资料的真实性提供方便；保证所提供评估资料的真实性；按照要求提供评估资料；尊重评估过程，不干预评估过程

内容因子\行为方式	权利行为	义务行为
需要	全面了解评估目的；全面了解评估标准；全面了解做出评估结论的方法与过程；提出通过评估要实现的各种需要及检验方法；提出实现需要的条件；要求评估尊重公共政策执行过程生成的具有创新意义的价值；获得改进和完善需要的信息	主动展示自己的内容与结构，方便了解和把握；论述自己的合理性；清晰表述自己既定的内容及表现形式；论证实现自己的条件充分、可行；清晰表述所发现的与既定内容及表现形式不一样的新需要

第四节　评估策略与方法设计

评估策略与方法设计的本质是根据既定的评估系统功能，确定评估系统功能实现的具体措施。其结果表现为以评估技术与评估需要解决的问题结合所形成的问题解决块作为基本单元而形成的评估问题解决网络，具体包括选定评估的技术、构造评估的技术路径及确定评估问题解决网络三项工作。

一　选定评估的技术

何谓技术？人们对这个问题的回答并不一致，具有代表性的观点有：技术是人经过熟练操作之后所获得的经验、技能和技艺；技术是人类的行为方式，是各种有效方法的整体；技术是人类用于改变环境的各种不同能力的总体；技术是受科学方法制约的，按着特定有价值的实践目的控制、改造、创造自然事物和社会事物及其过程的手段的总和；技术是实现现实目的的物质手段体系，是实用操作手段的总和；技术是知识、能力、手段的总和；技术是社会实践过程中形成的由不同要素构成的、有内在联系的社会动态体系；技术是人按照自己的目的，运用自己所具有的知识和能力，借助人可能利用的物质手段而使自然界人工化的动态系统和过程；[1]

---

[1] 周东启等：《科学技术的起源与发展和科学发展观的社会化》，黑龙江人民出版社2009年版，第21—28页。

技术是人类用从实践中所获得的经验、知识和技能与客观物质手段相结合的产物。① 这些观点均有其独到的见解，从不同角度揭示了技术特定方面的本质特征，可谓仁者见仁，智者见智。比较这些不同的看法可以发现，他们的共同之处是均肯定技术是人类构造出来的，没有人类的构造就没有技术，不同之处在于是否需要强调技术的合目的性。本书的观点是，技术指人为了实现自己的目的，用从实践中所获得的经验、知识和技能与客观物质手段相结合所形成的功能性产物。它具有合目的性、合规律性、功能独特性、可建构性及可证伪性等特点，这些特点对选定评估技术形成了不同的要求。

其一，合目的性。合目的性指技术首先总是人根据实现自己特殊目的需要而构造的，反映了人在特定条件下的价值追求，是一种价值存在物。就技术的起源而言，它是其第一个构造者按照自己的需要，以自己作为价值主体所构造的价值客体。技术以其第一个构造者所认可的价值秩序及文化伦理所允许的法则，确定满足自己特定需要的方式，使得这个构造者所主张的价值秩序及文化伦理均嵌入其中，因而具有鲜明的主体特征。因此，合目的性既确立了技术能有效发挥作用的价值领域，也确定了技术有效发挥作用所需要的价值和文化条件。根据合目的性的内在规定，选定的评估技术必须满足特定公共政策执行评估的价值领域，以及评估当下的价值和文化条件。

其二，合规律性。合规律性指技术的内在机制及其运行必须遵循科学规律，技术是不以人的意志为转移的客观存在物。技术作为一种功能性的产物，其内在构成要素及其交互作用的原理一旦确定，它们就会完全脱离技术构造者对功能的期望，完全按照自身的内在规律运行并形成自己所能形成的实然功能。合规律性表明，技术的构造与技术的功能之间存在因果联系的方面，并通过技术的构成要素及其交互作用原理实现，技术的功能可以人为设定。根据合规律性，在满足特定评估功能需要的前提下，所选定的评估技术必须既满足其构成要素所需要的客观条件是现实的或者是可以实质构造的，又满足其构成要素之间交互作用所需要的客观条件是现实的或者是可以实质构造的。

其三，功能独特性。功能独特性指技术的功能具有不可替代性，只能

---

① 陈念文：《技术论》，湖南教育出版社1987年版，第14页。

在特定条件下针对特定对象发挥作用。功能独特性源于技术不仅自身的构造是有条件的，而且其构成的要素及其交互作用的方式也是有限的，前者说明不存在没有条件限制的技术，后者说明不存在功能万能的技术，任何技术的功能均存在功能限度。实践中，尽管随着人们科学认知和价值认知能力的提高，可以对既有的技术进行改进和完善，也可以构造出新的技术，形成新的技术功能，但是这并不能否认技术存在功能限度。恰好相反，这方面的工作正好说明了技术存在功能限度。按照功能独特性，必须以能解决评估问题为标准遴选或设计评估技术，最终确定的具体评估技术必须能有效、全面、准确地解决具体评估的问题。

其四，可建构性。可建构性指技术可以原样复制重建。一方面，合目的性要求和合规律性要求的确定性使得技术具有相对稳定、可观测的结构，表现为人工自然状态的客观存在，能被人们直接原样重复构造出来；另一方面，技术之价值主体的等价形式，技术合规律性所规定的自身的客观构成要素及其交互作用的等价形式，二者决定技术能被用与其等价的形式不同但本质相同的方式构造出来。技术的可建构性使得技术能以不依赖其第一个构造者的相对独立的形式存在，为技术的传播和运用带来了方便，有助于避免重复开发评估技术，降低评估的成本。根据可建构性，公共政策执行评估应该按照形成既定评估功能的需要，尽可能多地选用已有的评估技术作为自己所需要的评估技术，尽量避免开发新的评估技术，实现评估技术成本的优化。

其五，可证伪性。可证伪性指技术是一种可以被证明是无功能和有害的功能性产物。弥补自身功能的不足和对自身有益是技术构造者开发技术的根本目的，技术功能不足及有害性是不能满足技术构造者的需要，技术构造者不断淘汰和开发技术的根本原因。任何技术首先总是以能弥补其构造者功能不足并对其有益的形式而出现的，其所蕴含的技术无能及有害性是通过技术的功能形成和释放过程而显现的。为了消除技术无能及有害性给评估造成的危害，主体需要在运用技术之前对技术无能及有害性做出全面、准确的判断。根据可证伪性，公共政策执行评估系统在确定自己所使用技术的同时，要明确给出自己所采用技术的功能种类、范围与所需要的条件，以及所具有的副作用的种类、危害程度与形成条件。

二 构造评估问题解决链

在讨论评估问题解决链之前先讨论评估问题解决块。称一个独立的公共政策评估问题或任务与用于解决它的技术所形成的组合结构为评估问题解决块（见图6-1）。

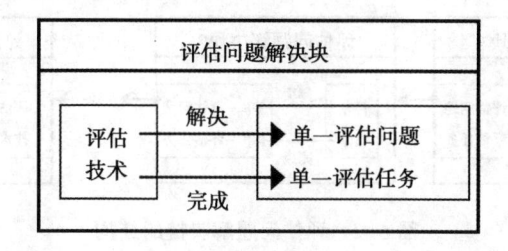

图6-1 评估问题解决块的结构

评估问题解决块是实现公共政策评估系统评估功能的子系统，其结构必须同时满足以下3个要求：

其一，需要解决的问题或任务、单一、明确。从问题或任务的构造来看，它是特定公共政策执行评估具有完整和相对独立意义的问题或任务，能够确切地界定它的内涵。

其二，解决问题或完成任务的技术充分。从解决公共政策执行评估既定问题或完成既定任务来看，作为评估问题解决块构成要素的评估技术能有效、整体解决评估块中的评估问题或完成评估任务。

其三，解决问题或完成任务的结果明确、可观测。从评估问题被解决或评估任务被完成的角度来看，评估问题解决块设置有明确、可观测的指标或标志作为自己已被准确解决的标志，作为结束本块评估活动的标志。

根据以上3个要求即能实质性地构造出评估问题解决块，它为构造评估问题解决链提供了客观基础。所谓评估问题解决链是指由若干具有单向线性联系的评估问题解决块所构成的解决评估问题的功能结构（见图6-2）。

根据评估问题解决链所含评估问题解决块的个数，可以将其划分为简单评估问题解决链和评估复杂问题解决链。其中，简单评估问题解决链指由两个评估问题解决块构成的评估问题解决链；评估复杂问题解决链指至少含有两个简单评估问题解决链的评估问题解决链。评估问题解决链要求，作为自己构成要素的各评估问题解决块所包含的评估问题或需要完成的评估任务之间，必须存在逻辑关系——一个问题能被解决是另一个问题能被解决的必要条件或一个任务能被完成是另一个任务能被完成的必要条件。实践中，设计评估问题解决链，就是针对具体评估实质性地构造出所有的评估问题解决链，并将它们用图 6-2 的形式表示出来。

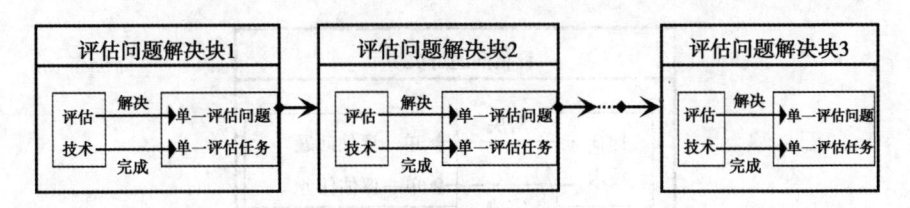

图 6-2 评估问题解决链的结构

三 确定评估问题解决网络

评估问题解决网络指以实现整个公共政策执行评估功能为目标，以评估问题解决块为节点，由若干条评估问题解决链交织在一起形成的评估功能性结构图。[①] 评估问题解决网络相当于用图纸的形式给出了公共政策执行评估系统功能实现的原理，既可以作为建设具体评估系统的依据，也可以作为指导实际操作评估的依据。一个优良的评估问题解决网络要同时满足以下 3 个标准。

标准 1：问题或任务的种类和数量充分。即评估问题解决网络要包含具体评估需要解决的全部问题或需要完成的全部任务。它要求基于评估问题解决网络所包含的全体评估问题解决块所针对的评估问题或评估任务，通过公共政策型价值的逻辑，能完全确立起具体评估所要解决的评估问题或需要完成的任务，不得出现遗漏。

标准 2：问题或任务的种类和数量完备。即删除评估问题解决网络中的任何一个评估问题解决块，就会导致评估问题解决网络不能完全实现既设公共政策执行的评估功能。实践中，它要求要尽量减少评价技术浪费，按照最少冗余评估问题解决块原则，具体确立公共政策的评估问题解决

[①] 评估问题解决网络的结构图既可以用立体的三维图来表示，也可以用三维图的平面拓扑图来表示。

网络。

标准3：网络的结构优化。即基于既设公共政策执行评估全部功能苛刻实现，综合考虑最小化完成网络运行所需要的时间、人力、物力、财力、信息成本，以及确保评估结论可靠性的需要，确定可行的评估问题解决网络。需要指出的是，与按照公共政策型价值内在逻辑及公共政策评估学术研究所确立的理想状态评估问题解决网络相比，可行的评估问题解决网络可能存在浪费现象，但这种浪费是必要的，也是合理的，它有助于从实际可能出发开展公共政策执行评估，并通过评估达到改进公共政策执行实践的目的。

需要指出的是，并非所有公共政策执行评估的评估策略与方法设计，最终均需要设计出评估问题解决网络。事实上，这既不可能也无必要。实践中，对于单一评估问题或单一评估任务的公共政策执行评估任务，只要设计出评估问题解决块，即可完成公共政策执行评估的评估策略与方法设计；对于能用价值逻辑，以充分条件的方式，将所有评估问题或所有评估任务连接在一起的公共政策执行评估问题或任务，只要设计出评估问题解决链，即可完成公共政策执行评估的评估策略与方法设计。

第五节 评估环境设计

环境原本属于生物学范畴，表示自然意义的"被围绕、包围的境域"，或者"围绕着生物体以外的条件"，后来其所表达的意义逐渐被扩展，超出了用生物体和自然物界定环境的做法，将环境界定为主体活动以外的各种外部条件的总和。[1] 根据这个界定，任何主体均以其他主体作为环境，又以自己作为其他主体的环境的方式存在。对于人类而言，环境就是通过人为改变与加工所形成的历史性产物，[2] 它既是支撑人类生活的基础，又是人类行为的重要贡献者。[3] 作为抽象概念的环境具有普遍性，作为实然具体的环境则具有强烈的可变性和针对性。所谓评估环境设计即指

---

[1] 颜震华等：《教育激励的理论与实践》，吉林大学出版社1992年版，第119页。

[2] [日] 吉田文和：《环境经济学新论》，张坤民译，人民邮电出版社2011年版，第4页。

[3] [美] 保罗·贝尔等：《环境心理学》（第5版），朱建军等译，中国人民大学出版社2009年版，第366—369页。

评估系统设计者通过对评估系统环境的设计营造理想的支撑评估系统运行的实然具体环境，主要包括评估的人文环境设计、自然环境设计及信息环境设计。

一　评估的人文环境设计

人文环境即以人文为环境或以人文作为环境，实施人文环境的关键是把握人文的概念。在西方，"人文"来源于拉丁文，古罗马人用有文化的人或文明的人来指称接受了古希腊文化的罗马人，与没有接受古希腊文化的野蛮人相对，而其后出现的人文主义则肯定人是世界的中心，提倡学术研究、思想自由和个性解放。在我国，人文一词的含义较为丰富，形成了既有共同之处，又存在差异的不同观点，其中，有代表性的观点有：根据《周易·贲卦·彖辞》之"观乎天文，以察时变；观乎人文，以化成天下"的含义，人文表示文明，特别是社会制度的创立，① 即建成的社会中以人为主体的道德伦理与礼法制度；② 根据《后汉书·公孙瓒传论》"合诸天运，征乎人文"的含义，人文指"与自然天象相对的人类文明或文化"及"与自然物事定数相对的人事人理"；③④ 根据人文的外延及意义认为，人文指人的多样性，包括人的个性的多样性、价值观的多样性、人们相互交往形态的多样性、人们做事方法与手段上的多样性，等等。以为人们在自由选择自己的生活样式时提供一套处理价值冲突的、可供参考的思想规范作为自己的研究目的；⑤ 从与自然现象及其规律区别的角度认为，人文指人与社会的事务，主要指一种以礼乐为教化天下之本，以及由此建立起来的一个人伦有序的理想文明社会，其核心是贯穿在人们的思维与言行中的包括信仰、理想、价值取向、人格模式及审美趣味在内的人文精神，⑥ 是社会本体中隐藏的无形环境，是一种潜移默化的民族灵魂。⑦

---

① 张岂之：《中华人文精神》（增订版），陕西人民出版社 2007 年版，第 3 页。
② 颜炳罡：《儒家文化与当代社会》，山东大学出版社 2002 年版，第 168 页。
③ 万俊人：《儒家人文精神的传统本色与现代意义——试以先秦儒家伦理为例：一种比较阐释》，《浙江社会科学》1998 年第 1 期。
④ 邵汉明：《中国文化研究 30 年》（中卷），人民出版社 2010 年版，第 127—128 页。
⑤ 邓周平：《科学技术哲学新论》，商务印书馆 2010 年版，第 193—196 页。
⑥ 仇赛飞等：《传统文化的现代反思》，汉语大词典出版社 2006 年版，第 19—20 页。
⑦ 邵建萍：《图书馆为弱势群体服务论》，南京大学出版社 2009 年版，第 151—154 页。

从"文"的本义和引申义的角度认为,人文即指关注、塑造人生及其价值和意义的思想,引导人们达到文明的境界。综合这些观点,本书将人文界定为人们在自由选择自己的生活样式时所形成的处理价值冲突的思想规范及借此采取的行动,主要由人的信仰、理想、价值取向、人格模式、审美趣味及认知方式所形成的生存方式与所形成的结果组成。所谓公共政策执行评估的人文环境设计即确定特定的公共政策执行评估系统的人文环境。根据本书对人文的界定,所设计出的适用于特定评估的人文环境必须满足以下要求。

发挥人文环境的强化与启示作用。人文环境所体现的价值理想、价值取向及审美情趣必须与公共政策执行评估所提倡和追求的价值理想、价值取向及审美情趣协调一致,只有这样才能有助于强化公共政策执行评估实现自己的价值理想、价值取向及审美情趣。人文环境具有适应人生命体地域生活习惯及生活精神的特点,基于公共政策执行评估系统各要素人生命体自身设计所形成的要素意义上的整体设计,是公共政策执行评估人文环境设计的本质。[①] 因而,公共政策执行评估的人文环境设计必须与人自身的进步协调,使人所具有的创造环境、改变环境的能力与自身发展的根本目的一致。

人文环境具有直接可及性。概而言之,公共政策执行评估系统之外的所有人文构成了它的人文环境。但是,人文环境中相对独立的子人文系统与公共政策执行评估系统之间的作用强度是不一样的,与评估系统之构成要素中人生命体越密切的人文子系统,越容易为公共政策执行评估系统所利用,因而对公共政策评估系统存在其运行的制约力量就越大。所谓可及性即指公共政策执行评估的人文环境设计,要以与其所包含的人生命体有直接关联的其他人生命体的人文生存方式及所形成的结果,确定公共政策执行评估系统赖以存在和运行的客观人文条件。其具体的要求是:其一,公共政策评估工作场所的设计要体现以人生命体为中心价值标准,体现人生命体对世界以及自身的理解和审美追求,以直观的形式让人生命体感受到其中的美好,影响生命体的行为方式与心理状态;其二,公共政策执行评估运行的制度条件设计要选择对于评估系统存在及运行具有现实的或潜在的作用与影响的政治力量、政治制度、体制、方针政策及和法规等,使

[①] 陈维信等:《环境设计》,上海交通大学出版社 1996 年版,第 1—2 页。

公共政策执行评估系统的运行能得到其正面的支持和强化；其三，公共政策执行评估系统所采用的技术及方法体现科学精神，融合科学精神追求，能得到纯粹意义上的科学研究过程及其所形成结果的支持。

建设和发展公共政策执行评估文化。评估文化是评估系统构成要素在评估系统存在及运行中产生并通过后天学习和社会传递形成的，反映公共政策执行评估实践的观念意识，是公共政策执行评估运行过程在其评估系统构成要素之人生命体心理反应上的积累或积淀。它是其普遍认可的价值观念、共同信守的行为模式和普遍倡导与践行的态度作风，包括评估意识、评估观念、评估态度、评估价值观及评估行为模式等。[1] 评估文化作为一种软组织，既能作为特定评估系统的构成要素，又能作为文化环境的构成要素更为直接地影响其他特定评估系统之软组织的构成及发挥作用的效果。因此，公共政策执行评估的文化设计要特别重视所设计出的特定公共政策执行评估系统自身的运行，对公共政策执行评估系统人文环境的再构作用，通过吸收、改造传统的公共政策执行评估文化及其他评估文化，建设和发展现代公共政策执行评估文化。

促进人文环境的可持续发展。人文环境的可持续存在、完善及发展取决于其内部构成子系统既互为结论又互为条件的相互作用。当这种作用方式受到限制，甚至是完全不能发挥作用时，人文环境自身即处于难以实现可持续发展的境地并制约公共政策执行评估，使其在人文方面成为无源之水。公共政策执行评估系统人文环境设计在本质上是确定与公共政策系统进行物质、能量及信息交流的具体人文，使这种交流的结果有助于增强与其直接交流的文化的可持续发展力，打破人文环境原有的人文子系统之间的平衡。因此，公共政策执行评估系统的人文环境设计不能反人文，既要有助于人文环境完善内部构成的多元性，[2] 又要有助于完善内部构成的多样性，[3] 维持并促进人文环境在更为完善的层面实现可持续发展。

---

[1] 陈树文：《领导学》，清华大学出版社2011版，第120页。

[2] 所谓多元性这里是指不同文化主体所形成的文化的内容和形式的不同。文化多元性既表明不同的文化表现因文化主体的不同而存在本质差异，也表明同一文化表现（现象）因文化主体的不同同样存在本质差异。

[3] 所谓多样性这里是指同一文化主体所形成的文化的内容和形式的不同。文化多样性表明不同的文化表现因文化主体的相同而不存在本质差异。

二 评估的自然环境设计

所谓评估的自然环境设计是指设计公共政策执行评估的物质环境，具体包括设计评估系统技术工具所需要的天然自然环境和人工自然环境，评估系统整体运行所需要的天然自然环境和人工自然环境，以及其构成要素中人生命体存在及可持续发展所需要的天然自然环境和人工自然环境，如建筑设计、室内设计、景观设计、植物绿化设计、能源利用设计、自然生态环境设计等。公共政策执行评估系统通过与其直接的天然自然环境和人工自然环境交流，获得实现自身可持续发展所需要的能量。同时，人为设计的公共政策执行评估系统作为人工自然的构成部分，也是它所选择的直接、具体天然自然环境和人工自然环境的物质性环境，并为它们实现自身的可持续贡献自己的能量。评估的自然环境设计要体现绿色设计的思想，按照用途、稳固性、愉悦性、① 公共政策执行评估系统构成与运行对自然环境破坏最小化4个标准，确定最终的设计方案，使得设计的结果不仅使所设计的公共政策评估系统能在优美、和谐的自然环境中运行，② 而且，最大限度地实现了从评价所使用工具及材料的生命周期确立其最小化终身自然环境成本，确保公共政策执行系统与其自然环境能共存、共生。

三 评估的信息环境设计

信息的定义存在诸多分歧。早在20世纪80年代有的学者就统计出多达85种有关信息的定义，③ 这给公共政策执行评估的信息环境设计带来困难。本书将信息界定为人们适应外部世界，并使这种适应为外部世界所感到的过程中，同外部世界进行交换的内容的名称。④ 信息是以物质能量在时空中某一不均匀分布的整体形式所表达的物质运动状态和关于运动状态反映的属性，是物质世界条理性、组织性的反映。

---

① [美] 保罗·贝尔等：《环境心理学》（第5版），朱建军等译，中国人民大学出版社2009年版，第366—369页。

② 即满足用途、稳固性及愉悦性3个指标的要求。其中，用途是指设计的功能目标，如具有明确功能定位，方便人们行动等；稳固性是指结构的完整性和持久性；愉悦性是指满足使用者的审美需要。

③ 杨教：《敝屣集》，学林出版社1996年版，第387—394页。

④ [美] N. 维纳：《维纳著作选》，钟韧译，上海译文出版社1978年版，第4页。

对于信息环境概念的界定当前尚不统一，这些界定有的与环境自身的含义存在矛盾，如界定信息环境为泛指与人类信息活动有关的一切自然、社会和心理因素的总和。① 这个界定即将信息环境限制在"人类信息活动"方面。事实上，信息环境作为一种客观存在，与"人类信息活动"并无必然联系。有的界定之间存在明显矛盾，如界定信息环境为信息生态，泛指与人类信息活动有关的各种因素的总和，这与界定信息环境为信息生态（信息—人—信息环境）的一个组成部分，② 二者之间就存在矛盾。有的则失之笼统、缺乏针对性，如将信息环境界定为由种类纷繁的信息组合而成，③ 这个界定忽略了环境与中心事物密切相关这一本质特征，实际上是构造由全部信息所组成的系统，适用于研究信息自身运行的规律及其相互作用的方式，属于信息科学的范畴。本书将信息环境界定为中心事物以外的影响中心事物存在的全体信息及其相互作用形成的系统。按照其构成信息的存在形式划分，信息环境由 3 类信息构成：其一，自然信息，包括关于自然与生物世界的全部信息，以及人类活动造成的对大气、土地、水资源污染的信息；其二，空间信息，主要包括城市街道、建筑群体、园林景观空间等形式的信息；其三，印刷出版、新闻传媒信息，由以纸张为载体的印刷出版物形式的信息和虚拟形式的信息组成。④ 公共政策执行评估系统离不开信息环境，优良的信息对公共政策执行评估能起深远的促进作用，反之则会对公共政策执行评估的发展带来负面效应。所谓公共政策执行评估的信息环境设计即指根据实现既定公共政策执行评估功能的需要，确定公共政策执行评估系统及其运行的信息环境。具体设计要处理好以下 5 个关系。

关系 1：信息的客观性与主观性的关系。作为物质及其运动的表征方式，信息是物质固有的，不以人的意识为转移，具有客观性的一面。客观性是信息对人具有使用价值的基础，它强调信息的内涵及表达一定要合规律，并不要求用合特定人及人群的认知风格与心理特征的方式呈现信息。同时，信息作为人类认识和实践的产物，所反映的是人类所把握的事物存

---

① 岳剑波：《信息环境论》，书目文献出版社 1996 年版，第 20 页。
② 赵郧安：《环境信息传达设计：Sign Design》，高等教育出版社 2008 年版，第 11 页。
③ 张振明：《工程造价信息学引论》，厦门大学出版社 2005 年版，第 280 页。
④ 赵郧安：《环境信息传达设计：Sign Design》，高等教育出版社 2008 年版，第 11 页。

在方式及其运动状态的信号或消息,其表现形式是人类根据自己的认知能力及传统确定的,具有主观性的一面。主观性是信息能以人的方式表达并进入人的世界的前提,它要求用合特定人及人群的认知风格与心理特征的方式呈现信息,信息的内容及表达形式要合需要。信息之客观性与主观性的统一要求信息环境设计,既要确保所确立的信息环境的真实性,又要体现以公共政策执行评估系统之构成要素中的人生命体为本确立信息环境的内容及呈现形式,使公共政策评估系统与自己的信息环境和谐共存。

关系2:信息的可变性与不变性的关系。人类的社会实践活动的永恒性使得信息总是呈现出个体不断完善、种类不断丰富、总量不断增长的趋势,① 这就是信息的可变性。可变性表明信息具有因人而异、在特定条件下成立,并随着实践深化不断丰富和完善的特点。可变性是信息自身及其所在的系统能不断创新的保障,它决定了特定信息能发挥作用的限度,以及信息自身能作为资源被再开发,并通过再开发使信息资源的储量不断得到扩充。信息的不变性指信息有相对稳定的内容和时空的存在形态。信息不变性既是信息具有有用性的保障,也是确定信息失效的依据。利用它,信息能够被创造、交换及存储,② 人们能对是否具有特定信息做出明确的判断。信息之可变性与不变性的统一要求,信息环境设计要明确信息环境之内容构成能发挥作用的限度,确定所允许的信息环境变化的幅度,使公共政策评估系统的存在和运行拥有适宜、稳定的信息环境。

关系3:信息的普遍性与选择性的关系。信息的普遍性指信息一旦被建构出来即脱离建构它的主体,获得独立存在的形式,具有自在的普遍意义。信息的普遍性决定了信息总是以自己的方式,无差异地作用于它的环境,任何中心事物都能利用信息作为自己的环境。信息的选择性指将信息作为自己环境的具有能动性的中心事物,以自己的需要作为标准选定信息及其发挥作用的方式。信息的选择性决定了信息环境具有鲜明的中心事物的个性特征,能反映出该中心事物的信息认知结构及信息偏好。信息之普遍性与选择性的统一要求信息环境设计,要基于尊重信息自身的运行规律,尊重其自然的运行方式,尽可能地使所确定信息环境之内容构成能以自然的方式运行,不危及整个信息所构成系统的可持续发展,选定对公共

---

① 岳剑波:《信息环境论》,书目文献出版社1996年版,第7页。
② 孙振誉等:《信息分析导论》,清华大学出版社2007年版,第6—7页。

政策执行评估系统及运行有益的信息构成环境并对其结构进行优化。实现信息的普遍性与选择性统一的核心是解决公共政策执行评估系统的信息环境管制问题，具体需要解决好以下3个问题。

其一，信息超量问题。信息量并非越多越好，公共政策执行评估系统的信息环境所拥有的信息量要适度，要与公共政策执行评估系统之人生命体的信息承载能力及信息处理能力匹配，防止出现因信息超量而导致的人生命体心理不适应状态，如紧张焦虑、兴奋不安、心理疲惫、学习倦怠、信息吸收不良，以及对必要信息无动于衷，等等。

其二，信息污染问题。信息不一定对中心事物均有益，一方面，在中心事物自身所具有的信息科学认知和价值认知能力均不能对信息是否有利于自身可持续发展进行有效鉴别的情况下，对中心事物无益的信息以否定中心事物存在的方式发挥作用，如虚假信息、黄色信息、伪科学信息等均以否定中心事物（人）存在的方式发挥作用，诱发并强化中心事物（人）形成有害于自己的价值观；另一方面，即便是中心事物自身能对信息是否有利于自身可持续发展进行有效鉴别的情况下，对中心事物无益的信息也以增加中心事物存在成本的方式发挥作用，如对空穴来风和无稽之谈类信息及扰乱社会政治经济秩序的黑色信息的识别，均会提高中心事物（人）不必要的存在成本。

其三，信息权问题。即接触和获得信息的资格问题，也称信息特权问题。信息的普遍性使得任何以信息作为环境的中心事物均具有接触和获得信息的可能，但在实践中，中心事物只有在具有一定资格后才获得将有关信息作为其实质信息环境的构成部分，如手机上的信息、因特网上的信息、特殊的文学作品、不同密级的文件或情报信息等，中心事物只有在支付一定的费用，或者具有专门的身份，或者在其所在组织中具有专门的资格，才能接触到并获得这些信息，并使它们成为自己信息环境的实然构成部分。合理确定公共政策执行评估系统的信息权结构，有助于规避信息环境对公共政策执行评估系统存在及运行的干扰作用，实现高效、有序、可持续的运行。

关系4：实然空间信息与虚拟空间信息的关系。实然空间信息是以纸张和具体物体为载体的印刷出版信息及实物自身所表征的信息，它以三维空间的实体形式展现，如图书、报刊等纸质出版物，以及建筑物、办公用品、装饰品、设备等均属于这类信息，实然空间信息是实体人生存所需要的信息环境，主张人以实然人的方式存在；虚拟空间信息指在网络空间中存在的各种信息及其表现形式，包括将实然空间转换成虚拟形式而得到的信息和具有原创性的虚拟空间信息两类，虚拟空间是虚拟人生存所需要的信息环境，主张人以虚拟人的方式存在。人类自身发展的历史表明，一方面，实然人意义上的自我实现是人追求自我实现的根本动力，但完全受制于实然空间的纯粹实然意义上的人的活动也有其自身的局限性，这种局限性会导致人因为暂时无法摆脱环境对自身的束缚状态而否定自己的努力，这时虚拟的信息环境却有助于实体人解决这个问题；另一方面，虚拟人意义上的自我实现是人追求精神自我实现的根本动力，它完全摆脱了实然空间对纯粹实然意义上的人的活动的束缚，但会导致人因实然环境不能兑现自己形成的虚拟需要而否定实然人之价值活动意义的合理性，进而否定自己作为实然人的存在，如以"网络瘾""泡网""网上家庭"为生活方式等。实然空间信息与虚拟空间信息的统一要求信息环境设计，既要明确信息环境的现实意义，选择有助于公共政策执行评估系统中的人生命体以实然人的方式生存和生活，实现实然人意义上的自我实现的实然空间信息类信息，又要为实然人走出实然空间信息束缚的困境，实现自我激励最终实现人意义上的自我实现，提供虚拟空间信息类的信息，并防范发生实然人在利用虚拟空间信息过程中出现将自己完全转化为虚拟人的现象。

关系5：信息自然流动与信息人为流动的关系。信息不能脱离物质而独立存在，客观物质世界及其运动的层次性决定了信息具有层次性，使得信息在形成之初的分布不均衡，而信息的本性又决定了自己能以各种传播手段自发地，由信息稠密区域向缺少自己的信息稀疏区域传播，实现自己的整体均衡分布状态，这就是所谓的信息自然流动。信息人为流动则指人通过建立信息流动机制确定信息制定与发挥作用的规则、对象及范围。[①]信息自然流动是一个自然的过程，借助于各种传播途径，它能均衡地成为所有人生命体的环境。而信息人为流动则是一个人工选择信息传播及发挥作用方式的过程，它不仅使得所有的人生命体不能形成完全相同的信息环境，而且还会影响到信息所构成系统自身的运行。信息自然流动与信息人为流动协调的信息环境设计要求，要以有利于公共政策执行评估系统的人

[①] 孙学玉等：《公共行政学》，社会科学文献出版社2007年版，第402页。

生命体可及，有利于提高其信息环境中的信息扩散效率，以及有利于公共政策执行评估系统发挥自己的评估功能作为标准，在不危及信息自然流动的基础上，用信息人为流动设定自己信息环境中的信息流动方式，使所确定的信息环境成为公共政策执行评估系统能实现既定评估功能的信息保障。

第六节 评估结果表述设计

根据公共政策执行评估的目的及公共政策执行评估的形式化程度的要求，需要采用不同的结构、语言及载体表述公共政策执行评估的结果。

一 表述的结构

从结构自身的意义看，结构指系统中各要素之间的组织形式或排列顺序。[1] 皮亚杰（Jean William Fritz Piaget）认为结构是一个由规律转换完全在体系的领域之内而不求助于外界因素完成的各种转换规律组成的体系。结构是本身自足的，具有整体性、转换性及自身调整性，理解一个结构不需要求助于同它本性无关的任何因素。[2] 所谓整体性即结构按照结构规律通过使各部分服从于把能说明结构特点的要求组合在一起，并把不同于各部分所有性质的整体性质赋予这些构成部分；所谓转换性即结构中的各部分能够按照一定的规则互相替换，但替换的结果并不改变结构本身；所谓自身调整性即结构能自己调整，使结构具有守恒性和某种封闭性，使得其所固有的各种转换只会产生总是属于这个结构并保存该结构的规律的成分，而不越出结构的边界之外。据此，设计表述的结构即确定公共政策执行评估结论的整体性、转换性及自身调整性。设计整体性即按照发挥评估结果作用的要求，确定表述评估结论的各构成部分及它们通过评估结论所获得的新意义；设计转换性即确定表述评估结论内部的推理法则，使得按照这个推理法则能使评估结论的各部分彼此既互为存在的条件又互为相互作用的结果，确保所表述评估结论的内在一致性；设计自身调整性及确定理解评估结论表述的法则，使得评估结论表述的内容能准确地被理解，其

---

[1] 陈朝宗等：《现代关系哲学》，厦门大学出版社 2000 年版，第 63 页。
[2] ［瑞士］皮亚杰：《结构主义》，倪连生等译，商务印书馆 1984 年版，第 2—11 页。

通常的做法是对评估结论的解释权进行管制。具体的做法是，评估结论自身罗列出自己许可的理解评估结论的方式及结果，把理解评估结论的其他方式及结果的权力收归自己。

从结构对外部意义的角度看，结构就是信息。① 设计表述的结构即确定公共政策执行评估结论所要表达的信息种类及表述形式的结构。确定评估结论信息结构的直接依据是评估结论的直接服务对象，其信息认知能力、信息认知风格及获得信息手段，直接制约确定评估结论信息结构。其中，信息种类结构即确定实然空间信息和虚拟空间信息的权重结构，表述形式结构即确定由表述语言与表述载体所形成的不同结构的权重结构。

二 表述的语言

语言指人们用习惯的记号、姿势、符号，特别是音节分明的口头声音表达思想和感情的工具。② 从心理学的角度看，语言分为外部语言和内部语言。其中，外部语言包括口头语言和书面语言，口头语言指人发出语音表达思想和情感的语言，书面语言指人用文字表达思想、情感的语言；③ 内部语言则指人不出声地对自己自言自语所使用的语言。外部语言多针对他人，内部语言则只针对自我，一般情况下除了自我评估意义的公共政策执行评估的结论可能采用内部语言表述评估结论之外，其余的公共政策执行评估结论均采用外部语言表达。因此，本书在此只讨论运用外部语言表述评估结论的语言设计问题，除非特别指出，本书将就评估结论的外部语言表述设计视为表述评估结论的语言设计或设计评估结论的表述语言。

首先，确定用于表述评估结论的语种及性质。一方面，表述评估结论的语种应该采用公共政策执行评估结论需要者所擅长的语种（主要指母语）作为基本语种，在此基础上可以兼顾发挥评估结论对其他公共政策执行者的参考作用，而采用使用范围大的语种进行表述，如采用汉语、英语、法语、俄语、西班牙语及阿拉伯语等中的一种或数种表述评估结论；

---

① 沈新曦：《唯信息论》，柯捷出版社2007年版，第53页。
② 杨海廷：《世界文化地理》，长春出版社2008年版，第33页。
③ 黄希庭：《心理学导论》（第二版），人民教育出版社2007年版，第426—427页。

另一方面，要根据公共政策执行评估需要者能准确、全面理解和把握评估结论的要求，从其公共政策执行评估认知水平的现实可能出发，确定采用公共政策执行评估专业术语、公共政策执行评估专业术语与非专业大众化语言相结合、非公共政策执行评估专业的大众化语言3种类型中的一种，作为具体表达评估结论的语言。

其次，确定用于表述评估结论的语言形式。按照评估结论的实际所指与评估结论语言的表面所指之间的关系，表述评估结论的语言形式可以划分为委婉表达与直接表达两种形式。委婉表达利用作为修辞手段的委婉来表述评估结论，多采用侧面婉转表述评估结论、以表扬长处的形式表述批评性的评估结论、在认可现有价值状态的基础上适当说出保留不同意见的形式叙述评估结论、用向往与期待的语言方式叙述评估结论等形式表述评估结论，其效果既可促进公共政策执行评估系统与评估需要者之间相互尊重，又能够发挥促进公共政策执行评估需要者改进和完善公共政策执行的作用，适用于评估所得出的非原则性及作为奖惩依据的评估结论的表达。直接表达则按照所选语种的语法规定，将所得出的评估结论完整地表述出来，所表述的公共政策执行评估结论适于作为奖惩的依据及传播，但评估结论的表述方式忽略了评估需要者的情感可接受性，有可能影响评估结论发挥作用的效果。

按照评估结论所使用语言自身的清晰性和确定性，表述评估结论的语言形式可以划分为模糊表达与精确表达两种形式。模糊表达用内涵清晰但外延不确定的语言形式来表述评估结论，运用模糊表达方式表述评估结论要做到语言简洁、灵活，所表达信息的含义准确但不具体。用模糊表达方式表述评估结论能为评估需要者领会和把握评估结论预留足够的空间，既避免了精确表述评估结论可能造成的风险，又使得评估结论更有针对性地发挥作用成为可能，适用于大致了解公共政策执行价值现状而不对价值量做出精确测量类的评估结论表述。精确表达用内涵清晰、外延确定的语言形式来表述评估结论，运用精确表达方式表述评估结论要做到评估结论所表达的价值判断确定、可测量。这种表达方式适用于对公共政策执行价值现状及所拥有价值量做出精确测量类的评估结论表述，但同时也增大了评估结论失效的风险，以及对开展公共政策执行评估的专业性要求。

三 表述的载体

载体是能传递能量、物质、信息的物质，它具有时间、空间和运动的属性。[①] 表述评估结论的载体既规定了评估结论所表达价值的表现形式，也规定了获得评估结论所蕴含信息的途径与手段。实践中，实物、文字、符号、纸张、胶片、胶卷、磁带、磁盘、光盘等均可以作为表述评估结论的载体。其中，实物作为载体最为直观，但受实物的限制，这样表述的评估结论不方便交流和传播；文字、符号、纸张作为载体所表述的评估结论，相对抽象，方便交流和传播，但需要一定的公共政策执行评估专业知识才能准确把握其所刻画的价值信息；胶片和胶卷作为载体表述评估结论具有将直观和抽象相结合的优势，但识读胶片和胶卷作为载体所承载的信息需要专业知识及一定的辅助手段；磁带、磁盘及光盘作为载体表述评估结论同样具有将直观和抽象相结合，以及容量大，适合在虚拟信息空间发布的优势，但不仅需要公共政策执行评估的专业知识，而且需要专门化的工具及手段才能获得其作为载体所承载的信息。所谓表述载体设计就是按照评估需要者可及并能最大化发挥评估结论作用的要求，确定表述公共政策执行评估结论的载体。

需要指出的是，随着科学技术的发展，将来还可能出现更为方便、快捷、有效，同样也需要通过专门工具和技术才能从中获取信息的载体材料。因此，表述评估结论的载体设计应该关注这方面的进展，并利用这方面的进展完善公共政策执行评估的专业要求。

[①] 操时杰等：《中国古今书籍纵横》，中国物资出版社1995年版，第283页。

第七章　价值主体的形成机制

公共政策执行的价值主体对于公共政策执行评估具有决定性的意义，其形成机制对于研究公共政策执行评估的形成机理具有基础性的意义。本章认为合法政党及其所在利益共同体意义下的公共是公共政策执行的价值主体，并试图从价值主体构成要素、价值主体的机制、价值主体的构成途径与方法及价值主体公共性的度量4个方面探析它的形成机制问题。

第一节　价值主体的构成要素

与公共所对应的英文public的含义，一方面来源于希腊词Pubes，表示身体和情感或智力上的成熟，尤其指人们超越自我关心或自我利益而关注和理解他人的利益，另一方面来源于希腊词koinon，既强调共同的、集体的关怀，也指一种事情、能力方面的成熟和超越自我己私。[①]因而，公共就是你中有我，我中存你，相互包容的、精神内质意义上的、具有凝聚力的价值统一体。[②] 公共作为主体是一个以超越了自我意义的他我意义的实现作为自我实现的个体人生命体，所构成的一个具有能动性的价值共同体。作为公共构成部分的个体人生命体的自我、本我及超我，以及公共中个体人生命体自身发展的不平衡性，决定了公共最终会以基于个体人生命体自我的自我价值共同体、基于个体人生命体本我的本我价值共同体及基于个体人生命体超我的超我价值共同体作为自己的构成要素。

[①] 李春成:《公共利益的概念建构评析——行政伦理学的视角》,《复旦学报》（社会科学版）2003年第1期。

[②] 许建良:《伦理经营：21世纪的道德学》,人民出版社2006年版,第46页。

一 本我价值共同体

对于个体人而言，其本我是生理的、本能的、无意识的，只为争取快乐、追求个体自身的满足，无视社会价值的东西，在特定环境下个体的嗜好就是其独立组织化的本我的表征。[1] 所谓本我价值共同体，是指个体人生命体基于各自的本我所形成的具有能动性的价值共同体。它是公共未加雕琢的朴素表现形式，以默契方式将个体人生命体联系在一起，类似于家元共同体。[2] 本我价值共同体形成了公共赖以存在的客观基础，它具有以下6个特点。

其一，现实价值标准直接、同一。本我价值共同体中的个体人生命体能以共存的方式存在，源于他们具有本质相同的生理需要与安全需要，以及满足这些需要的生活样式，并直接表现为具有相同的生活旨趣和嗜好。现实中，正是这种相同的生活旨趣和嗜好使得本我价值共同体中的不同个体人生命体具有直接现实的统一价值标准，以及无意识的价值目标及本能化的价值活动方式，确保各自能自发一致地开展具有同一性的价值活动。

其二，形式上表现为高度同一的个体人生命体。本我价值共同体以个体人生命体的生理需要与安全需要作为本我价值共同体生存的物质基础，把不同的个体人集合在一起，尽管为产生有别于这些个体自我之需要的新需要提供了可能，但并没有产生有别于这些个体自我之需要的新需要，依然表现为个体人生命体意义上的存在，从以追求满足自己需要的存在形式看，它呈现形式上高度同一的特征——同一个个体人生命体机械重复意义上的放大。

其三，以天然认同调整内部关系。所谓天然认同也叫先天认同，这里指由个体人因血缘关系而建立的个体人之间的相互认同。在本我价值共同体中，个体人生命体最为本质的认同就是先天认同，直接表现为其相互之间是基于血缘关系所形成的各种直接关系，[3] 驱使各个体人生命体调整自

---

[1] 韩新民：《主观质量及质价关系研究》，陕西科学技术出版社1998年版，第119页。

[2] 张康之等：《共同体的进化》，中国社会科学出版社2012年版，第2页。

[3] 如父子关系、母子关系、兄弟姐妹关系，以及由这些关系所形成的关系链所形成的关系。例如，夫妻关系具有两种形式：其一，有"子"夫妻关系，基于"子"所形成的父子关系和母子关系，以"子"为纽带能将夫妻关系视为由血缘关系构成的直接关系；其二，无"子"夫妻关系，不能视为由血缘关系构成的直接关系。需要指出的是，本我价值共同体包含具有有"子"夫妻关系的不同个体人生命体，但不包含具有无"子"夫妻关系的不同个体人生命体。

己与其他个体人生命体之间的关系，使不同的个体人生命体处于共生、共荣的状态，同时也使得本我价值共同体表现为家族的形式。

其四，以默契协调行动。对于本我价值共同体而言，其内部个体人生命体并不依赖外部确定的行动规则或行动指令，以及依据共同明确和确立价值活动的逻辑来协调彼此之间的价值行动，而是完全依赖于不用语言传递的、意会和直觉意义上的默契来调节自己的价值行动，使得本我价值共同体的价值行动呈现出高度自动化的和谐一致状态。

其五，以亲情教化和培育自己的构成人员。本我价值共同体为了自己内在结构的稳定及自身的可持续发展，会把亲情作为一种具有教育性和强制性的力量，对自己的构成人员进行教化、培育及规制，使自己在整体上处于合乎伦理的有序状态，保持自己作为一个共同体的整体长盛不衰且富有生命力。

其六，构成上具有生成开放性。一方面，本我价值共同体内部的个体人生命体的数量处于动态相对稳定状态，而其实际构成处于变化状态；另一方面，除了具有血缘关系是其能作为本我价值共同体之成员的标准之外，个体人生命体不要具有其他任何条件即可成为该共同体的成员，而且这种生成具有随机不确定性及生生不息的开放性。

二 自我价值共同体

个体人生命体的自我是理性、通达事理及可以控制的，具有逻辑性。它发生于为满足人的内部需要而必须同外部现实世界协调的情况下，[①] 并以自己的组织、辨析、批判及综合功能创造个体人生命体的理智生活。所谓自我价值共同体，是指基于个体的自我所建立的价值共同体。作为公共的一种独立表现形式，它是以价值活动方式协同的方式将具有独立政治地位和人格权利的个体人生命体联合在一起形成的价值共同体，是个体人生命体"私人"意义上的价值活动行业化的产物，是个体人生命体公开的共同价值活动，[②] 由有自我觉悟的个体人生命体群体构成。自我价值共同体具有以下7个特点：

[①] 侯春在：《儿童心理成长论：成长论视野中的儿童社会化》，南京师范大学出版社 2004 年版，384—385 页。

[②] 张馨：《公共财政论纲》，经济科学出版社 1999 年版，第 271 页。

其一，促进个体人生命体实现个体利益。自我价值共同体建立在个体人生命体有意识发现了自己真实需要的基础上，从根本上是肯定和促进个体人生命体个人利益的，并为实现这种利益带来了现实可能性。作为自我价值共同体构成部分的个体人生命体，在自我价值共同体中有着自己独立的社会位置和人格权利，既可以有自己无须公开的活动领域，也可以追求个体独立利益，为自己的私利最大化而竞争。

其二，价值活动方式协同。自我所具有的组织、辨析、批判、综合功能所导致相互之间能进行协同的个体人生命体组成利益共同体，是自我价值共同体的本质。能形成大于自我价值共同体之构成的个体人生命体单独开展价值活动所形成价值之和的价值总类与总量，既是判断这种协同价值活动方式具有正当性的标准之一，也是这类公共能在实践中得以被实质性建构出的价值基础。现实中，在自我价值共同体中，每个个体人生命体对通过自身作为部分所建立的价值活动方式及自身所发挥独特作用的方式，均具有清晰一致的认识，并将完全能发挥自己的独特作用及接纳自身以外的个体人生命体发挥作用，作为获得自我价值共同体成员资格的唯一条件。

其三，分工的闭合性和构成的排他性。分工的闭合性是指由自我价值共同体之构成人员所具有的价值活动方式，能实质性地建构出自我价值共同体的协同价值活动方式。它是自我价值共同体保持优化自身结构优化之内在动力所具有的特性，而构成的排他性则是自我价值共同体保持既有自身结构动力基础的特性。构成的排他性是指自我价值共同体的协同价值活动方式能够由其构成人员所具有的价值活动方式完全确定，如果再增加个体人生命体则会造成不必要的成本浪费，甚至导致整体价值活动能力的下降。作为分工之闭合性与构成排他性的有机统一，自我价值共同体会从有利于自身的可持续发展出发，在内部对自己价值活动的程序及个体人生命体所需要具备的知识、技能及能力方面的素养，做出具有共识性和统一性的专门规定，并使这个规定成为具有强制性的维系自身存在的纽带之一。

其四，价值活动结果的专门性。自我价值共同体基于自身价值活动建立的协同价值活动方式，使其开展价值活动所形成的价值产品具有专门性及个性化的特点。在现代社会中，基于生产方式所形成的行业（或产业）是自我价值共同体最为常见的存在形式。这些不同的行业均形成了具有自己行业独特性的产品。事实上，正是自我价值共同体能形成专门性的价值活动成果，才使得自己获得具有不可替代的存在地位，并为以自己作为构成要素构成更为复杂的价值共同体奠定了客观基础。需要指出的是，自我价值共同体在形成具有专门价值活动产出的同时，为了强化自己产出的专门性和不可替代性，也会从有利于自身可持续发展出发，在内部对自己产品的构成及规格做出具有共识性和统一性的专门规定，并使这个规定成为具有强制性的维系自身存在的纽带之一。

其五，共同体中的个体人生命体是同伙。同伙在这里可以理解为共谋，指不同个体人生命体共同谋划价值，个体人生命体在自我价值共同体里与自己的同伙一起，从出生之时起，就休戚与共，同甘共苦。[①]

其六，以行规作为教化和培育自己构成人员的主要手段。所谓行规即行业所规定的本行业所有行业人必须遵循的全部规章制度，既包括前面已经提及的自我价值共同体对自己价值活动的程序，所形成价值产品的构成及规格，以及个体人生命体作为构成人员所需要具备的知识、技能及能力方面的素养做出统一的规定，也包括其间承担不同分工者获得利益的准则，以及基于共同生产所建立的行业伦理和文化。自我价值共同体以行规对自己的构成人员进行教化和培育，从而实现促进从内部提升自己所在行业的价值生产和价值创新能力。

其七，个体人生命体丰富和完善自身的必要途径。与本我价值共同体以个体人生命体的嗜好将不同的个体人生命体联系在一起相比，自我价值共同体对个体人生命体之嗜好方面没有明确的要求，但对其价值意识及价值活动能力却提出了明确、特定的要求。一方面，个体人生命体的价值认知结构只有达到一定的水平而且具有独特性，才有可能获得成为特定自我价值共同体成员的资格；另一方面，特定自我价值共同体中的个体人生命体通过自己参与所在利益共同体的价值活动，不仅能完善和提升自己的价值能力，而且为自己在更为广阔的范围内发挥自己的能动性，达到自我实现的目的，提供了现实可能性。

三 超我价值共同体

个体人生命体之意义上的超我，是由个体人生命体超越自我之己私所

[①] ［德］斐迪南·滕尼斯：《共同体与社会——纯粹社会学的基本概念》，林荣远译，商务印书馆1999年版，第52页。

第七章 价值主体的形成机制

接受的社会价值构成的，具有道德良心及负罪感，自我观察与为自我规划理想功能，以及负有监督本我使命的一种生命存在形式。所谓超我价值共同体即是基于个体的超我所建立的价值共同体。作为公共的一种独立表现形式，它是以"和而不同"作为具有独立政治地位和人格权利的不同个体人生命体共处的基准，以基于价值活动共识开展共时价值活动将不同个体人生命体联合在一起所形成的价值共同体，类似于合作共同体。[1] 超我价值共同体具有以下6个特征。

其一，"和而不同"的价值主张。作为一种价值存在，它凝聚了自己所有成员的共同价值意志和价值目的的指向，呈现出"和而不同"的价值形态，与内部可能存在的"同而不和"型价值形成了鲜明的对比。

其二，"多元共时"的价值活动。所谓多元共时是指在超我价值共同体中，同一时刻存在多个彼此独立、地位相同、互为存在条件的价值主体，针对同一客体同时开展价值活动的现象。具有"多元共时"关系的价值主体，通过协商将自己作为要素合作构成一个新的系统，并以其为主体共同建构同一客体，继而使这些具有"多元共时"关系的价值主体基于同一客体建构自己的价值关系，实现各自的价值活动目的。客体自身的可分性、多义共存性及主体化途径的多样性，是产生"多元共时"共同协作开展价值活动的客观基础。这种现象类似于出于获得兽皮为目的的主体、出于获得兽角为目的的主体、出于获得兽骨为目的的主体及出于获得兽肉为目的的主体，联合组成一个打猎队合作打猎一样，在捕获到野兽后，他们会与自己所需要的部位建立属于自己的价值关系，确保每一个主体均实现自己的价值活动目的。在超我价值共同体中，尽管其成员之间有种种的结合，但依然保持分离，其个体成员价值行动的发生与其说是为了其他成员，不如说是为了它自己。[2]

其三，宽容的内在排斥性。超我价值共同体是在特定情况和历史条件下的本能和遗传的产物，其成员之间的实然关系既源于有意识地共同开展价值活动，又为这种价值活动的实际运行所认定，并通过这种认定使超我

---

[1] 张康之等：《共同体的进化》，中国社会科学出版社2012年版，第10页。

[2] [德] 斐迪南·滕尼斯：《共同体与社会——纯粹社会学的基本概念》，林荣远译，商务印书馆1999年版，第95页。

价值共同体表现为理性和道德力量的产物，使各个成员成为共同体集体的产物。[①] 所谓内在的排斥即超我价值共同体仅围绕这种集体有意识价值活动所建立起的成员共同认同机制，拒绝采纳任何其他选项作为自己的内部规则及成员资格条件，并要求其成员无条件地服从这种认同，但对这种认同之外的部分不做要求，允许其构成人员有自己个体意义上的价值准则及价值活动空间。所谓宽容的内在排斥性就是从这个意义上讲的。[②] 宽容的内在排斥性与价值活动的"和而不同"在本质上是一致的，是建立实际价值活动主体开展价值活动中的"和而不同"。

其四，共同体秩序的显在规定性。超我价值共同体建立了硬制度性的机制使其构成人员在共同体内的价值活动具有可预知性和可彼此监控性。在超我价值共同体中，个体人生命体的价值活动压力来源于包括自己在内的所有成员所建立的价值活动的理性规则，这个理性规则不仅唤起个体人生命体的良知和自由，对个体人生命体的良知和自由进行限制，[③] 使得他们能彼此相互监督并有机地联合起来实质性地组成超我价值共同体，而且使得超我价值共同体表现为一种有序的结构，并处于自我监控的有序运行状态。

其五，基于契约的内部教化机制。超我价值共同体是不同价值主体通过契约的形式重新组合而成的价值活动结合体，[④] 为了内在结构的稳定及自身的可持续发展，会根据形成价值活动联合体的契约，按照其成员能公正、平等有效践行契约及切实监督契约得到执行的要求，对自己的成员进行教化。基于此，超我价值共同体除了把契约自身直接构成所涉及的内容，以及与其直接相关的知识、技能及思想方法作为规定的教化与培育内容之外，还把自己所涉及的所有成员的结构与运行规律及其所形成的文化也作为自己规定的教化内容，促进成员之间彼此了解，把外在的契约转化为自己的内在规定，同时发展各自的价值认知及价值活动能力，改进、完善、巩固价值活动开始时所构成的价值活动联合体。

---

① ［法］马里旦：《人和国家》，沈宗灵译，中国法制出版社2011年版，第2—4页。
② ［加］查尔斯·泰勒：《共同体与民主》，张容南译，《现代哲学》2009年第6期。
③ ［法］马里旦：《人和国家》，沈宗灵译，中国法制出版社2011年版，第23页。
④ 所谓结合指形成个体人生命之间统一对内和对外发挥作用的关系。结合体即与这种结合关系的载体具有完全同一性的实然系统，使得结合表现为现实的和有机的生命。

其六，个体人生命体的价值异化。一方面，超我价值共同体意义上的"公共"就是与整个共同体有重要关系的，或属于这整个共同体的，或附属于共同体借之作为一个实体聚集起来并进行行动的那些工具、机构或场所的东西，① 即活生生的个体人生命体被异化为没有生命意义的工具、机构或场所；另一方面，本我价值共同体作为价值行为的统一体发展并分离出自我价值共同体，摆脱了本我价值共同体价值活动规模与价值能力的局限性，扩大了从事价值活动的规模和能力，同时使价值共同体更多地表现为是作为价值活动方式的存在，而非对自己所在价值共同体实现价值的直接肯定。② 可是，自我价值共同体发展为超我价值共同体，却仿佛是其中的个体人生命体以"公共"的形式存在向自己的回归，但在这种回归的同时，其成员却把自己做成了"契约人"与"共识人"，使自己完全失去独立追求价值的自由及获得具有自己个性特征的价值。在这样的价值共同体中，共同体的生活是相互地占有和享受，以及占有和享受共同的财产。由于占有本身就是享受，就是保持的意志，以及满足和实现意志，③ 因而，在超我价值共同体中，个体人生命体既扩大了自身作为公共的含义，使自己获得了以异质价值共存的方式存在，为自己创新自己存在的意义奠定了现实的基础，同时也使自己陷于因选择而确定的具体存在形式及诸多"契约"与"共识"的束缚，以及不断增加的个人责任之中。④

第二节　价值主体的机制

所谓价值主体的机制，这里指以本我价值共同体、自我价值共同体及超我价值共同体中的一个或数个作为构成要素，确定其交互作用方式，构成以"公共"作为价值主体的机制，具体包括动力机制、制动机制、认知机制及实现机制，这些机制因公共之作为价值主体的构成要素不同

---

① ［美］查尔斯·泰勒：《吁求市民社会》，载汪晖等主编《文化与公共性》，生活·读书·新知三联书店1998年版，第188页。
② ［德］斐迪南·滕尼斯：《共同体与社会——纯粹社会学的基本概念》，林荣远译，商务印书馆1999年版，第65页。
③ 同上书，第76页。
④ 同上书，第262页。

(见表 7-1) 具有不同的机理。

表 7-1　　公共之作为价值主体的构成要素类型

公共的类型		要素类型		
		本我价值共同体	自我价值共同体	超我价值共同体
单要素类	类型 1	✓		
	类型 2		✓	
	类型 3			✓
双要素类	类型 4	✓	✓	
	类型 5		✓	✓
	类型 6	✓		✓
三要素类	类型 7	✓	✓	✓

一　动力机制

公共类价值主体存在与运行的内在动力来源于其构成要素以实现自己既定价值为目的，通过彼此联合构成主体作为价值活动工具，实现自己既定价值的需要与行动，并以其构成要素能否实现自己既定的价值确定各要素之价值活动能力的合成方式及其作用对象的诉求。公共类价值主体的动力机制即以制度的形式将其构成要素的这类诉求确定下来，并使其具有强制和保护各要素参与整体价值活动的作用，包括单要素类公共的动力机制、双要素类公共的动力机制及三要素类公共的动力机制。

(一) 单要素类公共的动力机制

单要素类公共并非指只有一个构成要素的公共，尽管一个要素可以视为公共存在的具体形式，但单要素类公共却是指由相同类型的价值共同体构成的公共，本源于价值活动的竞争性，其具体的构成形式丰富多样，形成的动力机制也要各具特色。[①]

对于本我价值共同体类公共 (类型 1) 而言，不同本我价值共同体能

---

① 只有一个构成要素的公共是单要素类公共的特殊情形，这类公共实际上就是本书已经讨论的 3 类价值共同体，其作为公共的动力机制与其作为价值共同体的动力机制是一致的，对于制动机制、认知机制及实现机制也是如此。因而，本书只讨论单要素类至少含两个要素的公共的机制。

联合在一起开展价值活动的基础是它们具有共同的价值客体，而且均以该价值客体的同一属性满足自己的需要，形成了价值活动的竞争性。现实中，单个的本我价值共同体面对这种情势可以采取两种策略实现自己的价值：其一，消灭其他本我价值共同体，自己单独与该价值客体建立价值关系；其二，与其他本我价值共同体协商并达成协定，规定各自单独与该价值客体建立价值关系的份额。形成本我价值共同体作为构成要素的单要素类公共便是后一种策略解决价值竞争的结果。单要素类公共即成为制度所确定的存在，这个制度在确保价值活动所必需的竞争性的基础上，明确规定作为自己构成要素的各本我价值共同体在价值活动中发挥作用的方式、程度及范围，以及通过自己发挥作用应得的价值份额，此即由本我价值共同体作为构成要素的单要素类公共的动力机制。①

对于自我价值共同体类公共（类型2）而言，不同自我价值共同体能联合在一起开展价值活动的基础是他们具有共同的价值活动方式，而且均以该价值活动方式作为维系自身存在的支柱，但这种价值活动的结果却具有竞争性并危及自我价值共同体的存在与发展。实践中，单个的自我价值共同体面对这种情势同样可以采取两种策略维系自身的存在与发展：其一，消灭其他自我价值共同体，确保自己的价值活动产品成为独一无二的产品，从而获得独一无二的地位；其二，基于维系自身存在与发展的需要，与其他自我价值共同体协商并达成协定，规定各自必须遵守的单独价值活动的产品份额。形成以自我价值共同体作为构成要素的结合体作为单要素类公共便是后一种策略解决价值活动结果竞争性的结果。这类公共在确保价值活动所必需的竞争性的基础上，以协定的形式明确规定作为自己构成要素的各自我价值共同体在价值活动中方式与范围，以及通过自己价值活动最终所能形成的价值活动产品份额，② 此即由自我价值共同体作为

---

① 如果把一个省或相当于省的直辖市、自治区视为一个自我价值共同体，那么基于1987年国务院批准的《黄河可供水量分配方案》分配用水量所形成的公共，就是一个典型的本我价值共同体作为构成要素的单要素类公共。

② 这里的价值产品份额既可以是形成的正价值的份额，也可以是形成的负价值的份额。例如，在国民经济生产中，对于不同地区的相同产业部分，既可以最终能生产多少产品或形成多少工业产值（正价值）作为份额，也可以生产中的碳排放（负价值）量作为份额。实践中，对于负价值份额的控制，有利于类型2公共的构成要素不断改进、完善及创新自己的价值生产方式，降低价值生产活动的代价。

构成要素的单要素类公共的动力机制。[1]

对于超我价值共同体类公共（类型3）而言，不同超我价值共同体能联合在一起开展价值活动的基础是它们的价值客体能构成一个有机的整体，而且不通过构成这个有机整体就无法得到自己所需要的价值客体。单一的超我价值共同体的价值活动存在利他现象，其价值活动结果在满足自己价值实现的同时，甚至可能导致其他超我价值共同体不劳而获并处于更有利的存在和运行状态。为此，理性的超我价值共同体会尽可能地寻求与自己价值活动结果利他所指向的所有的"它"，与自己共同开展价值活动。为了有效开展价值活动，它们会按照先大致构造整体价值客体，再从中析取自己所需部分对应的价值活动内容及范围规定自己的价值活动方式及强度，并以具有约束力、强制性及可兑现价值实现的协定形成价值活动的结合体，[2] 相应的合作协定即成为其产生和维持价值活动的现实动力机制。需要指出的是，超我价值共同体自身即具有基于共同价值客体之不同价值属性实现作为其构成部分的个体人生命体价值实现的特性，而其作为构成要素构成单要素公共则说明，一方面超我价值共同体价值活动能力具有局限性，在达到其价值活动目的方面存在比其单独价值活动方式更为经济有效的共同价值活动方式，另一方面价值活动自身具有再抽象的特点，特定的价值活动在特定的条件下均可转化为另外一个更具统摄性的价值活动的组成部分，使得其价值活动的成本总是可优化的，因而"公共"是一个发展着的词，在不同历史时期具有不同的内涵。[3]

（二）双要素类公共的动力机制

对本我价值共同体与自我价值共同体构成的公共（类型4）而言，出于使自身最大化实现价值的目的，本我价值共同体为了降低自己价值活动

---

[1] 如果把国家视为一个自我价值共同体，那么石油输出国组织（Organization of Petroleum Exporting Countries, OPEC）就是一个典型的自我价值共同体意义上的单要素类公共。

[2] 这个结合体就是以超我价值共同体作为构成要素的单要素类公共。

[3] 如果将国务院2010年12月21日印发的《全国主体功能区规划》确定的主体功能区作为超我价值共同体，则全国陆地国土空间及内水和领海（不包括港澳台地区），按开发方式分为优化开发区域、重点开发区域、限制开发区域及禁止开发区域等5类主体功能区所形成的公共，或按开发内容划分为城市化地区、农产品主产区和重点生态功能区3类主体功能区所形成的公共，均是典型的以超我价值共同体作为构成要素的单要素类公共。

的成本，提高价值活动的效率，需要寻求自身以外更为有效的价值活动方式；自我价值共同体出于充分、完全发挥自己价值活动方式效能，实现自身价值最大化的需要，会寻求用既有的方式生产与既有价值产品不同的价值产品。这两方面的需要会促成本我价值共同体与自我价值共同体以自身为要素结合成为能彼此满足对方需要的结合体，共同开展价值活动。在这个价值结合体所表征的公共中，本我价值共同体与自我价值共同体作为地位平等的要素，协商并共同签订具有强制性的协定确定各要素在共同价值活动中应该承担的义务和享受的权利，义务及权利的可观测表现形式，义务及享受权利的具体兑现途径与方式，以及在共同价值活动中具体应该遵守的活动规则和所允许的价值活动范围、方法及程序，这些协定及其运行形成了类型4公共的动力机制。

对自我价值共同体与超我价值共同体构成的公共（类型5）而言，出于最大化实现价值的目的，自我价值共同体会努力使自身所拥有的价值活动方式与能力，最大限度地发挥形成价值的作用，以避免自己"产能"的浪费，而超我价值共同体本来就是一个具有理性和不同价值诉求的个体人生命体构成的价值共同体，降低价值实现的成本理所当然的是它们的共同诉求，这决定了它们会主动寻求比自己亲历成本更低的价值生产方式为自己实现价值目标，从而有效降低自己价值实现的成本，为自己的价值创新创造新的契机。因此，这种基于对方优势互补形成的公共所开展的价值活动既具有客观的价值基础，又具有现实的人力、物力、财力及信息的支撑。为此，自我价值共同体与超我价值共同体需要用既有强制性和约束性的协定做出三方面的规定：其一，自我价值共同体通过为超我价值共同体价值生产服务获得价值补偿的标准与途径，以及必须遵循的对价值生产的规定；其二，超我价值共同体利用自我价值共同体为自己生产价值的范围，必须尊重和保护的自我价值共同体开展价值生产的自主权，以及支付给自我价值共同体价值补偿的内容、标准及方法；其三，自我价值共同体不履行"其一"与超我价值共同体不履行"其二"时，各自必须受到具有现实性、可操作性及有效性的惩戒。这个协定及其运行即构成了类型5公共的动力机制。

对本我价值共同体与超我价值共同体构成的公共（类型6）而言，出于创新自己价值活动的需要，一方面本我价值共同体会在自己既有的价值种类之外，寻求新的价值种类来拓宽自己的价值活动领域，从根本上丰富、完善及创新自己的价值活动；另一方面，超我价值共同体也需要在自己既有的价值种类之外，寻求新的价值来丰富、完善及创新自己的价值活动。因而，本我价值共同体和超我价值共同体彼此均有希望能够融入对方的价值活动之中，并获得对方作为价值主体的身份，形成相应价值的需要。这种需要的具体载体不仅现实可见，而且实现这种需要也具有现实性。只要他们彼此承诺并兑现向对方转移自己的价值主体资格，或告知成为价值主体需要具备的条件及具备这些条件的具体方式、方法，即可使彼此获得对方的价值主体资格。在实际价值活动中，本我价值共同体与超我价值共同体通过签订构成以自己作为要素的价值主体构成规则，明确自己必须出让自己作为价值主体身份的程度形成公共，并通过这个公共所开展的价值活动，确保各自按照对方既定出让的价值主体身份程度，获得对方的价值主体身份，实质性地拓展自己的价值种类，达成创新自己价值的目的，这即构成了类型6公共的动力机制。

（三）三要素类公共的动力机制

前面的分析已经表明，本我价值共同体是一种以感性自我价值实现为特征的自利性目的性组织，自我价值共同体是一种以生产价值为特征的共享性工具性组织，超我价值共同体是一种以理性自我价值实现为特征的共享性目的性组织。显然，基于目的性组织的特性，本我价值共同体与超我价值共同体能天然地结合在一起，形成新的价值活动能力更强的公共；基于共享性组织的特性，自我价值共同体与超我价值共同体也能天然地结合在一起，形成新的价值活动能力更强的公共；基于工具性组织能价值无涉地满足自利性的要求，自我价值共同体又能成为本我价值共同体开展价值活动的天然盟友。因此，以本我价值共同体、自我价值共同体及超我价值共同体作为要素结合而成的主体，不仅能形成更为强大的价值活动能力，而且通过它们之间的交互作用还能形成系统效应，创造出其单独开展价值活动（甚至是两个结合）不可能得到的具有创新意义的价值种类和价值活动领域。要以本我价值共同体、自我价值共同体及超我价值共同体作为要素结合成新的具有能动性的公共，就必须把这个新的主体建立在同时满足以下6个条件作为自己动力机制的共同协定及其运行之上。

条件1：将自我价值共同体要素充分实现自己价值活动功能所带来的

净价值[①]作为公共收益，由全部要素共同分享；[②]

条件2：将本我价值共同体要素和超我价值共同体要素在自己实现原有价值所节省的价值活动成本作为公共收益，由全部要素共同分享；

条件3：将系统效应所形成的具有创新意义的价值作为公共收益，由全部要素共同分享；

条件4：约定向自身以外要素开放的价值种类、价值活动领域及价值活动的方式、方法；

条件5：规定公共收益及创新价值的计量标准与方法，以及向要素支付价值和要素之间转移支付价值的方法；

条件6：明确、具体、可操作及有效的惩戒不履行条件1至条件5者的措施。

二 制动机制

制动机制这里指公共作为价值主体根据价值活动的实际情况，调整各要素及其相互之间交互作用方式与强度的机制。公共类价值主体存在与运行的制动来源于自己通过价值活动过程改进和完善了自己的价值认知结构，以及以自己价值实现最大化作为目的的主观能动性，所形成的调整自己既定价值活动规划或行动的诉求。其中，公共的主观能动性是形成制动机制的主观基础；公共自身价值认知结构的完善是确保及时、有效制动的价值认知科学意义方面的保障。各构成要素在结合成公共之前，以实现自己价值活动价值最大化为目的，通过协商确定在价值活动开展之后，由它们结合成的公共会对强制性地调整各要素及其相互之间交互作用方式与强度的条件，以及具体的调整原则及方法的具体规定。这个规定就是由这些要素所组成公共的制动机制，具体包括单要素类公共的制动机制、双要素类公共的制动机制及三要素类公共的制动机制3类。

（一）单要素类公共的制动机制

类型1公共、类型2公共及类型3公共是基于不同类型需要结合而成

---

① 所谓净价值指扣除价值活动成本后所形成的价值量。

② 这里的分享并不是把全部公共收益平均分给所有要素，它包括把其中的一部分平均分给所有要素（这部分收益称为可分公共收益），而把剩余的部分以公共名义保存下来使所有的要素均能以公共的名义享有这部分收益（这部分收益称为不可分公共收益）。

的公共，其内部的制动机制与原理也不一样。

对于类型1公共而言，其构成要素尽管以事先既定的规则共同开展价值活动，但这些要素通过价值活动过程改进和完善自己价值认知结构及提升自己开展价值活动能力的程度并不一样，导致其在实际价值活动过程中所得的价值份额有可能超出其既定的应得份额，同时也导致其他要素在实际价值活动过程中所得的价值份额有可能少于其既定的应得份额，如果任其发展则最终会导致公共的解体。为避免发生类似的现象，维持类型1公共自身的可持续发展，各单个的本我价值共同体在结合成类型1公共时会与其他本我价值共同体协商达成具有强制性、无条件服从的协定。一方面规定各自通过共同价值活动能获得的价值最大份额和价值最小份额，以及超出这个份额范围的处理措施；另一方面规定根据价值活动实际进程调整既定价值方案及作用方式需要满足的标志性条件，以及根据这些标志性条件预设的必须执行的调整方案。这个强制性的协定及其运行即构成了类型1公共的制动机制。

对于类型2公共而言，基于同一价值活动方式的不同自我价值共同体均会通过对自己价值活动的反思与研究，借鉴有关科学与技术发展的成果，不断改进和完善自己的活动方式，降低自己价值活动的成本，提高自己的价值活动效率，从而使自己的价值产能处于过剩状态。如果不加限制，任其自然生产，则最终会因所生产的价值产品过多反而损及这些要素自身的价值实现。与此同时，其构成要素通过价值生产改进、完善及创新自己价值生产方式能力的差异性，可能导致类型2公共之构成要素不能均衡提高各自的价值产能，这使得在实际的价值活动中其在价值活动开始之初被认定的价值产能差异被扩大，出现类似于经济学中的剩余价值现象。可是，对这种现象过分进行限制却会危及类型2公共形成自身可持续发展所需要的内部张力，不利于类型2公共自身的发展和超越。因而，自我价值共同体在结合成类型2公共时，会基于确保类型2公共实现可持续发展的需要，通过协商达成具有强制性、无条件服从的协定，规定各自必须遵守的基于共同认可的已有价值生产方式单独生产的价值产品份额范围，通过价值生产方式创新所能生产的价值产品份额范围，以及根据价值活动过程调整各要素生产价值产品份额需要满足的条件及具体调整原则与方法。这个强制性的协定及其运行即构成了类型2公共的制动机制。

对于类型3公共而言，以最小投入获得最大的价值收益是其构成要素在实际价值活动中所遵循的准则，因而，其构成要素总是处于既设法利用其他要素为自己的价值活动服务，又设法使其他要素对自己的价值活动做出自我补偿的状态之中。这种状态有可能导致类型 3 公共的构成要素做出两种极端的选择：其一，自己尽可能少地直接参与价值活动或不直接参与价值活动，但却获得比直接参与价值活动更多的价值收益；其二，自己尽可能多地直接参与价值活动，甚至是包办全部价值活动，使自己通过先完全垄断有关客体，再转让这个客体可以作为其他要素价值客体的属性，获得比合作开展价值活动更多的收益。显然，个别构成要素这两种选择中的任何一种不仅均会导致类型 3 公共的名存实亡，而且会危及其他构成要素的价值实现。类型 3 公共的制动机制就是各超我价值共同体为了防范出现这种情形，确保自己的价值实现，在构成类型 3 公共之前共同协商确定的，在实际共同价值活动中强制、无条件地服从协定及其运行。这个协定的核心是规定"不有效参与价值活动不得""多有效参与价值活动多得"及"垄断价值活动受惩戒"的内容及其需要满足的条件，以及具体兑现这些规定的有效措施。

（二）双要素类公共的制动机制

类型 4 公共、类型 5 公共及类型 6 公共均是具有不同价值认知水平及价值活动能力的价值共同体，基于实现自身价值最大化的需要所组成的利益共同体，其中价值认知水平及价值活动能力是处于相对劣势地位的要素，相对而言，更加需要通过建立公共的制动机制来监控和调节它所参与的共同价值活动的进程。

本我价值共同体降低自己价值活动成本的需要与自我价值共同体使自己价值活动方式效能最大化的需要，是形成类型 4 公共的价值基础。在类型 4 公共的实际价值活动中，本我价值共同体既会通过提升自己的价值活动能力，摆脱对自我价值共同体所拥有价值活动能力方面优势的依赖，也会利用自己价值活动需要新价值活动方式的需要反制自我价值共同体的价值活动能力优势，而自我价值共同体为了保持自己在价值活动能力方面的优势，会在培育并确保自我价值共同体对自己价值活动能力依赖的情况下，控制本我价值共同体价值活动能力的发展，达到控制本我价值共同体价值活动的目的。因此，不同要素之间的控制与反控制及赢利与反赢利，是类型 4 公共内部的基本矛盾。类型 4 公共的制动机制即自己的构成要素是通过协商形成的、强制性、必须无条件服从的规定：各要素能使用的控制与反控制的手段、赢利与反赢利的手段及违背这些限制所必须受到的及时、有效的惩戒。

自我价值共同体使自己价值"产能"最大化的需要与超我价值共同体理性降低价值实现成本的需要，是它们作为要素构成类型5公共共同开展价值活动的价值基础。类型5公共在实际价值活动中也会出现类似类型4公共运行时出现的矛盾，即不同要素之间的控制与反控制及赢利与反赢利，而且由于超我价值共同体在价值认知水平方面的发展优势，它会在这种交互作用中处于主导地位。为了防范出现自我共同体成为类型5公共中的廉价价值生产工具，超我价值各共同体成为类型5公共之价值活动的主宰者，确保各要素的平等地位及各自能有尊严地实现自己的价值，各要素必须事先协商并确定在共同价值活动中无条件服从的协定，规定类型5公共强制性地调节自己要素之价值活动方式、强度及其领域所需要满足的可具体观测和检核的条件，以及具体调节价值活动的方式、方法。这个协定及其运行即类型5公共的制动机制。

创新自己价值种类和拓宽自己价值活动领域是本我价值共同体和超我价值共同体的共同需要，这形成了以它们作为要素结合成类型6公共共同开展价值活动的价值基础。但是，它们以获得对方作为价值主体的身份融入对方的价值活动之中，形成相应价值满足自己价值实现需要的做法，如果不事先确定制动机制则很难保证各要素均能实现自己应得的价值。对于作为价值主体的特定价值共同体而言，作为价值主体在量上的扩张会导致自己原来所拥有的价值贬值，而补充进新的价值又会使自己所拥有的价值在形式和量的方面均有所增加。因而，确保构成要素通过类型6公共所获得的新价值的价值量大于自己价值贬值的量，即构成了类型6公共得以现实成立及可持续运行的基础。为此，各构成要素会在构成类型6公共时，事先协商确定公共在共同价值活动过程中强制性调节价值活动的协定，规定各要素必须无条件服从调节的各要素价值增量的范围，各要素价值增量之间差距的最高限值，以及具体调节共同价值活动的方式、方法。这个协定及其运行即类型6公共的制动机制。

(三) 三要素类公共的制动机制

与其他6种类型公共的结构比较而言，类型7公共的构造涉及的价值种类更多，价值活动的方式更为复杂，尽管价值最大化是各要素结合成组合体共同开展价值活动的价值基础，但是它们之间的作用方式及具体联结的纽带度却不一样,这确定了类型 7 的构成要素会利用这些纽带,从不同方面协商确定具有统一指向的协定,并以这个协定及其运行作为自己的制动机制,调节各要素价值活动的方式、强度及领域。这个机制表现为,具体按照只要满足以下 5 个条件之一即对自己的价值活动进行调节,并确定根据超出这 5 个限制条件的程度所采取调节手段的强度和范围。

条件 1:自我价值共同体要素从自己充分实现自己价值生产功能所带来的净价值中所占份额多于按照要素数所确定的平均份额;

条件 2:本我价值共同体要素和超我价值共同体要素从自己实现原有价值所节省的价值活动成本中所占份额多于按照要素数所确定的平均份额;

条件 3:与约定向自身以外的要素开放的价值种类、价值活动领域及价值活动的方式、方法不一致;

条件 4:要素的价值活动方式、方法及范围与约定的不一致;

条件 5:不按照既定的公共收益及创新价值的计量标准与方法对价值活动所形成的价值进行计量,或者不按照既定的向要素支付价值和要素之间转移支付价值的方法支付价值。

三 认知机制

公共作为由若干价值共同体构成的利益共同体,其认知机制是指其作为一个新的组织基于自己的价值活动,进行认知科学、价值科学、自身存在必要性及改进和完善自身存在机理等方面认知的机制。具体公共之要素结构方面的差异决定了公共的认知机制具有典型的个性特征,反映出公共的不同认知偏好。

(一) 单要素类公共的认知机制

相对而言,单要素类公共的认知机制是公共之认知机制所涉及内容与方式最为简单的情形,带有鲜明的单一特色。

类型 1 公共的认知驱动力源于自己构成要素的认知内驱力所形成的合力。[①] 认知内驱力是一种内部认知动机,它导致类型 1 公共只对认知内容

---

① 所谓认知内驱力是指人生命体要求了解和理解的需要,它发端于人生命体之好奇的和探究、操作、理解和应付环境的心理倾向,具体表现为人生命体要求掌握认知科学知识和价值科学知识的需要,以及系统地阐述价值问题并解决价值问题的需要。

和任务本身有兴趣,并由这种兴趣所形成的好奇心的发展构成个体人生命体的求知欲,通过认知获得知识和解决问题本身满足这种需要,实现自己的价值追求,以及通过这种价值实现进一步稳定和发展求知欲,构成个体人生命体的新的认知内驱力,保持自己持续地开展这类认知活动。类型1公共的认知驱动力是由其构成要素的认知内驱力的合力所决定的,其构成要素主要通过规范认知途径获得类型1公共的规范知识,以及解决类型1公共的规范问题来满足自己的认知需要,并进一步完善和发展类型1公共的认知内驱力来实现。

类型2公共的认知除了源于其构成要素的认知内驱力之外,还来源于其构成要素之自我提高的内驱力,这两股力所形成的合力提供了类型2公共的认知驱动力。个体人生命体自我提高的内驱力反映了其要求凭借自己才能和成就在公共中获得相应地位的愿望和需要,是一种外部动机。为了获得自己所期望的地位,得到自己能感觉到的公共中的其他个体人生命体也承认的高水平的自尊,个体人生命体必须从源头和根本上对自己所在的公共进行认知,使自己通晓自己所从事的价值活动,确保自己的价值活动熟练程度及所使用的技术在类型2公共中处于领先地位,以及在未来的类型2公共中能获得较高的地位和自尊。除了开展与类型1公共相同的认知活动之外,通过认知获得类型2公共的信息及功能分工使自己成为类型2公共之不可替代的构成部分,是实现、完善及发展类型2公共之认知驱动力的新的途径。

类型3公共的认知不仅以其构成要素的认知内驱力和自我提高的内驱力作为认知原动力,而且以其构成要素的附属内驱力作为原动力,这三股力所形成的合力提供了类型3公共的认知驱动力。个体人生命体的附属内驱力是一种外部动机,表现为个体人生命体为了赢得基于自己对所在价值共同体其他要素的依附性所给出的赞许、认可所形成的认知需要。个体人生命体所在的价值共同体中存在自己依附和效法的个体人生命体,是其能产生和实现这种认知需要的物质基础。现实中,个体人生命体对自己所在的作为公共构成要素的价值共同体的文化认知,厘清与自己所在公共的其他个体人生命体中存在的依附关系,以及自己效法的个体人生命体,既是形成和发展自己附属内驱力的前提和基本途径,也是形成和发展以自己所在要素作为认知主体的附属内驱力的前提和基本途径,从而使自己所在的公共成为具有文化共识的公共,并为形成和发展附属内驱力提供新的基础。

需要指出的是，类型1公共也存在基于附属内驱力作为原动力的认知驱动力，但是其构成要素的本我状态决定了其只会按照对自我复制意义上的其他个体人生命体的效法，以及与这些个体人生命体所形成的依附关系来形成自己的附属内驱力，进而驱动自己的认知。这种认知驱动力与其基于认知内驱力所形成的认知驱动力相比，无论是作用的范围还是作用的强度均相距甚远，只有从类型1公共发展和自我实现的角度，它才有被开发和利用的价值。而且，对于类型2公共而言也可得出类似的结论。

(二) 双要素类公共的认知机制

研究成果表明，组织的认知过程由认知准备过程、信息交流过程、知识习得与实践过程、转换与整合过程及负责与认可过程5个阶段组成，如果以信息交流过程、知识习得与实践过程及转换与整合过程作为维度，并用 [1, 9] 表示各维度上的程度范围，其中数越大程度越高，则能得出组织认知过程的应用模型。[1]借鉴这个方法可探析二要素类公共的认知机制。

对于类型4公共而言，本我价值共同体和自我价值共同体各自的特殊性成为彼此认知的对象，是形成其认知机制的客观基础。本我价值共同体围绕如何有效利用自我价值共同体所掌握的价值活动技术，以及开展价值活动的策略，有意识地开展自己的价值认知活动，完善自己的价值认知结构，完善和发展自己的价值活动能力与策略，而自我价值共同体则围绕如何有效利用本我价值共同体价值能力的局限性，以及其开展价值活动所需要解决的问题，有意识地开展自己的价值认知活动，完善自己的价值认知结构及价值活动的能力与策略，其内部所蕴含的标准认知类别如表7-2所示。此外，鉴于本我价值共同体价值认知发展的水平及自我价值共同体的技术化倾向，它们的无意识潜认知类认知活动，也是形成类型4公共认知的重要力量与内容（见表7-2）。

---

[1] [美] 杰里·W. 吉雷等：《组织学习、绩效与变革：战略人力资源开发导论》，康青译，中国人民大学出版社2005年版，第127—148页。

表 7-2　　　　　　　类型 4 公共之标准认知类别构成

标准认知类别	认知过程的阶段及其强度											体现度①
	信息交流过程强度			知识习得与实践过程强度			转换与整合过程强度				
	1	…… 5 ……	9	1	…… 5 ……	9	1	…… 5 ……	9			
无意识潜认知	✓				✓		✓					0.8
内容导向型认知			✓		✓			✓				1
传统理论型认知			✓			✓		✓				1
自主型认知		✓	✓								✓	1

对于类型 5 公共而言，自我价值共同体和超我价值共同体各自的特殊性成为彼此认知的对象，是形成其认知机制的客观基础。自我价值共同体围绕如何有效利用超我价值共同体所具有的价值认知结构，以及开展价值评价和价值活动监控的策略，有意识地开展自己的价值认知活动，完善自己的价值认知结构，提升驾驭自己价值活动的能力，而超我价值共同体则围绕如何有效利用自我价值共同体在价值活动能力方面的优势，以及其自身价值认知方面存在的问题，有意识地开展自己的价值认知活动，既确保自己的价值活动成本最小化，又提升自己的价值活动能力。不仅如此，这两类构成要素还会有意识地借助价值活动过程，反思自己既有的价值认知结构并完善之。因而，类型 5 公共所蕴含的认知类别除了表 7-2 所示的标准认知类别之外，还有另外的标准认知类别（见表 7-3）。

---

① 体现度指特定公共展现该标准认知类别认知的程度，取值范围为 [0, 1]，取值越大体现的程度越高。其中，0 表示不展现，取值范围 (0, 0.2] 表示少量展现，取值范围 (0.2, 0.4] 表示有一定展现，取值范围 (0.4, 0.6] 表示有相当程度展现，取值范围 (0.6, 0.8] 表示基本展现，取值范围 (0.8, 1) 表示高度展现，1 表示完全展现。此外，表 7-2—表 7-5 的"体现度"一栏中所给出的数是该数所对应的"标准认知类别"一栏中的特定认知在该类型公共中所允许展现程度的下限。事实上，确保"体现度"的下限实现是各类公共认知的基本任务，也是判断相应实然公共与相应应然公共是否一致的重要标志。

表 7-3　　　　　　　　类型 5 公共之标准认知类别构成

标准认知类别	认知过程的阶段及其强度									体现度
	信息交流过程强度			知识习得与实践过程强度			转换与整合过程强度			
	1	…… 5	…… 9	1	…… 5	…… 9	1	…… 5	…… 9	
无意识潜认知	✓			✓			✓			0.2
内容导向型认知		✓			✓			✓		1
传统理论型认知		✓				✓		✓		1
试错型认知	✓							✓		0.2
预期型认知		✓			✓			✓		0.8
自主型认知			✓						✓	1
附带型认知	✓					✓			✓	0.6
偶然型认知	✓					✓			✓	0.6
开发型认知		✓				✓			✓	0.2

对于类型 6 公共而言，本我价值共同体和超我价值共同体各自的特殊性成为彼此认知的对象，构成了其认知机制的客观基础。本我价值共同体围绕掌握超我价值共同体有效管理自己价值活动的策略及所具有的价值认知结构，有意识地开展自己的价值认知活动，直接提升驾驭自己价值活动的能力并完善自己的价值认知结构，而超我价值共同体则围绕如何有效利用本我价值共同体在价值方面的原生性，以及其创新自身价值活动的需要，有意识地开展自己的价值认知活动，既确保自己的价值活动能发挥最大的效益，又创新自己的价值种类及价值活动的领域。但是，由于本我价值共同体的价值认知结构完善水平与超我价值共同体的价值认知结构完善水平差异较大，这使得类型 6 公共与类型 5 公共所蕴含的标准认知类别的体现度方面有一定的差异，相对而言，除了无意识潜认知的体现度之外，类型 6 公共对标准认知类别的各具体认知之体现度方面的要求有所降低（见表7-4）。

表 7-4　　　　　　　　类型 6 公共之标准认知类别构成

标准认知类别	认知过程的阶段及其强度									体现度
	信息交流过程强度			知识习得与实践过程强度			转换与整合过程强度			
	1	…… 5	…… 9	1	…… 5	…… 9	1	…… 5	…… 9	
无意识潜认知	✓			✓			✓			0.6

续表

标准认知类别	认知过程的阶段及其强度									体现度
	信息交流过程强度			知识习得与实践过程强度			转换与整合过程强度			
	1	…… 5	…… 9	1	…… 5	…… 9	1	…… 5	…… 9	
内容导向型认知			✓	✓			✓			1
传统理论型认知		✓				✓		✓		1
试错型认知	✓					✓	✓			0
预期型认知		✓			✓			✓		0.6
自主型认知			✓	✓					✓	1
附带型认知	✓					✓			✓	0.4
偶然型认知	✓								✓	0.2
开发型认知			✓			✓			✓	0.1

（三）三要素类公共的认知机制

类型7公共的构成要素的合作以价值客体合作、价值活动方式合作、工具性价值活动目的合作及目的性价值活动目的合作作为基本形式，这些基本形式的合作既构成了它认知活动范围，也确定了它认知活动的基本内容。类型7公共的认知机制表现为两个方面：

其一，自己的构成要素为了准确地把握自己的价值活动及实现自己的价值，会全面认知其他要素，以便准确把握和利用这些要素对整个公共的贡献实现自己的价值；

其二，通过在以自己名义所共同开展价值活动中的要素的交互作用和价值形成认知层面的价值共识，促成目的性的价值活动与工具性的价值活动相互融通，以及基于价值客体合作与基于价值活动方式进行合作融合。

这两个方面作用的结合既促成了类型7公共作为认知主体的认知结构的形成，又推动已形成的认知结构不断改进和完善自身的结构，使类型7公共成为一个具有价值理性和理性开展价值活动力量居主导地位的公共。与二要素类公共所蕴含的标准认知类别的体现度相比，类型7公共所蕴含的标准认知类别的体现度方面发生了很大变化（见表7-5），其认知活动更加完备，同时也使自己获得了更强的驾驭自己价值活动的能力。

表 7-5　　　　　　　　类型 7 公共之标准认知类别构成

标准认知类别	认知过程的阶段及其强度									体现度
	信息交流过程强度			知识习得与实践过程强度			转换与整合过程强度			
	1	…… 5	…… 9	1	…… 5	…… 9	1	…… 5	…… 9	
无意识潜认知	✓			✓			✓			0.1
内容导向型认知					✓			✓		1
传统理论型认知					✓			✓		1
试错型认知	✓							✓		0.5
预期型认知		✓			✓			✓		0.9
自主型认知					✓					✓	1
附带型认知	✓							✓		0.6
偶然型认知	✓				✓					✓	0.4
开发型认知					✓			✓		✓	0.6

四　实现机制

从某种意义上讲，公共是从其构成要素之间相互联系的角度来考虑和把握价值问题所形成的利益共同体。① 所谓实现机制即公共作为主体满足其构成要素价值需要与使自己作为完备的独立主体更加具有凝聚力和活力的机制，具体由整合原理和合意原理构成。

所谓整合原理即公共从自己的文化、规范、信息及功能 4 个方面将各构成要素有机地整合在一起。对整体意义的公共而言，整合原理的作用机制及其结果呈现为基于并实现公共的文化标准具有一致性、文化标准与构成要素的行为具有一致性、用可理解的信息沟通渠道连接公共的各部分及公共内部存在明确的分工。② 对于公共的构成要素而言，整合原理的作用途径及结果表现为基于并实现具体要素在言语信息、智慧技能、认知策

---

①　张馨：《公共财政论纲》，经济科学出版社 1999 年版，第 272—273 页。
②　[美] R. C. 安吉尔：《社会整合》，秦东晓译，载苏国勋等主编《社会理论的诸理论》(II)，上海三联书店 2005 年版，第 515—526 页。

略、动作技能及态度等方面的改进和完善,[①] 使自己能在更高的认知水平认同自己所在的公共。需要指出的是,公共所使用的语言既是一种"元"制度,也是一种交流的机制,不仅能规范其构成要素的话语行为,而且在某种程度上也能界定和调整各要素之间的权利关系或利益,进而影响以公共作为价值主体的整体价值实现。[②] 因此,语言整合对于公共的整合而言具有特殊意义。

所谓合意原理即公共以合意作为判断自己运行成功的标志之一。合意具有不同含义,对具有正当及法律意义的契约而言,所谓合意是指经由签订契约的各方之解释所认定的表示内容的一致,[③] 是作为真实性(正当性)本来标准的趋同,[④] 也即契约相关方按照各自的理解方式理解由自己参与并签署的共同认可协定能得出相同或具有等价意义的结论。对于公共而言,这方面的合意表现为形成了大家均按照统一意义理解的关于公共政策之价值目标及价值活动的原则及过程。对于社会信仰体系处于特殊状态意义上的合意来看,所谓合意即驱动并强化自己的构成要素能在信仰上取得近似一致意见,或具有某种相互团结和作为整体公共的情感,实现合意的标志是形成了公共之理想表述情境所需要的充分条件,有效地减少了公共出现内部争执的可能性,有效地限制了公共内部各要素导致争执的情感强度和促动力量,确立了通过裁决方式解决争执,以及理性依附公共之确立和实施规则的机构。[⑤] 从公共自身的角度看,合意则是指公共的决策与其构成要素的追求具有一致性,即合意的公共以能在自己的授权范围内最大限度地利用集体的智慧,确保自己做出最明智的公共决策,促进和强化形成公共普遍的认同感或团结感为乐趣,而不是以能利用自己的授权范围做出自己的决定为乐趣。[⑥]

[①] [美] R. M. 加涅:《学习的条件和教学论》,皮连生等译,华东师范大学出版社 1999 年版,第 54—56 页。

[②] 刘永强:《家庭伦理的企业管理制度体系研究》,商务印书馆 2011 年版,第 229 页。

[③] 王泽鉴:《债法原理》,北京大学出版社 2009 年版,第 148—149 页。

[④] [德] 阿图尔·考夫曼:《后现代法哲学——告别演讲》,米健译,法律出版社 2000 年版,第 46—48 页。

[⑤] [美] E. 希尔斯:《合意的概念》,明实译,载苏国勋等主编《社会理论的诸理论》(II),上海三联书店 2005 年版,第 536—545 页。

[⑥] [美] 劳伦斯·米勒:《美国精神》,曹宇等译,工人出版社 1988 年版,第 41 页。

需要指出的是，公共所形成的合意也是自己的构成要素从其本身的"对象"出发所形成的趋同认识，这种趋同在一定程度上只能够为合意形式上的正确提供证据，却不能为判断其合意所指向对象具有真理性提供充分和确凿的证据。①

第三节 价值主体的构成途径与方法

作为价值主体的公共并非一成不变，现实中的公共是其自身完善和发展的过程与该过程所形成结果的统一。不断改进和完善自身的结构，提高自己的价值活动能力，拓宽自己价值活动的领域，在实现价值的过程中使自己产生新的价值需要，使自己处于可持续发展状态，既是公共在现实中存在的形式，也展现了价值主体的构成途径与方法。

一 自身扩张式

称既有价值主体通过传播和普及自己的价值标准，使自己的价值标准成为其他个体人生命体或利益共同体的价值标准，从而改进和完善自己结构与规模，增强自己实现价值能力的方式，为自身扩张式的价值主体的构成途径与方法，简称自身扩张式。自身扩张式包括以下 4 个要点。

其一，既有价值主体公开自身构成的标准。即价值主体根据自身的结构，对自己的构成要素和自己等价表现形式的认知结构及认知能力，做出可操作、可测量的明确规定。这个规定不仅满足使其他主体按照这个标准将自己建设成为自己的构成要素，或等价的表现形式的需要，而且还能满足将它作为判断主动要求成为自己的构成要素或等价的表现形式的主体是否能被给予相应资格的标准的要求。实践中，对于国家层面的作为价值主体的公共而言，一般以本国宪法规定公民义务的形式给出成为实然公民之等价形式的标准。

其二，既有价值主体公开自己的价值标准。即既有价值主体建立起可表达、可理解、可操作及可测量的价值标准，并向其他主体完整宣传这个标准。从内容构成来看，既有价值主体所确定的价值标准包括特定价值所

---

① ［德］阿图尔·考夫曼：《后现代法哲学——告别演讲》，米健译，法律出版社 2000 年版，第 46 页。

对应的自己需要的状态、满足这种需要后自己所出现的变化及价值所依赖的价值客体的构成与规格 3 个方面的内容。从表达来看，这个价值标准必须既采用其他主体所熟知的规范语言与方式准确表达，又采用尊重其他主体文化传统及习俗的语言与方式表达。从操作来看，这个价值标准为其他价值主体开展以获得该价值为目的的价值活动建立了具体的价值活动路径。

其三，既有价值主体公开价值活动的规范性要求。即既有价值主体对形成自己价值活动的具体路径，价值活动所使用的技术种类及规格、信息种类及规格、物质资料种类及规格，以及所使用价值活动工具的操作性要求，均给出明确具体的规定加以公开，并将这个规定作为评判其他主体之以获得这个价值为目的的具体价值活动具有正当性的评判标准。

其四，既有价值主体公开兑现价值的方法。无论是其他主体是以既有价值主体的构成要素开展价值活动，还是以既有价值主体的等价形式开展价值活动，在其按照既定的价值活动规范开展并结束价值活动之后，均要能及时得到其所需要的价值客体并建立价值关系，形成以他们自己作为实然价值主体意义的价值，对此既有的价值主体要给出具有约束力、可检测及公开的规定。

二 交流合作式

称既有价值主体以完善自己价值及提升自己价值活动能力为目的，以自己在价值资源、价值认知及价值活动能力方面的独特性，与其他主体在价值资源、价值认知及价值活动能力方面的独特性所形成的互补性，彼此完善对方之价值的方式，为交流合作式的价值主体构成途径与方法，简称交流合作式。采用交流合作式扩充价值主体需要满足以下 3 个要点。

其一，既有价值主体厘清自己的价值认知结构。知己是既有价值主体能以交流合作式有效完善自身价值及活动能力的前提。知己即对自己当前所拥有的价值认知结构的构成有准确的认识，能清晰地把握自己认知结构所涉及的科学认知意义的知识和价值认知意义的知识的范围，知道自己认知结构所需要扩充的科学知识与价值知识的方向。

其二，既有价值主体准确把握自己价值能力的限度。与对自己既有认知结构必须有清晰的认识一样，既有价值主体必须对自己的认知能力及开展价值活动能力的限度有清晰的认识，准确把握自己的能与不能，以及自己的特色能力和过剩能力，知道自己所需要补充的价值活动能力及能够提供给其他主体的价值活动能力。

其三,价值主体准确把握自己的价值资源。价值主体不仅要准确把握自己直接用于自己价值活动的资源,更为重要的是要厘清自己价值客体之载体的当前拥有量及其分布,准确把握自己所需价值客体之载体的种类及量,确定自己在价值客体之载体拥有量方面的劣势与优势,为通过交流合作方式改进和完善自己提供客观的基础。

需要指出的是,对于以交流形式所形成的价值主体而言,其与其他主体新形成的共识性的公共观点,不具有自己既有要素已形成的共识所具有的规制性强制力量。[1] 因而,价值主体以交流合作形式构造自己只是在形式上扩充了自己,并不能导致自身的结构与规模即刻发生实质性的改变,但这种变化的结果能为自己规格与规模的实质性扩充做准备。

三 价值认知式

称既有价值主体通过对自己活动及其成果的反思,优化和完善自己作为价值主体结构的方式使自己成为新价值主体的方式,为价值认知式的价值主体构成途径与方法,简称价值认知式。价值认知式与价值主体的自身扩张式不同,自身扩张式是一种外延式的发展策略与方法,价值认知式则是一种内涵式的发展策略与方法。通过价值认知式的发展方式,价值主体通过自身价值认知结构的完善和发展,将自己无意识自发的价值活动转化为有意识自为的价值活动,既使自己的价值活动目的明确、确定,也使自身结构与规模的完善和发展具有明确的目标。

开展价值认知式发展的关键是,价值主体将自己的价值行动与对自己价值状态的研究统一起来,使自己既是操作(执行)者又是研究者,用行动研究的方式开展自己的价值活动。一方面,价值主体作为操作(执行)者,其对自己价值状态的研究就是自己开展价值活动的具体行动;另一方面,价值主体作为研究者,其开展价值活动的具体操作(执行)行动就是研究改进和完善自己当前价值状态及价值行动的研究。

需要指出的是,价值主体在采用行动研究的方式发展和完善自身的过程中,也可以利用外部的专业力量来帮助自己完善和提升自己创造和研究价值

---

[1] Steen Vallentin, "Private Management and Public Opinion Corporate Social Responsiveness Revisited", *Business & Society*, Vol. 48, No. 1, March 2009.

的能力。事实上，这正是公共政策执行评估专业机构得以存在的物质基础。

四 价值实现式

称既有价值主体按照优化和完善自身结构与规模的需要，通过将自己部分已经形成的价值即刻转移给自身以外的主体，使之成为自己新的构成要素或使自己既有的特定要素得到改进和完善，从而使自己结构与功能得到升级成为新价值主体的方式，为价值实现式的价值主体构成途径与方法，简称价值实现式。价值实现式类似于特定主体通过引进人才来完善自己的价值研究开发及价值行动能力的做法，其所支付的价值是对这些主体放弃自己作为独立价值主体的补偿，也是对其在价值主体所承担义务之应该享受权利的兑现。

与自身扩张式寻求自己的等价形式相比，价值实现式是价值主体自身结构与规模的本质完善，其活动结果必然形成价值认知能力及价值活动能力更为完善的新价值主体；与交流合作式的基于外部共识或契约扩展自己的价值活动领域及价值能力相比，价值主体通过价值实现式的方式将这种外部共识或契约转化为内部外部共识或契约，使与之相关的主体失去了独立存在的资格而成为自己的构成要素，即在价值实现式的活动中，作为具有强大功能之系统的价值主体，通过保留具有独特价值活动能力但以独立形式存在困难之系统的价值主体之生存和发展权利，以及剥夺其独立自主权力的方式，将其作为自身的要素或完善要素的成分，相应的共识则成为价值主体内部新完善的具有强制性协定的内容；与价值认知式的资源源于自我改进、完善及开发相比，价值主体通过价值实现式的资源源于价值主体的外部，是对自身以外主体的合理利用，可以避免自己进行不必要的探索或重构，降低自己价值活动的代价，提高自己价值活动的效益。

价值主体能以价值实现式形成和拓展自身结构与规模的关键是，价值主体既要从价值认知的角度研究自己的价值活动及其规律，又要从科学认知的角度研究其他主体的价值活动及其规律，发展和完善自己的价值活动能力。

第四节 价值主体公共性的度量

所谓价值主体的公共性指价值主体在制定自己价值活动规划过程中其

构成要素能平等、有效参与的程度。价值主体的公共性越高，其构成要素就越能平等、有效参与其价值活动规划的制定。利用这个原理可以建立计量价值主体公共性的模型。

一 弱公共性度量

价值主体的弱公共性指以达到自己理论构成要素数的半数作为确立价值活动规划准则的价值主体所具有的公共性，简称为弱公共性。

对于价值主体的价值活动规划 p 构造

$$RI(p) = \begin{cases} 0 & \text{如果} \dfrac{\text{理论上的}p\text{与实际的}p\text{之相同要素的个数}}{\text{理论上的}p\text{的要素总数}} = 0, \\ 100e^{6\times(\frac{\text{理论上的}p\text{与实际的}p\text{之相同要素的个数}}{\text{理论上的}p\text{的要素总数}} - \frac{1}{2})} & \text{如果} 0 < \dfrac{\text{理论上的}p\text{与实际的}p\text{之相同要素的个数}}{\text{理论上的}p\text{的要素总数}} < \dfrac{1}{2}, \\ 100 & \text{如果} \dfrac{\text{理论上的}p\text{与实际的}p\text{之相同要素的个数}}{\text{理论上的}p\text{的要素总数}} \geqslant \dfrac{1}{2}. \end{cases}$$

(7-1)

称由公式（7-1）所确定的 $RI(p)$ 为价值活动规划 p 的弱公共性指数。

公式（7-1）表明，$RI(p)$ 的取值范围为 $[0,100]$，其值越大，弱公共性越好。特别的，$RI(p)$ 为 0 表示价值活动规划 p 不具有弱公共性，$RI(p)$ 为 100 表示价值活动规划 p 具有完备的弱公共性。特别的，对于单要素的价值主体而言，要么其价值活动规划 p 的 $RI(p)$ 为 100，即其价值活动规划具有完备的弱公共性，此时的价值活动规划得到了价值主体完全认可；要么其价值活动规划 p 的 $RI(p)$ 为 0，即其价值活动规划不具有完备的弱公共性，此时的价值活动规划没有得到价值主体的认可。

对于价值主体 J 而言，假设其由 N 个要素构成，同时制定及正在执行的价值活动规划有 M 个，用 i（$i=1, 2\cdots M$）表示第 i 个价值活动规划，规定

$$RG(J) = \frac{M\times[\underset{1\leqslant i\leqslant M}{Min}\{RI(i)\} + \underset{1\leqslant i\leqslant M}{Max}\{RI(i)\}] + 2\sum_{i=1}^{M}RI(i)}{4M} \quad (7-2)$$

并称由公式（7-2）确定的 $RG(J)$ 为价值主体 J 弱公共性指数。

$RG(J)$ 的计量方式表明，它充分考虑了价值主体 J 同时制定及正在执行的所有价值活动规划的弱公共性对价值主体 J 弱公共性强度的影响，尤其考虑了出现各价值活动规划的弱公共性差异较大情况对价值主体 J 弱公共性强度的影响，得出的指数强调了公共性对公平的要求。公式（7-2）的构造表明，$RG(J)$ 的取值范围为 $[0,100]$，值越大其所对应的价值主体的弱公共性就越强。特别的，$RG(J)$ 为 0 时，其所对应的价值主体不具有弱公共性；$RG(J)$ 为 100 时，其所对应的价值主体具有完备的弱公共性。

需要指出的是，对于单要素的价值主体而言，要么其弱公共性指数为 100，即它具有完备的弱公共性，此时它是自我认可的；要么其弱公共性指数小于 100，即它具有不具有完备的弱公共性的价值活动规划，此时它的内部存在自我否定，或决策与行动是自我矛盾的问题。

实践中，对于公共政策的价值主体而言，一般要求以其所涉及的单个公民作为其构成要素，并据此计量该价值主体的公共性。对于作为价值主体的国家来讲，其弱公共性指数可以刻画其公民有效参加国家政策制定和决策的程度。弱公共性指数可用于价值主体的公共性预警，在价值主体的弱公共性指数低于 100 时，说明价值主体的公共性已出现严重危机，需要及时采取有效措施防止因公共性破坏而导致价值主体解体。

二 强公共性度量

价值主体的强公共性指以达到自己构成要素数的 2/3 多数作为确立价值活动规划准则的价值主体所具有的公共性，简称强公共性。

对于价值主体的价值活动规划 p 构造

$$QI(p) = \begin{cases} 0 & \text{如果} \dfrac{\text{理论上的} p \text{ 与实际的} p \text{ 之相同要素的个数}}{\text{理论上的} p \text{ 的要素总数}} = 0, \\ 100e^{12 \times \left(\frac{\text{理论上的} p \text{ 与实际的} p \text{ 之相同要素的个数}}{\text{理论上的} p \text{ 的要素总数}} - \frac{2}{3}\right)} & \text{如果} 0 < \dfrac{\text{理论上的} p \text{ 与实际的} p \text{ 之相同要素的个数}}{\text{理论上的} p \text{ 的要素总数}} < \dfrac{2}{3}, \\ 100 & \text{如果} \dfrac{\text{理论上的} p \text{ 与实际的} p \text{ 之相同要素的个数}}{\text{理论上的} p \text{ 的要素总数}} \geq \dfrac{2}{3}\text{。} \end{cases}$$

(7-3)

称由公式（7-3）所确定的 $QI(p)$ 为价值活动规划 p 的强公共性

指数。

公式（7-3）表明，$QI(p)$ 的取值范围为 $[0,100]$，其值越大，价值活动规划 p 的强公共性越好。特别的，$QI(p)$ 为 0 表示价值活动规划 p 不具有强公共性，$QI(p)$ 为 100 表示价值活动规划 p 具有完备的强公共性。特别的，对于单要素的价值主体而言，要么其价值活动规划 p 的 $QI(p)$ 为 100，即其价值活动规划具有完备的强公共性，此时的价值活动规划得到了价值主体完全认可；要么其价值活动规划 p 的 $QI(p)$ 为 0，即其价值活动规划不具有完备的强公共性，此时的价值活动规划没有得到价值主体的认可。

容易得出，具有最低弱公共性的价值活动规划 p 所对应的 $QI(p)$ = 13.5335。由此可见，价值活动规划的强公共性与弱公共性之公共性的强度计量具有明显区别，$QI(p)$ 与 $RI(p)$ 较好地刻画了它们的区别。

对于价值主体 J 而言，沿用公式（7-2）的假设，规定

$$QG(J) = \frac{\sqrt{\underset{1 \leq i \leq M}{Min}\{QI(i)\} \times \underset{1 \leq i \leq M}{Max}\{QI(i)\}} + \sqrt[M]{QI(1) \times QI(2) \times \cdots \times QI(M)}}{2}$$

(7-4)

并称由公式（7-4）确定的 $QG(J)$ 为价值主体 J 强公共性指数。

分析公式（7-4）可以发现，与计量 $RG(J)$ 时其价值活动规划之弱公共性之间具有可替代性相比，$QG(J)$ 的价值活动规划之强公共性之间不具有可替代性，因此，$QG(J)$ 对于价值主体之公共性的要求增强了，具有强公共性的价值主体必然具有弱公共性。类似的，$QG(J)$ 的取值范围为 $[0,100]$，值越大其所对应的价值主体的强公共性就越强。特别的，$QG(J)$ 为 0 时，其所对应的价值主体不具有强公共性；$QG(J)$ 为 100 时，其所对应的价值主体具有完备的强公共性。此外，对于单要素价值主体的强公共性而言，也能得出与其弱公共性类似的结论。

实践中，对于公共政策的价值主体的强公共性计量而言，同样也要求以其所涉及的单个公民作为其构成要素来计量 $QG(J)$。对于作为价值主体的国家来讲，其强公共性指数可以刻画国家现实认可的公民有效参加国家政策制定和决策的程度。实践中，强公共性指数可用于价值主体确定维持自己公共性的最优成本，在价值主体的强公共性指数处于某个合适区间时，价值主体不必再增加投入增强自己的公共性，避免发生公共性冗余的现象。

第八章　评价标准的确立策略与方法

评价标准是价值可观测的等价表现形式。一般而言，评价标准并非是价值本身，它只是价值的抽象具体等价表现形式，由具体价值成为评价标准的过程是从具体存在上升为抽象存在的过程，这个过程与公共政策价值链的展开方向正好相反。实践中，公共政策执行的价值主体在依据公共政策价值链，通过执行公共政策实现自身价值过程所展现的公共政策执行的价值标准，在本质上就是其所主张的公共政策执行评估的评价标准。因而，确立科学认知意义上的公共政策执行评估的评价标准，必须从公共政策执行所展现的价值活动现场及其所形成价值事实的前提是否成立开始。

第一节　公共政策执行评估的价值标准

价值标准来自主体的本质、存在和内在结构的规定性，来自人的生存和发展同整个世界的联系，与主体存在直接同一，主体的需要和利益实际就是人们客观价值标准。[1] 对于公共政策而言，其价值标准即公共政策主体寻求、论证、确定和矫正公共政策价值的依据。[2] 公共政策执行评估的价值标准在本质上是公共政策的价值标准。作为价值存在物的公共政策，科学的价值标准是寻求、论证、确定和矫正它价值的根本标准。

研究表明，价值主体需要只是一种自发的价值标准，还不是科学的价值标准。[3] 科学的价值标准至少满足客观性、逻辑一贯性、全面性及直接

---

[1] 申永华：《马克思主义价值观及其时代解读》，西安出版社2006年版，第61—63页。
[2] 黄维民等：《公共政策研究导论》，陕西人民出版社2009年版，第148页。
[3] 王玉：《20年来我国价值哲学的研究》，《中国社会科学》1999年第4期。

现实性 4 个条件。① 所谓客观性是指科学的价值标准不以主体的主观意志为转移，不需要其他客观作为前提，其自身就是客观的；所谓逻辑一贯性是指科学的价值标准不会产生既可能是正价值也可能是负价值的矛盾情况；所谓全面性是指科学的价值标准既肯定价值主体对形成价值的作用，又肯定价值客体对形成价值的作用，强调其交互作用的正当性，并鼓励其交互作用；所谓直接现实性是指科学的价值标准是真实可靠，具有充分的说服力的标准。② 价值的结构决定了价值标准由价值客体尺度、价值主体尺度及价值关系尺度作为其尺度的构成要素复合而成。③ 科学的公共政策的价值标准是由其价值客体尺度、价值主体尺度及价值关系尺度作为其尺度的构成要素复合而成的，具体表现在以下 3 个方面。

其一，公共政策价值的价值主体尺度。客观上讲，公共政策是由其价值主体所制定的价值及其行动规划，它必然受制于价值主体的价值经历、价值主体的价值认知结构及其发展所达到的水平，一方面其所经历的历史、地理、心理、文化和社会经济因素所蕴含的价值观及所关涉的价值实践，会影响自己制定和执行公共政策的价值选择，另一方面其价值认知能力发展所产生的价值需要，会对其选择制定和执行公共政策的具体价值产生具有决定性意义的影响。公共政策价值主体构成的复杂性在于其本身是一个抽象具体意义的存在，其实然具体意义的存在只是这种抽象具体意义存在在特定限制条件下的等价表现形式，这使得公共政策价值的主体尺度在现实中具有多样化的表现形式，甚至出现彼此冲突的现象。④ 作为价值标准的需要是客观的，尽管可划分为合理与不合理，但本身没有真假之分。⑤ 现实中，个体人生命体、群体及人类等不同层次的实然具体在特定条件下均可成为公共政策之价值主体的等价表现形式，他们的理想、愿望、趣味及爱好等需要的形式均会成为特定公共政策价值主体尺度的实然

---

① 王玉樑：《论价值标准与价值界定》，《宁波大学学报》（人文科学版）2000 年第 4 期。
② 王玉樑：《当代中国价值哲学》，人民出版社 2004 年版，第 277 页。
③ 游观炳：《价值标准刍议》，《现代哲学》1989 年第 4 期。
④ 对于科学的公共政策价值主体尺度而言，它不会导致公共政策价值主体之等价表现形式所持公共政策价值主体尺度相互冲突的现象。如果出现这种现象，则一定是其等价表现形式放弃了其成为特定公共政策主体等价表现形式所应满足的条件，而把自身作为该公共政策主体当然的自身所造成的。
⑤ 陈新汉：《权威评价论》，上海人民出版社 2006 年版，第 146—149 页。

具体表现形式。在理想状态下，这些不同形式的具体公共政策价值主体尺度是等价的，但现实中的情形却并非如此。处于自然状态的个体主体有基于自己需要和利益的价值的主体尺度，处于自然状态的群体主体（如民族、阶级、阶层及社会团体）也有基于自己需要和利益的价值的主体尺度，这些尺度是这些主体处于特定发展阶段的产物，均具有相对性和可变性，是基于工具意义的主体尺度，是在特定条件下才具有有效性的价值标准。然而，具有超越时空意义的人类的价值的主体尺度是基于人类的生存和发展、社会的文明进步及人的本质和个性全面而自由地发展的需要的价值的主体尺度，具有绝对和永恒的意义，是具有目的意义的主体尺度，是没有条件限制的具有普遍有效的价值标准。因此，公共政策执行的价值的主体标准只能以人类的生存和发展、社会的文明进步及人的本质和个性全面而自由发展的需要作为根本的标准，[①]并以这个标准为基础结合公共政策主体所处的特定时空及需要制定价值的主体标准之具体表现形式。实践中，公共政策价值的价值主体尺度主要为度量公共政策的好与坏的有无及其量的大小提供基准。

其二，公共政策价值的价值客体尺度。所谓客体尺度即价值客体对公共政策价值构造的客观要求，包括公共政策主体对其潜在价值客体所提出的要求不能违背其价值客体所遵循的运动规律，潜在价值客体具有现实存在的可能性，潜在价值客体之价值属性具有现实性，以及用物的尺度衡量作为物的价值客体等要求。这些要求具体表现为，公共政策主体按照价值客体作为客观实在的运动规律构成价值，公共政策主体不改变价值客体作为物的客观实在性及其内在结构的规定性；在构造公共政策时，当下已经完全具备或者通过改造当下条件能实质性地构造出其价值客体作为客观实在存在所需要的现实条件；公共政策主体对价值客体的需要建立在价值客体内部结构所确立的功能基础上，是价值客体能够满足的需要；公共政策主体要根据具体价值客体建立有针对性的判断是该价值客体的客观标准。公共政策价值的价值客体尺度建立在对客观事物科学研究的成果基础上，一方面，在有关科学理论成立的范围内，它是客观的，具有确定不变的特性，必须严格遵照执行；另一方面，科学之可证伪性的特点又决定了它有被证伪的可能性，因而在运用它之前首先要对尺度自身的真伪性进行判

---

① 王玉樑：《当代中国价值哲学》，人民出版社2004年版，第279页。

定，并根据判断的结果正确使用它。公共政策价值的价值客体尺度要求公共政策所规划的价值及价值活动必须遵循客观规律，从实际出发，实事求是。在判断公共政策价值的实践中，公共政策价值的价值客体尺度主要为度量公共政策的真与假的有无及其量的大小提供基准，尤其是它可以作为衡量公共政策不具有价值的尺度。

其三，公共政策价值的价值关系尺度。作为评判、检验及度量公共政策价值之准则、规范及尺度意义的价值标准，在本质上是价值主体价值观的反映，[①] 如果只考虑公共政策主体和公共政策客体的价值尺度，而不考虑其相互作用所形成关系方面的尺度，它会使得由价值主体尺度和价值客体尺度得出的公共政策价值的结论只停留在理论可能的基础上，至于这种理论上可能的价值状态与实际的价值状态是否一致却无法得到有效验证。价值关系是价值客体与价值主体通过价值活动所建立的实质性的能判明价值有无、价值性质及价值量的关系，因而，也是公共政策之价值有无、价值性质及价值量的重要证据。公共政策价值的价值关系尺度就是以公共政策主体与公共政策客体所形成的实然价值关系作为公共政策的价值尺度，但是，价值关系形成于价值活动之后而公共政策规划却形成于价值活动之前，这使得公共政策活动中在给出公共政策之价值主体尺度和价值客体尺度的同时，难以同步准确给出由二者所刻画的实然价值关系。尽管如此，价值关系尺度的重要性使在公共政策活动中必然重视在给出其他两个尺度的同时也给出价值关系尺度，具体的做法有模拟法和反馈矫正法。模拟法是指在公共政策活动开始之前，模拟价值主体尺度和价值客体尺度所描述的各种关系，判明价值客体对价值主体的积极意义及满足价值主体需要的程度，确定衡量公共政策价值的价值关系尺度。反馈矫正法是指在模拟法的基础上，根据公共政策活动的阶段性成果所显现的价值关系与既设价值关系性质及其量的一致性，矫正在公共政策活动开始之前所确定的价值关系尺度。[②] 公共政策价值的价值尺度的意义在于它在坚持维护人与自然之

[①] 刘剑文：《世界观人生观价值观》，青岛海洋大学出版社2006年版，第398页。
[②] 这种活动类似于"摸着石头过河"类的公共政策实践，适合于探索型公共政策活动，即便如此，为了降低公共政策活动的代价，也应尽可能地发挥模拟法的作用，尽最大可能地减少实际公共政策活动的确定性。

间的协调和谐一体关系的基础上,体现了万物一体的原则,[1] 对价值主体与价值客体具有价值意义的交互作用方式及其强度及效应做出了明确规定,使得公共政策的价值含义更加清晰、可观测。

第二节 公共政策执行评估的评价标准

针对单一的公共政策已经建立了众多评估标准,[2] 由于传统意义上的公共政策与公共政策执行是分离的,尽管这些评估标准对于开展公共政策评估实践具有重要的作用,但是,它们对开展公共政策执行评估的作用却是有限的。按照本书的逻辑,任何完备的公共政策均是以公共政策价值链的形式存在的,公共政策执行本身即为公共政策价值链上的特定价值存在的状态,因此,公共政策执行评估与公共政策评估是同一的。与此相应,公共政策评估的标准也构成了一个链状结构,使得完备的公共政策评估标

---

[1] 黄树光:《价值活动论》,吉林人民出版社2007年版,第273—279页。

[2] 例如,20世纪60年代,P. 狄辛(P. Diesing)在其《理由与社会》(1962)一书中从人类理性的角度将技术理性、经济理性、法律理性、社会理性及实质理性作为公共政策的评估标准;20世纪70年代末期,T. H. 鲍斯特(T. H. Polster)在《公共项目分析:应用方法》(1978)中提出的效能、效率、充分性、适当性、公平性、反应度和执行能力等具有经典意义的七项政策评估标准;20世纪90年代,威廉·N. 邓恩(William N. Dunn)在其《公共政策分析导论》中提出了效果、效率、充足性、公平性、回应性、适宜性六项标准作为政策评估标准;卡尔·V. 帕顿(Carl V. Patton)与大卫·S. 沙维奇(David S. Sawicki)在其所著《政策分析和规划的初步方法》(第二版)(1993)中提出公共政策评估的标准由技术可行性、政治可行性、经济和财政可行性以及行政可操作性四类标准构成;胡宁生在《现代公共政策研究》(2000)指出公共政策评估标准主要有效果标准、效率标准及效应标准等;魏娜在其主编的《公共政策》(2004)中指出公共政策评估的标准由具有普适性的一般标准、适用于特定公共政策评估的具体标准及运用于实际公共政策评估的操作指标三方面构成,其中,一般标准包括实践标准、生产力标准、民意标准;具体标准包括政治标准、经济标准、道德标准、技术标准及社会标准;操作指标包括政策投入、政策绩效、政策效率、政策回应程度、政策公平性、政策适合性、政策执行力、政策比较效果、社会发展总指标;贠杰、杨诚虎在其所著的《公共政策评估:理论与方法》(2006)中提出了两层标准及8个子标准的公共政策评估标准体系。其中,技术标准是第一层标准,包括经济、效益、效率、工作过程4个子标准;社会政治标准是第二层标准,包括分配的公正性、政策目标设立的科学性、政策自身的合法性、社会健康发展4个子标准。何颖在其所著的《公共行政理论探究》(2009)中认为公共政策评估的标准由一般标准和特殊标准构成,其中,一般标准包括效能标准、效率标准、充分标准、公正标准及适当标准,特殊标准对个人影响的标准、对聚集影响的标准、对政治影响的标准及对社会影响的标准。

准成为不同形式的标准以价值等价形式单向链接在一起。为了方便叙述，本书称这类基于公共政策价值链的评价标准链为公共政策评价标准链，在不引起歧义的时候就将其简称为评价标准链。

一 评价标准链

任何具体的公共政策评价均会涉及两类基本形式的评价标准。一类是既设的评价标准，即在判断所评价公共政策是否为价值之前已经建了可观测及计量的标准，本书将这类评价标准称为 B-型评价标准；一类是根据所评价公共政策的自身所建立的评价标准，得出这类评价标准本身既是公共政策评估的结果，也是开展后续评估活动的基础，本书将称这类评价标准为 $B^{\triangledown}$-型评价标准。在理想状态下，无论是用 B-型评价标准作为评价标准，还是以 $B^{\triangledown}$-型评价标准作为评价标准，对同一个公共政策进行评估所得出的评价结果都是等值的。因此，基于公共政策的评价标准链，是以公共政策作为联系纽带的两类评价标准链复合而成的（见图 8-1）。

对于由公共政策 $P(J_i, R_i, K_i)$（$i=1, 2, \cdots, n$）组成的公共政策价值链而言，设 B_i 为基于评估公共政策 $P(J_i, R_i, K_i)$ 的 B-型评价标准，$B_i^{\triangledown}$ 为评估公共政策 $P(J_i, R_i, K_i)$ 的 $B_i^{\triangledown}$-评价标准。以第二章"第一节 公共政策价值链的概念"的"二 公共政策价值链的表示"为基础，本书能建立起如图 8-1 所示的公共政策评价标准链。

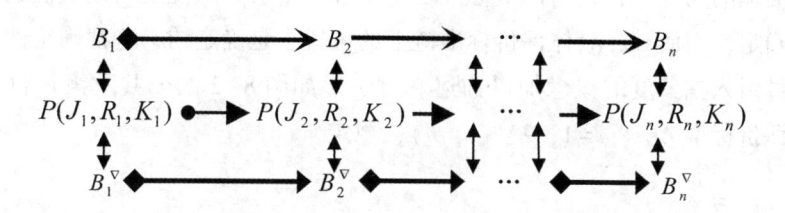

图 8-1　基于公共政策的公共政策评价标准链

图 8-1 中，"◆➔"与"➔"均表示将其左端的评价标准等价具体化为右端的评价标准，"◆➡"表示所链接的评价标准与公共政策之间具有价值等价关系，"◆➔"也表示所链接的评价标准与公共政策之间具有价值等价关系。

图 8-1 表明，公共政策评估的评价标准链由基于公共政策形成——

对应关系的两类评价标准链复合而成，在不引起歧义的情况下，图 8-1 所示的评价标准链能简化为图 8-2 的情形。

类似于公共政策价值链的研究，规定图 8-2 所示公共政策评价标准链的长度为构成该链的 B-型评价标准总数或 $B^\triangledown$-型评价标准总数，并称其中的 B_i（$i=1, 2, \cdots, n-1$）为 B_{i+1} 的 B-型前继评价标准，B_{i+1} 为 B_i 的 B-型后继评价标准，$B_i^\triangledown$ 为 $B_{i+1}^\triangledown$ 的 $B^\triangledown$-型前继评价标准，$B_{i+1}^\triangledown$ 为 $B_i^\triangledown$ 的 $B^\triangledown$-型后继评价标准。特别地，称没有前继评价标准的评价标准为源评价标准，没有后继评价标准的公共政策为末评价标准，同时拥有前继评价标准和后继评价标准的评价标准为流评价标准。显然，图 8-2 中，B_1 和 $B_1^\triangledown$ 为源评价标准，B_n 和 $B_n^\triangledown$ 为末评价标准，其余的评价标准均为流评价标准。

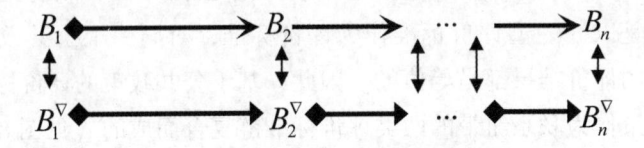

图 8-2　简式公共政策评价标准链

评价标准链既揭示了抽象具体形态的公共政策形态的价值具体化为实然具体形态的公共政策形态的价值的过程，又揭示了实然具体形态的公共政策形态的价值抽象为抽象具体形态的公共政策形态的价值的过程。从价值推理的角度看，任何评价标准在价值推理中所处的位置均被价值逻辑唯一确定，因而其在具体评价标准链上的位置也是确定的，这种确定性可以通过引入抽象度的概念加以描述。对于形如图 8-2 的公共政策评价链上的评价标准 B_m（$m=1, 2, \cdots, n$），规定

$$\tau_m = \frac{n-m}{n-1} \tag{8-1}$$

为评价标准 B_m 基于链长为 n 的评价标准链的 B-型抽象度。

对于形如图 8-2 的公共政策评价链上的评价标准 $B_m^\triangledown$（$m=1, 2, \cdots, n$），规定

$$\tau_m^\triangledown = \frac{n-m}{n-1} \tag{8-2}$$

为评价标准 B_m 基于链长为 n 的评价标准链的 $B^\triangledown$-型抽象度。

从公式（8-1）和公式（8-2）的算法可知，τ_m 与 $\tau_m^\triangledown$ 的取值范围均为

[0,1]，而且根据公共政策价值链的意义可以发现，τ_m与$\tau_m^\triangledown$的取值越大，其对应评价标准的相对抽象程度就越高。对于具体公共政策价值链而言，其源评价标准是相对最抽象的，而末评价标准则是相对最具体的。

B-型抽象度和$B^\triangledown$-型抽象度的算法规定表明，一方面，仅讨论评估单个公共政策之评价标准的抽象度是没有意义的；另一方面，即便是同一个评价标准，由于所处的评价标准链不同，也可能有不同的抽象度。事实上，确立评价标准链使特定评价标准具有合理的抽象度，使得评价标准所表征的价值既能抽象成为一般意义的公共政策形态的价值，又能确保其成为具体可观测和计量的公共政策形态的价值，也正是公共政策评估之评价标准链设计需要解决的基本问题之一。

二 基于评价标准链的评价标准分类

对于特定的公共政策价值链而言，链上各具体公共政策除了自身对应的评价标准之外，其前继公共政策所对应的评价标准也是自己的评价标准，但这些标准对依据特定公共政策构造公共政策形态之价值活动及其成果的影响方式与强度，以及其自身内容与其所描述价值的一致性程度存在差异，据此可将特定公共政策执行评估的评价标准划分为绝对型评价标准、权威型评价标准、现实型评价标准、可行型评价标准及学术型评价标准。

（一）绝对型评价标准

所谓绝对型评价标准，是指对于公共政策评估具有统领性制约作用的评价标准。对于特定的公共政策价值链而言，首先，其源评价标准一定是绝对型评价标准，它是自己所在评价标准链上的其他评价标准的最抽象表达形式，其他评价标准均由它展开；其次，如果公共政策价值链存在两个以上的流公共政策，则特定流公共政策之前继公共政策的前继公共政策的评价标准，均是该特定公共政策的绝对型评价标准。需要指出的是，孤立的单个公共政策除了存在价值标准意义上的绝对型评价标准之外，不存在其他任何评价标准意义上的绝对型评价标准。实践中，对于一个国家的公共政策评估而言，其评估宪法所使用的评价标准一定是绝对型评价标准。

（二）权威型评价标准

所谓权威型评价标准，是指能使公共政策型价值兑现的评价标准，或者公共政策型价值对应的一般价值等价物。一般而言，在具体的公共政策价值链中，特定公共政策的评价标准并不能兑现其所具有的公共政策型价值，而其前继评价标准则具有兑现该公共政策所具有的公共政策型价值的功能，因而，它是该公共政策的权威性评价标准。同样的，孤立的单个公共政策除了存在价值标准意义上的权威型评价标准之外，也不存在其他任何评价标准意义上的权威型评价标准。特别的，在只由两个公共政策构成的公共政策价值中，绝对型评价标准与权威型评价标准是一样的，均为其所对应评价标准链中的源评价标准。实践中，对于存在同一源公共政策及部分相同前继公共政策的公共政策价值链而言，其出现公共政策价值链分叉处的公共政策所对应的公共政策评价标准一般为权威性评价标准。如果不是这样，则这个公共政策除了自身作为一种价值形态的存在意义之外，并不具有一般性的价值等价物意义，在公共政策价值链分叉处设置这样的公共政策即缺乏合理性。基于这样的公共政策价值链所开展的公共政策型价值活动的有效性不可能得到保障。长期以来，素质教育作为一项公共政策难以得到有效执行，而与之相对的应试教育却有令不止，问题即出在设置了不适当的权威性评价标准。

（三）现实型评价标准

所谓现实型评价标准，是指特定公共政策价值主体在评估自己规划公共政策型价值及其活动的价值时所采用的评价标准。任何孤立的公共政策均与一个由自己价值主体所确立的评价标准所对应，这个标准是该公共政策所蕴含价值的本质，它实质性地确定了该公共政策型价值的内涵及与之相应的价值活动策略与方法。现实型评价标准具有两个典型的特征：其一，从特定公共政策之价值主体当下的价值认知水平及价值实践能力出发制定评价标准，具有鲜明的个体特征；其二，总是以满足特定公共政策之价值主体需要作为评价标准的根本要求，具有鲜明的自利特征。对于具有原创意义的源公共政策而言，其评价标准在本质上是现实型评价标准，以它作为评价标准的正当性与合理性来源于公共政策型价值活动的合实践性与合目的性。对于流公共政策及末公共政策而言，以它作为评价标准则源于相应公共政策主体，总是以理性和自利借鉴既有公共政策价值活动的成果，并采取以我为主的方式选择前继评价标准对评估自己之有利的评价标准的规定，开展自己的现实价值活动。因此，公共政策评估的现实型评价标准在主观上本身即蕴含了不合绝对型评价标准和权威型评价标准的可能性，导致实际公共政策活动可能出现价值及其活动"形似而神不似"的现象，而在客观上也存在因价值主体自身的局限性，使自己没有找到最适合自己的公共政策型价值及其建构策略与方法的情况，导致出现价值及其活动"与自己意愿相违背"的现象。

（四）可行型评价标准

所谓可行型评价标准，是指具体公共政策价值主体受制于客观条件和主观条件，在评估自己规划公共政策型价值及其活动中的价值时应该采用的评价标准。一方面，可行型评价标准与绝对型评价标准和权威型评价标准相比，不仅体现了它们具有一般价值等价物意义方面的要求，而且有比它们更为确切、具体的公共政策型价值形式，以及更切合实际、有效的价值活动策略与方法；另一方面，可行型评价标准与现实型评价标准相比，不仅体现了它所应该具有的一般价值等价物意义方面的要求，而且有比它更为切合现实条件能最大化实现的公共政策型价值，以及能使公共政策活动代价最小化的有效价值活动策略与方法。因此，建立可行型的评价标准作为自己公共政策的评估标准，是理性的公共政策价值主体的共同追求，理想的评价标准链是由可行型评价标准构成的，依据这个标准链既可以判断公共政策型价值的实际达成情况，也可为改进和完善后续公共政策活动提供对策建议。实践中，对特定的评价标准链而言，无论其上的评价标准是可行型评价标准，或者不是可行型评价标准，它们均体现了公共政策价值主体建立自己可行型评价标准的追求（从这个意义上也可以将可行型评价标准称为影子标准），用可行型评价标准代换非可行型的评价标准能产生价值效益，这正是公共政策评估得以建立的实践基础。

（五）学术型评价标准

所谓学术型评价标准，是指根据价值认知科学研究成果所建立的评估具体公共政策价值的评价标准。学术型评价标准从价值认知科学的角度，依据公共政策型价值的存在与运动规律，用评价标准的形式揭示了公共政策型价值的应然状态。在公共政策评估实践中，学术型评价标准是公共政策价值主体制定与矫正自己评价标准的客观基础，评估公共政策的任何评价标准均或多或少地与既有的学术型评价标准有联系，尤其是严格意义上的可行标准，它要么就是理想型的评价标准，要么是学术型评价标准在当下条件的最优表现形式。如果把制定公共政策评价标准也纳入公共政策型价值活动，那么寻求和建立学术型评价标准本身即是公共政策价值主体价值活动的有机组成部分，只是由于其自身的公共政策型价值认知能力难以胜任这项工作，才使得这项工作独立为价值中立的、专业性的、认知科学意义的研究对象。以得出学术型评价标准作为自己谋生的手段的价值中立的、专业性的、认知科学意义的评价主体，通过自己的活动成果满足公共政策型价值主体的需要获得自身存在所需要的物质、信息及能量，实现自身的可持续发展。

三　五类评价标准的关系

"二　基于评价标准链的评价标准分类"的讨论表明，这里所讨论的五类评价标准既反映出其相对于其自身所对应公共政策型价值的意义，也反映出它在公共政策价值链上相对于与自己等价的公共政策的意义，评估任何公共政策均面临采用这五类评价标准的问题，这五类评价标准基于同一公共政策能形成图 8-3 所示的结构。

图 8-3　基于同一公共政策的评价标准

图 8-3 中，"◄──►"表示所连接的两种不同类型的评价标准所刻画的价值等价，"⇒"表示由公共政策价值主体所确立的具有价值等价关系的两种不同类型的评价标准，"⇒"表示由公共政策评估之评价主体所确立的具有价值等价关系的两种不同类型的评价标准。

图 8-3 表明，单个公共政策所确立的现实型评价标准只能充当这个公共政策判断自己所认可的公共政策型价值的标准，并不能作为判断由自己所确立的公共政策具有价值等价意义的公共政策型价值的标准。从合价值实现的角度看，判断单个公共政策具有公共政策型价值的评价标准由其所在评价标准链上的权威型评价标准充当，而从价值实现合规律的角度看，判断单个公共政策具有公共政策型价值的评价标准则由其所在评价标准链上的可行型评价标准充当。

需要指出的是，一方面，由"⇒"所连接的两类评价标准，由于公共政策价值主体的主观能动性，可能导致出现有意与其前继评价标准不具价值等价性的评价标准；另一方面，认知科学意义上的公共政策价值及其运动规律研究成果的局限性，也会导致图 8-3 中由 "$\gtrless$" 所连接的两个评价标准所刻画价值不等价的情况。这两种情形所导致的公共政策评估结果与其价值实际情况不一致，均为公共政策评估所必须付出的代价。实践中，使这种代价尽可能地最小化，确保这种代价在自己能够承受的范围之内，是公共政策价值主体唯一能做的。

第三节 评价标准的表示

评价标准的表示指借助于特定的载体，用可理解、可传播、可操作及可观测的方式将评价标准实质性地呈现出来。根据评价标准自身的完善程度，可将公共政策执行评估的评价标准划分为既定性评价标准、生成性评价标准、发现性评价标准及创新性评价标准，这些评价标准具有不同的表示形式。

一 既定性评价标准的表示

所谓既定性评价标准，是指在规划公共政策及其活动之前就已经完全确定的评估公共政策的评价标准。既定性评价标准有规范、概括性问题及指标体系 3 种基本形式，任何既定性评价标准或者由这 3 种基本形式单独表示，或者由它们中的两个或全部复合而成。

（一）规范

规范是系统基于实现自身可持续发展需要，基于自身固有的存在法则、运行规则及变化规律，对自己构成要素的行为所做出的规定，[①] 既是其构成要素必须遵循的法度，也是示导、制衡其构成要素行为的观念和准则。[②] 规范作为评价标准建立在模态规范命题及模态规范推理基础之上，表现为约定俗成或形诸规定的某种标准，一般采用规则、条例、政策、法令、法律、契约、协议等具有坚硬物质外壳的规范模态形式来表达。[③]

[①] 白建军：《关系犯罪学》（第 2 版），中国人民大学出版社 2009 年版，第 246 页。
[②] 邵刚：《和谐社会中的社会秩序研究》，红旗出版社 2008 年版，第 117 页。
[③] 陈新汉：《评价论导论——认识论的一个新领域》，上海社会科学院出版社 2008 年版，第 328—329 页。

模态一词是英语 modal 的音译，意指人们对事物或事件的认识、观念和态度等，通常表现为"必然性"和"可能性"。[1] 在普通逻辑中，模态的含义有广义和狭义之分。狭义的模态指"必然""可能""偶然""不可能"这类模态词；广义的模态除了包含狭义模态的意义之外，还包括"必须""应当""允许""禁止""曾经""有时"这类模态词，其中，"必须""应当""允许"及"禁止"等模态词所对应的模态为规范模态。所谓规范模态判断是含有规范模态词的判断。包含规范模态词的命题叫作规范模态命题，根据规范模态命题的性质及其相互间的逻辑关系进行推演即形成规范模态推理。

根据规范模态逻辑的要求，作为评价标准的规范在本质上是一种规范模态判断，是指对人们的行为提出某种命令或规定的判断，因而在表示形式上必须满足模态逻辑的要求，具体而言，它有三大类及 6 种表示形式。[2]

其一，必须类。指用模态词"必须"，以及"应当""要""义务"等所表示的规范模态判断，是表示某一行为属于必须的规范判断。这类规范的表示形式又可具体划分为相关行为规定是必须执行的规范判断与规定某种行为必须不实行的判断两种规范模态判断形式。

其二，禁止类。指用模态词"禁止"以及"不得""不准"等所表示的规范模态判断，是表示某一行为属于禁止的规范判断。这类规范的表示形式也可具体划分为规定某种行为不得实施的判断与规定某种行为不得不实施的判断两种规范模态判断形式。

其三，允许类。指用模态词"允许"以及"准予""可以""有权"等所表示的规范模态判断，是表示其一行为属于允许的规范判断。这类规范的表示形式也可具体划分为规定某种行为可以实施的判断与规定某种行为可不实施的判断两种规范模态判断形式。

根据规范模态判断之间的反对关系、差等关系、矛盾关系和下反对关系即可检验用规范形式所表示的评价标准之间的一致性。实践中，根据规范模态推理的 16 个有效推理样式，以及必须类、禁止类和允许类 3 种规

---

[1] 杨长福等：《现代逻辑导引》，重庆大学出版社 2011 年版，第 152 页。
[2] 甄永玉：《新编普通逻辑教程》，北京理工大学出版社 1992 年版，第 205—209 页。

范模态三段论,[①] 即可根据所建立的规范形式的评价标准对有关公共政策的公共政策型价值进行评价。实践中,用规范形式表达的评价标准多用于评估公共政策型价值活动过程所需要的评价标准。

（二）概括性问题

所谓概括性问题,这里指特定公共政策型价值规划及构造中亟待解决,但又不具体、不易测量的价值问题。鉴于特定概括性问题的解决是构造或具有特定价值的必要条件,在一定程度上可以作为具有该具体价值的标志,公共政策评估有时就直接采用概括性问题的形式呈现自己的评价标准。

例如,评价教育政策就能以该教育政策的政策主体、政策客体及二者之间的价值关系正当吗？该教育政策能够提供新的教育价值类型吗？该教育政策所规划的教育活动符合客观规律吗？该教育政策所规划的教育政策型价值满足其价值主体的需要吗？当下能找到或构造出该教育政策所规划的教育政策型价值及其活动所需要的客观条件吗？该教育政策所规划的教育活动是一种有效率的价值行动吗？该教育政策实际的教育活动过程及其结果形成了正价值效应吗？依据该教育政策实际建构的教育政策型价值与该教育政策所描述的抽象价值一致吗？该教育政策的价值主体对按照该政策所确立的具体教育政策性价值满意吗？这9个概括性问题作为评价标准对其所含公共政策型价值的情况进行评估。

概括性问题指向价值问题解决,作为评价标准的同一公共政策的不同概括性问题必然统一于价值问题解决,因而,根据价值实践及其结果即可判断以概括性问题作为评价标准的评价标准是否具有内部一致性。实践中,从解决具体公共政策型价值问题目标出发,根据公共政策型价值活动的不同阶段,能构造出具有针对性强,能反映公共政策个性,能满足反映公共政策价值多样化要求,对改进公共政策型价值中之人生命体价值规划及其活动策略与方法具有现实意义的问题,作为评估特定条件下具体公共政策的评价标准。需要指出的是,尽管概括性问题作为评价标准具有简明、形式有效、易于编制、一般不对收集评价信息提出精确测量要求及方便应用的特点,但是,这些特点所蕴含的不重视公共政策评估对公共政策

[①] 甄永玉:《新编普通逻辑教程》,北京理工大学出版社1992年版,第210—212页。

评价标准的共性要求，使得不同公共政策的公共政策评估结果之间难以进行有效比较。不仅如此，由于它是建立在形成特定公共政策型价值的活动与具有特定公共政策型价值之必要条件的基础上，这可能导致公共政策及其活动即便完全符合概括性问题所陈述的评价标准，也不一定具有公共政策自身所刻画的真正的价值。这是使用概括性问题作为公共政策评估之评价标准开展公共政策评估活动需要特别注意的。

（三）指标体系

指标是衡量某种目标达成情况的可观测的标志，具有指向、指数、标准、目标、项目及接近目标的程度等多种用途，可用于描述具有某种物质的质及其量的程度。科学的指标必须满足可感知性、可计测性、代表性及稳定性的要求，确保人们通过指标能切实把握指标所描述对象的真实状态。

评价指标是指标的一种表现形式，它是反映价值的质量、数量、类别、状态、等级、程度等客观特性或价值主体感受、愿望、倾向、态度、评价等主观状态的可观测的标志，是判断评估客体具有价值之质及其量的程度的依据。

所谓指标体系，这里指用若干评价指标作为构成要素所形成的结构将实际价值同质、同构及等价的表示出来，使实际价值获得抽象具体的表现形式。对于公共政策执行评估而言，它是根据具体公共政策型价值活动的目的，以公共政策型理论为指导设计出来的，反映某一特定公共政策型价值的一组评价指标。构成这类指标体系的要点是：所有的构成指标均意义明确且可测；具有确定的以各指标作为基本变量得出综合评价结果的方法；所有的构成指标之间是相容的；任意两个构成指标之间均不存在共同的部分；同一个评价结论所对应的不同实然具体价值是同质、同构及等价的。

指标体系最为简单的结构是层次线性结构，即指标体系内部所包含的所有指标能以价值为根形成一级指标、二级指标、三级指标……n级指标的层级结构，而且基于其直接上一级指标的同级指标之间具有线性关系。这种结构形式的指标体系具有意义简单明了、易于理解、便于操作的优点，因而在公共政策执行评估实践中得到了广泛的应用。价值主体即便在明知道实际价值结构不具有精确层次线性结构的评价指标体系的情况下，也在自己能够承受的评价误差范围内使用这类评价标准开展评价活动。实践中，还存在层次非线性结构的评价指标体系，基于这样的评价指标体系能得出较为准确的评价结论，但它对公共政策评估研究者的数学素养有一定的要求，也可能导致实际评估成本的上升，在对公共政策评估结论没有精度方面的要求时，一般不会采用非线性结构的评价指标体系得出评价结论，而是直接采用线性结构的评价指标体系得出评价结论。

二 生成性评价标准的表示

生成性评价标准来源于实然具体价值主体按照既定公共政策型价值活动规划开展价值活动的过程，尽管在公共政策执行之前并没有这类评价标准的确定内容与存在形式，但相对于公共政策执行活动结束所形成的结果而言，这类评价标准已经被实质性地建构出来，就蕴含在公共政策执行所蕴含的价值之中。与既定性评价标准可以采用规范、概括性问题及指标体系3种形式呈现自己的内容相比，生成性评价标准适合采用自身所建构价值的实然形态和指标体系两种形式表示。其中，用价值实然形态表示只要把公共政策执行结果所形成的价值，划分为与既定公共政策价值一致的部分和与既定公共政策价值不同的两个部分，取出其中与既定公共政策价值不同的部分作为评价标准即可；用指标体系呈现生成性评价标准需要对与既定公共政策执行活动不一样的活动途径、方式及所形成价值结果之间的关系进行分析，从途径、方式及结果3个方面建立指标，作为综合评价既定公共政策型价值活动产生不同于既定公共政策型价值的标准。

除了评价标准的内容呈现形式之外，生成性评价标准还需要处理好与既定性评价标准在公共政策执行评估中地位关系的问题，即终结性公共政策执行评估是依据既定性评价标准得出评估结论还是依据生成性评价标准得出评价结论？公共政策执行应该强调公共政策执行前提和既设正当（蕴含公共政策权威或理论权威）还是强调公共政策执行过程正当（蕴含执行公共政策权威或实践权威）？本书认为生成性评价标准与既定性评价标准统一于价值主体的价值实现，不存在根本的冲突，在处理两个评价标准在终结性公共政策执行评估中的关系时，具体实然价值主体应该坚持以下原则重新构造自己的评价标准。

其一，形式优先原则。即优先考虑采用既定性评价标准的形式呈现新评价标准。在生成性评价标准与既定性评价标准均能刻画的价值部分，采用既定性评价标准来刻画新评价标准所对应的该价值；在生成性评价标准没有刻画的价值部分，全部采用既定性评价标准刻画新评价标准所对应的价值。

其二，内容决定原则。即采用生成性评价标准的内容决定新评价标准的内容。在生成性评价标准与既定性评价标准二者所刻画的价值出现不相容的情形时，采用生成性评价标准来刻画新评价标准所对应的相关价值；在出现生成性评价标准刻画了既定性评价标准所没有刻画的价值情形时，也采用生成性评价标准来刻画新评价标准所对应的相关价值。

根据以上两个原则处理后的生成性评价标准，与既定性评价标准的内容相比，只存在两部分内容：与既定性评价标准具有不相容关系的内容；与既定性评价标准具有互补关系的内容。

三 发现性评价标准的表示

实践中，为了开展价值复制意义上的价值活动就必须解决对已有的价值进行描述，使其能得以通过其他价值活动被完整地复制出来的问题。要解决这个问题，需要在没有既定性评价标准的情况下建立发现性评价标准既解决价值识别又解决价值计量问题。依据价值与既有评价标准的关系，既定性评价标准不能刻画的价值可以划分为两类：已存在既定价值标准的价值、不存在既定价值标准的价值。

对于已存在既定价值标准的价值而言，发现性评价标准在本质上就是既定价值标准的抽象表现形式，一般采用规范及概括性问题的形式呈现，其基本的形式有两种。一种是采用内涵清晰但高度浓缩的价值观形式呈现，如党的十八大所倡导的富强、民主、文明、和谐、自由、平等、公正、法治、爱国、敬业、诚信、友善等社会主义核心价值观,[①]，它即回答了依据什么判定具有社会主义核心价值的问题；另一种是采用规范性的价值活动准则及其形成的体系的形式呈现，如"义务教育必须贯彻国家的教育方针，实施素质教育，提高教育质量，使适龄儿童、少年在品德、智力、体质等方面全面发展，为培养有理想、有道德、有文化、有纪律的

---

① 胡锦涛：《坚定不移沿着中国特色社会主义道路前进 为全面建成小康社会而奋斗——在中国共产党第十八次全国代表大会上的报告》，2012 年 11 月 8 日，中国文明网（http://www.wenming.cn/ziliao/zhongyaolunshu/hujintao/201211/t20121119_940190_5.shtml）。

社会主义建设者和接班人奠定基础"①它即回答了什么样的义务教育是具有价值的义务教育的问题。

　　对于不存在既定价值标准的价值而言，发现性评价标准只能借助于价值的定义用概括性问题的形式表示。根据价值的定义，必须从价值主体、价值客体及价值关系 3 个方面设置概括性问题，才能构成完备的发现性评价标准。这些概括性问题的表达形式通常为要求通过评价识别在其原来的基础上是否增加新的内容，如以价值客体满足价值主体需要的途径是否与以往不同？价值客体满足价值主体需要的内容是否与以往不同？价值主体自身的结构是否与以往不同？价值主体是否已经产生了与以往不同的需要？价值主体与价值客体的交互作用方式是否与以往不同？这些概括性问题构成发现性评价指标体系。

四　创新性评价标准的表示

　　较之既定性评价标准，发现性评价标准的制定尽管困难，但毕竟有价值现场提供的类似于价值的实物作为制定评价标准的依据，制定评价标准的工作终归能落到实处。可是，创新性评价标准没有具体的价值实物作为确定自己标准的依据，这使研制创新性评价标准成为公共政策评估应用研究与基础性理论研究的重要领域，包括从现有公共政策型价值理论出发构建新的价值形态的评估标准，以及建构新的公共政策型价值理论并构建新的价值形态的评估标准。

　　从现有公共政策型价值理论出发构建新的价值形态的评估标准属于公共政策型价值理论应用研究的范畴，其得出的新公共政策型价值及其对应的发现性评价标准类似于发明活动所得出的成果。其评价标准包括创新价值的目标及创新价值的合规律性两部分，均可采用概括性问题的形式表述。如以公共政策执行的行动方案是否符合现有的科学规律？公共政策执行的行动方案是否符合现有的公共政策型价值理论？公共政策执行的行动方案的内在运行原理是否与以往不同？实施公共政策执行方案所需要的客观条件是否具有现实性？公共政策执行的具体实然价值主体是否具有准确实施公共政策执行方案的能力？实施公共政策执行是否能形成与以往公共

---

　　① 《中华人民共和国义务教育法》(1986 年 4 月 12 日第六届全国人民代表大会第四次会议通过，2006 年 6 月 29 日第十届全国人民代表大会常务委员会第二十二次会议修订)，http://www.moe.gov.cn/publicfiles/business/htmlfiles/moe/moe_619/200606/15687.html。

政策型价值不一样的公共政策型价值？实施公共政策执行所得到的创新意义的价值是否实现了当前条件下公共政策型价值的最大化？这些概括性问题所构造的发现性评价标准，可用于评估从现有公共政策型价值理论出发的创新性公共政策执行是否具有公共政策价值创新意义的价值。

建构新的公共政策型价值理论并构建新的价值形态的评估标准属于公共政策型价值理论基本理论研究的范畴，其得出的新公共政策型价值及其对应的发现性评价标准是理论创新所得出的成果，相应的评价标准适宜采用概括性问题来呈现。如公共政策型价值的价值主体与价值客体的相互作用方式是否符合现有的科学规律？公共政策型价值的结构及构造原理与现有的公共政策型价值理论是否不一致？公共政策型价值的价值主体是否具有新的价值理念或价值观？公共政策型价值的价值客体是否第一次被用作价值客体？公共政策型价值是否开辟了公共政策型价值活动的新领域？公共政策型价值的构造是否解决了按照以往公共政策型价值理论不能解决的某个问题？公共政策型价值理论是否得到了实质性的拓展或完善？这些概括性问题所组成的评价标准，可作为处于建构新的公共政策型价值理论情形之公共政策评估的创新性评价标准。

第四节　确定评价标准的准则

评价标准是科学认知意义的研究价值及其活动的结果，它指向价值实践，主要用于解决价值活动的可重复性问题。为了确保同一公共政策型价值及其价值活动过程的不同具体表现形式的价值等价，确定其评价标准必须遵循正当性准则、规范性准则、确定性准则、可操作性准则、经济性准则及指引性准则。

一　正当性准则

正当性准则的基本含义是评价标准是由公共政策的价值主体最终确定的。具体而言，本准则要求公共政策型价值的评价标准必须基于习惯和传统、依据公认的程序制定、基于成文法规及基于价值理性。[1]

---

[1] ［德］马克斯·韦伯：《经济与社会》（第一卷），阎克文译，上海人民出版社2010年版，第127—129页。

基于习惯和传统，指评价标准必须与价值主体的习惯、习俗及价值文化保持一致，体现出对价值主体的习惯、习俗及价值文化的尊重、继承及扬弃，使价值主体能在价值层面认同评价标准所刻画的价值。

依据公认的程序制定，指评价标准必须按照价值主体认可的、具有强制性的固定程式加以确定，以及确定评价标准的全程要置于评价标准所刻画价值之价值主体的有效监控之下，使价值主体能切实感受到评价标准就是按照自己的意愿去确定具体价值的标准。

基于成文法规，指评价标准不能与具有法律效力的既有成文法规矛盾，以及借助于既有的成文法规维护自己作为确定价值之标准的正当性和权威性。特别的，从公共政策价值链的角度看，就是要求依据特定公共政策之前继公共政策的评价标准来确定自己的评价标准，使自己作为评价标准能"师出有名"，体现出特定公共政策型价值活动的自然性和必然性。

基于价值理性，指评价标准是价值主体理性选择和规划价值活动所形成的结果，它与价值主体的价值信仰及根本追求必须保持一致，有助于价值主体从根本上改进和完善自己的价值状态，以及肯定自己作为主体的存在并增强自己公共政策型价值活动的能力，实现自身的可持续发展。

二 规范性准则

规范性准则的基本含义是用价值主体所形成的价值认知规范与科学认知规范来表述评价标准。本准则的基本要求是采用规范的术语、合乎表达规范的表达方式、采用价值兑现的方式表述评价标准及合价值规范，4个方面的具体要求如下：

采用规范的术语，指评价标准必须优先采用公共政策评估领域对其内涵和外延达成共识的术语叙述自己的构成内容，如果必须引入新的术语叙述自己的构成内容，那么必须先对术语的内涵给出明确的界定，然后才能使用新术语来叙述评价标准的有关内容。

采用合乎表达规范的表达方式，指评价标准的表达要符合所使用语言的"语法"，确保所有掌握这个"语法"并具备相应阅读理解能力的主体，根据同一评价标准能确切地勾画出具有价值同构异形关系的价值。这里的"语法"包括语言文字意义上的语法、认知科学推理意义上的语法（或特定学科的语法）及价值科学推理意义上的语法，评价标准的表达必须同时遵守这3种"语法"的规定，不能顾此失彼。

采用价值兑现的方式表述评价标准，指评价标准同时确定了认定评价对现象具有价值及将其价值现实化的机制，使自己所确立的价值目标与自己所规制的价值活动过程具有一一对应的关系，对以自己作为标准建构价值的活动具有约束性与奖惩性，能切实、有效地规范以获得自己为目的的价值实践活动。

评价标准合价值规范，指评价标准所表示的价值具有符合价值标准样式的结构并保持公共政策型价值规划与实践的一贯价值准则。即评价标准必须既有指向明确的价值主体、价值客体及二者交互作用所形成的价值关系，使价值活动的目标与过程具有清晰的规范，又处理好遵循公共政策型价值活动所形成的规范与破除规范创新以自己作为标准的公共政策型价值活动的关系，使实际的价值活动具有一定的张力，为价值规范自身的完善、充实及超越提供现实的依据。

三　确定性准则

确定性准则的基本含义是利用评价标准，通过价值逻辑及形式逻辑能推导出具有具体、确定存在形式的具体实然意义的公共政策型价值。本准则的基本要求是评价标准的表述无歧义及采用标准化的形式表述评价标准，具体要求如下。

评价标准的表述无歧义，指评价标准自身所营造的语境，能清晰、准确地确定自己所使用词语的含义，以及自己所使用词语的含义的组合能构造出评价标准为准确表达自己所需要的语境，使得不同价值主体按照同一评价标准所建构出的不同价值只具有价值等价的同质异形关系，而不会出现不同价值符合同一评价标准却价值异质的现象。

采用标准化的形式表述评价标准，指评价标准必须对其构成内容的质、量及度做出统一明确的规定，确保它们与评价标准所表达的应然价值的规定等价。即评价标准必须统一规定自己所包含的内容与识别方法，给出统一计量这些内容的基本单位、计量方法与所使用的计量数据的属性，以及明确各内容的量在评价标准中的统一变化范围。需要指出的是，如果评价标准所描述的是多指标综合评价，那么评价标准的标准化表述还要求评价标准明确给出合成各指标计量结果的基本单位及统一方法。

四 可操作性准则

可操作性准则的基本含义是评价标准对收集评价信息及解释评价信息的技术要求，在给出评价标准的当下是能实现的。它具体要求评价标准规定的具体内容可计测，当下能构造出评价标准所规定的计测技术、评价标准所规定的计测技术可操作及符合技术伦理。

评价标准规定的具体内容可计测，指能够运用特定的技术手段对评价标准规定的具体内容的达成程度进行测定，包括定性测定和定量测定。其中，定性测定指能对是否具有评价标准所规定的内容进行测定，用规范和概括性问题所呈现的评价标准内容均必须是可定性测定的；定量测定指在定性测定的基础上还能给出含有多少所测定内容量的计测结果，用评价指标形式给出的评价标准内容，除非特别规定，一般均要满足能进行定量测定的要求。

当下能构造出评价标准所规定的计测技术，指在给出评价标准的当下已经具有其所规定的计测技术，或者基于当下技术发展所达到的水平能及时开发出评价标准所规定的评价技术，不影响依据该评价标准的公共政策评估的顺利进行。

评价标准所规定的计测技术可操作，指在当下能找到或通过培训能及时培养出按照既定评价标准的规定使用有关评价技术的人员或团队，使评价标准所规定的评价技术在实际评价过程中能得到切实的应用。

评价标准所规定的计测技术符合技术伦理。它包括评价标准所规定的评价技术要确保对公共政策型价值中人生命体的尊重，无论其人生命体是作为价值主体的形式存在还是作为价值客体的形式存在，其尊严都不能被评价技术所损害；评价标准所规定的评价技术要对生命有益，不伤害公共政策型价值所包含的所有生命体的自然生命；评价标准所规定的评价技术要公正地对待评价标准所对应的所有实然具体价值形式，不存在价值歧视现象；评价标准所规定的评价技术要能切实有效地保护评价对象的隐私。

五 经济性准则

经济性准则的基本含义是评价标准自身的结构具有完备性，依据评价标准得出评价结论所付出的公共政策型价值代价最小化，以及依据评价标准开展公共政策评估所形成的公共政策型价值正效应最大化。本准则的具体要求体现在以下4个方面：

其一，评价标准的结构完备。即由规范、概括性问题及评价指标体系3种形式联合构成的既定评价标准，无论再加入任何形式表述的作为评价标准的内容所形成的新评价标准，要么会改变既定评价标准所表征的价值，要么会依然表征与既定评价标准所表征价值完全相同的价值。具体而言，就是既定评价标准的构成是其所表征价值不能再增加新评价标准内容的等价表现形式。

其二，评价标准的误差合理。包括明确评价标准实然刻画的价值与其应然刻画的价值之间的不一致性的程度，以及使用评价标准开展评价的过程可能出现的与既定规定不一致的程度，并使这两个不一致的程度均得到价值主体的认定。评价标准误差的大小既与价值主体对评价结果的精度要求有关，也与价值主体能支撑实现精度要求的人力、物力、财力及信息力有关，合理的评价标准误差必须既满足误差范围在价值主体可接受的范围内，又能确保价值主体能承担支撑控制误差所需要的成本。

其三，评价标准的价值效应最大化。所谓价值效应这里是指评价标准对其自身以外对象之价值活动的影响。价值效应最大化要求评价标准能通过自身作为结果的价值产品性的示范及借助于评价活动的过程性展现，传播和扩散评价标准所表征的公共政策型价值，尽可能地使其他主体产生获得评价标准所表征的公共政策型价值的意愿与行动。因此，评价标准所表征的抽象价值主体与抽象价值客体必须采用内涵确定、外延不确定的方式加以界定，确保凡是愿意"对号入座"者均能成为评价标准所表征、所对应的实然具体价值主体或实然具体价值客体。

其四，评价标准的总成本可行。总体上要按照从当下条件出发实现当下成本最小的原则确定评价标准的构成内容，以及相应的测量技术与评价技术。包括以能准确识别出评价标准所对应的价值所需要的最少信息种类及其量作为基准确定评价标准的内容，以普及和大众化程度高为基准确定收集和解释评价信息所需要的方法与技术，使得从当下的条件出发，价值主体能准确地判断出按照该评价标准开展公共政策评估成本是否为最小。

六　指引性准则

指引性准则的基本含义是，评价标准自身不仅是有关公共政策型价值的表现形式,而且给出了用实然具体形式建构这个公共政策型价值的具体策略与方法,能确保主体比照评价标准建构的实然具体价值能通过评价标准兑现。按照指引性准则的要求,评价标准不仅要抽象度适度,而且所刻画的价值要与其他价值具有价值关联。

所谓评价标准的抽象度适度,是指评价标准所覆盖的所有实然形式的等价价值主体均能准确把握评价标准,并从自己的实际出发建构出与评价标准所刻画价值等价的实然价值。价值标准的抽象程度要由评价标准所处时代之主体的价值认知水平和科学认知水平确定,既不能过于抽象,使其所刻画价值的潜在价值主体因不理解评价标准而无法与自己的价值实践建立有效联系,失去以自己为现实价值主体建构这类价值的机会,又不能过于具体使评价标准仅局限于特定的主体使自己潜在的价值主体被蒙蔽和排斥。

所谓评价标准所刻画价值与其他价值具有价值关联,是指评价标准所刻画价值的价值必须处于特定的价值链上,既表明自己是价值主体在实现自己的某种价值后可以追求的新价值,又表明自己是价值主体追求某种价值实现必须先实现的价值目标。为了使评价标准所刻画价值与其他价值能形成价值关联,任何评价标准均要明确显示与自己具有价值等价关系的具体价值所解决的价值问题,以及需要进一步解决的价值问题。

实践中,评价标准的抽象度适度能确保按照评价标准将其所刻画的公共政策型价值实质性地建构出来,而评价标准所刻画价值与其他价值具有价值关联则能引导主体选择什么类型的具体公共政策型价值开展自己的价值活动,二者不可偏废。需要指出的是,当前的具体公共政策评估标准较为重视评价标准的抽象度适度,而对评价标准所刻画价值与其他价值具有价值关联方面却重视不够,这是公共政策价值实践的连续性不自然及价值主体内在动力不够的重要原因。

第五节　建立评价标准的策略与方法

根据评价标准在公共政策型价值活动中发挥作用方式的差异,建立不同种类的评价标准需要采用不同的策略与方法。

一　绝对型评价标准的确定策略与方法

绝对型评价标准是确定其他评价标准的逻辑前提,这决定了绝对型评价标准只能来源于价值标准,其所确定的价值形态必须与价值标准所确定的价值形态等价。因而,确定绝对型评价标准具有相对独立的两个阶段:确定价值标准与确定价值标准的可测量表示形式。

确定价值标准阶段的策略与方法是:价值主体的所有构成要素首先均重新恢复自己作为独立的价值主体的身份,从实现自我价值追求的角度提出自己的价值诉求,然后借助于这些构成要素为构成以它们作为要素的价值主体所规定的价值活动及各构成要素价值实现的准则,确定价值主体名义的价值形态。这个阶段如果涉及的各要素自身的结构较为单一而且规模也相对较小,则可直接要求这些要素参与确定价值标准;如果涉及的各要素自身的结构较为复杂而且规模相对较大,则需要各要素自行确立自己代表性样本的规程与方法,并按照自己既定的规程与方法确定代表自己实际参与确定价值标准的直接人选。一般而言,价值主体不会直接干预其构成要素产生自己代表的规程与方法,但为了维护自己所形成的结构与规模,实现自身的可持续发展,有时也会利用控制构成要素通过价值主体实现自身价值的程度,引导有关构成要素按照价值主体的意愿构建自己的代表性样本。需要指出的是,对于不能准确把握自己价值诉求的构成要素而言,它在这个阶段需要制定一个具有法律效力的、雇用具有公共政策性价值专门认知能力的组织或个人作为自己的代理直接参与制定价值标准的规程及方法,明确怎样确定自己的代理人及代理人在参与制定价值标准过程中的权利与义务。

确定价值标准的可测量表示形式阶段的基本策略与方法有以下3种。

其一,充分条件法。即通过价值推理寻求构成价值标准所描述价值类似于充分条件的可测量具体表现形式,并把所寻求的这类表现形式作为绝对型评价标准。

其二,必要条件法。即先通过价值推理寻求尽可能多的构成价值标准所描述价值类似于必要条件的可测量具体表现形式,再对所收集的具体表现形式进行归类,并以归类所形成的所有的类为内容构成评价标准。

其三,相关关系法。即先根据价值活动的经验及统计科学尽可能地找出与价值标准所描述的价值存在相关关系的可测量具体表现形式，再对所找出的具体表现形式进行归类，并以归类所形成的所有的类为内容构成评价标准。

上述3种方法中，充分条件法能保证绝对型评价标准所刻画的价值与价值标准所刻画的价值同源（同质），适合用于建立具有某种价值的评价标准；必要条件法能保证绝对型评价标准所刻画的不具有价值与价值标准所刻画的不具有价值同源（同质），适合用于建立否定具有某种价值的评价标准；相关关系法所建立的绝对型评价标准功用则介于用充分条件法所建立的绝对型评价标准的功用与必要条件法所建立的绝对型评价标准的功用之间。实践中，如果要求公共政策执行评估的误差最小化，则应按照优先使用充分条件法，其次使用必要条件法，再次使用相关关系法，最后使用这3种形式中的两种或全部的组合所形成的策略与方法的顺序选择确定绝对型评价标准的方法；如果给出了误差范围，则应按照能使误差达到最大化和评价成本最小化的要求，选取确定绝对型评价标准的单个基本方法或基本方法的组合。

二 权威型评价标准的确定策略与方法

权威型评价标准是实际用于兑现拥有绝对型评价标准所刻画价值的评价标准，回答的是什么样的具体价值形态才是绝对型评价标准所刻画价值的问题。因而，这个评价标准由价值主体所建立的价值认定组织[①]负责建构和实施。

内生权威组织的正当性源于公共政策型价值活动之价值主体的一元性，对解决价值主体自身构成要素之公共政策型价值认知能力发展的不平衡性，以及实现自己公共政策型价值最大化的诉求。内生权威组织确定评价标准的策略与方法和价值主体确定绝对型评价标准的策略与方法类似，所不同的是它必须以绝对型评价标准作为价值逻辑的起点建立评

[①] 这类组织就是习惯上所称的权威组织，它既可以由价值主体自身的部分要素或成员构成，类似于全国人民代表大会作为价值主体所确定的常务委员会，也可由价值主体所认定的自身以外的组织构成，类似于全国人民代表大会作为价值主体所确定的国务院。为了叙述方便，本书将以由价值主体自身的部分要素或成员构成的权威组织称为内生权威组织，将由价值主体所认定的自身以外的组织所构成的权威组织称为外衍权威组织。

价标准。需要指出的是，由于内生权威组织构成的特殊性，公共政策执行评估有时误把由内生权威组织制定的权威型评价标准当作绝对型评价标准，导致公共政策执行偏离公共政策型价值活动的本来，这就像误把人大常委会制定的法作为绝对型评价标准而不对其进行违宪审查，使有的法本身就缺乏正当性，导致主体依据这样的法所开展的价值活动与社会所根本追求的价值相悖一样。因此，就公共政策执行而言，内生权威组织必须在宪法所许可的框架内开展建构权威型评价标准的活动。

外衍权威组织的正当性源于其自身所具有的公共政策型价值的专门知识与能力，以及价值主体所授予的确定和兑现价值的资格。外衍权威组织以绝对型评价标准作为制定评价标准的认知科学意义的价值逻辑的起点，所制定出的评价标准既要可测量，便于公共政策评估实现，又要与绝对标准所刻画的价值存在同质同构关系，使得依据自己所能确认的价值与价值主体所主张的价值一致。外衍权威组织制定评价标准的活动具有高度的专业性，除了采取充分条件法和必要条件法中的一个或全部之外，还需要采用以下两个策略制定评价标准。

策略1：标准化。即对评价标准的构成项目、构成项目的取值范围、联合构成项目确定绝对标准所刻画价值及其量的方法，以及计测评价标准之构成项目的规程与方法均做出强制性、统一、明确、可操作的规定，只有采用评价标准所规定的计测方法并按照其规定的规程操作得出的评价结论才是有效的。标准化是外衍权威组织确保其所制定评价标准具有权威的基本保障。

策略2：抽象化。即以抽象具体的形式表示评价标准的构成项目。具体的操作方法是通过对绝对标准所刻画价值的价值主体、价值客体及其形成的价值关系做出内涵明确的具体规定，使其包含尽可能多的实然具体公共政策型价值形式，确保实际公共政策型价值活动能导致与绝对标准所刻画价值具有价值同质、价值同构及价值异形关系并具有个性化特征的价值，划定不具有绝对标准所刻画价值的界限。

三 现实型评价标准的确定策略与方法

现实型评价标准在本质上是与公共政策型价值抽象具体主体具有价值等价关系的实然具体主体，按照权威型评价标准所制定的，指导自己按照抽象具体主体拥有价值标准所规定价值形式的行动准则。合绝对型评价标准判定价值之构成内容与方法的要求是理性制定现实型评价标准的基本原则。依据这个基本原则，制定现实型评价标准一般会采用以下3个策略与方法。

策略1：重结果。即利用自己的主观能动性，尽可能地依据权威型评价标准所规定的具有价值标志意义的构成内容来制定评价标准，使自己的价值活动直接指向这些价值标志，而不指向形成这些价值标志的过程。实践中，重结果可能导致实然具体主体能以不正当的价值活动过程获得抽象具体主体所规定的价值。这样的实然具体尽管可以减少自己价值活动的代价，但有时对公共政策型价值活动却具有很大的危害性，公共政策执行评估应该谨慎使用这种方法。

策略2：重构。即实然具体主体通过对权威型评价标准的分析，对其构成内容进行重组，构造出与权威型评价标准构成内容相同，但构成内容之间的关系不尽相同的新评价标准，指导自己以获得权威型评价标准所规定价值为目的的公共政策型价值活动。本法的要点包括分解、重组及优化。其中，分解指实然具体主体根据自己的实际，按照自己对评价标准关系的理解，分离出若干彼此独立的评价内容；重组指实然具体主体按照自己对价值的理解，以已分离出彼此独立的评价内容作为评价标准的基本构成部分，重新确立评价标准；优化指实然具体主体对自己重新确立的新评价标准的构成进行优化，使自己在构成内容不多于权威型评价标准构成内容的前提下，从逻辑上能够覆盖权威型评价标准的所有构成内容。重构尽管有利于发挥实然具体主体的公共政策型价值方面的主观能动性，减少自己价值活动的成本，但它同样具有导致现实型评价标准所刻画价值与既定权威型评价标准所刻画价值不一致，甚至存在价值异质的可能性，公共政策执行评估也需谨慎使用这种方法。

策略3：溯源。即实然具体主体通过对绝对型评价标准的分析，依据其构成内容构造出与绝对型评价标准构成内容相同，所刻画的价值与绝对型评价标准所刻画的价值存在同质等价关系的新评价标准，指导自己以获得绝对型评价标准所规定价值为目的的公共政策型价值活动。本策略的要点是实然具体主体无视权威型评价标准在认定价值方面的权威，将绝对标准作为建立评价标准的逻辑起点，以及要么通过自我认定来实现自己的价值追求，要么直接由抽象具体价值主体认定其是否具有价值。实践中，实然具体主体直接从绝对型评价标准出发制定自己评价标准的做法，既是对权威型评价标准之权威性的挑战,同时也为改进和完善权威型评价标准提供了实践的支撑,这对于创新公共政策型价值活动具有特别重要的意义。但是,它也给用权威型评价标准规范公共政策型价值活动带来了不便,尤其是其价值活动过程及结果的个性化会导致公共政策执行评估的成本上升。

四 学术型评价标准的确定策略与方法

学术型评价标准在本质上是基于价值理想状态的评价标准。所谓价值理想状态是指价值主体、价值客体及其形成的价值关系均处于确定的、无条件的、纯粹状态的价值。客观性和形态不变性是价值理想状态的基本标志,也是建立学术型评价标准的客观基础。实践中,建立学术型评价标准的基本策略是将价值主体所确立或拥有的价值作为认知科学研究的对象,从合规律的角度出发,探索其内在结构及维系自身存在的规律,在此基础上建立把握这个价值及其量的模型。具体而言,可以采用以下3个策略建构学术型评价标准。

策略1:理想化。理想化在这里是指针对具有共同本质属性的一类价值中不同个体之间的差异,运用非逻辑思维方法与逻辑思维方法相结合的思维方法,抓住这类价值中的主要影响因素及其作用,忽略次要因素及其作用,撇开某些因素的实际状况,用某种理想形态取代一般形态,用适当的规则形态取代复杂的非规则形态,形成一种被规则化、极端化及绝对化并能突出所研究价值之本质的价值形态,作为运用价值逻辑进行分析、推演、论证的对象。理想化是对实然具体的超越,通过将实然具体价值理想化所得出的价值形态是一种具有极端化及绝对化意义的价值形态,尽管在现实世界中难以找到这种价值形态,但却为研究者摆脱现实存在和物质技术手段的限制研究价值及其评价标准提供了可能。[①]

策略2:模型化。模型化这里指用适当的数学方程、图像甚至是物理的形式及价值假设来建立简化的、确定的、直观的价值模型来表示实然具体形态的价值。[②] 尽管单个实然具体的价值形态本身可以作为模型(价值

---

① 袁绪兴:《思维技术》(第1卷),西安交通大学出版社2011年版,第105—106页。
② 针对模型化后所得出的价值形态是价值科学研究的成果,具有间接价值的特性,习惯上人们将具有直接价值特性的实然具体形态的价值称为价值原型。

实物模型），但是，除非它是世界上具有独一无二意义的价值，[①] 否则，价值科学研究者总会建立起具有抽象具体意义的价值模型，将价值可能出现的各种同质、异形及价值等价形式，以及这种价值存在的条件、计量方法及价值量的范围用高度统一的形式描述出来。实践中，大多使用数学模型来充当这样的描述形式，其要点包括：将由实然具体价值抽象所得的理想价值视为因变量；将实然价值主体抽象为理想价值主体并把其构成要素视为自变量的函数；将实然价值客体抽象为理想价值客体并把其构成要素视为自变量的函数；用数学意义上的自变量之间的关系表征理想价值状态的价值关系。

策略 3：价值实验。价值实验是指人们为获得某种价值理论、验证某种价值猜想、解决某种价值问题，利用计算机系统作为实验工具，数学软件作为实验平台，数学理论作为实验原理，所进行的一种价值探索活动。价值实验利用计算机为价值研究提供"实验室"，通过实验去获取价值直观和领悟、发现新的价值模型和关系、检验尤其是证伪价值猜想、探索一个理论上可能的价值是否值得通过公共政策型价值活动使其成为实然状态的价值、启发开展公共政策型价值活动的新途径及分析验证得到的结果，[②] 这些能为科学地制定评价标准提供客观、可靠的依据。需要指出的是，作为研究评价标准之新策略与方法的价值实验，它在公共政策评估领域的应用还是一个有待深入研究的新领域。

五 可行型评价标准的确定策略与方法

可行型评价标准的本质是针对实然具体价值主体和实然具体价值客体

[①] 从不同价值之间关系的角度看，所谓独一无二的价值是指价值主体、价值客体及二者形成的关系均不存在与自己同质、异形及价值等价的现实存在形式。对于公共政策型价值而言，公共政策价值链能够得以形成的物质基础即公共政策性价值的价值主体、价值客体及二者形成的关系均存在与自己同质、异形及价值等价的现实存在形式。因此，公共政策型价值一般情况下并不主张采用价值实物模型来描述价值的状态。需要指出的是，从价值科学研究自身发展的角度看，科学认知意义上的价值科学研究者囿于自己的研究能力，不能准确把握具有价值原型意义的价值形态的内在结构及其运动规律时，可以暂时建立价值实物模型来表述这种价值，解决当下公共政策评估之所需，引导以实现这类价值为目的的公共政策型价值活动，为将来建立具有抽象具体意义的价值模型提供实践方面的信息和资料的支撑。

[②] 姜启源等：《大学数学实验》，清华大学出版社 2011 年版，第 3 页。

根据绝对型评价标准，将权威型评价标准和学术型评价标准现实化。从其所刻画的价值形态来看，它一方面是权威型评价标准所刻画价值中的一种，另一方面其自身的构造及表现形式又是学术型评价标准的现实表现形式。既合权威型评价标准又合学术型评价标准，是制定可行型评价标准需要解决的核心问题。实然具体价值主体制定可行型评价标准的基本策略与方法是：以权威型评价标准所提供的内容构成确定具有价值之质的标准，以学术型评价标准所确立的价值活动所需条件的达成度为标准确定具有价值之量的标准。具体的操作按照以下顺序进行。

首先，定质。将权威型评价标准划分为内容完整且相对独立的部分，并把每个部分均作为可行型评价标准具有权威型评价标准所刻画价值的指标。

其次，分解。析出实然价值主体所具有的学术型评价标准所确定的获得价值标准所刻画价值的理想条件，将其逐一分解到"定质"所确定的各指标上，并确定这些条件对实现相应指标的影响方式、程度及其计测方法。

最后，定量。从学术型评价标准所确定的获得价值标准所刻画价值的理想条件出发，确定实然价值主体已经具备的这些条件在总体上能达成价值标准所刻画价值的程度，并从总体上给出可行型评价标准计测具有学术型评价标准所刻画价值之量的方法。

第九章 评估模式设计

公共政策评估模式是指在特定的评价理论指导下构成的,具有确定的构成内容、确定的内部结构、特定的评价功能及强制性的操作程式的公共政策评估范式。它既是公共政策评估理论的具体化,又是公共政策评估实践的升华,易于传播和仿效,恰当地运用公共政策评估模式能大幅度地提高公共政策执行评估的效率。所谓评估模式设计就是指根据公共政策评估的目的,在特定的公共政策评估理论指导下,确定具有特定评价功能、程式化操作流程、特定评价内容(对象)、特定评价技术及示范性的功能性系统。评估模式设计既可以从评价任务出发采取纯粹理论建构的方式进行设计,也可以从分析评估实践的成功案例出发采取从实践到理论的方式进行设计,本章讨论公共政策执行评估模式的构成要素及机理、确立公共政策执行评估模式的原则及3类公共政策执行评估模式的建立方法。

第一节 公共政策执行评估模式的构成要素

公共政策执行评估模式用于解决怎样评的问题,除了受制于特定评价理论的评价主张及公共政策评估的目的以外,其构成要素包括评估技术、评价内容、评价条件、评价时空及结果形式。

一 评估技术

评估技术是人类为提高评估活动的效率和效果所积累、创造并在评估实践中运用的各种物质手段、工艺程序、操作方法、技能技巧及相应知识的总和,[1]它是构成评估模式之物质基础的重要组成部分。以存在形态作为标准,评估技术可以划分为"人化"形态、物化形态及信息形态3种

---

[1] 王树恩:《科学技术论与科学技术创新方法论》,南开大学出版社2001年版,第134页。

存在形式，[①] 其中：

"人化"形态的评估技术是评价主体在评价活动中通过反复实践达到熟练后而获得的，与自己融为一体的能力或经验系统。它表现为以评价主体自身为载体、集中体现评价主体所具有的技能、技巧、检验及诀窍等。"人化"形态的评估技术只能通过评价主体的动作或行为加以示范和表达，并以师徒相承的方式进行传播和延续。

物化形态的评估技术集中体现为以实物为载体的工具、机器、仪器及设备等。它具有自身为人所构造，是人体的"外化器官"，但存在形式与具体的评估主体无关，能通过大规模培训方式进行传播和延续、可重复使用及受制于其物化载体等特点。

信息形态的评估技术表现为以语言、文字、图形或符号表达的评估工艺、流程、程序及规则等。它具有内容不受制于具体物质载体、与使用技术的主体无关、可重复使用及对物化技术进行时空排序的特点。

实践中，评估技术的"三态"是可以转化的。一方面，为了摆脱具有评价技术原初具体形态意义的"人化"形态的主观不确定性，评价主体必然会寻求建立具有标准化形态意义的物化形态的评估技术来固化和完善"人化"形态的评价技术；另一方面，为了摆脱物化形态的评价技术的固化及其实物载体对评价的束缚，评价主体必然会寻求建立具有抽象形态具体意义的信息形态的评价技术来软化和修正物化形态的评价技术，使在具体运用评价技术时不完全排除评价主体的主观能动性，而这又成为生成新的"人化"形态评价技术的契机。

二 评价内容

这里的评价内容指被划分为既相互联系又彼此独立的评价客体，具体包括构成评价客体的待定价值主体、待定价值客体及待定价值关系3个部分。在公共政策执行评估的具体实践中，评估客体这三部分内容所确定的评价内容多表现为评价标准规定的、需要收集和解释的评价信息与资料，而隐藏在这些信息与资料背后的评价内容的实际情况则如下所述。

待定价值主体需要评价的内容包括待定价值主体作为公共政策型价值

[①] 王树恩：《科学技术论与科学技术创新方法论》，南开大学出版社2001年版，第136—138页。

主体的资格、待定价值主体获得公共政策型价值过程的正当性、待定价值主体作为价值主体的完备性、① 获得公共政策型价值过程的正当性、公共政策型价值活动及其结果提升待定价值主体公共政策型价值活动能力的情况、公共政策型价值活动及其结果对待定价值主体创新公共政策型价值规划的影响，以及待定价值主体增加自己作为价值主体所拥有价值客体的情况。

待定价值客体需要评价的内容包括待定价值客体作为公共政策型价值客体的资质、待定价值客体作为价值客体的运行符合科学规律、待定价值客体成为公共政策型价值客体过程的正当性、公共政策型价值活动及其结果提升待定价值客体之价值的情况、含人生命体的价值客体在公共政策型价值活动过程中的主观能动性的增强情况、公共政策型价值活动及其所形成的结果对待定价值客体创新选择价值主体的影响、待定价值客体增加自己作为价值客体所拥有价值主体的情况，以及待定价值客体作为价值客体的完备性。②

待定价值关系包括待定价值主体与待定价值客体的交互作用方式符合客观规律、待定价值主体与待定价值客体的交互作用方式符合价值主体的真实需要、支撑待定价值主体与待定价值客体交互作用的成本现实可行、待定价值主体与待定价值客体交互作用的方式与既设价值的要求一致，以及待定价值关系同时促进待定价值主体客体化和待定价值客体主体化，与二者的生长本性一致。

三 评价条件

评价条件即运用所设计评价模式进行评价的条件，它由评价技术所需要的环境条件、评价技术的技术参数及运行评价技术的主观条件三部分构成。其中：

评价技术所需要的环境条件包括运行特定评价技术对自然环境、人工

---

① 指价值主体相对于其所对应的价值客体而言是最恰当的价值主体，任何只改变价值主体结构或其构成要素量的取值，而不改变其所对应价值客体的做法，均会减少以该价值主体和价值客体所形成的价值的量。

② 指价值客体相对于其所对应的价值主体而言是最恰当的价值客体，任何只改变价值客体结构或其构成要素量的取值，而不改变其所对应价值主体的做法，均会减少以该价值客体和价值主体所形成的价值的量。

自然环境及文化环境的要求。自然环境条件要明确满足技术作为客观规律所需要的自然条件，如对技术所要求原料及能源的规格、环境的湿度与温度、磁场强度、光照强度等做出明确规定；人工自然环境条件要明确技术作为人工自然物运行所需要的社会条件，如对运行技术所需要的制度和政策做出明确规定；文化环境要明确满足技术作为文化运行所需要的文化条件，如对运行技术所需要的习俗、文化传统等做出明确规定。

评价技术的技术参数包括对评价技术的功能参数、构成评价技术之材料方面的规格和性能参数、评价技术的适用范围、评价技术的精确度等方面做出明确、具体的规定，以及确定备选评价技术。

运行评价技术的主观条件指对评价主体资质的要求，具体包括评价主体所拥有的公共政策型价值认知结构及价值认知能力方面的要求、评价主体在公共政策评估经历方面的要求、评价主体拥有的科学认知意义上的认知结构及科学认知能力方面的要求、评价主体在其他评价方面的经历要求、评价主体自身作为评价技术（"人化"技术）的要求、评价过程应该遵循的评价原则。

四 评价时空

所谓评价时空这里是指针对特定评价内容，采用特定评价技术规定能使整个评价得到最优实现的时间与空间。确定了评价时空即从整体上确定了评价模式的评价的流程，实践中，评价模式设计者只要根据已确定的评价内容与评价技术，按照表9-1要求填写好该表即可完全确定特定评价模式的评价时空。

表9-1　　　　　　　　评价模式的评价时空

评价内容	评估技术	评价的时机	评价的空间	备注

注：表中"备注"一栏空格所填写的内容是对它所在行的其他内容的补充说明。

五 结果形式

所谓结果形式这里是指表达评价所得出最终结果的形式或以何种形式

呈现评价得出的最终结果。评价结果的不同表达形式可以满足不同评价目的需要，应根据评价目的及已给出的评价标准选择不造成结果精度冗余的评价结果表达形式（见表9-2）。

表9-2　　　　　　　　　确定评价结果表达形式的基准

类型	评价目的	结果精度要求	评价结果表达形式
1	判断有无既定的XXX价值	精度低。有质的要求没有量的要求	"具有XXX价值"或"不具有XXX价值"
2	判断有多少既定的XXX价值	精度高。既有质的要求也有量的要求	"具有多少XXX价值"或"完全不具有XXX价值"
3	改进和完善既定的价值活动	精度低。有质的要求没有量的要求	对照评价标准指出存在的问题与改进策略或"按照既定的价值活动策略与方法继续做下去"
4	激励继续开展既定价值活动	精度低。有质的要求没有量的要求	对照评价标准，将已经实现的标准作为完整的价值加以叙述和肯定
5	发现有无新价值	精度低。有质的要求没有量的要求	"发现具有与以往不同的新的价值"或"没有发现以往不同的新的价值"
6	发现有多少新价值	精度高。既有质的要求也有量的要求	"发现具有多少与以往不同的新价值"或"没有发现任何与以往不同的新的价值"
7	判断有无创新意义的价值	精度低。有质的要求没有量的要求	"从价值创新意义上讲，具有新的YYY价值"或"不具有价值创新意义的价值"
8	判断有多少创新意义的价值	精度高。既有质的要求也有量的要求	"从价值创新意义上讲，具有多少新的YYY价值"或"不具有任何价值创新意义的价值"

第二节　公共政策执行评估模式的机理

公共政策执行评估模式所表征的是一个稳定、完整的、由若干具有独立个性的系列评价行为所构成的公共政策执行评估过程，按照公共政策评估模式的机理建立公共政策评估模式的机制是这个过程能够得以流畅实现的客观前提。依据公共政策评估模式的机理建立公共政策评估模式的机制，能够使所建立的评估模式形成有效的内部动力机制，成为一种具有自组织性的功能性系统。

一　基于公共政策嵌入的公共政策价值链

公共政策执行评估模式首先必须解决自己运行的动力来源与动力保障问题。以动力的来源为标准，可以将公共政策执行评估模式的动力划分为外部动力和内在动力。其中，外部动力是公共政策执行评估模式外部危及自己可持续存在的力量；内在动力是为了确保公共政策执行能按照制度所规定公共政策型价值活动内在规定进行而对其进行反思、监控、改进和完善的需要而产生的力量。

公共政策执行评估模式的外部动力具有随机不确定和不持续的特点，它对评估模式的作用主要表现为促进评估模式释放与自己优势评估功能对立的评估功能，而抑制自己的优势评估功能的形成和释放，通过危及和否定评估模式存在的正当性，导致评估模式消亡。评估模式的外部动力源于将评估模式用于它的优势功能所适合的公共政策执行评估实践，而在评估实践中却产生了否定该评估模式的证据，推动评估模式改进和完善自己。[1] 但是，对于特定评估模式而言，外部动力是可遇不可求的临时性的动力，它只要求评估模式具有及时、有效的外部动力响应机制，在自己遇到这股外部力量时，能在它的作用下激发出一种内在的力量维持自己的可持续存在。随着导致评估模式获得外部动力的公共政策执行及其评估活动所遇到的价值问题被解决，评估模式又恢复到自己的存在常态。

公共政策执行评估模式的内在动力具有确定和持续的特点，它对评估模式的作用主要表现为持续促进评估模式稳定释放自己的优势评估功能，抑制与自己优势评估功能相对立的评估功能的形成和释放，通过肯定评估模式的独特性和有用性来维护评估模式存在的正当性和不可替代性。评估模式的内在动力源于公共政策所嵌入的公共政策价值链，或者说是作为公共政策执行价值逻辑起点的国家基本制度或前继公共政策。一方面，国家基本制度或前继公共政策监控自己所引发的公共政策实践的需要，驱动在公共政策型价值活动中开展公共政策及其执行评估；另一方面，公共政策型价值活动的主体为了证明自己的价值正当性，需要用具有权威性的公共政策及其执行评估对自己合国家基本制度或前继公共政策要求的程度进行评估。因而，对于评估公共政策执行的公共政策执行评估而言，只有嵌入作为其价值逻辑起点的国家基本制度或前继公共政策，就会从根本上解决

---

[1] 这如同用能治某种病的特效药去治适合它治的病无效一样。如果发生这样的现象，病人一般会怀疑或指责药存在问题，希望改进药的功能。反映在公共政策执行评估实践中，就是公共政策执行的价值主体一般会怀疑或指责公共政策评估模式的功能存在问题，希望用新的评估模式替代它。

自己运行所需的动力及其持续性的问题。①

所谓基于公共政策嵌入的公共政策价值链，这里指公共政策执行评估模式嵌入作为其价值逻辑起点的国家基本制度或前继公共政策。它运行的基本原理是，根据国家基本制度或前继公共政策所规定的价值活动目标与准则确定公共政策执行评估模式的优势功能，根据国家基本制度或前继公共政策所禁止的价值活动目标及策略与方法确定公共政策评估模式的屏蔽功能，以及由国家基本制度或前继公共政策所确立的价值共同体共同承担运行和维护公共政策执行评估模式所需要的成本。

二 基于公共政策执行的价值主体

国家基本制度或前继公共政策为公共政策执行评估模式提供的动力通过公共政策执行的价值主体现实化，公共政策执行评估模式是公共政策执行的价值主体所必需的评估方法是实现这种现实化的前提。公共政策执行评估模式的抽象性与相对普遍有效性决定了它总是试图用统一的样式给出模式的结构与运行原理，而具体公共政策执行之价值主体作为国家基本制度或前继公共政策所规定价值主体的价值等价物，则总是希望用具有自己个性化特征的具体评价方法解决自己的公共政策执行评估问题，这要求公共政策评估模式必须是评估功能相同而表现形式多样的诸多公共政策执行评估方法的统一。

作为国家基本制度或前继公共政策之价值共同体独立构成方的价值主体，它在参与确立国家基本制度或前继公共政策之价值共同体的公共政策型价值活动评估方法时，总是要求基于自己的价值认知结构及价值认知能力，规定以国家基本制度或前继公共政策作为价值逻辑起点的各种公共政策型价值活动通用的评估策略与方法。其结果表现为国家基本制度或前继公共政策所认可的公共政策执行评估模式在价值传统与价值伦理方面求同存异，尊重国家基本制度或前继公共政策涉及的所有可能价值主体的风俗

---

① 制度的本质是价值及其形成的抽象规定，它既是公共政策的逻辑起点，也是公共政策活动的动力基础。按照公共政策价值链的逻辑，公共政策执行作为公共政策型价值的一种具体实然表现形式，其价值活动的动力来源于公共政策自身所具有的价值驱动力，而公共政策的价值驱动力又来源于比其价值形式更为抽象的制度的驱动力。因而，具体的公共政策评估模式只要将自己的动力源确定在适合自己所评价的公共政策所嵌入的制度中，就能使自己从作为公共政策价值逻辑起点的制度中获得不竭的动力。

习惯、文化传统及道德规范，禁止采用与其中个别价值主体的风俗习惯、文化传统及道德规范不合的评估策略与方法。

而且，对于公共政策执行的价值主体而言，公共政策执行评估模式要使其能形成这样的感觉——这个评估模式分明就是为"我"而定做的——就是我所需要的评估公共政策执行的策略与方法。因而，公共政策执行评估模式内在结构及运行原理的设定，必须顾及其所对应各价值主体将公共政策执行评估模式还原成实然具体评估策略与方法的认知习惯和问题解决风格，使它们能按照自己的认知习惯与问题解决风格顺畅地运用评估模式解决自己的公共政策执行评估问题。这一点是非常重要的，它使得具体公共政策执行的价值主体乐于采用评估模式开展自己的公共政策执行评估，为抽象的评估模式提供实然具体存在的形式，从而从现实中解决了抽象公共政策执行评估模式运行所需要的动力及成本问题。

需要指出的是，公共政策价值链表明，从公共政策执行的价值主体到公共政策的价值主体，以及从公共政策的价值主体再到国家基本制度或前继公共政策的价值共同体，这是一个从具体到抽象的逐级抽象过程，而从国家基本制度或前继公共政策的价值共同体到公共政策的价值主体，再公共政策的价值主体到公共政策执行的价值主体则是一个从抽象到具体的逐级具体化（还原）过程，但二者并不是一个简单互逆的过程。随着公共政策价值链的延伸，具体化程度越高的公共政策执行价值主体对公共政策执行评估策略与方法的诉求就越有可能不被公共政策执行评估模式所体现。因此，实践中并非一定要从公共政策所嵌入的国家基本制度或前继公共政策开始建构公共政策评估模式，也可根据实际情况从已建构的公共政策评估模式出发，通过在某些方面做出统一的限制建构次级的公共政策评估模式，[①] 缩短公共政策执行评估模式与公共政策执行之价值主体间的距离，增强评估模式的针对性和可用性。

三 基于公共政策执行的实践性

公共政策的实践性决定了公共政策执行所遇到价值问题的复杂性和多

---

① 所谓次级公共政策执行评估模式，是指抽象程度比基于公共政策所嵌入制度的公共政策执行评估模式的抽象程度低，但比具体公共政策执行之价值主体所需要的评估策略与方法的抽象程度高的评估模式。

样性，需要采取不同的策略与手段来发现、甄别及解决这些问题。公共政策执行评估只有满足有效解决这些问题的需要，才具有存在的正当性。反映在作为解决公共政策执行评估问题之具有相对普遍效力的公共政策执行评估模式中，它要求公共政策执行评估模式必须具有能明确确立自己的优势功能，以及围绕形成这个优势功能对模式的因子交互作用方式[①]及其条件方面做出明确规定并使其持续生效的机制。

（一）确立公共政策执行评估模式优势功能的原理

公共政策执行评估有判断价值功能、诊断价值功能、价值激励功能、交流价值功能及共构价值功能5种功能，这5种功能既相互联系又彼此独立，评估模式在确定其中的一个作为自己的优势功能之后，会围绕最大化形成和释放这个功能的需要来确定其他评估功能的强度及功能释放的途径。例如，以共构价值功能作为公共政策执行评估模式的优势功能，则其他4个评估功能只有定位成：为了共构价值的判断价值功能、为了共构价值的诊断价值功能、为了共构价值的价值激励功能及为了共构价值的交流价值功能，才能融入这个评估模式之中并促进其最大化形成和释放自己的功能。

（二）基于形成优势功能的需要确定模式的因子交互作用

公共政策评估模式中的因子就是构成公共政策执行评估系统的因子，其不同的交互作用方式是公共政策评估模式产生不同评估功能的本源。"第五章　公共政策执行评估的原理"之"第二节　公共政策执行评估形成功能的机制"已经给出了特定因子交互作用对形成特定评估功能的作用，评估模式会根据形成自己优势评估功能的需要，依照下面的原理确定自己的因子交互作用。

原理1：类聚原理。"物以类聚，人以群分"是一种自然和社会现象，它说明任何事物均有以自己作为标准将自己对象化从而形成更大及更完备"自我"的心理机制。评估模式也存在类似的机制确立自己的因子交互作用方式。现实中，评估模式总是从能导致自己优势评估功能的因子交互作用出发，只把能导致这个优势评估功能的所有因子交互作用集中起来作为自己的内部机制。类聚原理能确保评估模式形成自己的优势评估功能，但并不能确保评估模式是形成特定优势评估功能之最为科学合理的评估

---

① 为了方便叙述，本书将评估模式中的这种因子交互作用方式称为优势因子交互作用。

模式。

原理2：屏蔽原理。即评估模式会主动采用事先规定的方式，禁止自己的评估因子之间发生与形成优势评估功能相悖的因子交互作用方式。对于评估模式而言，屏蔽原理内在地规定了评估模式功能的限度，是一把双刃剑。一方面，它能确保特定评估模式的内部和谐，其特定的评估功能建立在评估模式的运行规律之上，维护自己存在的独特性和正当性；另一方面，它又使得特定评估模式不具有与自己优势评估功能对立的评估功能，使自己的评估功能出现明显的缺失。

原理3：自组织原理。自组织原理本是指宇宙系统自我组织的差异协同的过程，以及系统结构与功能在时空中的有序演化，[①]这里指评估模式自身作为一种自组织系统具有正反馈机制和负反馈机制，会根据所需要解决的具体评估问题而改进和完善自己的因子交互作用方式，充分利用评估模式之间的功能补偿作用降低单独使用自己开展公共政策执行评估的风险，以及面对外部条件改变做出适当反应确保自己的结构与功能大致稳定。公共政策执行评估模式的自组织原理不仅会维持自己的功能使其具有较好的稳定性，而且还会通过优化公共政策执行评估模式的因子交互作用来优化自己的结构与运行，努力使自己成为在当下是具有特定优势评估功能的最佳评估模式。

（三）基于可行优势因子交互作用的条件

任何因子交互作用的发生均需要特定的条件，所谓基于可行优势因子交互作用的条件是指在建立评估模式的当下能确保所建立评估模式之优势因子交互正常进行的最优条件所形成的条件组合。与确定因子交互作用方式使自己优势评估功能最强相比，评估模式总是从成本和代价最小化出发，选取当下使自己的优势因子交互作用能正常进行所需的条件组合。其运行的逻辑是根据评估代价可接受原则确定最终的评估模式，其实际的过程可以划分为以下4步。

第一步，确定可以接受的评估模式优势功能的强度和发挥作用的范围。即明确评估模式优势功能与优势功能所对应理想评估模式之间的差异，确定其可为价值主体接受的功能强度及该功能能发挥作用的范围。

第二步，构造最简优势因子交互作用及其条件。即从有效性出发，构

---

① 乌杰：《系统辩证学》，中国财政经济出版社2003年版，第78页。

造出评估模式实现自己优势评估功能的最简因子交互作用,以及这些因子交互作用正常运行所需要的条件。

第三步,确定优势评估功能的当下强度及发挥作用的范围。即从构造评估模式的当下出发,确定评估模式的最简因子交互作用所需条件能实现的程度,以及按照这个实现程度运行评估模式对既定优势评估功能的强度和作用范围的影响程度,确定优势评估功能在当下能达到的强度及发挥作用的范围。

第四步,做出决断。"第三步"所确定的优势评估功能在当下能达到的强度及发挥作用的范围,如果符合"第一步"所规定的强度及发挥作用的范围则在当下接受该评估模式,如果不符合"第一步"所规定的强度及发挥作用的范围则回到"第二步",在适当放宽"最简优势因子交互作用"要求的条件下,重复"第二步"到"第四步"的工作,直到得出"第一步"规定所认可的评估模式为止。

需要指出的是,由于评估模式的构成要素具有自组织功能,随着公共政策型价值活动的不断深入和拓展,不仅公共政策型价值活动的环境会发生改变,而且这些构成要素自身的价值认知结构及价值活动的能力也会得到改进和完善,这会导致在上述过程中的"第一步"即对评估模式提出新的要求,从而使原来确定的合要求的公共政策评估模式也成为不合要求的公共政策评估模式。实践中,对于作为自组织系统的评估模式出现这样的现象是正常的,它反映出任何具有合实践性的评估模式均必须具有与时俱进的品质,只有根据价值活动的成果不断改进和完善自己的结构,才能确保自身处于可持续发展状态。

第三节 确立公共政策执行评估模式的原则

为了确保所建立的公共政策评估模式是一个具有自组织、可操作、功能性及示范性的系统,确定公共政策评估模式要遵循有效性原则、可操作性原则、优化原则、可评价原则及独特性原则。

一 有效性原则

本原则指所建立的公共政策评估模式必须具有特定的评价功能,能满足解决特定公共政策评估问题的需要。在确定公共政策评估模式的过程中，有效性原则的具体要求体现在以下4个方面。

其一，必须厘清并论证所确立的评估模式的内部不自相矛盾。即从理论上论证各评价要素自身的运行方式及相互作用的方式，无论从客观规律的角度还是从价值实现的角度均是相容的，由它们所构成的评估模式是一个各要素相互支撑的有机整体。

其二，必须厘清并论证评估模式所具有的公共政策评估功能及其强度。即必须利用既有的科学研究成果与相关评价理论论证所建立的评估模式所具有评估功能的特性，以及尽量精确给出其所拥有的各种功能在评估实践中所能发挥作用的强度范围。

其三，必须厘清并论证评估模式能有效解决的公共政策评估问题的种类与范围。即必须明确所建立的公共政策评估模式解决公共政策评估问题的机理，列出适合其解决的公共政策评估问题的结构机理及现实表现形式，划定其所能解决的公共政策评估问题的范围，并明确利用所建立模式解决公共政策评估问题后可能出现的副作用。

其四，必须厘清并论证评估模式有效形成公共政策评估功能所需要的条件。即必须明确给出形成特定评估功能所需的条件及其等价替代者，并论证所确立的形成评估功能的条件具有充分性。

二　可操作性原则

本原则指所建立的抽象公共政策评估模式必须能够被用具体实然的形式在评价实践中完整地再现出来，并能通过这个实然形态的公共政策评估模式完成既定的公共政策评估任务。可操作原则要求所确立的公共政策评估模式必须用规范、简明、无歧义的方式表述，明确给出其所使用评估技术的操作说明，确定具体评价内容的流程与要领，划分和确定评价时空及其序列的操作要领，确定表述评价结果的格式与规范，以及明确建立和使用各类评价条件的内容及具体流程与要领，并论证这些可操作性方面的内容及要求在确定特定公共政策评估模式的当下是可实现的。

三　优化原则

本原则指必须对所建立的公共政策评估模式进行优化，使之能以最小的代价获得同类评价的功能，满足解决特定公共政策评估问题的需要。优化原则包括规律优化和价值优化。

所谓规律优化是指必须在确保公共政策评估特定功能完整的前提下，遵照认知科学意义上的客观规律，对所建立公共政策评估模式的各构成要素的内容与结构、各要素之间的交互作用方式、模式的运行流程及模式存在所必需的条件均进行优化，并论证新建公共政策模式实际运行的成本在当前条件下实现了最小化。

所谓价值优化是指必须在确保公共政策评估价值效应最大化的前提下，遵照价值规律，对所建立公共政策评估模式的各构成要素的内容与结构、各要素之间的交互作用方式、模式的运行流程及模式存在所必需的条件均进行优化，并论证新建公共政策模式实际运行的效应在当前条件下实现了最大化。

规律优化与价值优化是手段与目的的关系，二者均服从于优化原则的要求。规律优化是实现优化原则的客观基础，脱离了规律优化的要求，优化原则就无从谈起；价值优化是实现优化原则的根本目的，脱离了价值优化的要求，优化原则就可能偏离公共政策评估的根本目的。实践中，既可以在不违背规律优化的前提下实现价值优化为标准对所建评价模式进行优化，也可以在价值优化的前提下兼顾规律优化的要求为标准对所建评价模式进行优化。其中，前者适用于评估物质成本最小化意义的评估模式优化，后者适用于评估价值效应最大化的评估模式优化。

四 可评价原则

本原则指所建立的公共政策评估模式的优劣能够得到也必须得到评价，并有明确的评价结论。可评价原则的要求包括以下3个方面。

其一，必须建立起评价所建评估模式的标准。即从具有特定功能、自身结构优化、模式运行成本最小化、运行的条件具有现实性及评价效益最大化等方面，建立起评价评估模式的评价标准，确保评价模式使用者能从评价的角度整体上把握评估模式。

其二，必须明确所建评价模式功能的限度。即从科学认知的角度明确模式自身所具有的评价功能、形成模式之评价功能所需要的外部条件、模式适合解决的评价问题、模式运行能产生副作用的种类及其程度，确保评价模式使用者能科学、合理地使用评估模式，发挥评估模式的优势评价功能，有效防范发生与评价目的相悖的评价实践。

其三，必须建立起判断所建评估模式得以切实运行的标准。即必须在评估模式整体运行所涉及的范围内设置若干观测点，确定所建评估模式正常运行在各观测点所对应的指标或指数的范围，并以此建立判断所建评估模式得以有效运行的标准，确保实际运行的评估模式与理论设计的评估模式完全一致。

五　独特性原则

本原则指所建立的公共政策评估模式必须与既有的其他公共政策评估模式具有不同之处，具有自己单独存在的必要性。独特性原则的要求包括两个方面。

其一，从评估模式构成要素的角度看，它要求新建的公共政策评估模式在评估技术、评价内容、评价条件、评价时空及结果形式等评估模式的构成要素方面至少有一个与既有的评估模式不一样，并建立升级版的新评估模式淘汰既有评估模式，或建立原创性的新评估模式丰富评估模式的种类乃至推动公共政策评估理论创新。

其二，从评估模式的内部机制及所形成评估功能的角度看，它要求新建的评估模式通过在体现与既有评估模式所主张公共政策评估理论不一样的评估理论、具有与既有评估模式不一样的评价功能、具有与既有评估模式不一样的评价功能、在评价功能相同的情况下具有更低的评价成本、在评价功能相同的情况下能形成更大的评价效益、在评价功能相同的情况下适合更多的评价对象等方面至少体现一个，实现对既有公共政策评估模式的升级或建立原创性的新评估模式。

第四节　发现性公共政策执行评估模式

所谓发现性公共政策执行评估模式是指以发现公共政策执行价值为目的的公共政策评估模式。1967年斯克里文（Michael Scriven）提出的目标游离评价模式（无目标模式、目标中立评估模式），1973年斯塔克（Robert E. Stake）提出的应答评价模式（回应性评估模式）均是具有经典意义的发现性公共政策执行评估模式，对于开展公共政策执行评估具有重要的影响。

一　模式结构

发现性公共政策执行评估模式具有与其他评估模式同名的构成要素，围绕形成发现公共政策型价值的评价功能，这些构成要素的内涵及其相互作用的方式形成了自己独特的特点，并构成了具有稳定结构的评价程式。

（一）模式的构成

本模式各要素的具体构成如下。

要素1：评估技术。以有利于分析评价资料及价值事实并从中抽象出一般意义的价值作为确定评估技术的基本原则，所涉及的技术包括从价值现场析取价值的技术、对价值进行抽象加工为评价标准的技术、利用自己所建立评价标准分析价值现场的技术、依据自己所建立评价标准得出评估结论的技术。这些技术之结合所体现的方法应该与扎根理论的要求完全一致。

要素2：评价内容。它由价值内容、评价标准及传统意义上的评价内容3个部分构成。其中，价值内容即价值现场所能析出的所有价值事实；评价标准即由从价值现场所析取的没有既定评价标准与之对应，但具有价值意义的价值事实所抽象出的用于评价价值现场具有新价值情况的评价标准；传统意义上的评价内容即按照评价过程中所确立的评价标准重新收集和解释评价资料、信息。

要素3：评价条件。除评估技术所需要的环境条件与评价技术的技术参数由模式所选定的评价技术完全客观确定之外，在运行评价技术的主观条件方面，评价条件特别强调评价主体擅长在没有既定评价标准指导下，运用质化评价技术与量化评价技术进行评价，以及善于运用归纳思维发现和解决问题。

要素4：评价时空。它的总体安排是：进入价值现场→析出价值事实→确定与既有价值不一样的价值事实→建立新价值的评价标准→评估价值现场所具有新价值的情况→发布评价结论。在此基础上，各环节根据形成发现新价值之评价功能及优化模式整个评价流程的总体需要，安排环节内部的评价时空。

要素5：结果形式。得出的评价结论既可以采用表9-2中的类型5的评价结果表达方式表达，也可以采用表9-2中的类型6的评价结果表达方式表达。此外，在具体评估实践中，本模式还可以直接采用评估发现的价值实物作为新价值的范例来表征评估结果。

(二) 模式的结构

发现性公共政策执行评估的一般意义上的模式具有如图 9-1 所示的结构。图 9-1 中的粗箭头表示模式的无障碍进程方向，细箭头表示模式在发现不能继续向前执行时的自我补救路径（或自我矫正路径）所指的进程方向。其中，带实圆点的粗箭头的实圆点表示评估模式的起点。①

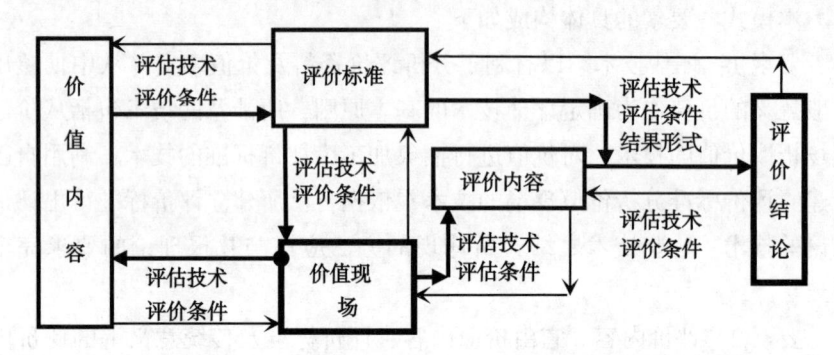

图 9-1 发现性公共政策执行评估模式结构

二 运行模式的条件

除了模式内在规定的运行所需的条件之外，运行发现性公共政策评估模式至少还需要满足以下 3 个条件中的一个。

条件 1：价值主体需要使自己所拥有的价值增值。对于价值主体而言，它同时拥有已贬值价值与待升值价值。所谓已贬值价值是指以自己作为已经确定的价值主体等价表现形式所构成的价值，这类价值随着价值主体等价表现形式的日益丰富，在价值多样性增加的同时，价值主体所拥有这类价值的"含金量"却随之减少。而待升值价值则与之相反，它是指具体的价值主体能通过将自己抽象为具有一般意义的价值主体，将自己作为这个抽象价值主体的"化身"单独拥有这种价值，并通过启发、引导其他主体产生获得这种价值的需要与行动而实现自己所拥有价值增值的价值。原始的待升值价值只有通过发现性评价才能发现，基于第一个接受发现性评价的价值现场所得出的有关待增值的评价结论，

---

① 本章各图中各类箭头与图 9-1 中的同形同义，除非特别需要，不再对图中的箭头意义进行说明。

能通过发现性评价所建立的评价标准，给出引导和建立待升值价值所需要的明确目标，使其他主体能切实地追求并获得这个为自己所忽视的新价值。

条件2：价值主体需要重新论证其既有评价标准的科学性与合理性。即随着自身公共政策型价值活动能力的提升，价值主体需要从自己当下的价值实践出发重新论证自己既有评价标准的实践合理性及科学性和合目的性，以便及时改进和完善自己既有评价标准及其所刻画的价值，确保自己的公共政策型价值活动能够与时俱进。

条件3：价值主体需要系统、全面把握自己所拥有价值的情况。以价值主体对自己所拥有价值意识的程度为标准，价值主体已拥有的价值可以划分为价值主体完全意识到的价值、价值主体部分意识到的价值及价值主体完全没有意识到的价值。其中，价值主体完全没有意识到的价值是价值主体对自己已拥有价值认识的盲区，对价值主体系统、全面把握自己的影响最大。要解决这个问题，价值主体只能诉诸开展发现性评价。

三　模式的功能限度

发现性评估模式的优势功能具有以下5个特点。

其一，直接从价值现场出发，不受明确、具体的价值先行者束缚，能系统、全面地获取价值主体当前价值状态方面的信息，适合发现与既有公共政策型价值不一样的价值事实；

其二，强调公共政策型价值活动实践的理性，不强调既有公共政策评估标准对公共政策执行活动的权威，不强调按照既定的公共政策型价值活动方案开展公共政策型价值活动，能切实保证评价结果的真实性和公平性；

其三，评价结果的效度与信度在很大程度上依赖于评价主体的评价专业水平，因而，对评价主体的评价专业能力有较高的要求；

其四，评价过程强调评价主体与评价客体中的人生命体直接的交互与应答，有利于促进评价对象中的人生命体完善自己的公共政策型价值认知结构，发展其开展公共政策型价值活动的能力；

其五，得出的评价结果具有很强的个性化特征，能够给出所发现新公共政策型价值的第一个具有范例性的具体表现形式。

四　案例：榜样评价

"榜样"一词具有不同的含义。从语言文字的角度看，"榜"的本义是校正弓弩的工具、假借指文告，而"样"的本义是橡树的果实、假借指形状，① 作为"榜"与"样"联合而成的"榜样"一词基本保留了这两个字的本义与假借义，在现代汉语的含义是"作为仿效的人或事例（多指好的）"；② 从道德角度看，榜样是一种凝聚了特定历史时期的人民的共同理想追求，具有较高道德境界，能够对他人具有教化作用的人格范式；③ 从意识形态的角度看，榜样即在一定历史时期经组织认定，公众舆论认可和公共传媒广泛传播，体现时代精神和人民意愿，值得公众效仿和学习的先进典型；④ 从心理学角度看，榜样是一种理想人格或主观自我，是人追求自我实现所确立的内在价值目标。总结这些认识，本书将作为主体仿效的价值典范称为榜样，即榜样指价值主体公开号召其他主体去效法建立的价值典范。所谓榜样评价即以引导主体充实、完善及更新自己价值活动为目的的发现并树立榜样的评价。

在公共政策执行评估中，榜样评价是发现性公共政策评估模式的具体应用之一，它能形成图 9-2 所示的结构。以图 9-2 所示的结构开展榜样

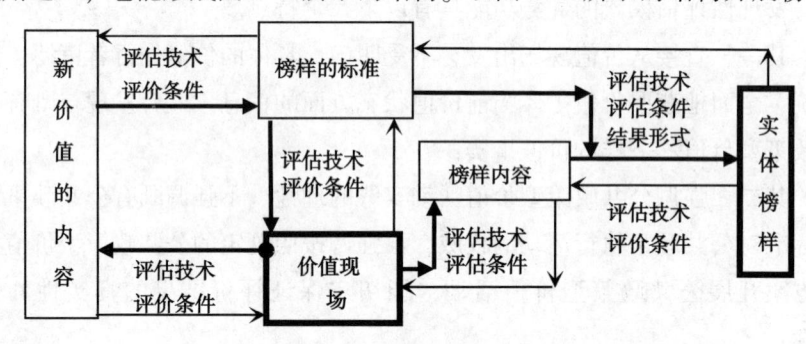

图 9-2　榜样评价的结构

---

① 顾建平：《汉字图解辞典》，东方出版中心 2008 年版，第 1039 页。
② 中国社会科学院语言研究所词典编辑室：《现代汉语词典》（第 6 版），商务印书馆 2014 年版，第 40 页。
③ 成云雷：《当代中国道德建设中的榜样作用》，《毛泽东邓小平理论研究》2005 年第 5 期。
④ 彭怀祖等：《榜样论》，人民出版社 2002 年版，第 8 页。

评价，即可将公共政策执行评估中具有榜样意义的价值从公共政策执行价值主体所拥有的价值中分离出来，使其获得清晰、完整、相对独立的存在形式，成为其他主体在价值活动中能够效仿建立的价值典范。

例如，在国家基础教育的课程标准等公共政策确定之后，具体的课堂教学法（教学模式）即成为公共政策执行，而从这些仁者见仁智者见智、形式多样、纷繁复杂的教学法中找出具有价值创新意义的教学法就依赖于榜样评价，其操作的一般步骤如下。

第一步，进入价值现场。即进入实际课堂教学及其所形成效果的现场，包括进入课堂及教师和学生各自的实然工作、学习与生活的场所，切实观察和感受到他们的价值生存状态。

第二步，析出新的价值内容。即在厘清价值现场全部价值事实的基础上，析出与既有价值不同的价值事实或价值现象。事实上，具有榜样意义的教学法均与已经形成的与众不同的教学效果有关，一般而言，这些教学效果表现为提高了教学的有效性，降低了教学过程的代价，改进和完善了教学质量，学生与教师均得到了更好、更全面的发展，得到了使用这种教学法的师生的共同肯定，等等，这些均可以成为析出新价值内容的重要线索。

第三步，建构评价标准。即对析出新的价值内容进行分析，析出蕴含在其背后的教学及认知心理规律，确定该教学法的完整程式结构、运行所需要的条件、具体操作性要求、教学效果的计量标志及计量方法。在此基础上，构建运用该教学法的评价标准，也即用抽象具体的方式对该教学法进行描述，使其获得相对独立的存在形式，并成为具有与既有价值不一样的新价值。

第四步，规范价值现场。即利用所建立的评价标准对价值现场所具有新价值的情况进行系统评估，使其成为新建立的评价标准所刻画的新价值的实然具体表现形式，为建立这类价值的典范表现形式提供基础。

第五步，给出教学法的典范表示（教学法的典范实体结构）。即在规范价值现场的基础上，通过对教学法所对应的价值现场具有价值完善意义的重新建构，使价值现场成为新建评价标准所刻画的新价值的实然具体表现形式，成为一种具有可效仿的教学法典范。一般而言，人们均会为这些具有典范意义的教学法取一个具有个性的名字。实践中，这些成为榜样的教学法既可以教学法的发明者命名，如黎世法的"六课型"单元教学法及魏书生的"六步"教学法等；也可以构成教学法的基本环节命名，如"读读—议议—练练—讲讲"八字教学法及"自学—辅导"教学法等；也可以首先使用这种教学法所在的地方命名，如"江苏省杨思中学"教学模式及山东省杜郎口中学教学模式等。

运用榜样评价需要处理好榜样评价所树立的榜样与价值现场中的榜样原型之间的关系。从价值的角度看，二者在价值上尽管是同质的，但是榜样原型之价值主体、价值客体及二者所形成的价值关系不一定是完备的，而榜样中的他们却是完备的。为了既保证榜样之典范性对自身结构完备性的要求，又保证榜样的真实性和现实性，榜样评价可以在不违背榜样原型之价值主体、价值客体及二者所形成的价值关系的本质内容及其构成的前提下，对其进行适当的改进和完善，使其内容与结构更为完备，但绝不能对它们的本质内容及其构成进行实质性的改变，使其成为与榜样原型不同质的价值。

第五节　证实性公共政策执行评估模式

所谓证实性公共政策执行评估模式是指以判断公共政策执行的当下价值与公共政策执行的既定价值是否一致为目的的公共政策评估模式。20世纪30年代，泰勒（Ralph W. Tyler）提出的行为目标评价模式是最为经典的证实性公共政策执行评估模式。[1] 此外，鉴定模式与认证模式也是在公共政策评估实践中被广为使用的公共政策执行评估模式。

一　模式结构

根据既定评价标准判断既有公共政策型价值的功能，是证实性公共政策执行评估模式的标志性功能。为了满足形成这个标志性功能的需要，本模式不仅要求其构成要素的具体构成及其相互作用方式能构成这个功能的机制，而且要求自己所确定的评价流程能为这些机制的有效运行提供充分

---

[1] 1934年，泰勒在《学业成就测验编制》一文从教育评价的角度提出了评价的泰勒原则；1940年，他在"史密斯—泰勒报告"中详细论述了评价的有关问题，首次叙述了教育评价概念及开展教育评价的程式结构。这些关于评价的论述的进一步发展即成为行为目标评价模式，也称为泰勒模式。这个评价模式等同于公共政策评估的目标达成模式和目标导向模式。

的时空。

(一) 模式的构成

本模式 5 个构成要素的具体构成如下。

要素 1：评估技术。以有利于从价值现场析出既定的评价资料及与既定评价资料的标准形式进行精确比对为确定评估技术的基本原则，所涉及的技术包括从价值现场析取评价资料的技术、对所获评价资料与既定标准性评价资料进行比对的技术、利用评价资料对比所得出结论综合得出判断既定价值达成程度的技术。这些技术之结合所体现的方法与策略应该体现实证主义方法论的主张。

要素 2：评价内容。它由按照既设评价资料要求从价值现场析取评价资料、对所析取评价资料与评价资料的既定标准形式进行对比、综合得出判断既定价值达成程度的评价结论 3 个部分构成。其中，评价资料指既定评价标准所确定的能够用于证明与自己一致性程度的证据，包括价值现场的价值事实及价值效应类事实；评价资料对比是一种测量意义上的活动，目的是测量出实际评价资料拥有既定评价标准所规定标准资料的程度，为判断价值现场具有既定评价标准所刻画价值的情况提供证据；综合得出评价结论的本质是兑现价值现场所拥有的既定评价标准所刻画的价值，也即将价值现场所拥有的既定评价标准所刻画的价值纳入既定评价标准所刻画的价值体系之中，使其具有一般的意义，使价值主体所追求的既定价值得以实现。

要素 3：评价条件。包括 3 个方面的条件：其一，既定评价标准是其所刻画既定价值的充要条件，它既描述了既定价值的所有可能情形，又能保证自己所描述的各种异形价值均是同质、同构及价值等价的，不存在通过具体价值活动完善自己的可能性；其二，既定评价标准所确立的评价资料是判断既定评价标准达成程度的充分条件，即从既定评价标准所确立的评价资料出发能准确判断既定评价标准的达成情况；其三，模式所确立的评估技术所需要的环境条件与评价技术的技术参数，以及操作这些技术和建立相关环境条件对评价主体的资质、价值主体提供的人力、物力、财力及信息方面支撑的要求。

要素 4：评价时空。其总体安排是：选定评价标准→进入价值现场→析出评价资料→与既定标准评价资料对比→依照既定评价标准合成评价资料对比结果→发布评价结论。除此之外，各环节需要根据形成判断既定价值之评价功能及优化模式流程的总体需要，合理安排环节内部的评价时空。

要素5：结果形式。得出的评价结论既可以采用表9-2中的类型1的评价结果表达方式表达，也可以采用表9-2中的类型2的评价结果表达方式表达。为了发挥证实性公共政策评估模式对改进和完善公共政策型价值活动（监控公共政策执行）的作用，所得出的评价结论也可以采用表9-2中的类型3及类型4的评价结果表达方式表达，或者采用对照评价标准，将已经实现的标准作为完整的价值加以叙述和肯定的形式表示。

（二）模式的结构

证实性公共政策执行评估的一般意义上的模式具有如图9-3所示的结构。

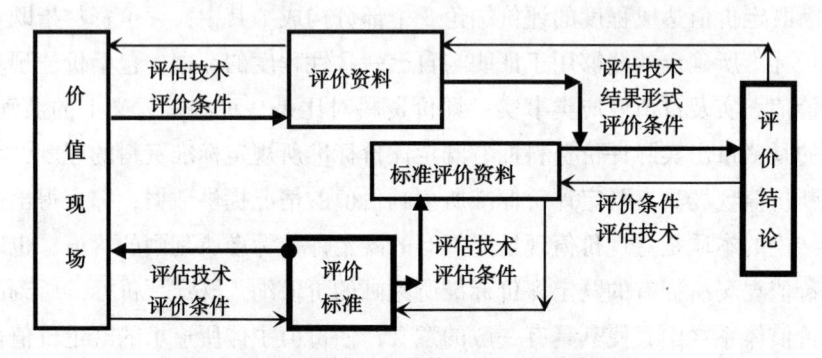

图9-3 证实性公共政策执行评估模式结构

二 运行模式的条件

建立证实性公共政策评估模式运行机制必须遵循的客观规律及价值运行规律，仅决定了形成它的结构所需要的条件，而获得模式实质性运行所需要的有效动力则决定了运行模式所需的现实条件。实践中，运行本模式除了必须具备公开、具体、确定的既有公共政策型价值评价标准之外，还需要至少满足以下4个条件中的一个。

条件1：实然具体价值主体需要确切地把握自己实现既定公共政策型价值的程度。对于实然具体价值主体而言，在自身能力无法确认自己实现既定价值的状态时，需要借助于证实性公共政策评估模式所具有的专业性判断既定公共政策型价值实现程度的功能，使自己获得关于既定公共政策型价值实现状态的权威信息。实然具体价值主体启动证实性公共政策评估模式并为维持它正常运行提供所需动力的支撑，是自己获得这方面信息的充分条件。

条件2：实然具体价值主体需要使自己追求既有公共政策型价值活动的结果能兑现为既有公共政策型价值形态的价值。实践中，实然具体价值主体把自己作为既有公共政策型价值之价值主体的同质、等价的形式开展价值活动，相应的价值客体是既有公共政策型价值之抽象价值客体的等价实然具体表现形式，因而其所形成的价值只是有可能是抽象既有公共政策型价值的实然表现形式，还不是既有公共政策型价值意义上的价值。要使这类价值成为既有公共政策型价值形态的价值（即价值兑现），只能运用证实性公共政策评估模式开展评价来实现。

条件3：实然具体价值主体需要发现和解决自己追求既有公共政策型价值活动中的问题。实然具体价值主体囿于自身公共政策型价值认识认知结构的不完善，以及价值认知能力不强，不能及时发现自己追求既有公共政策型价值活动中存在的问题，使自己不能按照既定的公共政策型评价标准所彰显的价值活动方案获得既定的价值。要解决这个问题，首先是发现问题的所在。在公共政策执行评估中，利用证实性公共政策评估模式对实际价值活动过程与既定价值活动过程进行精确比对，其能发现的在本质上存在不一致的地方恰好是问题的所在。因而，在这种情形下，实然具体价值主体同样需要启动证实性公共政策评估模式。

条件4：规范和监控追求既有公共政策型价值的活动过程。既有公共政策型价值的拥有者为了维护自己的既有利益会形成实然具体价值主体的联盟，对正在追求既有公共政策型价值的待定价值主体的价值活动过程进行规范和监控，开展这样的监控活动需要基于证实性公共政策评估模式所开展的公共政策评估活动。

三　模式的功能限度

证实性评估模式的优势功能具有以下6个特点。

其一，强调既设评价标准是做出评价结论的唯一依据，直接从评价标准出发，不受与既定评价标准无关的价值信息干扰，能按照既定的评价信息及内容要求，有针对性地从价值现场系统、全面地获取价值主体当前所拥有的这方面的信息，适合判断评价客体达成既有公共政策型价值的程度及发现需要改进的问题。

其二，强调公共政策执行的预期性，维护既设公共政策型价值规划的绝对权威性，强调公共政策执行必须按照既定公共政策规划所确定的活动策略、方法及路径进行，忽视根据公共政策执行实践调整公共政策执行的策略、方法及路径，能切实保证评价结果的形式公平性。

其三，评价结果的效度与信度主要由评价模式所规定的评价程序，以及所使用的技术与既定的评价内容范围确定，仅对评价主体按照既定规程实施评价的能力有一定的要求。

其四，评价过程强调将评价客体物化，有利于防止评价对象中的人生命体的主观能动性对评价过程客观性的影响，使得评价结论具有较高的信度，但不刻意关注促进评价客体中的人生命体完善自己的公共政策型价值认知结构，以及发展和提升其开展公共政策型价值活动的能力。

其五，得出的评价结果与评价标准所刻画的价值具有形式上的同质性和可通约性，以该模式所依据的评价标准对任何两个评价客体进行评价所得出的评价结论，均可直接进行价值量方面的比较，能为基于价值实现程度的集成提供客观的依据。

其六，不能证明评价标准的合理性。本模式不涉及对评价标准的改进和完善，只能论证所给出的与评价标准所刻画价值一致性程度方面的结论在形式上是否为真，但并不能保证自己所给出的结论一定是评价客体是否具有价值方面的真实判断。要解决这个问题，需要对评价标准自身所刻画价值的真实性进行评价，而这是证实性公共政策评估模式所无法实现的。

四 案例：审计性评价

审计是与经济活动密切相关的一种评价活动。在现代汉语中审计一词的含义是"由专设机关对国家各级政府及金融机构、企事业组织的财务收支进行事前和事后的整体审查"①。美国会计学会（American Accounting Association，AAA）将审计界定为通过客观地获取和评价有关经济活动与经济事项认定的证据，以证实这些认定与既定标准的符合程度，并将结果传达给有关使用者的系统化过程。《审计百科全书》将审计界定为由独立于被审计单位以外的专职机构和人员，依法对被审计单位的财政财务收支

---

① 中国社会科学院语言研究所词典编辑室：《现代汉语词典》（第6版），商务印书馆2014年版，第1157页。

及其有关经济活动的真实性、合法性和有效性进行审查和评价，证明和确定其是否履行经济责任，并借以达到维护财经法纪、改善经营管理、提高经济效益的一项经济监督活动。① 借助于审计的原始含义，可将审计性评价界定为：既定价值主体的实然价值主体联盟，通过客观地获取和评价有关既定价值活动与既定价值事项认定的证据，判断基于这些认定的证据所刻画的公共政策型价值与既定评价标准所刻画的公共政策型价值的符合程度，并将结果告知评价客体的系统过程。

审计性评价的具体程式是证实性公共政策评估模式在公共政策评估实践中的具体表现形式之一，它能形成图 9-4 所示的结构。以图 9-4 所示的结构开展审计性评价，即可对实际公共政策执行与既定公共政策执行相符合的情况进行审查和核对，并将所得出的评估结果传达给实际公共政策执行者，促其按照既定公共政策执行来实施自己的公共政策执行。

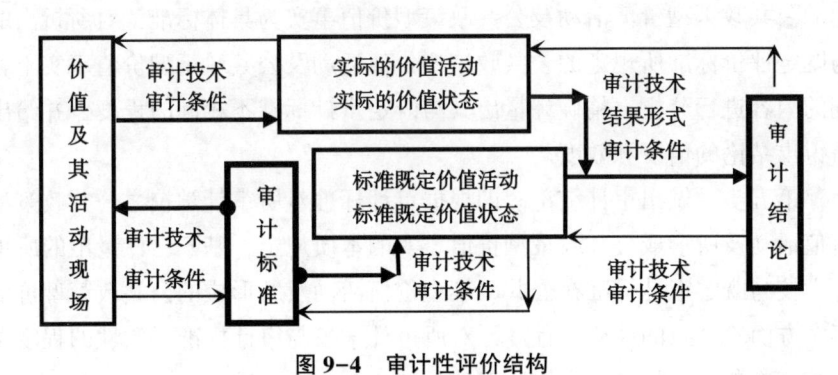

图 9-4 审计性评价结构

例如，在《中华人民共和国教育法》《中华人民共和国义务教育法》及国家义务教育课程标准等具有源公共政策和前继公共政策确定之后，义务教育阶段具体学校的办学即成为公共政策执行，对这类学校的办学符合国家举办义务教育之要求的程度进行判断即需要审计性评价，其操作的一般步骤如下。

第一步，选定审计标准。即在既有的公共政策型价值评估标准中，选定具体用于审计义务教育阶段学校办学的评估标准，确立与这个标准相对应的实然价值主体联盟，并通过这个价值主体联盟将所选定的审计标准细化为可以进行检核和计量的办学具体标准，划定义务教育阶段学校的公共

---

① 田雍等：《审计百科全书》，地震出版社 1993 年版，第 52 页。

政策型价值活动范围及所形成的价值事实。

第二步，进入价值及价值活动现场。即根据审计目的，按照事先确定的要求，进入义务教育阶段具体学校之公共政策型价值活动及其所形成效果的现场，包括进入校园、课堂、教师和学生各自实然工作、学习与生活的场所及学校所在的社区，实地观察办学意义下的学校公共政策型价值活动方式及所形成的公共政策型价值事实。

第三步，析出实际价值内容。即以执行审计标准所对应的公共政策为前提，在厘清价值现场全部价值活动及价值事实的基础上，运用特定的审计策略与方法，析出所审计学校与既定审计标准所规定公共政策型价值活动不相同的价值活动，以及与其刻画公共政策型价值事实不相同的价值事实。

第四步，计量与既定审计标准不一致的程度。即以既定审计标准所确定的公共政策型价值活动及公共政策型价值事实为具体标准，对所析出的与既定评价标准所规定的公共政策型价值活动及公共政策型价值事实不相同的内容进行分析，精确计量出其与既定审计标准不相同的程度，并给出所得出结论的信度和效度。

第五步，做出审计结论。即根据审计标准对所审计学校之公共政策型价值活动及所形成公共政策型价值事实的本质规定，基于已计量出的所审计学校与既定审计标准在公共政策型价值活动及所形成的公共政策型价值事实方面不一致的性质及程度，对所审计学校与审计标准一致性的程度做出综合判断，并将结论告知所审计学校。

开展审计性评价需要注意5个问题：其一，评价（审计）的对象必须是一个意义完整、具有物质性的实体组织；[①] 其二，评价（审计）主体的构成人员不仅要具有确定和收集既定审计证据做出准确审计结论的能力，而且还应具有坚持实事求是、独立开展评价的勇气；其三，所有的审计信息均必须依据既定的公共政策型价值的评价准则确定，是可核实和可审计的；其四，保证审计评价的独立性，除了内部审计之外，审计性评价之评价主体的构成人员均必须来自审计对象的外部；其五，获取审计性评价之证据的常用方法是检查、监视、询问及函证，所收集的证据必须得到其提供者的确认才能成为有效证据。

---

① 即表现为实然具体形态的待定价值形态。

第六节　建构性公共政策执行评估模式

所谓建构性公共政策执行评估模式是指以判断创新公共政策执行价值为目的的公共政策评估模式。20世纪90年代，费希尔（Frank Fischer）提出的实证辩论模式[①]是建构性公共政策执行评估模式具有经典意义的代表。与该模式联系较为紧密的评估模式还有斯塔弗尔比姆（Daniel L. Stufflebeam）等在1966年提出的CIPP评价模式（决策导向模式），以及美国加利福尼亚大学洛杉矶分校评价研究中心提出的CSE评价模式。[②]

一　模式结构

公共政策型价值规划是一种有意识、有目的、有高度主观能动性的思维层面建构价值活动所形成的抽象价值事实。为了降低公共政策型价值活动的风险及代价，需要对这种抽象价值事实的真、善、美及是否能转化为实然具体意义的价值加以论证，对于公共政策执行也是如此。这客观要求建立以既有价值理论与科学理论为逻辑基础推断公共政策型价值规划实现的可能性，作为优势功能的公共政策评估模式。建构性公共政策执行评估模式就是以满足这个要求为目标所建立的评估模式，与发现性公共政策执行评估模式及证实性公共政策执行评估模式的构造相比，它的构造发生了很大变化。

（一）模式的构成

本模式5个构成要素的具体构成如下。

要素1：评估技术。以有利于正确推断价值及其活动规划在理论和实践上是否可行作为组织评价技术形成评价方法的基本原则，所涉及的技术既包括从所评价的价值及价值活动规划析取评价资料的硬技术、对所获评价资料与抽象价值标准进行比对的硬技术、综合得出推断价值及价值活动

[①]　该模式的理论基础可以追溯到费希尔在1980年出版的 *Politics, Values, and Public Policy: The Problem of Methodology*，但系统阐释这个模式的著作是其在1995年出版的 *Evaluating Public Policy*。

[②]　因由美国加利福尼亚大学洛杉矶分校之评价研究中心（Center for Study of Evaluation, CSE）提出而得名。CSE评价模式由需要评定、方案计划、形成性评价及总结性评价前后相继的4个环节构成。

规划可行程度的硬技术，也包括由既有价值理论和既有科学理论得出抽象价值标准的软技术。其中，硬技术结合而成的方法与策略要体现实证主义方法论的主张，软技术结合而成的方法与策略要体现建构主义方法论的主张。

要素2：评价内容。它由5个部分构成：表征和论证公共政策型价值及其活动规划的价值目标创新性及论证、价值活动合规律性及论证、价值活动合目的性及论证、价值活动可行性及论证、价值活动最优性及论证。其中，价值目标创新性及论证包括具体列出的价值目标，以及论证价值目标具有创新性的论据和论证方法；价值活动合规律性及论证包括开展价值活动所依据的科学原理及其在实际价值活动中能够发挥作用方面的论据及论证方法；价值活动合目的性及论证包括价值活动合价值主体自身需要的程度及其对价值主体自我实现的意义和可能性方面的论据与论证方法；价值活动可行性及论证包括所需要的客观条件及客观条件的现实性与可及性方面的论据与论证方法；价值活动最优性及论证包括所开列的最优性价值活动的标准、论证自身与自设最优性价值活动标准一致的论据及论证方法。

要素3：评价条件。具体包括5个方面的条件：其一，既有的价值理论和既有的科学理论蕴含了各种正确的价值及价值活动规划，即从既有的价值理论和既有的科学理论出发，综合运用价值逻辑推理、形式逻辑推理及辩证逻辑推理能论证所评价价值及价值活动规划的科学性；其二，价值及价值活动规划所提供的各种论证自己成立的证据及论证方法的真实性均是可验证的；其三，评价主体必须完整掌握模式建立所评价价值及价值活动规划的既有价值理论及既有的科学理论，能熟练运用它们对所评价价值及价值活动规划的可行性做出符合理论规定的推断；其四，具有规范评价风险的制度，即建立评价免责制度，公告建构性评价存在的可能风险，确保依据既有的价值理论和既有的科学理论所得出符合理论规定的推断却被实践证明是错误的推断的评价主体不受惩罚；其五，模型所设定的各种评估技术所需的技术参数及其环境条件，以及实现这些要求对评价主体资质的要求，模式有效运行对价值主体支撑能力方面的要求。

要素4：评价时空。总体安排的进程是：选定既有价值理论和既有科学理论→认定需要评价的价值及其活动规划→析出评价资料→与具有一般意义的抽象价值标准对比→依照对比结果得出并发布评估结论。此外，与其他两类评估模式一样，它也会根据形成能推断价值及其活动规划是否可行的功能的总体优化需要，合理安排各环节内部的评价时空。

要素 5：结果形式。得出的评价结论既可以采用表 9-2 中的类型 7 的评价结果表达方式表达，也可以采用表 9-2 中的类型 8 的评价结果表达方式表达。作为所得出评价结论的引申，建构性公共政策评估模式也可采用表 9-2 中的类型 2 和类型 3 的评价结果表达方式表达，或者用指出所评价公共政策型价值规划需要改进之处，直接指出所评价公共政策型价值规划不具可行性，以及直接指出所评价公共政策型价值规划是错误的等作为表述评价结论的变通形式。

（二）模式的结构

建构性公共政策评估模式以既有价值理论和既有科学理论作为模式运行的逻辑起点，同时从两个方向展开，能形成具有图 9-5 所示的结构。

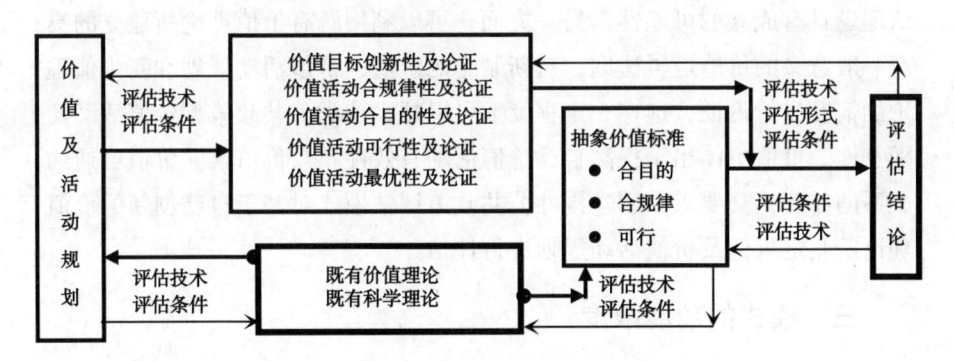

图 9-5　建构性公共政策执行评估模式结构

二　运行模式的条件

运行建构性公共政策评估模式不仅要满足模式内在规定的条件，而且至少还需要满足以下 3 个条件中的一个才能解决自己运行所需要能量的问题。

条件 1：价值主体需要降低自己创新性价值活动的风险。价值主体为了确认自己的公共政策型价值及价值活动规划是具有创新意义的公共政策型价值规划，以及自己的公共政策型价值及价值活动规划建立在科学、可行的基础上，提升自己价值活动的有效性并降低自己在价值活动中的风险，但自身所具有的公共政策评估能力不胜任开展这类评估，难以通过评估实现杜绝自己价值实践盲目性及降低自己公共政策型价值活动风险的目的。

条件2：价值主体需要创新既有价值及价值活动规划。即价值主体采取创新价值及价值活动策略与方法，建构以自己作为价值主体的既有公共政策型价值。在这种情形下，价值主体要使自己的价值活动具有既有价值的意义必须解决两个问题。其一，新的价值及价值活动规划能形成公共政策型价值；其二，新规划所得出的公共政策型价值比原规划得出的公共政策型价值更加完善，能通过原规划所对应的公共政策型价值兑现。价值主体需要具有公共政策评估专业能力的评价主体，运用建构性公共政策评估模式帮助自己解决这两个问题。

条件3：价值主体需要通过自己创新的价值理论，制定价值及价值活动规划。实践中，利用既有价值理论一方面可以论证价值主体所创新的价值理论具有成立的可能性，另一方面，可以利用既有价值理论所建立的具有一般意义的价值逻辑法则，对新制定的价值、价值活动规划和新价值理论的情况进行论证，这在一定程度上可以减少这类公共政策型价值活动的随意性。价值主体出于提高自己价值活动有效性及与价值建立价值可通约关系的需要，会要求采用建构性公共政策评估模式对基于自己创新的价值理论所制定价值及价值活动规划进行评估。

三 模式的功能限度

建构性评估模式的优势功能具有以下7个特点。

其一，直接从既有的价值理论及科学理论出发，不受明确、具体的评价标准束缚，能系统、全面地对公共政策型价值及价值活动规划的可行性进行推断，适合降低以创新为目的的公共政策型价值活动的发现及提高其有效性为目的的评价。

其二，首先强调公共政策型价值活动的理论理性，即强调公共政策型价值及价值活动规划只有通过既有公共政策型价值理论与既有科学理论的论证，才能成为真正指导实际公共政策型价值活动的准则，反对用没有通过可行性推断的公共政策型价值及价值活动规划指导实际的价值活动。

其三，评价结果的效度主要表现为结构效度，它主要由评价主体所具有的评价专业水平所决定，因而，本模式对评价主体的评价专业能力有较高的要求。

其四，评价过程与得出的评估结论具有较强的主观性，评估结论的信度不仅与评价主体所具有的评价专业水平密切相关，而且更取决于评价主体的评价职业道德素养。

其五，可能得出具有第二类错误的评估结论。评价结果是根据既有价值理论和既有科学理论所做出的推断，而推断最终的正确性只有通过公共政策型价值实践才能检验，这使得即便通过可行性评估的公共政策型价值及价值活动规划依然存在不可行的可能，导致这种情形下的创新公共政策型价值活动具有失败的可能性。

其六，可能得出具有第一类错误的评估结论。本模式根据既有价值理论和既有科学理论对公共政策型价值及价值活动规划的可行性进行评价，如果评价对象自身是基于价值理论创新所形成的，那么用既有价值理论把握评价对象所创新的价值理论时，加之新理论自身不完备，就可能出现用先入为主的既有理论否定新理论的现象。这种否定有可能把原本正确的新价值理论，以及基于它所制定的具有可行性的公共政策型价值及价值活动规划，作为不可行的公共政策型价值及价值活动规划而否定掉。

其七，评价过程强调评价主体与评价对象中的人生命体直接交互与应答，既有利于厘清所评价的公共政策型价值及价值活动规划的论据及论证方法，为对其可行性进行评估收集翔实的证据，又有利于促进其中的人生命体完善自己的公共政策型价值认知结构，发展其进一步开展公共政策型价值活动的能力。

四　案例：审议性评价

在现代汉语中审议一词的含义是"审查讨论"，而审查则表示"检查核对是否正确、妥当"[①]。延伸到政治中之后，审议表示公共事务的抉择工作，其核心的意义为具有正当性的主体针对特定政治主张的各种价值选项的正反意见，进行审慎而严谨的价值权衡，确认出对自己最有价值的选项，并使其合法性能以集体方式得以认定的方法。[②] 它既可以指个人意义上的主体对某项政治主张及行动之正反意见得出"深思熟虑"的结果，

[①] 中国社会科学院语言研究所词典编辑室：《现代汉语词典》（第6版），商务印书馆2014年版，第1157页。

[②] 谈火生：《审议民主》，江苏人民出版社2007年版，第54页。

如人大代表对政府工作报告的审议，亦可以指集团意义上的主体通过团体讨论并由集体来审慎权衡关于某项政治主张的正反理由，[①] 如人大常委会组成人员在本级人大常委会会议期间，对提交会议的议案或报告等在付诸表决之前所进行的审查讨论。一般的，审议泛指对所提交的各种计划、报告内容的综合评价，主要是经济评价和技术评价。[②] 在此，所谓审议性评价是指价值主体以推断自己创新性价值活动规划具有正当性和可行性为目的所开展的综合评价的总称。

审议性评价所评价的是具有创新意义的价值规划，没有现成的具体评价标准可循，只能从既有价值理论和科学理论出发开展评价。一方面只能以具有普遍意义的抽象价值标准作为基准得出评价结论，另一方面也只能基于合既有理论用理性推断的方法得出评价结论。因而，审议性评价是建构性公共政策评估模式在公共政策评估实践中的一种实然具体形式，它能形成与图 9-5 所示结构类似的结构（见图 9-6）。按照图 9-6 所示的结构开展审议性评价，即可在当前条件下对价值活动规划所具有的正当性和可行性做出最具权威性的推断。

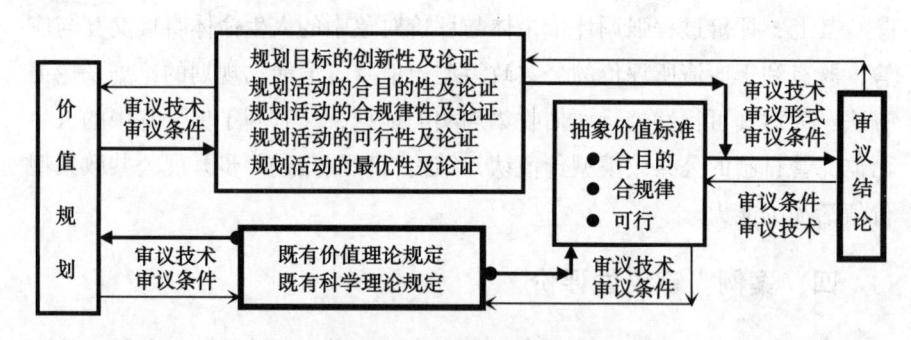

图 9-6 审议性评价结构

例如，在《中华人民共和国教育法》及《中华人民共和国义务教育法》等公共政策确定之后，确定义务教育阶段的课程即成为具有创新意义的公共政策执行，对作为这种执行之结果的义务教育阶段课程的有效性与可行性的评价就需要审议性评价。这种对课程的审议性评价即课程审

---

① 王东虓等：《公民意识研究》，郑州大学出版社 2009 年版，第 356 页。
② ［日］长广仁藏：《研究与开发（R&D）活动的运营与定量评价：新商品的开发手段》，中田庆雄译，复旦大学出版社 1999 年版，第 17 页。

议。所谓课程审议，这里指以改善和调整课程建构策略或方向使之实现可持续发展为目的，基于学习者的学习规律及年龄特征、教师的教学规律、学生的兴趣与发展需要、学科的发展需要、国家与社会的需要等所形成的既有理论体系，对课程有效性和可行性进行的评价活动。[①] 它由以下 6 个步骤构成。

第一步，确立课程审议所需要的既有价值理论和既有科学理论。即根据所审议课程所设计的学习者、教学者、课程的学科（科目）内容、课程的价值目标、课程设定的活动遴选出实施特定课程审议所需要的既有价值理论和既有科学理论。

第二步，确定课程审议的审议主体。课程的审议主体由具有不同价值诉求的作为课程主体构成要素的主体构成。一个合格的课程审议主体既必须掌握实施审议所需要的全部既有价值理论和既有科学理论，又必须保证其构成要素的价值诉求能够实现。

第三步，确定抽象的价值标准。即以从既有的理论出发用抽象的形式从合规律、合需要及可行 3 个方面明确规定出抽象的价值标准，并把它作为课程审议的审议标准。

第四步，析出课程价值可行的证据。即课程审议主体从所审议的课程中从课程目标的创新性及论证、课程设定的内容的合目的性及论证、课程设定的内容的合规律性及论证、课程设定的内容的可行性及论证、课程设定的内容最优性及论证 5 个方面析出所审议课程能提供自己具有有效性和可行性的证据。

第五步，协商并达成共识。即课程审议主体根据自己建立的审议标准，在其构成要素充分参与审议并充分表达自己审议意见的基础上，通过内部要素协商的方式，对所审议课程的有效性和可行性的证据的充分性和完备性达成具有共识性的推断。

第六步，发布课程审议结论。包括将所达成的审议共识转化为具有权

[①] 对于课程审议还存在其余的界定，例如，有的将课程审议界定为反思课程；有的将课程审议界定为讨论课程；有的将课程审议界定为基于"理论→实践→理论→实践"的循环往复发现问题、分析问题、解决问题的过程。此外，罗尧成给出的界定与本书的界定较为接近：课程审议指课程开发主体对具体教育实践情境中的问题反复讨论权衡，以获得一致性的理解与解释，最终做出恰当的、一致的课程变革决定，并且采取相应策略的过程。参见罗尧成《研究生教育课程体系研究》，广东高等教育出版社 2010 年版，第 105 页。

威性的课程审议结论，以及为了确保审议结论真实性、有效性及可理解性所设置的数量不等的附件。

　　需要指出的是，要开展好课程审议必须满足4个条件：开展课程审议的评价主体必须由价值主体通过具有强制性、权威性及法律效力的程序产生和认定；得到审议授权的评价主体在正式开展审议前需要围绕所审议的对象开展广泛的调查研究，获取确认所审议对象为真及具有可行的客观证据；评价主体是价值中立的，具有优良的公共政策评估职业道德操守，能完全按照委托其开展审议的价值主体的本质要求，独立地开展课程审议；具有法定意义的课程审议程序及表达和发布审议信息与结论的规定，确保构成评价主体的具体审议者均能依法充分地参与审议，充分表达其所代表价值主体的价值诉求。

第十章 公共政策执行评估的质量保障

公共政策执行评估的质量是主体公共政策型价值活动中的一个永恒的主题。主体总是按照自己的评价质量观设计、运行及控制自己的公共政策执行评估的质量体系，以确保公共政策执行评估符合自己公共政策型价值活动的本意，促进和实现自身的价值可持续发展。所谓公共政策执行评估的质量保障，是指通过确立公共政策执行评估质量的标准体系及科学、合理、可行的监测策略与方法，确保公共政策执行评估活动符合公共政策执行之价值主体的需要及与评估活动相关的客观规律。公共政策执行评估质量的标准体系是开展公共政策执行评估之质量保障的核心，科学、合理、可行的监测策略与方法是落实公共政策执行评估之质量保障的关键。

第一节 公共政策执行评估质量的含义

公共政策执行评估质量是什么？要回答这个问题，首先必须厘清"质量"的概念。

质量本是物理学用来量度物体惯性大小的物理量，而惯性则指物体保持原有运动状态或静止状态的性质，[①]也即物体自身所固有的维持自己运动状态使之不发生改变的根本属性。从质量概念之物理学的本意可以推知，质量概念具有三层意义：其一，从所指来看，它是具体的，与所表示的具体物体密不可分，离开了具体物体就无质量可言，因而质量是确定的，可以通过具体物体观测，能成为某物具有其自身根本属性的标志物；其二，从计测结果来看，它是抽象的，是对具体物体保持原有运动状态或静止状态之性质的抽象描述，因而不受具体物体的限制，不同物体的质量

[①] 中国社会科学院语言研究所词典编辑室编：《现代汉语词典》（第6版），商务印书馆2014年版，第482页。

具有可公度性；其三，从内容来看，它所刻画的只是这个内部机制作用的结果，并没有刻画出具体物体维持自己原有运动状态或静止状态的内在机制。

有鉴于质量被赋予的与物体本质属性的确定性联系及其自身所具有的可观测和度量特性，物理学以外的领域也借鉴质量这个概念把握自己所研究对象的根本属性，派生出诸如产品质量、服务质量、生活质量、生命质量、生物质量、社会质量、环境质量、化学质量、教育质量、信息质量、制度质量、政府质量等内涵存在差异的众多质量概念。而且，这些不同领域的质量概念的内涵还会随着相应的质量观变化而形成不同的质量概念。

以产品质量为例，到目前为止，人们大致出现了适用性能质量观、固有特性质量观、固有特性再加赋予特性质量观、绿色质量观等不同的质量观，围绕这些质量观形成了不同的质量概念主张，其中具有代表性的质量概念有："适应主体性的质量"认为质量是适合顾客（质量主体）需要的程度，产品质量是产品在使用时能成功满足顾客需要的程度；"符合客体性的质量"认为质量只是符合标准（质量客体）的要求，符合了既定规格或规定性，合格即质量；"主体质量与客体质量统一的质量"认为质量是符合标准（质量客体）的要求与适合顾客（质量主体）需要的程度的有机统一；[①]"绿色质量"认为质量是指能够改进或提高产品绿色化程度的产品质量，[②]由保护环境、节约资源、健康安全及可持续发展等要素构成。

但是，人们无论怎么表达和解释质量的概念，均会涉及实体、需要及特性3个更为基本的概念。[③]其中，实体指可单独描述和研究的事物，既可以是活动或过程、产品、组织、系统或人，也可以是这些项目的任何组合，它是形成质量的物质基础；需要主要指顾客的需要，也指社会的需要及供需双方之外的第三方的需要，并以明确需要和隐含需要作为自己的基本的表现形式，它使得质量具有确定意义和明确的边界；特性指可区分的

[①] R. W. 霍耶等：《何谓质量——世界八位著名质量专家给质量定义》，颜福祥译，《中国质量技术监督》2002年第1期。

[②] 沈根荣：《绿色营销管理》，复旦大学出版社1998年版，第78页。

[③] 钱军平：《中国高等教育质量保障体系核心问题研究》，西南交通大学出版社2011年版，第50页。

特征，包括事物所固有的特性及被赋予的特征，它为计量质量提供了具体的途径。因此，一般意义上的质量在本质上是客体性的实体与主体性的需要以实体的特性作为二者相互作用的效应物，实体的特性既是它的表现形式也决定了它可能的范围，而其所满足的需要决定了它所获得质量的具体意义。因此，质量只是价值的一种表现形式。

所谓公共政策执行评估质量，是指公共政策执行评估作为实体与需要公共政策执行评估者的需要，以公共政策执行评估的特性作为二者相互作用的效应物。公共政策执行评估质量是公共政策型价值的表现形式之一，形成公共政策执行评估质量的关键是公共政策执行评估与需要公共政策执行评估者能形成相互作用的关系，而公共政策执行评估质量得以实现的标志则是这种交互作用所形成的效应能以公共政策执行评估的特性表现出来。公共政策执行评估存在的规律与需要公共政策评估者的自利性，决定了公共政策执行评估质量具有主体性、客体性、再生性、过程性及产品性。

性质1：主体性。主体性指公共政策执行评估质量具有由公共政策评估需要者决定的特性，表现为满足了公共政策执行评估需求者的需要，与公共政策执行评估质量主体性相对应的质量称为主体性公共政策执行评估质量，简称主体性质量。对于公共政策执行评估的需求者而言，具有主体性公共政策执行评估质量体现为，公共政策执行评估之需求者基于公共政策型价值实现的自主建构构成，评估的过程与结果能使自己产生自我效能感，具有鲜明的个性特征。主体性以公共政策执行评估之需要的满足程度计测公共政策执行评估质量，作为衡量质量标准的公共政策执行评估需求者的需要，它包括明了的要求、隐含的要求和必须履行的法律法规要求3个部分。明了的要求与必须履行的法律法规要求使得主体性具有确定性，相应的主体性公共政策执行评估质量容易测定，而隐含的要求则使得主体性具有不确定性，相应的主体性公共政策执行评估质量难以测定。但是，无论公共政策执行评估需求者的需要的具体构成与内容怎样明确，主体性公共政策执行评估质量对公共政策执行评估自身的结构却没有提出具体、确定的要求，这使得主体性公共政策执行评估质量难以对公共政策执行评估成立与否进行有效检核，导致伪公共政策执行评估也可能成为有主体性公共政策执行评估质量的公共政策执行评估，与公共政策执行评估需求者通过开展公共政策执行评估实现自身可持续发展的本意相悖。

如何确定主体性质量，是保证公共政策执行评估质量的基础性问题之一。确定主体性质量的关键是确定公共政策执行的价值主体及其需要。公共政策执行价值主体的构成有两种情形：其一，要素型价值主体，即只有一个价值主体，但它由若干具有完整结构的组织作为要素构成；其二，联合体型价值主体，即至少由两个价值主体联合而成，这些不同的价值主体基于相互确定的联合规则共存于所建立的公共政策执行价值主体之中。对于要素型价值主体，关键是确立各要素的共同需要与共同需要遵循的法律法规，以及具有强制力的各自潜在（不明了）需要在明了后成为整体需要的规则。对于联合体型价值主体，关键是从有利于促进联合体可持续的目的出发，确立其构成价值主体相互之间不存在冲突需要遵循的法律法规，作为联合体的清晰需要和需要遵循的法律法规，以及明确具有强制力的各自潜在（不明了）需要成为联合体共同需要的规则。

性质2：客体性。客体性指公共政策评估质量由公共政策评估自身决定的特性，表现为满足了公共政策执行评估系统既定的要素规格、要素交互作用方式与强度、系统之载体的形式与规格，与公共政策执行评估质量客体性相对应的质量称为客体性公共政策执行评估质量，简称客体性质量。从客体性质量的角度看，它与公共政策执行评估的需求者无关，是由公共政策执行评估系统自身的构造及载体确定的，等价于对其构成要素的规定，构成要素的作用方式与强度的规定，系统的载体与形式所做出的真实、科学、可行及可测的规定，一旦这些规定被确定即具有不变性和法律效力，是计测和监控客体性质量的可靠标准。客体性质量具有广泛性，是公共政策执行评估系统特性的总和，如果将规定公共政策执行评估系统之要素规格、要素交互作用方式与强度及系统之载体的形式与规格，视为是为了确保该公共政策执行评估系统必须具有特定的评估功能，则客体性质量也能被理解为，公共政策执行评估系统具有既定的公共政策执行评估功能。

如何确定客体性质量，也是保证公共政策执行评估质量的基础性问题之一。客体性质量是由公共政策评估系统自身的规定性确定的，评估系统的因素及因素交互作用与评估功能的关系是确定客体性质量的基本原理，根据这个原理可以设计出客体性质量的标准，具体包括3个步骤：

第一步，确定公共政策执行评估系统的功能种类和强度；

第二步，根据第一步的规定，确定公共政策执行评估系统的构成要素及其结构和规格、构成要素交互作用的方式与强度、系统整体的载体及形式和规格；

第三步，用可观测和具有法律效力的形式将第二步所做出的规定呈现出来，并将其界定为客体性质量。由此可见，客体性质量使得公共政策执行评估质量在一定程度上是一种可以用确定方式设计的质量。

性质3：再生性。再生性指公共政策执行评估质量具有由公共政策执行评估自身及公共政策执行评估需求者，通过公共政策执行评估活动对既设公共政策执行评估质量内涵再造的特性，[1] 与公共政策执行评估质量再生性相对应的质量称为再生性公共政策执行评估质量，简称再生性质量。再生性是由公共政策执行评估本身即主体认知公共政策型价值的实践所决定的。公共政策执行评估既是一个问题解决的过程，能解决公共政策执行活动中所遇到的公共政策型价值问题，也是一个学习公共政策执行评估的过程，能触发、诱导并培育其构成要素中人生命体改进和完善自己的公共政策型价值认知结构，促成公共政策执行评估系统的改进和完善，并形成更加完善的质量标准。

再生性质量是由公共政策执行评估的特殊性决定的，它对公共政策执行评估质量提出了更高的要求。与客体性质量强调质量的既定客观标准相比，它要求根据公共政策执行评估解决公共政策执行问题的实际效果确定其客观质量标准；与主体性质量强调质量的既定主观标准相比，它要求根据公共政策执行评估结束后各要素所形成的新结构与内容，确定其主观质量标准。从公共政策执行评估的目的就是改进和完善公共政策执行评估需求者之公共政策型价值活动的角度看，再生性质量与主体性质量不会发生冲突，两者统一于满足公共政策执行评估需求者实现可持续发展的需要。但是，再生性质量与客体性质量却有可能发生冲突。当再生性质量至少要求既定公共政策执行评估系统的要素规格、要素交互作用方式与强度及系统之载体的形式与规格中的一个需要发生正向改变时，再生性质量与客体性质量是相容的；当再生性质量至少要求既定公共政策执行评估系统的要素规格、要素交互作用方式与强度及系统之载体的形式与规格中的一个需要发生负向改变时，再生性质量与客体性质量是不相容的，这时再生性质

---

[1] 钱军平：《中国高等教育质量保障体系核心问题研究》，西南交通大学出版社2011年版，第82页。

量与客体性质量存在冲突。

性质4：过程性。过程性指公共政策执行评估质量由若干关键环节构成并表现为一个连续展开和形成的质量链条，称过程性所反映的公共政策执行评估质量为过程性公共政策评估质量，简称过程性质量。从公共政策执行评估质量形成的源流看，构成过程性质量的关键环节包括确定公共政策执行评估需求者的需要、确定满足评估需求者需要的评估功能、确定提供评估功能所需要的要素及其交互作用、确定所需要素及其交互作用的载体及运行所需要的条件、确认所构造的公共政策执行评估系统满足公共政策执行评估需求者的需要。从运用公共政策执行评估系统开展公共政策执行评估活动过程的质量流来看，公共政策执行评估质量的关键环节依次包括确立明确的评估目的、制定完备的评估标准、确定可操作的评估技术、收集得出评估结论所需要的证据及得出准确的评估结论。在这些前后相继的质量环节中，前一个环节的质量是后一个环节具有质量的必要条件，后一个环节具有质量是前一个环节的质量具有意义的充分条件，缺少其中的任何一个质量环节，整个公共政策执行评估的质量就无从谈起。

要求从质量生成的全过程把握质量，是过程性质量的本质。以运用$CIPP$评估模式开展公共政策执行评估为例，形成其质量前后相继的关键环节是C评估、I评估、P评估（过程评估）及P评估（产出评估），这就决定了它的评估质量由C评估的质量、I评估的质量、P评估（过程评估）的质量及P评估（产出评估）的质量构成，四者缺一不可。否则，就谈不上它是有过程性质量的$CIPP$评估。对于具体公共政策执行评估而言，尽管其过程性质量具有既定性的一面，但是其展开所依赖的时空方面的延展性，却为公共政策执行评估通过已执行的质量环节完善还没有执行的质量环节提供了可能，这使得过程性质量同样具有生成性的一面。由此可见，过程性质量为开展公共政策执行评估质量保证，提供了理论支撑及实践的基础。

性质5：产品性。产品性指公共政策执行评估能作为一种独立的产品，满足公共政策执行价值主体及其他利益相关者开展公共政策执行评估需求者需要的特性，称产品性所反映的公共政策执行评估质量为产品性公共政策执行评估质量，简称产品性质量。产品性质量刻画了公共政策执行评估系统作为一种人工自然物所具有的独立于它的使用者的特性，其核心是它的有用性能满足（或满足了）使用者的特定需要。任何公共政策执行评估一旦被执行并被证明为有用则所执行的公共政策执行评估即获得脱离自身的可重复使用的抽象存在形式，这个抽象形式即产品形态的公共政策执行评估系统。产品性质量通过从公共政策执行评估系统的构成要素与规格，公共政策执行评估系统的优势功能，运行公共政策执行评估系统的要领，公共政策执行评估系统的副作用，公共政策执行评估活动本身的经济性、效率性，公共政策执行评估自身的合理性与合法性，[①] 评估结论对公共政策的有效影响方面，以及公共政策执行评估对公共政策执行的贡献力等方面，对公共政策执行评估质量做出可检核的明确规定来表征。

产品性质量不仅为通过公共政策执行评估实践开发具有标准化意义的公共政策执行评估系统提供了描述质量的内容与方式，而且也为从公共政策执行评估学术研究的角度开发具有应用创新意义的公共政策执行评估系统提供了描述质量的内容与方式，这使得面向公共政策执行实践的需要，设计和开发制式公共政策执行评估系统成为公共政策执行评估研究的一个专门领域，为公共政策执行评估需求者采购公共政策执行评估系统自己开展公共政策执行评估，或者采购公共政策执行评估系统及其连带服务替自己开展公共政策执行评估[②]奠定了基础。制定产品性质量标准能为规范和专业化公共政策执行评估活动提供依据，既使得监控质量有据可依，也能有效确保在评估功能升级或内部结构及运行成本优化的前提下完善已有公共政策执行评估系统，以及开发原理和功能均具有创新意义的公共政策执行评估系统。

第二节 公共政策执行评估质量标准体系

所谓公共政策执行评估质量标准体系是指表征公共政策执行评估具有质量的标准化、可检核的表示体系。概括性问题和指标是表征公共政策执行评估质量标准体系的基本工具，实践中，可以根据监控和评估公共政策

---

① 黄维民等：《公共政策研究导论》，陕西人民出版社2009年版，第230页。

② 在这种情形中，"公共政策执行评估系统及其连带服务"成为公共政策执行评估专业机构提供的服务产品，相应的产品型公共政策执行评估质量标准需要按照服务性产品质量标准的要求建立。此时，产品性公共政策执行评估质量与主体性公共政策评估质量难以截然分开。例如，公共政策执行评估需求者对实际公共政策执行评估过程及其结果的满意度均是"公共政策执行评估系统及其连带服务"之质量标准的构成内容。

执行评估质量的需要，选取其中任意一种形式来表征公共政策执行评估的质量标准。确定公共政策执行评估质量标准体系的基本理念是：大众化的相对主义的公共政策执行评估质量胜于狭隘的专制主义的公共政策执行评估质量；共享责任的公共政策执行评估质量胜于彼此独享责任性的公共政策执行评估质量；授权的公共政策执行评估质量胜于剥夺的公共政策执行评估质量；理解和欣赏的公共政策执行评估质量胜于无知和厌恶的公共政策执行评估质量；公共政策执行参与者有行动的公共政策执行评估质量胜于公共政策执行参与者无动于衷的公共政策执行评估质量。[①]

一 概括性问题型公共政策执行评估质量标准体系

称只用概括性问题表征公共政策执行评估质量所形成的标准体系为概括性问题型公共政策执行评估质量标准体系，简称问题型质量标准。

公共政策执行评估质量与公共政策执行评估作为一个系统的性能、特征、可靠性、符合性、可服务性、美感及感知质量[②]密切相关，有质量的公共政策执行评估系统必然表现为其能解决与这些方面相关的问题，据此可以用以下20个概括性问题作为标准构成公共政策执行评估系统评估质量的问题型质量标准。

问题1：内在动力源于确立所执行的公共政策的国家基本制度或前继公共政策吗？

问题2：对所具有的优势评估功能及其形成机理做出了科学、明确及可理解的说明吗？

问题3：对自己不适用的评估对象和范围做了明确说明吗？

问题4：对自己的构成要素的规格及载体做了明确、可理解及可检核的规定吗？

问题5：系统的运行有助于其构成要素改进和完善公共政策型价值认知结构吗？

问题6：所设定的系统运行条件完备并能被全部满足吗？

[①] [美]埃贡·G.古贝等：《第四代评估》，秦霖等译，中国人民大学出版社2008年版，第188—190页。

[②] [美]福斯特：《质量管理：集成的方法》（第2版），何桢译，中国人民大学出版社2005年版，第5—7页。

问题 7：系统实际构成要素的规格及载体与自己规定的构成要素的规格及载体一致吗？

问题 8：系统能有效解决自己所声称的适用评估对象与范围中的评估问题吗？

问题 9：系统对自己所得出的评估结果误差范围及其合理性做了明确说明吗？

问题 10：得出评估结论的过程具有可重复性吗？

问题 11：系统运行所发生的问题能得到及时有效的修复吗？

问题 12：系统能按照评估需要者个人的偏好或喜欢的形式呈现吗？

问题 13：有及时应对评估过程中可能突发事件的详尽预案确保自己能平稳运行吗？

问题 14：系统能在总体上节省开展公共政策执行评估的成本吗？

问题 15：系统能降低开展同类公共政策执行评估的成本吗？

问题 16：系统的运行促进其自身的构成要素和其直接作用对象的可持续发展吗？

问题 17：评估运行所产生的效应能促进社会及其他主体的可持续发展吗？

问题 18：能通过改进和完善自己构成要素实现自己的评估功能的完善或升级吗？

问题 19：系统能在公共政策执行评估实践中被重复使用吗？

问题 20：系统所使用的载体性材料是绿色材料吗？[①]

回答以上各个问题之结果的量化标准如下：

完全肯定回答得 5 分；完全否定回答 –10 分；不完全肯定但倾向于肯定的回答根据肯定的强度在 0—5 之间酌情给分；不完全否定但倾向于否定的回答根据否定的强度在 –10—0 之间酌情给分；既不肯定也不否定的回答[②]得 0 分。

记公共政策执行评估系统 E 的质量总分为 M_{EG}，其在问题 i（$i=1, 2, \cdots, 20$）的得分为 T_i。规定计量 M_{EG} 的方法如下：

[①] 沈根荣：《绿色营销管理》，复旦大学出版社 1998 年版，第 78 页。

[②] 如回答"不能确定"或"不知道"或"不清楚"等。

$$M_{EG} = \sum_{i=1}^{20} T_i \qquad (10\text{-}1)$$

利用公式（10-1）计量所得出的 $|M_{EG}|$ 越大，其对应的公共政策执行评估系统的质量就越高，其中，$M_{EG}<0$ 表示负质量，$M_{EG}>0$ 表示正质量。在公共政策执行评估实践中，利用 M_{EG} 的值可以对不同公共政策执行评估系统的质量直接进行粗略比较，而且即便是运用质量再差的公共政策执行评估系统开展评估也必须保证 $M_{EG}>0$，即完全否定回答的概括性问题最多不能超过 6 个。

二 指标体系型公共政策执行评估质量标准体系

称只用指标表征公共政策执行评估质量所形成的标准体系为指标体系型公共政策执行评估质量标准体系，简称指标型质量标准。以主体性质量、客体性质量、再生性质量、过程质量及产品性质量作为公共政策评估质量的领域，以性能、特征、可靠性、符合性、可服务性、美感及感知质量作为刻画质量的维度，则能建立如表 10-1 所示的公共政策执行评估质量分析表。利用表 10-1 作为分析工具可以建立具体公共政策执行评估质量的标准体系。

表 10-1　　　　　　　　公共政策执行评估质量分析

质量领域	质量维度						
	性能	特征	可靠性	符合性	可服务性	美感	感知质量
主体性质量							
客体性质量							
再生性质量							
过程性质量							
产品性质量							

以公共中执行评估质量的质量领域作为一级指标，以质量维度对一级指标划分形成二级指标，再根据二级指标确立质量观测点即能得到公共中执行评估质量的指标体系。

一级指标：主体性质量；客体性质量；再生性质量；过程性质量；产品性质量。

二级指标（各指标的满分为 10 分），具体构成如下：

主体性质量的二级指标：主体性性能质量、主体性特征质量、主体性可靠性质量、主体性符合性质量、主体性可服务性质量、主体性美感质量、主体性感知质量；

客体性质量的二级指标：客体性性能质量、客体性特征质量、客体性可靠性质量、客体性符合性质量、客体性可服务性质量、客体性美感质量、客体性感知质量；

再生性质量的二级指标：再生性性能质量、再生性特征质量、再生性可靠性质量、再生性符合性质量、再生性可服务性质量、再生性美感质量、再生性感知质量；

过程性质量的二级指标：过程性性能质量、过程性特征质量、过程性可靠性质量、过程性符合性质量、过程性可服务性质量、过程性美感质量、过程性感知质量；

产品性质量的二级指标：产品性性能质量、产品性特征质量、产品性可靠性质量、产品性符合性质量、产品性可服务性质量、产品性美感质量、产品性感知质量。

三级指标：可以划分为基于性能的公共政策执行评估质量三级指标（见表10-2）、基于特征的公共政策执行评估质量三级指标（见表10-3）、基于可靠性的公共政策执行评估质量三级指标（见表10-4）、基于符合性的公共政策执行评估质量三级指标（见表10-5）、基于可服务性的公共政策执行评估质量三级指标（见表10-6）、基于美感的公共政策执行评估质量三级指标（见表10-7）、基于可感知质量的公共政策执行评估质量三级指标（见表10-8）。

表10-2　基于性能的公共政策执行评估质量三级指标

二级指标	三级指标		二级指标得分
	内容要点	满分	
主体性性能质量	评估需求者认同评估系统的构成要素及其规格和呈现形式	3	ZM_{EB}^{N}
	评估需求者认同评估系统的运行原理及过程	3	
	评估需求者认同评估的成本	4	
客体性性能质量	评估系统的功能种类及其强度均有明确、可检核的规定	3	KM_{EB}^{N}
	对评估系统的有效作用范围做出了明确、可检核的规定	3	
	评估系统能在总体上节省开展评估的成本	4	

二级指标	三级指标		二级指标得分
	内容要点	满分	
再生性性能质量	评估系统的运行结果有助于其构成要素改进和完善公共政策型价值认知结构	5	SM_{EB}^{N}
	评估系统的运行结果能促进评估系统改进和完善自身的结构与功能	5	
过程性性能质量	评估系统设置有明确、可检核的评估达到预期评估目标之效率的质量节点	5	GM_{EB}^{N}
	评估系统所设置的达到预期评估目标之效率的质量节点的布局合理	5	
产品性性能质量	评估系统能降低开展同类评估的成本	3	CM_{EB}^{N}
	评估系统的结构与功能得到了优化	3	
	评估系统能在评估实践中被重复使用	2	
	系统通过改进和完善其个别构成要素能实现自己的评估功能的完善或升级	2	

注：表中"二级指标得分"一栏为相应三级指标实际得分的直接和。表10-3至表10-8中的"二级指标得分"一栏的计算方法与此相同。

表 10-3　基于特征的公共政策执行评估质量三级指标

二级指标	三级指标		二级指标得分
	内容要点	满分	
主体性特征质量	评估系统对自己所具有的优势评估功能及其形成机理与特点做出了明确、可理解的说明	4	ZM_{EB}^{T}
	评估系统对自己不适用的评估对象和范围做了明确、可理解的说明	3	
	评估系统对自己的构成要素的规格及载体与特点做了明确、可理解的规定	3	
客体性特征质量	评估系统的内在动力源于确立所执行的公共政策的国家制度或前继公共政策	3	KM_{EB}^{T}
	评估系统对自己所具有的优势评估功能及其形成机理做出了科学、明确的说明	2	
	评估系统对自己不适用的评估对象和范围做了明确说明	2	
	评估系统对构成要素的规格及载体做了可检核的规定	3	
再生性特征质量	评估系统的运行促进其构成要素和其直接作用对象的可持续发展	6	SM_{EB}^{T}
	评估运行所产生的效应能促进社会及其他主体的可持续发展	4	

续表

二级指标	三级指标 内容要点	满分	二级指标得分
过程性特征质量	能促进和强化既有评估系统之构成要素的共生、共荣	3	GM_{EB}^{T}
	利用所设置的评估质量节点能及时、有效调控公共政策评估质量的形成	4	
	能持续改进和完善评估需求者与自己环境的关系	3	
产品性特征质量	得出了比其他同类评估更准确的评估结论	4	CM_{EB}^{T}
	具有比其他同类评估系统更高的评估效率	3	
	激励者创新自己的活动	3	

表 10-4　基于可靠性的公共政策执行评估质量三级指标

二级指标	三级指标 内容要点	满分	二级指标得分
主体性可靠性质量	评估需求者能持续、一致、有效、规范地监控评估全过程	3	ZM_{EB}^{D}
	评估系统及时、有效、规范地应答评估需求者的质量问题	3	
	评估需求者在评估过程中确保自己质量需要的一致性	4	
客体性可靠性质量	系统得出评估结论的全程具有可重复性	5	KM_{EB}^{D}
	评估系统有及时应对评估过程中可能突发事件的详尽预案确保自己能平稳运行	5	
再生性可靠性质量	评估系统构成要素利用评估运行过程学习评估的过程与方式是可重复的	5	SM_{EB}^{D}
	运行过程促进评估系统构成要素学习评估所获得结果的性质是可重复的（同质的）	5	
过程性可靠性质量	评估的操作步骤可重复	2	GM_{EB}^{D}
	评估系统构成要素的交互作用方式可重复	3	
	评估运行的质量节点和环境不发生突变	2	
	除非评估需求者要求中止，否则运行中的评估系统不会自行停止运行	3	
产品性可靠性质量	系统的构造与规格在不同情形下的同类评估中保持一致	3	CM_{EB}^{D}
	实际运行能在不同情形下的同类评估中保持一致	3	
	在不同情形下的同类评估中能一致、稳定地形成自己的评估功能	4	

表 10-5　　基于符合性的公共政策执行评估质量三级指标

二级指标	三级指标 内容要点	满分	二级指标得分
主体性符合性质量	评估的需求者具有正当性	4	ZM_{EB}^{H}
	评估系统的构成要素、规格及载体的误差在评估需求者的允许误差范围内	3	
	系统的评估功能误差在评估需求者的允许误差范围内	3	
客体性符合性质量	评估系统所设定的运行条件完备并能被全部满足	2	KM_{EB}^{H}
	评估系统实际的构成要素的规格及载体与自己规定的构成要素的规格及载体的要求一致	3	
	评估系统能有效解决自己所承诺适用的对象与范围中的评估问题	3	
	评估系统对自己所得出的评估结果误差范围及其合理性做了明确说明	2	
再生性符合性质量	评估需求者对自己已有的公共政策型价值认知结构的改进和完善达到了预期	5	SM_{EB}^{H}
	评估系统各构成要素基于增强系统评估功能的改进和完善达到了预期	5	
过程性符合性质量	评估在各质量节点的质量在容许的误差范围内	4	GM_{EB}^{H}
	评估的运行步骤与既定的运行步骤一致	3	
	评估系统的要素交互作用及其强度符合预设的规定	3	
产品性符合性质量	评估系统的构成要素规格及载体在既设的允许误差内	5	CM_{EB}^{H}
	评估系统实际具有的评估功能在既设的评估功能误差内	5	

表 10-6　　基于可服务性的公共政策执行评估质量三级指标

二级指标	三级指标 内容要点	满分	二级指标得分
主体性可服务性质量	评估需求者在评估过程中出现的质量判断问题能及时到解决	5	ZM_{EB}^{W}
	评估需求者的质量需要能及时、有效传达给评估系统	5	
客体性可服务性质量	评估系统要素及载体出现的不合既定规格的问题能得到及时有效的解决	5	KM_{EB}^{W}
	评估系统要素交互作用出现的不合既定指标的问题能得到及时有效的解决	5	
再生性可服务性质量	评估系统各要素通过评估改进和完善自我参与评估的能力方面出现的问题能得到及时有效的解决	4	SM_{EB}^{W}
	评估需求者改进和完善自己公共政策型价值认知结构方面出现的问题能得到及时有效的解决	6	

续表

二级指标	三级指标 内容要点	满分	二级指标得分
过程性可服务性质量	评估质量节点出现的问题能得到及时有效的解决	4	GM_{EB}^{W}
	评估系统的评估功能性故障能被及时排除	3	
	评估系统的评估技术性故障能被及时排除	3	
产品性可服务性质量	评估系统要素及载体出现的不合既定规格的问题能得到及时有效的解决	3	CM_{EB}^{W}
	评估系统要素交互作用出现的不合既定规格的问题能得到及时有效的解决	3	
	评估系统的评估功能性故障能被及时排除	2	
	评估系统的评估技术性故障能被及时排除	2	

表 10-7　基于美感的公共政策执行评估质量三级指标

二级指标	三级指标 内容要点	满分	二级指标得分
主体性美感质量①	评估系统能按照评估需求者的偏好或喜欢的形式呈现	4	ZM_{EB}^{M}
	评估系统的运行以评估需求者的公共政策性价值活动的经验为基础	3	
	评估系统能引发评估需求者的美感活动	3	
客体性美感质量②	评估系统的要素及其交互作用和谐	3	KM_{EB}^{M}
	评估系统的评估功能和谐	3	
	评估系统的载体形式与内容和谐	2	
	同一评估系统有指向满足不同需求者审美评估系统需要的呈现形式	2	
再生性美感质量	评估系统的运行结果能给评估系统需求者带来愉悦	3	SM_{EB}^{M}
	评估系统的运行结果能改进和完善评估系统需求者审美评估系统的审美结构	4	
	评估系统的运行结果能增强其构成要素之间的相互欣赏	3	
过程性美感质量	评估运行过程的轻重缓急适当、有节奏感	3	GM_{EB}^{M}
	评估系统的运行能增强其构成要素的自我肯定及彼此之间的相互欣赏	3	
	评估系统的运行过程能持续给评估系统需求者带来愉悦并强化其自我认同	4	

---

① 林下：《美学例说》，华南理工大学出版社 1989 年版，第 115—120 页。
② 刘能强：《设计心理学基础》，人民美术出版社 2011 年版，第 62—65 页。

二级指标	三级指标		二级指标得分
	内容要点	满分	
产品性美感质量	同一评估系统有指向满足不同需求者审美评估系统需要的呈现形式	3	CM_{EB}^M
	评估系统的载体形式与内容和谐	3	
	评估系统自身的载体形式与功能具有独特性	4	

表 10-8　基于可感知质量的公共政策执行评估质量三级指标

二级指标	三级指标		二级指标得分
	内容要点	满分	
主体性可感知质量	评估需求者对评估系统构成要素及其载体的满意度	3	ZM_{EB}^G
	评估需求者对评估系统既设运行方式的满意度	3	
	评估需求者对评估系统所容许评估结论误差范围的满意度	4	
客体性可感知质量	对评估系统构成要素的构成内容与规格做出了明确规定	5	KM_{EB}^G
	评估系统所使用的各种载体是绿色的	5	
再生性可感知质量	引起评估需求者反思自己的价值认知结构	2	SM_{EB}^G
	评估需求者明确改进和完善了自己的既有价值认知结构	3	
	评估需求者明确改进和完善自己既有价值认知结构的目标	2	
	评估需求者改进和完善了对所执行公共政策的认识	3	
过程性可感知质量	评估的过程人性化，具有亲和力	3	GM_{EB}^G
	评估的过程安全、可靠	3	
	评估需求者得到及时、有效的帮助	4	
产品性可感知质量	评估系统方便应用	2	CM_{EB}^G
	评估系统的运行安全，对应用者无害	2	
	评估系统形成质量的原理是可理解的	2	
	评估系统能提升评估需求者对自己开展公共政策型价值活动能力的认同水平	2	
	评估系统有经典评估案例作为自己的原型	2	

记公共政策执行评估系统 E 依照公共政策执行评估质量指标体系的主体性质量为 ZM_{EB}、客体性质量为 KM_{EB}、再生性质量为 SM_{EB}、过程性质量为 GM_{EB}、产品性质量为 CM_{EB}。规定它们的计量方法为：

$$\begin{cases} ZM_{EB} = \dfrac{10}{7} \times (ZM_{EB}^N + ZM_{EB}^T + ZM_{EB}^D + ZM_{EB}^H + ZM_{EB}^W + ZM_{EB}^M + ZM_{EB}^G) \\ KM_{EB} = \dfrac{10}{7} \times (KM_{EB}^N + KM_{EB}^T + KM_{EB}^D + KM_{EB}^H + KM_{EB}^W + KM_{EB}^M + KM_{EB}^G) \\ SM_{EB} = \dfrac{10}{7} \times (SM_{EB}^N + SM_{EB}^T + SM_{EB}^D + SM_{EB}^H + SM_{EB}^W + SM_{EB}^M + SM_{EB}^G) \\ GM_{EB} = \dfrac{10}{7} \times (GM_{EB}^N + GM_{EB}^T + GM_{EB}^D + GM_{EB}^H + GM_{EB}^W + GM_{EB}^M + GM_{EB}^G) \\ CM_{EB} = \dfrac{10}{7} \times (CM_{EB}^N + CM_{EB}^T + CM_{EB}^D + CM_{EB}^H + CM_{EB}^W + CM_{EB}^M + CM_{EB}^G) \end{cases}$$
(10-2)

记公共政策执行评估系统 E 依照质量指标体系的公共政策执行评估质量为 M_{EB}，规定 M_{EB} 的计量方法为：

$$M_{EB} = \sqrt{\sqrt{ZM_{EB} \times KM_{EB}} \times \dfrac{SM_{EB} + GM_{EB} + CM_{EB}}{3}} \text{。}$$

将上式化简得：

$$M_{EB} = \dfrac{1}{3} \times \sqrt[4]{9 \times ZM_{EB} \times KM_{EB} \times (SM_{EB} + GM_{EB} + CM_{EB})^2} \quad (10\text{-}3)$$

利用公式（10-3）得出的 M_{EB} 值的范围为 [0, 100]，取值越大，其所对应的公共政策执行评估的公共政策执行评估质量就越高。其中，0 所对应的公共政策执行评估没有公共政策执行评估质量意义的质量；100 所对应的公共政策执行评估具有理想意义下的公共政策执行评估质量意义的质量。

综上所述，利用本书所建立的公共政策执行评估质量指标体系，以及公式（10-2）和公式（10-3）所给出的质量计量方法，即可综合评估特定公共政策执行评估的质量。对于同一公共政策执行评估的价值主体而言，尽管其需要具有发展性，但利用 M_{EB} 的值依然可以对不同的公共政策执行评估的质量进行横向比较。此外，不同公共政策执行评估价值主体对同一公共政策执行评估得出的 M_{EB} 值，反映出该公共政策质量的变化范围，这个范围能为确定该公共政策执行评估质量的符合性提供客观的依据。

三 公共政策执行评估质量标准体系

称同时采用概括性问题和指标表征公共政策执行评估质量所形成的标

准体系为混合型公共政策执行评估质量标准体系，简称混合型质量标准。混合型质量标准有4种基本形式。

基本形式1：将本部分"一 概括性问题型公共政策执行评估质量标准体系"中的20个概括性问题分为两部分，其中，一部分概括性问题维持现状不变，另一部分中的所有概括性问题均作为一级指标再构成指标体系对所对应的概括性问题进行计测，并以维持现状不变的概括性问题和新得出的指标体系联合构成公共政策执行评估质量标准体系。

采用基本形式1作为公共政策执行评估质量的标准体系时，依然采用公式（10-1）所确定的质量计量方法得出计量质量的结果，其得出的质量计量结果记为 M_{EB-1}。

基本形式2：将本部分"二 指标体系型公共政策执行评估质量标准体系"所建立的二级指标分为两部分，其中，一部分二级指标直接采用概括性问题形式表述但满分值不变，另一部分二级指标依然采用表10-2至表10-8所建立的三级指标来展开，并以维持现状不变的指标体系和新得出的概括性问题联合构成公共政策执行评估质量标准体系。

采用基本形式2作为公共政策执行评估质量的标准体系时，依然采用公式（10-2）和公式（10-3）所确定的质量计量方法得出计量质量的结果，其得出的质量计量结果记为 M_{EB-2}。

基本形式3：将本部分"二 指标型公共政策执行评估质量标准体系"所建立的表10-2至表10-8所建立的三级指标中，只要有一个与本部分"一 概括性问题型公共政策执行评估质量标准体系"的20个概括性问题中具有对应关系的二级指标均采用概括性问题表述，余下的依然采用"二 指标型公共政策执行评估质量标准体系"所建立的指标体系表述，并以新得出的概括性问题和维持现状不变的指标体系联合构成公共政策执行评估质量标准体系。显然，基本形式3是基本形式2的特例。

计量采用基本形式3作为质量标准体系计量公共政策执行评估质量的方法，与采用基本形式2作为公共政策执行评估质量标准体系计量公共政策执行评估质量的方法相同，其得出的质量计量结果记为 M_{EB-3}。

基本形式4：将本部分"一 概括性问题型公共政策执行评估质量标准体系"的20个概括性问题，与本部分"二 指标型公共政策执行评估质量标准体系"所建立的指标体系联合，构成新的公共中执行评估质量标准体系。

记采用基本形式 4 作为质量标准体系计量公共政策执行评估质量所得的结果为 M_{EB-4}。计量 M_{EB-4} 的方法是，先分别按照有关公式得出 M_{EG} 和 M_{EB}，再利用 M_{EG} 和 M_{EB} 计量 M_{EB-4}，具体的算法是：

$$M_{EB-4} = Max\{M_{EG}, M_{EB}\} \times e^{\frac{Min\{M_{EG}, M_{EB}\}}{\lambda \times Max\{M_{EG}, M_{EB}\}} - \frac{1}{\lambda}} \qquad (10-4)$$

其中，λ 为公共政策评价质量需求者偏向质量指数较大值计量公共政策执行评估质量的指数（称为公共政策评价质量需求者质量偏好指数），其取值范围为 1、2、3、4、5、6、7、8、9、10，取值越大越偏向用质量指数较大值计量公共政策执行评估质量。特别的，1 表示同等对待两个质量指数对计量公共政策执行评估质量的作用。

从公式（10-4）可知，采用基本形式 4 作为质量标准体系计量公共政策执行评估质量所得的 M_{EB-4} 的取值范围为 $[Min\{M_{EG}, M_{EB}\}, Max\{M_{EG}, M_{EB}\}]$，而且 λ 的值越大，其对应的公共政策执行评估的 M_{EB-4} 就越接近 $Max\{M_{EG}, M_{EB}\}$。这样的结果具有合理性，它说明同一公共政策执行评估在采用基本形式 4 作为质量标准体系计量公共政策执行评估质量时，会因其需求者对合成质量偏好的不同而得出不同的结果，反映出评价质量的计量结果同样具有主体性。尽管如此，同一公共政策执行评估需求者利用以自己作为质量主体的 M_{EB-4} 的值，能对不同公共政策执行评估的质量进行较为精确的定量比较。

第三节　保障公共政策执行评估质量的策略与技术

保障公共政策执行评估具有形成质量的物质基础、保障公共政策执行评估达成既定的质量标准、保障公共政策执行评估通过评估实现自我改进与完善，是保障公共政策执行评估质量的主要内容。实践中，实现这 3 个保障需要不同的策略。

一　"真"公共政策执行评估构造

所谓"真"公共政策执行评估构造，是指通过确保公共政策执行评估的正当性由公共政策价值链确定，以及公共政策执行评估系统的构成要素及其相互作用符合事物运动的规律，使公共政策执行评估成为具有正当性的真实存在。

(一) 嵌入公共政策价值链

公共政策执行评估质量在根本上取决于国家制度和前继公共政策，它是公共政策执行评估能发挥效用的基础和前提。① 对于公共政策执行评估而言，所谓嵌入公共政策价值链是指公共政策价值链把公共政策执行评估作为自己的有机组成部分，使其嵌入在所执行公共政策基于的国家制度和前继公共政策中，从根本上确立具体公共政策执行评估具有正当性，为能开展公共政策执行评估和公共政策执行评估可现实化提供根本性的保障。其要点是用公共政策价值链规定其链中的价值主体就是其所对应公共政策执行评估的评估主体，并对其开展公共政策执行评估的资质要求、评估的内容范围、运用技术的原则、能用于公共政策执行评估的成本的构成与总量及使用原则做出明确规定。

分析公共政策执行评估失败的案例可以发现，不由公共政策执行的价值主体直接开展或授权开展公共政策执行评估，是公共政策执行评估失败的主要原因。例如，在我国当前教育政策执行评估中，作为教育政策价值主体等价表现形式的学生讨厌、应付、抵制学生评价，作为教育政策价值主体等价表现形式的教师讨厌、应付、抵制教师评价，作为教育政策价值主体等价表现形式的学校讨厌、应付、抵制学校评价的现象②比比皆是，发生这些现象的根本原因就是学生、教师及学校均不是相应评价的价值主体。因而，在教育政策执行评估的背景下，用教育政策价值链确立并维护学生、教师及学校在相应评价中的价值主体地位，才是解决这些问题的根本方法。

(二) 内部机制合规律

内部机制合规律指按照事物的运行规律确定公共政策执行评估的机制，使公共政策执行评估质量具有客观的载体，包括在公共政策执行评估质量保障活动中按照构成要素合规律、构成要素交互作用合规律、载体由内容决定及评估系统合环境。③

---

① 贠杰等：《公共政策评估：理论与方法》，中国社会科学出版社2006年版，第28—29页。
② 这些现象表明，这类教育政策执行评估意义上的评估要么具有负的主体性质量和负的再生性质量，对价值主体的可持续发展有害；要么毫无主体性质量和再生性质量可言，浪费了价值主体所拥有的资源，不利于自己的可持续发展。
③ 这里的环境指以公共政策执行评估作为中心事物之外的所有事物构成的集合。

构成要素合规律是指公共政策执行评估构成要素符合其自身的运行规律。公共政策执行评估之价值主体要素、评估主体要素、评估标准要素、评估客体要素及需要要素尽管已经主动放弃了自身存在的独立性，但是并没有放弃自己作为一个整体的生命存在所具有的内部结构与运行规律，而且还会通过参与公共政策执行评估运行改进和完善自己的内部结构与运行规律，增强自身可持续发展的能力，促进公共政策执行评估的改进与完善。因此，公共政策执行评估的构成要素只有合其自身作为系统存在的运行规律，才能确保由其所构成的公共政策执行评估系统建立在真实、可靠、有效的基础上。

构成要素交互作用合规律是指公共政策评估构成要素的交互作用方式及强度，必须建立在公共政策要素合自身运行规律所形成功能的基础上。公共政策执行评估系统形成评估功能的关键是其构成要素的交互作用能形成其单个要素所不具有的功能，而要素交互作用又以参与交互作用的各要素具有作用力和反作用力为前提，这种作用力是要素所具有功能释放所形成的效果。因此，把公共政策执行评估要素的交互作用建立在其要素所具有功能的基础上，是保证公共政策执行评估具有评估功能的必要条件。此外，有关公共政策执行评估（系统）要素之间的交互作用与公共政策执行评估系统评估功能之间的关系，在本书的"第五章　公共政策执行评估的原理"和"第六章　公共政策执行评估的设计"中已经进行了较为详细的讨论，在此不再赘述。

载体由内容决定是指公共政策执行评估构成要素的载体与要素的本质相容及评估系统的整体与评估系统的结构和功能相容。公共政策执行评估系统作为一种抽象具体形式的存在，在评估实践中总是以实然具体的形式存在的，这个实然具体存在就是相应抽象具体的存在载体。它不仅能确定公共政策执行评估功能实现的程度与成本，而且能确定公共政策执行评估结论的真实性和有效性。实践中，恰到好处地确定公共政策执行评估的实然具体形式既能确保公共政策执行评估构成自己公开承诺的评估功能，得出真实、有效的评估结论，又能优化开展公共政策执行评估的成本。需要指出的是，相比较而言，确保抽象具体意义的价值主体与其实然具体形式具有等价性，以及抽象具体意义的评估主体与其载体具有等价性，是运用载体由内容决定保障公共政策执行评估质量必须优先关注的核心问题。

评估系统合环境是指公共政策评估构成要素交互作用的条件具有有效

性、完备性和现实性，公共政策执行评估与公共政策执行所关涉各主体的公共政策型价值认知结构及其传统相容，不存在对立性价值冲突。合环境的公共政策执行评估强调从实际出发，设计能与自己环境和谐相处，促进彼此朝有利于自身可持续发展方向发展的公共政策执行评估系统，提高评估效率与效益，降低评估成本与代价。

二 "实"公共政策执行评估运行

所谓"实"公共政策执行评估运行，是指通过监督落实公共政策执行评估具有价值主体权威效力的自明公共政策质量指标，使公共政策执行评估的过程兑现自己公开的质量承诺。它的基本思想是合既定质量标准即是质量，基本途径有3条。

其一，选定实际构成公共政策执行评估系统要素的规格与载体，监督公共政策执行评估按照其所做出的公开承诺，实质性地确定其评估系统各构成要素的规格与载体，构成要素交互作用的方式、强度以及有效运行的条件和环境。

其二，展开公共政策执行评估的过程。监督公共政策执行评估系统的构成要素按照其所做出的公开承诺独自发挥作用与开展交互作用，以及这些要素按照其所做出的公开承诺与公共政策执行评估的环境发生交互作用，形成它所公开承诺的公共政策执行评估过程与评估功能，解决公共政策执行活动中所遇到的具体公共政策型价值或价值活动问题。

其三，修正既设的公共政策执行评估。根据公共政策执行过程之再生性质量和主体性质量诉求的变化，以实现公共政策执行需求者和公共政策执行评估自身的可持续发展为准则，权威性地修正既设的过程性质量、客体性质量及产品性质量等方面的规定，使公共政策执行评估质量能及时应答已开展的公共政策执行活动所形成的新的质量诉求，在一个完整的公共政策执行评估周期中能既降低公共政策执行评估之既定质量标准对公共政策执行评估自身可持续的危害，又最大化地满足公共政策执行需求者对公共政策执行评估质量的诉求。

三 "认证"公共政策执行评估产出

所谓"认证"公共政策执行评估产出，是指由公共政策执行所基于的公共政策价值链确立的专门组织负责判定公共政策执行评估的产出符合既定的质量标准。本策略最适合保障由第三方提供的专业性的公共政策执行评估的质量，[①] 具体的作用途径表现在以下两个方面。

其一，认定公共政策执行评估质量。在公共政策执行评估需求者对公共政策执行评估质量有明确诉求时，公共政策执行评估本身并不能认定自己具有公共政策执行评估质量，其质量认定需要自身之外的专门组织从公共政策价值链所允许的公共政策执行评估的目的、内容及方式出发，通过判定公共政策执行评估的产出符合既定的质量标准来认定，公共政策执行评估只有在自己的产出通过认定的条件下才具有公共政策执行评估质量意义的质量。

其二，仲裁公共政策执行评估质量争议。采用"认证"公共政策执行评估运行的策略，权威性地解决主体性质量和再生性质量联合形成的质量诉求，与客体性质量、过程性质量及产品性质量联合形成的既定质量之间的争议，使得公共政策执行评估所具有的价值能及时兑现。

四 基于公共政策价值链的质量保障技术

在保障公共政策执行评估质量的诸多技术中，通过基于公共政策所在的公共政策价值链延拓公共政策，找出不连续公共政策并对其进行修复，使公共政策价值链成为连续公共政策价值链，是保障公共政策执行评估质量的有效技术。设公共政策价值链 PC_N 是由 N 个公共政策 P_1、$P_2 \cdots P_N$ 组成（图10-1）。其中，P_1 为源公共政策，P_N 为末公共政策。

$$P_1 \bullet \!\longrightarrow\! P_2 \longrightarrow \cdots \longrightarrow P_N$$

图 10-1 公共政策价值链 PC_N 的结构

（一）公共政策的延拓

定义1：左延拓公共政策。对于公共政策价值链 PC_N 中的公共政策 P_m（$1 \leqslant m \leqslant N$）而言，规定 $n \rightarrow m^-$（$1 \leqslant n < m$）为从源公共政策 P_1 出发，通

[①] 一般情况下，如果公共政策执行评估的价值主体与评估主体是同一的，价值主体又是根据满足自己已经意识到的需要作为判断公共政策执行评估质量的标准，则从当前的现实出发，在公共政策执行评估质量方面，公共政策执行评估的价值主体与公共政策执行评估的评估主体不会出现分歧。在这种情况下，除非公共政策执行评估的价值主体需要厘清自己评估公共政策执行的能力及评估产出，否则不需要对自己的公共政策执行评估产出进行认证。

过构造 $m-1$ 个后继公共政策形成公共政策价值链得出的排在第 m 号位置的公共政策，称这个排在第 m 号位置的公共政策为公共政策 P_m 的左延拓公共政策，简称左延拓公共政策，记为 P_{m^-}。

特别的，对于公共政策价值链 PC_N 而言，规定源公共政策 P_1 的左延拓公共政策就是 P_1。

定义2：右延拓公共政策。对于公共政策价值链 PC_N 中的公共政策 P_m（$1 \leq m \leq N$）而言，规定 $n \to m^+$（$m < n \leq N$）（$m < n \leq N$）为从公共政策 P_N 出发，通过构造 $N-m$ 个前继公共政策形成公共政策价值链得出的源公共政策称为公共政策 P_m 的右延拓公共政策，简称右延拓公共政策，记为 P_{m^+}。

特别的，对于公共政策价值链 PC_N 而言，规定末公共政策 P_N 的右延拓公共政策就是 P_N。

根据定义1和定义2可以发现，对公共政策价值链 PC_N 而言，公共政策 P_m、P_{m^-}、P_{m^+} 不一定完全相同。

（二）公共政策价值链的连续

定义3：公共政策连续。对于公共政策价值链 PC_N 而言，包括3种情形：

情形1：对公共政策 P_m（$1 < m < N$）而言，如果 $P_{m^-} = P_{m^+} = P_m$，则称公共政策 P_m 是连续的或连续的公共政策；

情形2：对公共政策 P_1 而言，如果 $P_{1^+} = P_1$，则称源公共政策 P_1 是连续的或连续的公共政策；

情形3：对公共政策 P_N 而言，如果 $P_{N^-} = P_N$，则称末公共政策 P_N 是连续的或连续的公共政策。

定义4：公共政策价值链连续。如果公共政策价值链上的任意公共政策均连续，则称公共政策价值链是连续的。简称连续公共政策价值链。

显然，只有基于连续公共政策价值链的公共政策执行评估才能确保公共政策执行评估具有正当性，由此判断出的公共政策执行评估质量也才具有实质性的意义。

（三）公共政策价值链的断裂与分类

与连续公共政策价值链相对的是断裂公共政策价值链，但造成断裂的原因却完全不同，有关断裂公共政策价值链及各类断裂公共政策价值链能通过定义 5 至定义 14 确定。

定义 5：称至少存在一个不连续公共政策的公共政策价值链为断裂公共政策价值链。

对于只存在一个不连续公共政策的断裂公共政策价值链 PC_N 而言，它的断裂能划分为由定义 5 至定义 14 所界定的 9 个基本类型。

定义 6：平滑性断裂公共政策价值链（第一类断裂链）。对公共政策价值链 PC_N 的公共政策 P_m（$1<m<N$）而言，如果 P_{m^-} 与 P_{m^+} 均存在、相同但与 P_m 不同，则称公共政策价值链 PC_N 在公共政策 P_m 平滑性断裂。相应的公共政策价值链称为平滑性断裂公共政策价值链。

公共政策价值链发生这类断裂的原因是：断裂处的公共政策的抽象度设计不合理；公共政策执行过程的越级指导与断裂处的公共政策越级执行并行；断裂处的公共政策自身缺乏正当性。

定义 7：单向断裂性公共政策价值链（第二类断裂链）。对公共政策价值链 PC_N 的公共政策 P_m（$1<m<N$）而言，如果 P_{m^-} 与 P_{m^+} 均存在，且满足 $P_m = P_{m^-} \neq P_{m^+}$，或者 $P_m = P_{m^+} \neq P_{m^-}$，则称公共政策价值链 PC_N 在公共政策 P_m 单向断裂。相应的公共政策价值链称为单向断裂性公共政策价值链。

公共政策价值链发生这类断裂的原因是：在公共政策执行中，公共政策的执行者自行设置合自己需要的政策前提；断裂处的公共政策合逻辑但不合实践，或者合"实践"但不合逻辑。

定义 8：跳跃性断裂公共政策价值链（第三类断裂链）。对公共政策价值链 PC_N 的公共政策 P_m（$1<m<N$）而言，如果 P_{m^-} 与 P_{m^+} 均存在但不相同，且均不等于 P_m，则称公共政策价值链 PC_N 在公共政策 P_m 跳跃性断裂。相应的公共政策价值链称为跳跃性断裂公共政策价值链。

公共政策价值链发生这类断裂的原因是：公共政策价值链由两条本质不同的公共政策价值链强行扭结而成；断裂处的公共政策既不合逻辑也不合"实践"。

定义 9：单迷向性断裂公共政策价值链（第四类断裂链）。对公共政策价值链 PC_N 的公共政策 P_m（$1<m<N$）而言，如果 P_{m^-} 与 P_{m^+} 恰有一个不存在，则称公共政策价值链 PC_N 在公共政策 P_m 单向迷向。相应的公共政策价值链称为单迷向性断裂公共政策价值链。

公共政策价值链发生这类断裂的原因是：公共政策价值链的上级公共

政策建立在虚假的基础上，现实中不存在这样的公共政策；或者公共政策价值链的下级公共政策建立在虚假的基础上，公共政策执行的过程具有非法性。

定义10：双迷向性断裂公共政策价值链（第五类断裂链）。对公共政策价值链 PC_N 的公共政策 P_m（$1<m<N$）而言，如果 P_{m-} 与 P_{m+} 均不存在，则称公共政策价值链 PC_N 在公共政策 P_m 双向迷向。相应的公共政策价值链称为双迷向性断裂公共政策价值链。

公共政策价值链发生这类断裂的原因是：公共政策价值链的上级公共政策建立在虚假的基础上，现实中不存在这样的公共政策；公共政策价值链的下级公共政策也建立在虚假的基础上，公共政策执行的过程具有非法性。

定义11：虚元性断裂公共政策价值链（第六类断裂链）。对公共政策价值链 PC_N 的公共政策 P_1 而言，如果 P_{1+} 存在但不等于 P_1，则称公共政策价值链 PC_N 为虚元性断裂公共政策价值链。

公共政策价值链发生这类断裂的原因是：公共政策价值链的源公共政策与实际不符（不合实践）；或者没有按照实际源公共政策展开公共政策（不合逻辑）。

定义12：实元性断裂公共政策价值链（第七类断裂链）。对公共政策价值链 PC_N 的公共政策 P_1 而言，如果 P_{1+} 不存在，则称公共政策价值链 PC_N 为实元性断裂公共政策价值链。

公共政策价值链发生这类断裂的原因是：公共政策价值链的源公共政策是不存在现实依据的虚假公共政策价值链；或者公共政策价值链是无法确定真伪的公共政策价值链。

定义13：虚末裂性断裂公共政策价值链（第八类断裂链）。对公共政策价值链 PC_N 的公共政策 P_N 而言，如果 P_{N-} 存在但不等于 P_N，则称公共政策价值链 PC_N 为虚末裂性断裂公共政策价值链。

公共政策价值链发生这类断裂的原因是：具体公共政策不合逻辑。

定义14：实末裂性断裂公共政策价值链（第九类断裂链）。对公共政策价值链 PC_N 的公共政策 P_N 而言，如果 P_N 不存在，则称公共政策价值链 PC_N 为实末裂性断裂公共政策价值链。

公共政策价值链发生这类断裂的原因是：自身是虚假公共政策价值链；或者不存在现实可能性的公共政策价值链。

定义5至定义14表明，凡是基于断裂公共政策价值链之断裂处的公共政策所开展的公共政策执行评估均不具有正当性，要使这样的公共政策评估具有质量，首要的任务是修复断裂公共政策价值链使其断裂处的公共政策连续。

（四）断裂公共政策价值链的修复策略

通过修复断裂处能使公共政策价值链连续的断裂公共政策价值链称为可修复断裂公共政策价值链。置换、搭桥、弃侧重构及整体重构是修复断裂公共政策价值链的基本策略。

策略1：置换。所谓置换是指通过直接替代不连续公共政策使断裂公共政策价值链成为连续公共政策价值链。使用置换策略修复公共政策价值链的具体步骤为：

第一步，求出断裂处的左延拓公共政策和右延拓公共政策；

第二步，构造新的公共政策，使其既等于其左延拓公共政策又等于其右延拓公共政策；

第三步，用新的公共政策替换断裂处原有的公共政策。

置换策略适用于修复第一类断裂链（平滑断裂）、第六类断裂链（虚元断裂）及第八类断裂链（虚末断裂）所形成的断裂公共政策价值链。

策略2：搭桥。所谓搭桥是指通过设置直接替代不连续公共政策使断裂公共政策价值链成为连续公共政策价值链。使用搭桥策略修复公共政策价值链的具体步骤为：

第一步，求出断裂处的左延拓公共政策和右延拓公共政策；

第二步，比较左延拓公共政策和右延拓公共政策的抽象度；

第三步，确定搭桥的基点。选择基点的标准是：如果左延拓公共政策高于右延拓公共政策的抽象度，则规定左延拓公共政策和右延拓公共政策均为确定的公共政策；如果左延拓公共政策低于右延拓公共政策的抽象度，则规定左延拓公共政策为确定的公共政策；

第四步，在这两个确定的公共政策之间再增加若干公共政策使之连续。包括3种情形。

情形1：左延拓公共政策抽象度高于右延拓公共政策抽象度。以左延拓公共政策和右延拓公共政策作为确定公共政策，找到抽象度低于左延拓公共政策抽象度的公共政策，在二者之间再增加若干公共政策使原来的公共政策价值链连续。

情形2：左延拓公共政策抽象度低于右延拓公共政策抽象度。在公共政策价值链PC_N之断裂处公共政策的右侧，找到抽象度低于左延拓公共政策抽象度但其足码是最小的公共政策，并以它为确定公共政策，去掉从断裂处到足码数为"最小足码数-1"所对应公共政策之间的所有公共政策，然后再在二者之间增加若干公共政策使原来的公共政策价值链连续。

情形3：左延拓公共政策抽象度低于右延拓公共政策抽象度。在公共政策价值链PC_N之断裂处公共政策的左侧，找到抽象度低于右延拓公共政策抽象度但其足码是最大的公共政策，并以它为确定公共政策，去掉从足码数为"最大足码数-1"所对应公共政策到断裂处之间的所有公共政策，然后再在二者之间增加若干公共政策使原来的公共政策价值链连续。

搭桥策略适用于解决第三类断裂链（跳跃断裂）与第二类断裂链（单向断裂）断裂所形成的公共政策价值链。其中，情形2反映了理论导向的修复断裂公共政策价值链的策略，情形3反映了实践导向的修复断裂公共政策价值链的策略。实践中，究竟选择哪一种情形下的修复策略由公共政策型价值活动的根本目的决定。需要指出的是，出现情形2和情形3，即便将原本断裂的公共政策价值链修复，也不能使基于断裂处公共政策所开展的公共政策执行评估具有正当性，这一点在计量公共政策执行评估质量时应引起特别重视。

策略3：弃侧重构。所谓弃侧重构是指通过将公共政策价值链PC_N划分为两部分，其中一部分（侧）维持现状不同，另一部分（侧）全部用新的公共政策置换，使断裂公共政策价值链成为连续公共政策价值链。使用弃侧重构修复公共政策价值链的具体步骤为：

第一步，求出断裂处的左延拓公共政策和右延拓公共政策。

第二步，将公共政策价值链划分为两部分，确定其所弃部分的公共政策。具体确定舍弃的做法是：以左延拓公共政策或右延拓公共政策不存在为标准，在原公共政策链中弃掉左延拓公共政策或右延拓公共政策不存在所在一侧的所有公共政策。

第三步，利用余下的部分重构公共政策价值链。其中，右侧重构称为合逻辑重构，即从公共政策型价值逻辑出发，由抽象到具体拓展公共政策价值链；左侧重构称为合实践重构，即从公共政策型价值逻辑出发，由具体到抽象通过价值溯源构造公共政策价值链。

弃侧重构策略适用于解决第四类断裂链（单迷向性断裂）所形成的

公共政策价值链。实践中，在通过弃侧重构策略能修复的断裂公共政策价值链中，其断裂处的公共政策所对应的公共政策执行评估的质量需要根据公共政策型价值的理论及公共政策型价值实践重新认识和完善，但并没有从根本上否定其存在的合理性，也即这样的公共政策评估质量是可修复的。

策略4：整体重构。所谓整体重构法指利用原公共政策价值链上的零散公共政策，重新构造公共政策价值链。其具体操作步骤如下。

第一步：析出合理的公共政策。从已给定的公共政策价值链中析出具有合理性的单个公共政策。

第二步：确定粗略公共政策价值链。将析出的公共政策按照其间存在的公共政策型价值关系和抽象度，按照从抽象到具体的方向排成一个链。

第三步：构造精细公共政策价值链。按照公共政策价值链上相邻公共政策抽象度之差基本相等的原则，按照公共政策型价值逻辑关系向粗略公共政策价值链添加新的公共政策，使之形成新的公共政策价值链。

第四步：确定公共政策价值链的连续性。即论证所构造的精细公共政策价值链是连续公共政策价值链。

整体重构策略适用于解决第五类断裂链（双迷向性断裂）、第七类断裂链（实元性断裂）及第九类断裂链（实末裂性断裂）所形成的公共政策价值链断裂问题。

如果称不能通过修复断裂处使公共政策价值链连续的公共政策价值链为不可修复断裂公共政策价值链，那么整体重构策略适合解决不可修复断裂公共政策价值链的连续问题。需要指出的是，对于不可修复断裂公共政策价值链而言，其任意公共政策的正当性均需要重新认定，因而基于其特定公共政策之上的公共政策执行评估的正当性也需重新认定，尽管重新认定的结果既有可能认定其具有正当性，但这种认定结果并不能否定重新认定它的必要性。因为，原来所认定的正确建立在错误的基础上，而重新认定的正确建立在正确的基础上，二者具有本质的不同。

第四节　公共政策执行评估的科学关涉

公共政策执行评估的科学关涉是指作为独立知识体系与行为类型的公共政策执行评估基于自身成为主体认识、判断、创造公共政策型价值指南的需要，以作为独立知识体系与行为类型的科学①为参照，持续开展的自我改进和完善的系统化活动。它在本质上是公共政策执行评估主动将自己作为质量客体所开展的，全面、有效、可持续保障公共政策执行评估质量的行动策略与行动规制，公共政策执行评估的科学性及科学化与科学的公共政策执行评估，是公共政策执行评估的科学关涉的基本组成部分。

一　公共政策执行评估的科学性

科学性包括科学特性和科学特征两个方面。科学特性是科学所独有的性质，科学特征是科学特性的引申或外化，凡是能作为科学特点的可观察的标志与现象均是科学特征。

从科学自身的角度看，科学特性的形成与科学特征的展现是一个不断丰富、完善和超越的过程。在古希腊阶段，科学性表现为纯理论性的、纯粹的知识性的关心，凭直观就能达到对自然的理解，专注于知识的内部的逻辑整合性；在17世纪的科学革命阶段，科学具有知识的抽象性增长，沿着认识的形式方面和内容方面的综合性道路发展，自然科学与社会科学综合，科学知识整合，数学化是自然科学成熟化的标志，以及科学、技术和生产三者结合成统一的体系等特点；进入20世纪后，当代科学尽管在个人知性探究的意义上是自由的，科学研究是绝对的"善行"，但是，它同时也具有作为制度的科学的品性。一方面，很严密地嵌入社会机构中，并作为社会机构的一部分展现社会的机能；另一方面，又构筑起自身的大厦，不仅使各门具体的科学是其中的一部分，而且使得各学科之间彼此存在着内部的制约性。② 在现阶段，科学特性主要指科学所蕴含的理性知识、系统性、同一性、简约性、借助逻辑论证、能接受实践检验、以概念和范畴形式反映现实及科学精神等。

对于反映自然、社会、思维等客观规律的分科的知识体系意义的科学而言，③ 最能表征科学特性的是被确定为作为科学划界标志的科学本质属性。寻求划界标志是对科学本质属性认识的深化，反映了人们对科学特性

---

① 王维：《科学基础论》，中国社会科学出版社1996年版，第41页。
② 同上书，第49—55页。
③ 中国社会科学院语言研究所词典编辑室：《现代汉语词典》（第6版），商务印书馆2014年版，第731页。

研究的拓展与深入是一个历史的过程，而给出相应的划界标志则正是这种深化所取得的阶段性成果。迄今为止，人们已先后提出了以经验证实原则、实用论原则、容忍原则、概率联结、经验否证论、经验预见、研究纲领方法论、权威约定主义认识相对论、经验适合度、真理符合论、复合真理观及建构经验论等作为科学划界标志的主张。① 从这些主张不难发现，科学自身是绝对性与相对性的统一，而且在其特性的内涵和形式的表现上具有时代特征。就公共政策执行评估的研究而言，目前尚未出现对公共政策执行评估具有上述科学特性之一的完整证明。

科学所表现出的精确性、一致性、广泛性、简约性、有效性、有用性、方法性、工具性、普遍性、可验证性、批判性、可完善性、累积性、无偏见性、辩证性、可交流性、公有性、实践性、② 社会职业及社会建制等均是科学的特征。显然，这样的科学特征并不是科学所独有的，其他学科也具有类似的特征。从这个意义上讲，科学特征是成为科学之必要而非充分条件，具有科学特征的东西并不一定就是科学的东西。例如，有的学者主张凡不同时具有知识是描述性的概念化体系、对象的可观察性原则、科学的客观主义与价值中立原则、知识的可检验性原则及科学思维的自然主义5个特征之一的文化形式皆为非科学。③

实践中，科学特性与科学特征不分是导致把握公共政策执行评估科学性方面存在的主要问题，它不仅直接影响人们制定公共政策执行评估的具体内容，而且决定了能否在"科学"意义下讨论公共政策执行评估质量标准。当前，在公共政策执行评估的研究方面存在类似于以技术代替科学，把科学知识等同于真理，对科学活动的社会性缺乏足够的认识，对科学是一种社会制度的意识淡薄④等方面的问题，在公共政策执行评估的研究上重视技术（评价方法、评价策略及评价模式）研究而轻视对公共政策执行评估自身结构及理论体系的研究，把某些公共政策执行评估方面的知识等同于公共政策执行评估的本质，公共政策执行评估的价值主体含混

---

① 张之沧：《鉴定科学与非科学的原则和方法》，《学海》1999年第1期。
② 李正风：《实践建构论：对一种科学观的初步探讨》，《哲学研究》2006年第1期。
③ 薛守义：《科学性质透视》，山东人民出版社2009年版，第426页。
④ 马来平：《关于当代中国科学观的重建问题》，《山东大学学报》（哲学社会科学版）2006年第6期。

不清导致把公共政策执行评估绝对化为理性活动，忽视公共政策执行评估活动的社会性局限了公共政策执行评估的应用范围，对按照社会制度的内在要求建立现代公共政策执行评估的内在要求认识不够导致公共政策执行评估难以从作为公共政策源头的制度层面进行规范化和专业化。

与此同时，也存在借助公共政策执行评估具有某些科学特征论述公共政策执行评估是科学的现象，其得出的公共政策执行评估理论不仅是一个虚假的理论，而且还有可能误导公共政策执行评估的实践，使价值主体背离自己追求的价值。从现有的研究成果看，我国在这个方面具有代表性研究结论，其涉及的显然也是科学特征层面的公共政策执行评估的科学性问题，据此断定公共政策执行评估是科学的分支显然缺乏充分的论证。即便是国外的公共政策执行评估研究也没有得出公共政策执行评估是科学分支的结论。这一点美国教育评价标准联合委员会（Joint Committee Standards for Educational Evaluation, JCSEE）基于教育评价所制定的《人员评价标准》及《方案评价标准》（第二版）也可佐证。因此，从公共政策执行评估具有科学特征的角度，借鉴科学的思想、方法及叙述方式，建立和完善公共政策执行评估质量标准来确保公共政策执行评估质量才是一种现实、可行的选择。

二 公共政策执行评估的科学化

从行动的主体来看，科学化可以划分为科学作为主体使其他对象按照科学的要求形塑自己（本书将这类科学化称为被动科学化），以及非科学的主体按照自身存在的逻辑，借鉴科学来改进和完善自己（本书将这类科学化称为主动科学化）两种基本形式。

科学是人运用实证、理性和臻美诸方法，研究自然、社会乃至人本身所获取知识之体系化的结果，[①] 是正确的理性知识借助句子作用或者完整的句子形式所组成的一个在任意陈述之间均不存在矛盾的联系体。所谓被动科学化是指科学主动寻求自己的用武之地，使科学价值无条件地上升、科学这一价值形式在文化领域不断地扩张，以及科学价值最大限度地普适化，论证与辩护科学的最高价值地位，以科学统一不同领域。科学本质的规定、科学命题与科学方法的确定及科学与非科学的划界等是被动科学化

---

① 李醒民：《科学是什么？》，《湖南社会科学》2007年第1期。

的基础。① 从价值扩张的角度看，被动科学化是科学主义文化思潮向科学性文化现实转换的机制，主要通过科学方法论向其他文化领域的进军和渗透，同化、整合其他文化形式并使其性貌发生改变的过程。在被动科学化中，科学所作用的对象是被动的，作为其结果的对象要么被改造为科学的表现形式，要么成为科学自身具有局限性的例证。

与科学自身扩张导致的被动科学化相对，主动科学化是指行为主体基于取得最优结果的目的，主动借鉴科学成果及研究方法，按照科学的要求不断修正、规范自己活动的指导思想、过程及方法的过程。公共政策执行评估科学化是公共政策执行评估主动建构自己体系使自己具有理性和科学精神的过程，它需要解决两个基本问题：其一，以科学的标准厘清和确定公共政策执行评估的内容，实现公共政策执行评估内容的科学化；其二，建立公共政策执行评估的自我确认体系，即确认科学公共政策执行评估与非科学公共政策执行评估的划界标准，为实践中确定科学公共政策执行评估与非科学公共政策执行评估提供明确的、可操作准则。

第一个基本问题的解决表现为公共政策评估科学化，包括公共政策执行评估的评估观念科学化、评估标准的科学化及评估过程科学化。其中，评估观念的科学化反映了公共政策执行价值主体运用科学的世界观和方法论，使评估活动建立在体现整体意识、动态平衡意识及科学技术创新意识基础上的努力与实践；评估标准的科学化反映了公共政策执行价值主体将评估标准建立在科学、可靠及可行的基础上，确保其客观与主观及事实与价值之间之有机平衡的努力与实践；评估过程的科学化反映了公共政策执行价值主体按照科学活动过程规制公共政策执行评估活动过程的努力与实践，其核心是在公共政策执行评估活动中秉持科学态度、② 遵循科学程序、仿效和应用科学方法及彰显科学精神。③

实践中，科学自身是一个不断改进、完善和超越的体系，不存在绝对不变的、具有标准意义的表现形式。例如，科学知识体系的发展即明显地显示出4种结构形成的序列：准科学—前科学—常规科学—后科学。其

---

① 段培君：《论维也纳学派的科学化尝试》，《自然辩证法通讯》1996年第6期。
② 黄开发：《文学之用：从启蒙到革命》，北京十月文艺出版社2004年版，第214—215页。
③ 邓伟志：《和谐社会与公共政策》，同济大学出版社2007年版，第518页。

中，准科学是刚从经验事实中分离出来的思想片段的堆砌，其存在形式既近似于回忆录又像自然哲学，其科学观察和实验只停留在表面和演示的阶段，无须消耗多大的科学创造力即能获得一项成果；前科学多数属于表象理论，经验性定律和表象理论的出现标志着前科学的到来，它从各个不同侧面观察和研究事物表现效应，依局部事实为依据得出谁也不能取代谁的结果，使得科学存在的形式呈现出"多重态"；常规科学是带有确定科学规范的学问，是一种高度积累性的活动，目的是按常规而不是建立新理论，它具有基本稳定的存在形态，在根本的科学基础问题上完全一致，构成了排斥异己的"科学共同体"。后科学出现于常规科学丧失解决难题的兴趣和能力之后，其基本任务是把常规科学中发现的规律更加数学化、理论化。① 由此，公共政策执行评估的科学化也必然经历"准科学—前科学—常规科学—后科学"这样一个不断改进、完善和超越的过程，不可能一蹴而就。

  西方公共政策评估发展的历程（见表10-9）表明，公共政策评估的科学化尽管在特定时段具有较为稳定的内涵，相应的实践活动表现为使公共政策评估最大化地符合既定的科学化的要求，但从全部的发展历程看，其内涵也会发生质变意义的变化，相应的实践活动表现为按照新的科学化的主张重塑公共政策评估。因此，基于公共政策执行评估的科学化开展公共政策执行评估，一方面要坚持科学化所具有的稳定性，从现实出发使评估最大化地符合既定的科学化的要求；另一方面，要坚信公共政策执行评估科学化是一个自身不断改进、完善及超越的过程，当下的公共政策执行评估科学化的实践可能蕴含具有新质意义的公共政策执行评估科学化的内涵，需要被及时发现和培育。

表10-9　　　　　　　　　　西方政策评估的发展阶段

项目	第一代	第二代	第三代	第四代
时间	第二次世界大战前夕以前	第二次世界大战至1967年②	1968年至20世纪80年代中期	20世纪80年代中期以后

---

  ① 冯之浚等：《现代化与科学学》，知识出版社1985年版，第66—71页。
  ② [美]埃贡·G.古贝等：《第四代评估》，秦霖等译，中国人民大学出版社2008年版，第9页。

续表

项目	第一代	第二代	第三代	第四代
评估方法	测量	描述	判断	谈判协商
方法论范式①	科学范式	科学范式	科学范式	建构主义范式
评估者角色②	技师（测量专家、测试编制者、统计专家）	描述者	评判员/决策者	人类设备和人类数据分析师、领路人、历史学家、仲裁者、老师、产品定型人、合作者、推动变化的媒介
特点	管理主义、价值一元、证实价值、价值中立	管理主义、价值一元、证实价值、价值中立	管理主义、价值一元、证实价值、价值中立	宪政主义、价值多元、探索价值、不寻求绝对价值中立

第二个基本问题的解决表现为，公共政策执行评估作为科学的一个门类或形式建立了自己的标志。这个意义上的所谓科学化就是以科学为合理知识形态，将自然科学视为不同知识领域的理想范型，不断地揭示公共政策执行评估自身的规律，探索和把握公共政策执行评估的真理。③ 表10-9表明，对于公共政策执行评估的科学化而言，最终要将公共政策执行评估建设成为具有自然科学意义的科学体系，并给出类似于科学划界意义的判断自己成为科学的标志，这样的设想与努力均是不现实的。

需要指出的是，在我国科学化还曾有过特殊的含义，它是针对中国传统文化而讲的，表明了一种文化品质与追求，意指从革命的反映论出发，在实践的基础上，对传统文化进行批判、改造，剔除其中封建性的糟粕，吸收其中民主性的精华。④ 从这个意义上讲，公共政策执行评估的科学化即指从革命的反映论出发，对我国封建王朝长期统治所形成的公共政策执行评估意义上的评估文化进行批判、改造，剔除其形成的封建性和反公共性的糟粕，吸收其形成的精华，使其时代化、公共化，符合主体基于公共政策执行实现自身可持续发展的需要。

由此可见，就当前的研究现状而言，无论是从公共政策执行评估自身

---

① ［美］埃贡·G. 古贝等：《第四代评估》，秦霖等译，中国人民大学出版社2008年版，第12—20页。

② 同上书，第191—193页。

③ 袁银传等：《西方马克思主义的批判路径及其启示》，《中国社会科学》2012年第5期。

④ 石培华：《中国历史纵与横》，华东理工大学出版社1996年版，第231—232页。

内在诉求所发动的公共政策执行评估的科学化看，还是从科学价值扩张对公共政策执行评估压迫所发动的公共政策执行评估的科学化看，公共政策执行评估都既没有厘清科学公共政策执行评估的内容，也没有建立起公共政策执行评估的自我确认体系。因而，纯粹用科学化的思路建立统一的公共政策执行评估质量标准来保障公共政策执行评估实践，目前尚不现实。

三 科学的公共政策执行评估

"科学的"是指运用科学的思想方法研究问题并得出结论，包括实质科学的和形式科学的两种形式。其中，实质科学的是科学的构成部分，表现为其自身的内容、结构、研究设计及研究结论本身就是科学的构成部分或科学的一种表现形式，对应于科学的结论；形式科学的所展现的是外部诉求与科学的要求相符合，表现为运用科学的思想方法研究问题并得出结论，与之密切相关的是体现科学世界观及科学态度等的诉求。[①]

"科学的"是公共政策执行评估质量标准的构成要素。从我国对公共政策执行评估科学性研究的目的来看，它是以认定公共政策执行评估具有实质科学的形式展开研究，但得出的研究结论在很大程度上却是形式科学的。[②] 公共政策执行评估之"科学的"的研究现状表明，用实质科学的公共政策执行评估建立公共政策执行评估质量标准的设想尚缺乏现实性，但是作为形式科学的集中表现的科学精神对建立公共政策执行评估质量标准却具有现实意义。从某种程度上讲，科学的公共政策执行评估只能是弘扬和践行科学精神及遵循科学活动规范的公共政策执行评估。

所谓科学精神是指人们在科学活动中必须具备的科学信念、科学意志、科学气质、科学品质、科学责任感及科学使命感的总和。其中，科学信念是人类从科学活动中提炼、升华出来的"求真"的信念，[③] 表现为科学活动者坚持世界的可知性及以物质世界自身来解释物质世界；科学意志是科学活动者以获得真理为目的，不畏艰险，屡战屡败，持之以恒，探究

[①] 张远增：《发现性教育评估质量控制研究》，高等教育出版社2011年版，第232页。

[②] 例如，认为"科学的"是指公共政策执行评估者在一定条件下对客体价值做出合规律与合目的统一的衡量，就是其中较有代表性的观点。

[③] 刘龙伏：《科学精神涵义辨析》，《江汉论坛》2003年第12期。

万物之理的心理过程；科学气质是科学活动者所稳定展现出的实证精神、理性精神、臻美精神、追求真善美的人文精神、科学怀疑精神和批判精神，以及由此所衍生的独立性、独创性、异议、自由、宽容、公正、人的尊严和自重等价值等个性特点；① 科学品质是科学活动者的行为和作风所显现的探索求知的理性精神、实验验证的求实精神、批判创新的进取精神、互助合作的协作精神、自由竞争的宽容精神、敬业牺牲的献身精神，② 以及实事求是、怀疑一切既定权威、相信理性、追求知识、注重可操作程序，热爱真理、憎恶一切弄虚作假行为，遵循公正、普遍、创新等准则；③ 科学责任感指对科学抱着尽善尽美的态度去完成，对自己所开展研究活动及其得出的结论承担责任的意识；科学使命感指对以从事科学活动推进科学发展作为自我实现的肯定及由此而产生的内驱力和自我激励机制。

从科学精神的角度看，科学的公共政策执行评估质量标准主要应从公共政策执行评估活动中的人生命体的科学信念、科学意志、科学气质、科学品质、科学责任感及科学使命感等维度展开，指向公共政策执行评估系统的设计及用公共政策执行评估的过程，体现出以坚持公共政策执行评估的可知性及以公共政策执行评估自身来解释公共政策执行评估，追求公共政策执行评估的手段性和目的性的有机统一，张扬真实、理性、独立、独创、异议、自由、宽容、公正、尊严和自重等价值，以及提倡和促进公共政策执行评估研究与实践的规范化和专业化等作为原则开展公共政策执行评估实践的诉求。

所谓科学活动规范指科学共同体的成员在科学活动过程中必须持有的科学信念、科学态度、科学行为准则及科学的工作方式和思维方式。其中，科学信念方面的规范体现为对科学的真与有效性的确信不疑，以及必须彰显的身体力行的心理态度和精神状态；科学态度和行为准则方面的规范由学术道德和学者风范组成，表现为自尊、自重、全面、客观、真实、合理质疑、理性开展科学活动及所必须彰显的学者风范；科

---

① 李醒民等：《"科学、技术与社会发展"笔谈》，《中国社会科学》2002 年第 1 期。
② 巨乃岐：《试论科学精神》，《自然辩证法研究》1998 年第 1 期。
③ 刘大椿等：《在真与善之间——科技时代的伦理问题与道德抉择》，中国社会科学出版社 2000 年版，第 156 页。

学的工作方式和思维方式方面的规范表现为必须遵循特定科学方法及科学体系的内在程序逻辑的要求。实践中，科学规范具有多种类型，例如，调整科学活动中人与人之间关系的规范、调整科学活动中人与物之间关系的规范、[①]调整科学活动中各种知识之间关系的规范、科学认知规范、科学伦理规范、权利性规范及义务性规范。[②]科学活动的规范以追求真理作为共同原则，[③]其最大的困难在于它所约束的科学活动者对科学及其方法所追求的基本目标具有互斥性。[④]其中，寻找既有科学体系可能的边界和全貌，强调按照既有科学体系所确定的范式确定具体科学活动的目标及行动原则与策略，证实既有科学范式的有效性和有用性，是基础性和程式化的科学活动所追求的目标；寻找既有科学范式内部存在的问题，证伪既有科学体系所确定的范式，完善既有的科学范式与建立起新的科学范式，是摆脱先验预设和固定方法程式束缚的科学活动所追求的目标。实践中，无论从事科学理论研究的科学工作者还是从事科学实践的科学工作者都需要协调好二者之间的冲突，以确保自己能以最小的成本得出符合客观实际的结果。

  这反映在公共政策执行评估质量的评估上即是坚持既定性评估质量标准与坚持生成性评估质量标准之间的矛盾。从科学规范的角度看，坚持按照既定性评估质量标准评估公共政策执行评估质量的规范，坚持既定公共政策评估质量标准在公共政策执行评估活动中具有决定性意义的地位，必然要求遵循既有评估方法和评估内在逻辑程序的客观要求，全面、客观、真实地开展公共政策执行评估活动，维护和强化公共政策执行评估实践的既定性，排斥公共政策执行评估实践的生成性。然而，坚持按照生成性质量标准评估公共政策执行评估质量的规范，却坚持生成性公共政策质量标准在公共政策执行评估活动中具有决定意义的地位，强调公共政策执行评估的质量标准与其价值主体的需要同步发生和发展，提倡和弘扬公共政策执行评估实践的生成性，排斥公共政策执行评估实践的既定性。显然，除

---

  ① 如调整研究者与研究对象之间关系的规范、调整研究者与研究的工具之间关系的规范。
  ② 徐梦秋等：《科学规范：类型与功能》，《学术月刊》2006 年第 11 期。
  ③ 刘大椿等：《在真与善之间——科技时代的伦理问题与道德抉择》，中国社会科学出版社 2000 年版，第 141 页。
  ④ 刘大椿：《科学哲学》，中国人民大学出版社 2011 年版，第 252 页。

非特别需要，任何公共政策执行评估自身的构造与运行不会要么只坚持既定性评估质量标准，要么只坚持生成性评估质量标准，而总是会从有利于实现自身可持续发展的需要目的出发，基于既定性评估质量标准与生成性评估质量标准，构造一个将二者有机统一的、综合性的评估质量标准，作为可行的评估公共改革执行评估质量的标准。

综上所述，科学的公共政策执行评估尽管自身原本就处于不断改进、充实及完善之中，但从实践的角度在某种程度上依然能使其现实化和可操作化。从科学精神的角度看，它主要表现为对从事公共政策执行评估活动人员的资质制定明确、可及、可观测的要求，以及具有权威性的认定和接纳具有资格之人员的共同体。它要求公共政策的价值主体规制鼓励并发展具有认知科学研究意义的公共政策执行评估研究，促进公共政策执行评估发展为一种独立的、专业性的工作，为公共政策执行价值主体根据自己价值状态得到客观、全面、真实评估的需要，构建评估主体为自己开展公共政策执行评估提供人力保障。[①] 从科学规范的角度看，它主要从得出科学评估结论的需要出发，通过优化公共政策执行评估各种资源配置、降低公共政策执行评估的成本与代价，确定明确、可检测及强制力的公共政策执行评估系统要素的认定标准、构造原则及构造程序，以及公共政策执行评估系统运行的方式、方法。实践中，可由权利性规范、义务性规范、伦理性规范及认知性规范构成科学的公共政策执行评估规范的主体内容。

[①] 郭渐强等：《论公共政策评估中行政决策失误责任追究制的有效实施》，《东南学术》2013年第3期。

第十一章 教育政策执行及其评估

教育源于人及其发展的需要,是人为自身的发展所创造出来的一种价值活动形态,是人类从自身学到的一切,① 发展人自身是教育的第一功能。② 在人类漫长的教育实践中,从教育政策链的角度看,具有公共政策意义的教育政策及基于这些政策的教育政策执行所追求的价值图景本身就是同一的,它们以不同的教育实践形态及其成果形式所表征,呈现出丰富多彩的现实价值世界。教育类的价值有3种形态:其一,受教育者,即以受教育者通过参与教育活动使自己发生合乎自己需要的变化,所形成的"新我"所表征的价值形态;其二,教育者,即以教育者通过参与教育活动使自己发生合乎自己需要的变化,所形成的"新我"所表征的价值形态;其三,教育能力,即以受教育者与教育者共同建构的教育活动过程所表现出的教育能力对教育系统增强可持续发展能力的价值所表征的价值形态。实践中,教育政策就是具有权威性和强制力的关于这3类价值及建构它们的价值活动原则与策略的规定。

第一节 教育政策执行的机制

教育政策是公共政策的一种,本身是价值的一种抽象存在形式,教育政策执行的本质就是遵照价值逻辑,通过连续的具体化,使这种抽象的价值得以通过可观测的具体价值形态呈现出来,其实质就是教育政策作为公

---

① [法]雅克·德洛尔:《序言:教育必要的乌托邦》,联合国教科文组织中文科译,载国际21世纪教育委员会《教育:财富蕴其中》,联合国教科文组织中文科译,教育科学出版社1996年版,第20页。

② 张楚廷:《教育基本原理———一种基于公理的教育学》,湖南师范大学出版社2009年版,第72页。

共政策的逻辑展开。教育政策执行的机制在本质上就是教育政策作为价值实现并维系自身以教育政策价值链形式存在的机制。

一 教育政策

既往的教育政策研究对教育政策的界定有不同的观点，这些观点大致可以划分化行动准则类教育政策、调整关系类教育政策、利益分配类教育政策及行动方案与策略类教育政策。其中，持行动准则类教育政策观点的学者人数相对较多。

定义 1：教育政策指教育行动的准则。如将教育政策界定为，教育政策指一个政党或国家为实现一定时期的教育任务而制定的行为准则；[①] 教育政策是一种有目的的动态发展过程，是政党、政府等政治实体为实现一定历史时期的教育目的和任务而规定的行动依据和准则；[②] 教育政策是国家、政党为了实现教育方针和教育目的而制定的指导性文件，是进行教育工作的指南；[③] 教育政策是一个政党和国家为实现一定历史时期的教育发展目标和任务，依据党和国家在一定历史时期的基本任务、基本方针而制定的关于教育的行动准则。[④]

定义 2：教育政策指调整教育类关系的公共政策。如将教育政策界定为，教育政策是由政府及其机构和官员制定的、调整教育领域社会问题和社会关系的公共政策。[⑤]

定义 3：教育政策指分配教育利益的政策。如将教育政策界定为，教育政策的本质是有关教育的政治措施，是有关教育的权利和利益的具体体现，是对教育利益的核心分配。[⑥]

定义 4：教育政策指开展教育行动的方案与策略。如将教育政策界定为，教育政策是指以政府和政党为代表的公共权力机构为了解决教育问题，实现一定的教育目标，通过一定的程序制定的有关教育方面的行动方

[①] 袁振国：《教育政策学》，江苏教育出版社 1996 年版，第 115 页。

[②] 张新平：《教育政策概念的规范化探讨》，《湖北大学学报》（哲学社会科学版）1999 年第 1 期。

[③] 李忠尚：《软科学大辞典》，辽宁人民出版社 1989 年版，第 722 页。

[④] 张乐天：《教育政策法规的理论与实践》，华东师范大学出版社 2002 年版，第 20 页。

[⑤] 刘复兴：《教育政策的边界与价值向度》，《清华大学教育研究》2002 年第 1 期。

[⑥] 张新平：《简论教育政策的本质、特点和功能》，《江西教育科研》1999 年第 1 期。

针、准则以及相应的行动过程，其表现形式包括教育规划、纲要、方案、计划、决定、意见等文本的形式以及相应的教育行动策略；[①] 教育政策是实现教育目的的公共方策之体系，等等。[②]

定义1的核心是强调教育政策是一种具有强制力的行动准则，具有鲜明的政治性、阶级性、选择性和历史性，对教育实践的过程具有强制性的规制作用，但是，它仅建立在政党或国家所确定的教育任务或目标的基础上，并没有将确定和论证政党或国家所确定的教育任务或目标的正当性及可行性纳入教育政策的范畴，使得教育政策难以成为价值的一种存在形式，割裂了教育政策执行与教育政策基于价值的同一性。

定义2以"公共政策"作为属概念，利用"调整教育领域社会问题和社会关系"作为种差界定教育政策，突出教育政策的"调整"功能及范围，但是，它所基于的公共政策本身即是缺乏统一界定的概念，采用这种界定方式得出的教育政策概念既失之过泛，使教育政策失去了价值本性，[③] 又失之过窄，将制定教育政策的主体限制为"政府及其机构和官员"，[④] 不仅没有有效揭示出教育政策作为价值存在形式的本质，而且对于其能否确保自身的正当性及能否有效发挥其对教育实践之规制作用也是值得商榷的。

定义3的背后蕴含了"政策是对全社会的价值作权威的分配"[⑤] 的主张，它将教育权利和利益作为一种价值并制定分配它的权威方案，但没有涉及如何生产价值的问题。本书认同定义3将教育权利和利益视为价值的主张，但认为其将教育政策仅视为分配教育权利和利益的政策有失偏颇。因为，权利本身既表现为一种具有或被认为具有效用的主体必需且应该的索取或要求，也表现为具有或被认为具有效用的主体必需且应该得到的利

[①] 黄忠敬：《教育政策导论》，北京大学出版社2011年版，第13页。
[②] [日] 筑波大学教育学研究会编：《现代教育学基础》，钟启泉译，上海教育出版社1986年版，第195页。
[③] 一般意义的社会问题包括价值问题和事实问题，社会关系包括事实关系和价值关系，教育政策所调整的不是教育领域具有一般意义的社会问题和社会关系，而是教育领域的价值问题和价值关系。
[④] 需要指出的是，即便按照传统的公共政策定义，"官员"个人也是没有资格制定具体公共政策的。
[⑤] [美] 戴维·伊斯顿：《政治体系——政治学状况研究》，马清槐译，商务印书馆1993年版，第123页。

益,① 可是，二者对作用于主体所产生的效果却不相同。前者指向生产价值，所产生的效果是主体获得了以自己作为实然价值主体去创造价值的权利，但不一定得出具有价值的结果，而后者则指向价值成果分享，是主体凭借自己所具有的权利分享整个教育价值活动所形成的成果，与自己是否直接参与教育价值活动没有多大关系。因而，教育政策作为一种价值的核心并不是"分配教育权利和利益"，而是对教育政策型价值的认定和建构——确保自己能被具有正当性地生产出来，通过这种生产实现对教育政策型价值的分配。

定义4采用将"方案与策略"作为属概念，以"开展教育行动"作为种差来界定教育政策，本质是对主体教育行动的规定。本界定隐含了主体只要正当具有资格均可作为教育行动价值主体的主张，而这个主张也是本书所主张的，正是这些具有教育行动资格的主体构成了教育政策链中的价值主体链。但是，定义4并没有将教育行动与教育政策型价值明确联系起来，仅将内容限定在价值活动阶段，又使得它存在类似于定义1的不足。

基于以上的分析可以发现，对教育政策内在的价值主体之间存在的一致性没有给予重视，将教育政策与教育政策执行划分为独立的两件事，是导致抽象具体性教育政策型价值与实然具体性教育政策型价值出现不一致（甚至是冲突）的重要原因，对教育政策重新进行界定是解决这个问题的逻辑起点。本书将教育政策界定为：

合法政党及其所在利益共同体以自己作为价值主体和以教育作为价值关系基于国家制度所确立的价值及其兑现体系。

这个界定包含以下3个要点。

其一，教育政策本身是国家制度所确定价值的一种相对具体的表现形式。教育政策的价值主体是国家制度所确立的价值主体——公共，价值关系是教育。从价值主体的角度看，教育政策必须对作为其价值主体的公共的资格做出公开、具体、可检测的规定，确保教育政策型价值中不出现价值主体迷失或异化。从教育政策型价值的构成看，即便有了公共作为价值主体，但是这种价值究竟具有什么样的形态及如何将其建构出来，却没有得到有效解决，解决这个问题依赖于价值主体通过自主选择和所构造的教

---

① 王海明：《伦理学原理》（第二版），北京大学出版社2005年版，第231页。

育与客体建立价值联系，使得教育政策所描述的价值能被实质地建构出来。由于教育政策型价值一般只对价值主体及价值关系做出明确规定，而对价值客体没有给出明确具体的规定，这使得教育政策型价值既具有鲜明的主体性，为通过价值主体身上所产生的个性化的价值效应评估教育政策型价值奠定了基础，也具有具体表现形式的不确定性，为教育政策型价值具有多样化的表现形式奠定了逻辑的基础。

其二，教育政策是价值兑现体系。教育政策不仅描述了具有抽象具体意义的价值，而且运用价值逻辑规定了其实然具体表现形式，这决定了教育政策型价值是一个价值连续统，规定了其不同价值形态的价值内在联系，按照教育政策既能实质性地构造出具体价值，又能从实然具体价值出发推导出具有一般等价意义的抽象价值。作为价值兑现的教育政策不仅需要在内部能兑现价值，而且还需要使自己所表征的价值与价值世界的其他价值能建立起可价值通约的关系，使教育政策型价值同样具有国家制度所确立价值的意义。

其三，教育政策的表现形式是关于价值规划与价值生产规定的统一体。作为教育政策价值逻辑起点的教育政策型价值是最具抽象形式的价值，所描述的是国家制度所追求价值的抽象具体形态，这种抽象具体形态的价值在教育政策中采用价值规划的方式确定，相应地形成这种价值所需要的主体资格也被确立起来，具有资格的主体只有自己参与这种价值生产才有得到这种价值的可能。为了使这种可能成为确定的现实，教育政策还通过明确获得作为教育政策型价值主体资格的主体确保自己获得这种价值必须承担的义务，以及开展教育政策型价值活动必须遵循的原则、策略与途径，对具有正当性地建构自己的价值活动（生产）做出强制性的规定。显然，作为价值规划与价值生产规定统一体的教育政策，通过教育自身的生成性，激励主体以教育作为价值关系生产出以自己作为价值主体的价值，其本质是发掘和创造教育利益，而不是分配教育利益。

需要指出的是，理解本书对教育政策所做出的界定必须把作为活动的教育与作为结果的教育效应区分开来。作为活动的教育在本质上是一种具有交互影响的关系，它所反映的是价值主体通过教育建构起符合自己需要的价值客体，并通过教育作为纽带将这种价值关系确定下来，使得由教育活动所表征的价值成为具有确定意义的价值。作为结果的教育效应是指在作为活动的教育结束后，价值主体、价值客体及作为价值关系的教育按照各自已经得到改进、完善和提升的自组织能力及自己需要的水平，重新建构自己的需要，调适自己的价值状态，确定自己的价值目标及价值活动策略与途径，所描述的是它们以自己作为价值客体满足自我实现的状态。因此，作为教育政策型价值之价值关系的教育是指作为活动的教育，而非作为结果的教育效应，它的本质是主体凭借教育与客体建立起价值关系。现实中，这种价值关系一旦被建立起来它即获得独立于具体时空的存在形态，成为教育利益，能被具有公共身份的主体所分享。

二 教育政策链

教育政策链指教育政策按照价值逻辑由抽象具体价值形态到实然具体价值形态顺序所形成的价值连续等价展开①状态，是公共政策价值链的一种。教育政策链的本质是同一教育政策类价值的等价表现形式按照价值抽象程度排列而成的价值序列，一方面其上的教育政策具有不同的公共政策抽象等级，另一方面按照教育政策链之结构的特性和复杂性可将其划分为根教育政策节、教育政策节、基干教育政策链、衍生教育政策链、素教育政策链及准基干教育政策链。

（一）教育政策的级

基于《中华人民共和国宪法》②（记为EP0）所形成的教育政策，按

---

① 这种价值连续等价展开就是价值兑现的机制，通过它处于相对抽象位置的教育政策型价值获得了相对具体的教育政策型价值的存在形式，而处于相对具体位置的价值则成为具有更大可价值通约意义的价值，实现了对自身存在形式的超越。

② 2018年3月11日第十三届全国人民代表大会第一次会议通过的《中华人民共和国宪法修正案》修正的《中华人民共和国宪法》针对教育政策的规定为："第十九条　国家发展社会主义的教育事业，提高全国人民的科学文化水平。国家举办各种学校，普及初等义务教育，发展中等教育、职业教育和高等教育，并且发展学前教育。国家发展各种教育设施，扫除文盲，对工人、农民、国家工作人员和其他劳动者进行政治、文化、科学、技术、业务的教育，鼓励自学成才。国家鼓励集体经济组织、国家企业事业组织和其他社会力量依照法律规定举办各种教育事业。国家推广全国通用的普通话。""第二十三条 国家培养为社会主义服务的各种专业人才，扩大知识分子的队伍，创造条件，充分发挥他们在社会主义现代化建设中的作用。""第二十四条 国家通过普及理想教育、道德教育、文化教育、纪律和法制教育，通过在城乡不同范围的群众中制定和执行各种守则、公约，加强社会主义精神文明的建设。国家倡导社会主义核心价值观，提倡爱祖国、爱人民、爱劳动、爱科学、爱社会主义的公德，在人民中进行爱国主义、集体主义和国际主义、共产主义的教育，进行辩证唯物主义和历史唯物主义的教育，反对资本主义的、封建主义的和其他的腐朽思想。""第四十六条中华人民共和国公民有受教育的权利和义务。国家培养青年、少年、儿童在品德、智力、体质等方面全面发展。"参见《中华人民共和国宪法》，中国人大网（http：//www.npc.gov.cn/npc/xinwen/node_ 505.htm）。

照其抽象程度，可以划分为以下 13 个等级：①

第一级教育政策（记为 EP1）：《中华人民共和国教育法》及《中华人民共和国学位条例》所规定的教育政策。

第二级教育政策（记为 EP2）：《中华人民共和国义务教育法》（记为 EP2A）、《中华人民共和国职业教育法》（记为 EP2B）、《中华人民共和国高等教育法》（记为 EP2C）、《中华人民共和国教师法》（记为 EP2D）及《中华人民共和国民办教育促进法》（记为 EP2E）所规定的教育政策。

第三级教育政策（记为 EP3）：教育部门规章，如《中华人民共和国义务教育法实施细则》《中华人民共和国民办教育促进法实施条例》《教师资格条例》《普通高等学校设置暂行条例》及《中华人民共和国学位条例暂行实施办法》。

第四级教育政策（记为 EP4）：中共中央的教育行动纲要，如 1999 年制定的《中共中央、国务院关于深化教育改革全面推进素质教育的决定》。

第五级教育政策（记为 EP5）：国家级的教育发展规划类教育政策，如《面向 21 世纪教育振兴行动计划》《2008-2012 年教育振兴行动计划》《国家中长期教育改革和发展规划纲要（2010—2020 年）》《教育信息化十年发展规划（2011-2020 年）》《国家教育事业发展"十一五"规划纲要》及 2014 年《国务院关于深化考试招生制度改革的实施意见》等。

第六级教育政策（记为 EP6）：国家教育部及其与其他部委联合制定的开展教育活动的目标与规定，如国家贫困地区义务教育工程、义务教育阶段的国家课程标准、高中阶段的国家课程标准、教育部关于做好普通高等学校招生工作的年度通知、教育部关于做好成人高校招生工作的年度通知、教育部关于全国硕士研究生招生考试复试的年度基本要求、2013 年教育部关于推进中小学教育质量综合评价改革的意见、"985 工程""211 工程""2011 计划"及教育部与国家发展和改革委员会下达全国普通高等教育招生计划的年度通知等。

第七级教育政策（记为 EP7）：省级人大或人民政府制定的地方性教育法规、地方性教育发展规划、地方性举办教育的管理条例、地方性实施

---

① 为了方便叙述，本书称教育政策所对应的等级为该教育政策的级。

教育的具体条例等。

第八级教育政策（记为EP8）：省级教育行政部门制定的开展教育活动的目标与规定，如省级教育行政部门制定的所辖省级行政区内的教育发展规划、地方课程标准、各学段的学业水平标准、年度普通高校招生办法、年度高中阶段学校招生办法、本省教育是国家事业，保障教育的机会均等。

第九级教育政策（记为EP9）：地级人大或人民政府制定的地方性举办教育的管理条例、地方性教育发展规划、地方性实施教育的具体条例等。

第十级教育政策（记为EP10）：地级教育行政部门制定的开展教育活动的目标与规定，如地级教育行政部门制定的所辖地、县级行政区内的教育发展规划、地方课程标准、各学段的学业水平标准、年度高中阶段学校招生办法。

第十一级教育政策（记为EP11）：县级人大或人民政府制定的地方性举办教育的管理条例、地方性教育发展规划、地方性实施教育的具体条例等。

第十二级教育政策（记为EP12）：县级教育行政部门制定的开展教育活动的目标与规定，如县级教育行政部门制定的所辖县级行政区内的教育发展规划及地方课程标准等。

第十三级教育政策（记为EP13）：公共（组织）根据自己对教育政策型价值的理解所制定的开展教育活动的目标及实现目标的策略与行动。

（二）根教育政策节

称具有以下结构形式的教育政策型价值链为根教育政策节，记为EPR。

$$\text{EPR：EP0} \rightarrow \text{EP1}。 \tag{11-1}$$

根教育政策节包含了全部的教育政策型价值，以及将这些价值实质构造出来的全部策略、方法及途径。实践中，只有从根教育政策节出发按照价值逻辑生成的教育政策链，才具有正当性。

（三）教育政策节

称由第二级教育政策至第十三级教育政策中的任意两个等级教育政策，以等级数小的教育政策作为前继教育政策，以等级数大的教育政策作为后继教育政策，所形成的教育政策型价值链为教育政策节。显然，任意教育政策链均是根教育政策节与教育政策节复合而成。

（四）基干教育政策链

称基于根教育政策节生产的具有以下结构形式之一的教育政策型价值链为基干教育政策链，依次记为 EPB1、EPB2、EPB3、EPB4 及 EPB5：

EPB1：EPR→EP2A→EP3→EP4→EP5→EP6→EP7

→EP8→EP9→EP10→EP11→EP12→EP13　　　　　（11-2）

EPB2：EPR→EP2B→EP3→EP4→EP5→EP6→EP7

→EP8→EP9→EP10→EP11→EP12→EP13　　　　　（11-3）

EPB3：EPR→EP2C→EP3→EP4→EP5→EP6→EP7

→EP8→EP9→EP10→EP11→EP12→EP13　　　　　（11-4）

EPB4：EPR→EP2D→EP3→EP4→EP5→EP6→EP7

→EP8→EP9→EP10→EP11→EP12→EP13　　　　　（11-5）

EPB5：EPR→EP2E→EP3→EP4→EP5→EP6→EP7

→EP8→EP9→EP10→EP11→EP12→EP13　　　　　（11-6）

基干教育政策链描述了规范教育政策型价值活动的逻辑关系，即这类活动总是以前一活动成果——教育政策——作为逻辑起点，并按照其所确定的价值逻辑进行的，通过逐步得出结果相对具体的教育政策型价值，最后得出具有实然具体形式的教育政策型价值。基干教育政策链所确立的教育政策型价值活动，是一种能进行严密控制的从抽象到具体的价值活动。但是，从价值活动结果价值保真的角度看，基干教育政策链所主张的教育政策型价值活动，却是面临价值活动结果失真风险很大的价值活动。例如，如果假设基干教育价值链上的每一个教育政策型价值均只有 95% 可以转化为其后继教育政策型价值，那么最终到达 EP13 的有效教育政策型价值的信息大约为 54.04%，再加上 EP13 依然以确保原有价值信息 95% 的方式将教育政策型价值具体化，则其所构造出的教育政策型价值只含有其所对应教育政策节所蕴含教育政策型价值的 51.44%。①

---

① 即便假设基干教育价值链上的每一个教育政策型价值均有 99% 可以转化为其后继教育政策型价值，则其最终达到 EP13 的有效教育政策型价值的信息也大约只为 88.64%。如果假设 EP13 依然以确保原有价值信息 99% 的方式将教育政策型价值具体化，则其所构造出的教育政策型价值只含有其所对应教育政策节所蕴含教育政策型价值的 87.75%，出现的价值偏离依然很严重。

（五）衍生教育政策链

称从基干教育政策链中的某个教育政策出发直接进入 EP13 所形成的教育政策型价值链为衍生教育政策链。为了方便叙述，本书将从基干教育政策链 EPB_i（$i=1, 2, \cdots, 5$）的第 j（$j=2, 4, \cdots, 12$）等级公共政策直接连接 EP13 所形成的衍生教育政策链记为 EPB_i（j→13）。衍生教育政策链 EPB_i（j→13）的结构如下：

$$EPB_i (j \rightarrow 13): EPR \rightarrow \cdots \rightarrow EPj \rightarrow EP13 \tag{11-7}$$

根据衍生教育政策链的定义，任意基干教育政策链均能生成 12 类衍生教育政策链，因而，对于教育政策型价值系统而言，总共能构成 60 类衍生教育政策链。基干教育政策链上的任意教育政策均是抽象和具体的对立统一，这是衍生教育政策链得以形成的根本原因。一方面，作为抽象具体存在形式的教育政策型价值，总是包含按照自己意愿展开自己的意图及与此相应的展开法则方面的规定，表现为建立并维护基干教育政策链的努力与实践；另一方面，作为实然具体存在形式的教育政策型价值，它总是以实然具体价值的规范形式存在的，表现为自身即是判断和兑现自己所表征实然具体价值的标准，对以构造实然具体的教育政策型价值活动具有直接导向和激励作用。利用衍生教育政策链的思想可以对任意教育政策链的完善程度进行研究。

（六）素教育政策链

称直接从根教育政策节进入 EP13 所形成的教育政策型价值链为素教育政策链，记为 EPB（0→13），其结构如下：

$$EPB (0 \rightarrow 13): EPR \rightarrow EP13 \tag{11-8}$$

素教育政策链是将根教育政策节直接展开为实然具体价值所形成的教育政策链，它与基干教育政策链及衍生教育政策链最本质的区别是，既往将根教育政策节所蕴含价值具体化的策略、途径及方法方面所形成的既有的各级教育政策，对它所主张的教育政策型价值及其活动不具有约束力，既解释不了这种主张是否具有正当性，也无法兑现这种主张所确立和追求的教育政策型价值。实践中，素教育政策链创新了教育政策型价值活动，构造素教育政策链既是确认根教育政策节所蕴含教育政策型价值合公共之发展的需要的重要方法，也是改进和完善根教育政策节之所蕴含价值种类及内容的重要途径，同时也能为其他教育政策链反思、改进和完善自己的教育政策型价值活动提供参照。与基干教育政策链有利于实现具有既有教育政策型价值及衍生教育政策链有利于在有限范围内创新实现既有教育政策型价值相比，素教育政策链适合具有全局性的以建构具有创新意义的教育政策型价值为目的的价值活动。

（七）准基干教育政策链

称从基干教育政策链中去除除根教育政策节以外的若干个等级的教育政策并保留原来链接顺序所形成的，既不是衍生教育政策链型又不是素教育政策链的教育政策链为准基干教育政策链。实践中，由于教育政策型价值主体的抽象程度不一样，在它们眼里抽象教育政策型价值所呈现的具体也不一样，相对于 EP13 抽象的教育政策型价值，对原本抽象的它们而言即成为具体形态的价值，而且在价值实践中它们即以建构出这类价值作为自己价值活动的出发点和目的，这类价值活动即形成准基干教育政策链。容易得出，任意基干教育政策链均包含 4094 类基干教育政策链。① 因此，对于教育政策型价值系统而言，它包含有 20470 类基干教育政策链。准基干教育政策链所描述的是教育政策型价值活动的目的及策略与方法的准实然状态，由此可见，围绕教育政策型价值所开展的价值实践内容与形式的复杂性之一斑。

三　教育政策链的生成途径

作为主体的公共追求和获得教育政策型价值，是生成和支撑教育政策链的根本动力。教育政策链作为一类公共政策价值链，其生成同样具有奠基、概化、具化及分化 4 条基本途径。实践中，教育政策生成具体教育政策链的途径也是由这 4 种基本途径复合而成的。

（一）奠基

即通过确立根公共政策节建立具有源公共政策意义的教育政策的方式确立教育政策链。国家基本制度所确定的价值及价值逻辑是奠基的价值基点和开展价值活动的逻辑。奠基主要用于国家教育立法层面的教育政策执行，它所确定的教育政策是国家基本制度借助于教育实然具体化后所形成的实然具体程度最低的教育政策型价值，能为建构教育政策价值链提供具

---

① 任意基干教育政策链均包含 $C_{12}^1 + C_{12}^2 + C_{12}^3 + C_{12}^4 + C_{12}^5 + C_{12}^6 + C_{12}^7 + C_{12}^8 + C_{12}^9 + C_{12}^{10} + C_{12}^{11} = 2^{12} - 2 = 4094$（类）准基干教育政策链。

有绝对意义的源教育政策。

(二) 概化

即通过增加教育政策使原教育政策节中的前继教育政策成为后继教育政策形成新的教育政策链。教育政策之价值主体最大化自己所拥有教育的需要，是发动和支撑概化途径生成教育政策链的根本动力。教育政策之价值主体的可再抽象性，决定了通过将特定教育政策之价值主体抽象化，建立起以当前教育政策之价值主体作为其具体化后的特例的更为抽象的教育政策主体，既是形成教育政策节的现实、有效的途径，也是将特定教育政策节发展为教育政策链的现实、有效的途径。

概化不仅能使个体意义的教育政策最大化，而且能使不同个体意义的教育政策建立价值联系，使其所对应的价值主体以利益共同体作为价值主体建立具有更为一般价值意义的教育政策。其具体的操作要点是，将原单一教育政策或原教育政策节中的某个教育政策的价值主体作为更具一般意义之价值主体的特例，据此建立起更具有普遍意义的抽象教育政策的价值主体，使原本的具体教育政策具有更为抽象的具体存在形式，并由这个新产生的教育政策的价值主体，决定原单一教育政策或原教育政策节中的某个教育政策的价值主体是其等价具体表现形式存在。

通向发现具有创新意义和一般意义的教育政策型价值，使之成为教育政策型价值活动的具体目标，是概化路径所具有的独特优势。实践中，将地方性教育政策乃至具体学校的课堂教学模式上升为更高级别教育政策的基本路径就是概化。

(三) 具化

即通过增加教育政策使原教育政策价值节中的教育政策型价值成为抽象具体形式的价值形成新的教育政策链。教育政策型价值之价值客体及价值主体均可再具体化是通过具化将教育政策价值节拓展为教育政策链的客观基础，教育政策型价值主体将自己所具有的教育政策型价值兑现为实然具体形式的价值是驱动和支撑内化途径生成教育政策链的动力。

具化规范了不同主体将以自己作为价值主体确立教育政策成为实然具体的形式及策略与方法。其操作的要点是，将原教育政策价值节之作为后继教育政策的教育政策的价值主体作为具有抽象一般意义的价值主体，通过对其更具体意义的教育政策状态分析，构造出这种新的更为具体的教育政策的价值主体，并以这个新产生的教育政策价值主体所确定的教育政策，作为原教育政策节中之后继教育政策的后继教育政策。

具化规定了主体只有获得特定教育政策之价值主体的资格时，才能获得该教育政策所规定的教育政策，它为既有教育政策有效发挥规范和指导主体价值实践活动，以及获得形式多样的价值活动结果提供了保障。例如，国家教育政策转化为地方性教育政策的主要路径就是具化，它所建立的教育政策链不仅能为各地根据自己的实际和需求追求国家教育政策所规定的价值指明了目标和道路，而且能为公正、公开、规范、权威地认证和兑现以地方作为价值主体所形成的价值为国家教育政策所规定的价值提供具有强制力的保障。

（四）分化

对于教育政策链而言，分化在本质上是对单个教育政策节的分解，即在教育政策节中增加一个既作为原来前继教育政策的后继教育政策，又作为原后继教育政策之前继教育政策的教育政策。其操作的要点是，一方面，要确保插入教育政策节的新教育政策的价值主体和价值客体，比原教育政策价值节中的前继教育政策的价值主体和价值客体相对具体；另一方面，要确保插入教育政策节的新教育政策的价值主体和价值客体，比原教育政策价值节中的后继教育政策的价值主体和价值客体相对抽象。

实践中，分化是优化教育政策链内部价值秩序的主要途径。通过分化将原教育政策价值节发展为教育政策链，能增强其上的教育政策之间的价值联系的现实性。例如，对于以针对教育终极目标的教育政策作为前继教育政策，以针对教育现实目标的教育政策所构成的教育政策作为后继教育政策所构成的教育政策节而言，其中的价值主体的价值联系缺乏较强的现实性，它导致难以用前继教育政策所提倡和规范的价值，规制后继教育政策所追求的价值，出现现实的教育政策活动背离教育政策终极价值目标的现象。这时，如果在二者之间增加一个既有明确时间界限又有一定超前性的类似教育中长期发展目标的教育政策，则能在一定程度上有效避免这种现象的发生。

第二节 教育政策执行的策略与途径

所谓教育政策的执行即将抽象具体形式的教育政策型价值用等价的实然具体形式的教育政策型价值展现出来，其本质就是构造教育政策链，是教育政策型价值的逻辑展开。不同的主体会根据自身的价值认知能力及需要，采取不同的策略和途径，通过教育政策执行获得自己所追求的教育政策型价值。

一 教育政策执行的策略

主体确定以自己作为具体实然价值主体的教育政策链，是教育政策执行策略的核心。具体包括创新策略、有限创新策略、强规范策略、弱规范策略及逆序策略。

（一）创新策略

指主体确定以素教育政策链之实然价值主体开展教育政策型价值活动。本策略的核心是主体直接从根教育政策节出发，确定与既有教育政策链所呈现的各类教育政策型价值完全不同的实然具体教育政策型价值，以自己作为价值主体开展价值活动。创新策略基于根教育政策节所描述的抽象价值开展建构实然具体价值的活动，不受既有教育政策型价值及其形成规则的束缚，有助于主体发现并建构出具有完全创新意义的实然教育政策型价值形式。但是，创新策略对主体的教育政策型价值的认知能力和水平有很高的要求，而且由此得出的新教育政策还需要与既有的教育政策建立可价值通约的关系，才能被实质性地兑现为具有现实价值意义的实然具体价值。此外，创新策略所主张的教育政策型价值活动及其形成的成果，不仅不利于传播和拷贝其他既有教育政策链所确定的教育政策型价值，而且可能导致这些既有教育政策链所确定的教育政策型价值贬值。

（二）有限创新策略

指主体确定以衍生教育政策链之实然价值主体开展教育政策型价值活动。本策略的核心是主体根据自己的需要和实际可能，以自己作为实然具体的价值主体选择一类衍生教育政策链，构造实然具体形式的教育政策型价值。有限创新策略以衍生教育政策链之最后一个前继教育政策[①]所确定的教育政策型价值作为自己价值活动的先行组织者，以构造出与该教育政策既有后继教育政策不同的 EP13 型的教育政策型价值作为价值活动目的，开展教育政策型价值活动，相对于用创新策略开展的教育政策型价值

---

① 它是衍生教育政策链上处于倒数第二位置的教育政策，也是其等级数第二大的教育政策。

活动而言，它在局部对教育政策型价值进行了创新，丰富了衍生教育政策链之最后一个前继教育政策所确定的既有后继教育政策型价值的存在形式，以及建构这类价值的策略与方法。

有限创新策略建立在衍生教育政策链除去 EP13 后所余教育政策链成立的基础上。一方面，它强调这部分既有教育政策链对具体教育政策型价值活动的影响，在一定程度上能丰富和完善既有教育政策型价值的存在形式，有助于主体更加完全准确地把握既有政策型价值并使自己的价值最大化；① 另一方面，通过创新建构这类价值的策略与方法，它能提高这类价值活动的效率与效益，有助于改进主体的教育政策型价值实践。但是，采用有限创新策略所得出的具有创新意义的教育政策型价值难以对教育政策型价值系统形成全局性的影响，而且依据其所得的结果也难以直接发现有关教育政策链在价值逻辑方面存在的问题。此外，尽管采用有限创新策略所得出的具有创新意义的教育政策型价值涉及面相对较小，但是要使它能被及时兑现，同样需要解决与既有的同级教育政策建立可价值通约关系的问题。

（三）强规范策略

指主体确定以基干教育政策链之实然价值主体开展教育政策型价值活动。本策略的核心是主体以自己作为价值主体，完全按照基干教育政策链所确立的教育型价值及对形成该价值之价值活动的规定，开展自己的教育政策型价值活动，将该价值用实然具体的形式（即 EP13）构造出来。在强规范策略所开展的教育政策型价值活动中，主体作为价值主体只能是实然具体意义上的价值主体，其无论是确定价值活动目标还是确定开展价值活动的策略与方法均受制于所选定基干教育政策链所做出的规定，其价值活动的典型特征类似于按照既定图纸及流程施工，唯一能发挥自己主观能动性的是将这些工作做得精细。

强规范策略适合开展按照价值逻辑通过演绎方式可直接得出的教育政策型价值活动，其所得出的实然具体价值，能被教育政策型价值系统及时

---

① 一般而言，在衍生教育政策链上，EP13 的直接前继教育政策的等级数越小，它所蕴含的教育政策型价值就越丰富，相应的价值量就越大，对既有教育政策型价值系统的影响也就越大。因而，从使价值最大化的需要出发，主体会尽量选择等级数小的教育政策作为自己所确定教育政策的直接前继教育政策。

兑现。但是，强规范策略排斥具有创新意义的教育政策型价值及其对相应价值活动所做出的特殊规定，使得主体只能囿于自己所选定的基干教育政策链所确定的价值及其标准，判断和解释自己价值活动所得出结果的教育政策型意义，阻断了实然价值主体通过教育政策的实践推进其他各等级相关教育政策之改进和完善的可能性。

（四）弱规范策略

指主体确定以准基干教育政策链之实然价值主体开展教育政策型价值活动。本策略通过寻求除去 EP0、EP1 及 EP13 型教育政策价值之外的其他等级教育政策型价值的等价表现形式开展价值活动，主体以自己作为价值主体，完全按照准基干教育政策链所确立的最末端的教育政策型价值及其价值活动规定，用相对具体的形式将这个教育政策型价值实质性地构造出来，是本策略的核心所在。

弱规范策略与强规范策略最大的不同是，强规范策略所构成的教育政策的意义只由其前继教育政策确定，所得出的教育政策处于绝对具体状态，而弱规范策略所形成的教育政策，既可以用其前继教育政策确定，也可用与其同级的已经被确定为价值存在的教育政策作为标准确定，所得出的教育政策仅处于相对具体状态，其合实践性依然需要建构 EP13 型的价值进行检验。公共作为抽象与具体统一的主体，决定了自身同时规定了将抽象形式的主体具体化及将具体形式的主体抽象化的规则及操作方式，这使得以其作为价值主体的价值必然是抽象与具体的同一，而且必然同时规定将抽象形式的价值具体化及将具体形式的价值抽象化的规则及操作方式，能确保这种同一能被实质性地构造出来。实践中，弱规范策略所主张的教育政策活动所构造出的是相对于根教育政策节具体，但相对于 EP13 抽象的教育政策。这类价值是根教育政策节与 EP13 建立价值联系的纽带，是实现其价值逻辑推理的证据。弱规范策略所得出的教育政策表现为合既有教育政策理论，但其是否合教育政策活动的实践，则需要以它为前继教育政策延拓其所在的既有教育政策链进行检验。

（五）逆序策略

指主体确定以自己作为教育政策链之后继教育政策的价值主体，构造自己直接前继教育政策的教育政策型价值活动。主体以自己作为实然具体形式的价值主体，完全按照建立教育政策链所需要的前继教育政策及其价值活动规定，用相对抽象的形式将这个教育政策实质性地构造出来，是本策略的核心所在。

逆序策略建立在具体教育政策所隐藏的抽象教育政策的基础上，它与主体通过具体价值活动将有关教育政策实际建构出来的价值活动主要受具体的人力、物力、财力及信息的制约不同，主要依赖于价值主体的教育政策的认知能力建构教育政策，即通过教育政策现象把握教育政策本质的能力建构更为本质的教育政策。这个策略能使既有的个性化意义的教育政策成为具有普遍意义的教育政策，整体推动教育政策活动的价值扩张，适合用于通过发现教育政策型价值并将其与既有教育政策建立价值可通约关系的价值活动。采用逆序策略所建构出的新教育政策如果可以作为既有的特定教育政策的等价表现形式，则这样的教育政策活动是处于教育政策无知状态的价值活动，实践中应该避免开展这样的价值活动。与此相反，如果采用逆序策略所建构出的新教育政策可以作为某等级教育政策的新的类型，则这样的教育政策活动是处在完全把握既有教育政策系统基础上的价值创新活动，实践中应该鼓励开展这样的价值活动，实现教育政策的创新。由此可见，逆序策略所得出教育政策的意义，完全取决于开展教育政策型价值活动的价值主体之价值认知结构的完善程度及其所达到的价值认知水平。

二 教育政策执行的途径

将教育政策型价值用教育系统可以兑现的方式实质性地构造出来是教育政策执行的本质，其基本途径包括主体将自己建构为教育政策型价值的价值主体、主体将自己构成为教育政策型价值的价值客体及主体把自己构造为教育政策型价值的价值关系3条。通过这3条途径，主体及其复合主体能实现自己所追求的教育政策型价值。

（一）建构价值主体

建构价值主体包括主体将自己建构为具体价值实然主体和抽象具体价值主体两条途径。

主体将自己建构为实然具体价值主体指主体按照既定教育政策型价值主体所确定的价值主体标准来建构自己，使自己成为特定教育政策型价值主体的价值等价的具体表现形式，与既定的价值关系及价值客体一起将既定的价值关系用价值等价的另一种形式展现出来。用这条路径建构价值主体的基本规程是：

第一,厘清确定既定教育型价值之价值主体的权威性判定标准及资格认定方法;

第二,厘清判定既定教育型价值之价值主体标准的可测量表现形式;

第三,使自己具有可测量表现形式的既定教育型价值之价值主体标准;

第四,通过请求并接受既定教育型价值的价值主体认定,确定自己获得既定教育政策型价值之价值主体的身份;

第五,通过既定教育政策型价值系统,兑现自己作为价值主体所形成的既有教育政策型价值。

例如,任何一个主体要想获得学位政策所彰显的既定教育型政策价值,[①] 它的有效做法就是按照学位政策对其所表征价值之价值主体规定的可测量标准来形塑自己,通过达到特定的价值主体资格要求及其论证,即可实现自己所追求的价值(获得学位)。

主体将自己建构为抽象具体价值主体指主体以自己作为教育政策型价值的主体,通过将自己所拥有的价值进行分析,确定出该价值所对应的抽象价值主体的判断标准,使其他将该价值等价具体化所形成价值的价值主体成为自己的价值等价表现形式。主体用这条路径建构以自己作为价值主体的路径是:

首先,确认自己拥有只以自己作为价值主体的教育政策型价值;

其次,以自己作为抽象价值主体的原型抽象出确认该价值主体的权威性抽象标准;

再次,将所确定的价值主体的抽象标准等价转化为可观测和计量的确认其所对应的具体实然价值主体的标准;

最后,将自己所拥有的价值与既有教育政策型价值系统建立可通约联系,使之能被及时兑现。

现实中,树立榜样型的教育政策就是通过这种路径来执行的。

(二) 建构价值客体

对象可划分为含人生命体的对象和不含人生命体的对象,含人生命体

---

① 其本质是知识及知识过程对人发展所形成的以人作为价值主体的价值,表现为作为价值主体的人掌握了专门性的知识及发展了自己的能力,使自己作为价值的表现形式而存在,这类价值通常表现为特定的学位。

的对象具有主观能动性，不含人生命体的对象不具有主观能动性。所谓建构价值客体指改变对象当前存在状态的意义使其成为具有现实教育政策型价值意义的特定教育政策型价值的价值客体。对象内在构成在主观能动性方面存在的差异决定了建构价值客体必须采取不同的路径。

对于含人生命体的对象而言，其建构价值客体存在被动建构价值客体和主动建构价值客体两种途径。被动建构价值客体指价值主体采取措施把对象建构成符合既定教育政策型价值客体标准的存在形式，使其获得作为该教育政策型价值之价值客体的身份，并通过该教育政策型价值的认定和兑现实现自己的价值，其活动与所得出结果的正当性源于相应主体作为价值主体的正当性。主动建构价值客体指对象中的人生命体利用自己的主观能动性，按照特定教育型价值之价值客体的标准主动建构自己，使自己成为能被该教育政策型既有的价值论证体系所论证和认定的价值客体，获得价值客体的身份使自己成为具有价值意义的存在，其活动与所得结果的正当性源于既定教育政策型价值对其价值客体规定的正当性。主动建构价值客体使得建构价值客体成为特定教育政策型价值之价值主体，与以成为该价值之价值客体作为价值活动目标的对象相互博弈的活动。现实中，应试教育的逻辑即为对象主动建构价值客体所致，从价值活动的内在逻辑来看，这种做法是无可厚非的。应试教育型教育政策出现的问题不在应试本身上，而是出在有关教育政策型价值对其价值客体的规定及认证体系的规定不具有正当性上，其中的某些规定违反了人开展价值活动的天性。①

对于不含人生命体的对象而言，构建价值客体的活动完全由既定教育政策型价值的价值主体决定。其一般的规程是：

首先，既定教育政策型价值确定价值客体的构成标准、认定及兑现方法，以及认定和兑现自身的途径与方法；

其次，价值主体按照所确定的价值客体的既定标准构造出特定的对象作为价值客体；

再次，既定教育政策型价值按照既定的价值客体认定和兑现方法，论证和兑现所建构的价值客体身份；

最后，既定教育政策型价值按照既定的认定和兑现自身的途径与方

---

① 这种天性指人生命体的趋利避害，表现为其在价值活动中总是以最小的成本获得最大化的价值作为基本准则，制定自己的价值活动目标及开展价值活动的策略与方法。

法，认证和兑现价值主体所获得的教育政策型价值。

由此可见，这类价值活动的本质就是把主体以自己作为价值主体所规划的抽象价值转化为实然具体形式的价值。实践中，关于课程的教育政策型价值即规定了知识、技能及思想方法对于价值主体的价值，价值主体按照这个规定确定具体的知识、技能及思想方法，并通过这类教育政策型价值既定的认证方法确定其为自己所需要的价值客体并加以兑现，即是这类途径的教育政策型价值活动。

(三) 建构价值关系

价值只在关系中存在，任何对象只有在与他物的相互影响和相互作用中才获得是否具有价值的客观尺度。① 价值关系在本质上是价值主体与价值客体之间具有现实性的相互作用的途径与方法，是主体对象化和对象主体化的活动过程，是主客体相互作用中客体对主体的积极效应或功效，② 其作用的形式与内容有时可直接观测，有时则难以直接观测，而价值效应物则正是价值关系形成后价值主体与价值客体所发生的价值性改变的标志性结果。所谓建构价值关系在这里即指主体或对象借助于与他物的联系，将自己建构为特定教育型价值的价值效应物作为具有价值联系的标志，使得该教育政策型价值成为一个有机的实然价值统一体。

从价值主体的角度看，其作为价值效应物的标志是具备了作为现实价值主体的切实条件，这些条件构成了教育政策型价值对价值主体产生实际价值意义的机制与现实路径，使得价值客体能够按照自身的客观规律释放自己的功能，并将自己的功能沿着价值主体所提供的使自己产生价值效应的机制与现实路径，传导到作为价值主体的自身，使潜在的价值现实化。因此，价值主体建构教育政策型价值关系需要解决的核心问题是如何接近教育政策型价值的价值客体，以及在能接近的基础上如何把教育政策型价值之价值客体所具有的客观功能转化为对自身的功用，实现自己的可持续发展。价值主体制定出可观测的作为价值主体的资格标准、价值主体构建价值客体的原则及方法方面的规定、价值主体与价值客体进行交互作用的途径与方法的规定，既是价值主体成功解决这些问题的标志，也是价值主体正当、有效建构价值关系的基本途径。

---

① 李德学等：《价值的本质及价值观的有机构成》，《人文杂志》2002 年第 4 期。
② 王玉樑：《关于价值本质的几个问题》，《学术研究》2008 年第 8 期。

从价值客体的角度看，与主体具有能动性总是通过自身获得自己作为价值主体的资格使自己表现为价值效应物相比，它作为价值关系的效应物与自身的构成密切相关，不同的内在构成决定了其在建构价值关系的价值活动中会采取不同的策略。

含有人生命体的价值客体具有主观能动性，会从自身价值实现成本最小化的需要决定自己建立价值关系的策略。在价值客体的价值诉求与价值主体的价值诉求一致的条件下，它会采用与价值主体所规定建构价值关系之策略和途径的内容与形式均一致的途径与策略建构价值关系，使所建构的实然价值关系与既定的价值关系完全一致；反之，价值客体的价值诉求与价值主体的价值诉求不一致，它就会与价值主体基于价值实现进行博弈，采用与价值主体所规定建构价值关系之策略和途径形式一致的策略和途径建构价值关系，使得所建立出的价值关系徒有价值关系之名而无价值关系之实，导致同一教育政策型价值表现为截然不同（甚至是对立）的两种实然价值。

不含人生命体的价值客体是以自己具有能满足价值主体需要的功效来表征自己作为价值构成物存在的，相应的价值关系建立在自己作为客观物质存在的运动能对自己存在环境所产生效应的基础上，其释放自己功能的途径是否为价值关系必须通过相应价值主体的价值效应性变化才能得到确认。这时，作为非人生命体的客体在被价值主体赋予教育政策型价值意义之后，不仅依然能保留自己的独立存在形态，而且使价值主体以抽象存在的形式嵌入自身，同时也将相应的价值关系嵌入自身，使得自己成为该教育政策型价值独立存在的形态，仿佛是一种独立于价值主体之外的、具有绝对意义的教育政策型价值存在。[①] 实践中，这类价值关系是客观存在的，其能被现实化为主体所意识到的价值关系完全依赖于主体的价值认知能力。面对这类价值客体，任何主体只要能兑现自己的价值主体身份，即

---

① 这种以价值客体形式存在的独立的对象就是现实生活中"财富"意义上的价值。财富的本质是价值主体、价值客体及其所形成价值关系所构成的价值，其表现形式为特定价值主体之具有一般等物意义的价值客体。对财富而言，由于价值客体、价值主体及其所形成的价值关系均被嵌入价值客体中，它反而摆脱了自身对具体实然价值主体的依赖，并不要求价值客体、实然价值主体及其所形成价值关系必须处在不能分离的同一时空中来表征自己是价值，使自己处于一种价值随时可以为价值主体激活的状态。也就是说，主体一旦满足财富所确定价值主体的条件，即可以自己作为价值主体将财富所表征的价值现实地构造出来。

可将这种教育政策型价值完整地复制出来。①

第三节　教育政策执行评估的结构

教育政策执行评估在本质上是对处在价值演绎过程中的公共政策型价值的评估，不同的评估目的决定了教育政策执行评估具有不同的结构。根据教育政策在教育政策型价值链中所处的位置，教育政策执行评估可以划分为源教育政策执行评估、流教育政策评估及末教育政策执行评估。实践中，任何教育政策执行评估均是由这3类教育政策执行评估复合而成的。

一　源教育政策执行评估的结构

所谓源教育政策这里是指根教育政策节中的第0级教育政策。它是教育政策型价值活动的逻辑起点，源教育政策执行的目的是公共根据自己的需要规划教育政策型价值及其价值活动的原则、策略与方法，其需要解决的核心问题是发现和构造出具有创新意义的价值。源教育政策执行评估即主体围绕解决这个问题所进行的评估。根据"第九章　评估模式设计"之"第四节　发现性公共政策执行评估模式"的结论，源教育政策执行评估具有图11-1所示的结构。②

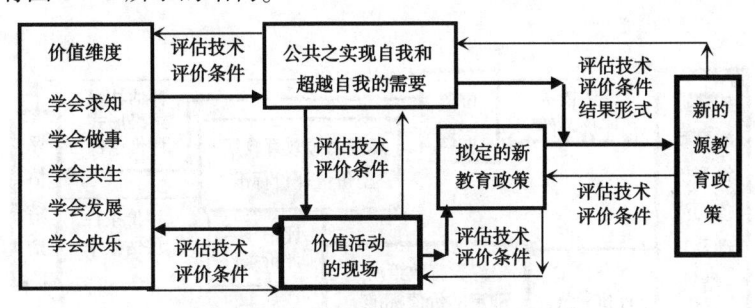

图11-1　源教育政策执行评估的结构

---

① 这种复制即主体用自己替代蕴含于教育政策性价值客体中的抽象价值主体，与价值客体及既定的价值关系构成该教育政策性价值具有实然具体意义的价值存在形式。从这个意义上讲，教育政策执行即主体按照教育政策型价值对其价值主体的资格规定，通过使自己满足该资格规定成为教育政策型价值所规定的价值主体，使该教育政策型价值实然具体化。

② 图中的各类箭头与图9-1中的同形同义。本章其他各图中的各类箭头也与第九章中的同形同义，除非特别需要，不再对图中的箭头意义进行说明。

图 11-1 表明，价值活动现场是源教育政策执行评估的实践起点，价值维度①是分析和发现源教育政策型价值的视角与途径，公共之实现自我和超越自我的需要是公共选定源教育政策型价值的价值标准，拟定的新教育政策是公共对自己拟开展的源教育政策型价值及其活动所制定的初步规划，新的源教育政策既是公共所确立的用于自己价值实践的具有创新意义的源教育政策型价值及其活动的规划，也是源教育政策执行评估结束的标志。

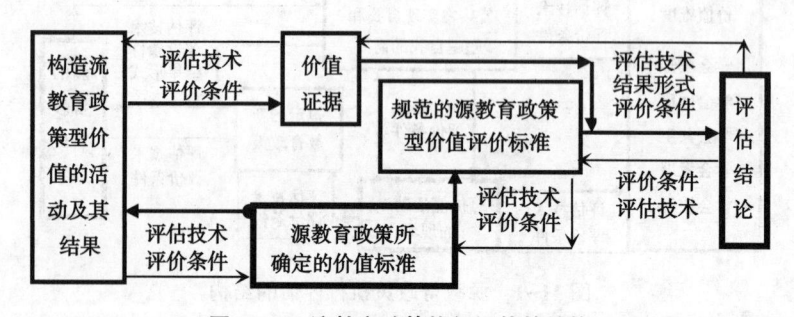

二 流教育政策执行评估的结构

所谓流教育政策这里指等级为第 2—12 级的任意教育政策。具有相对具体意义的公共根据既定的教育政策型价值及其价值活动的规划，将既定的源教育政策型价值用相对具体的形式构造出来，是流教育政策执行的目的。判断自己所构造出的教育政策型价值与源教育政策型价值是否等价，以及开展教育政策型价值活动的策略与方法是否具有正当性和有效性，是其需要解决的核心问题。流教育政策执行评估即是为及时、有效解决该这类问题所进行的评估。根据"第九章 评估模式设计"之"第五节 证实性公共政策执行评估模式"的结论，流教育政策执行评估具有图 11-2 所示的结构。

图 11-2 流教育政策执行评估的结构

图 11-2 表明，源教育政策所确定的价值标准是流教育政策执行评估的逻辑起点，构造流教育政策型价值的活动及其结果是教育政策执行评估

---

① 国际 21 世纪教育委员会：《教育：财富蕴含其中》，联合国教科文组织中文科译，教育科学出版社 1996 年版，第 87 页。

的评估对象，价值证据是从构造流教育政策型价值的活动及其结果中所分离出的能确定评估对象具有价值的物质与信息，规范的源教育政策型价值评价标准是确定评估对象具有价值的权威标准，评估结论既是对评估对象具有源教育政策型价值及其价值活动的正当性和有效性所做出的权威判断，也是流教育政策执行评估结束的标志。

需要指出的是，图11-2所示的流教育政策执行评估的结构没有反映出具体评估过程中价值主体与评估主体共同建构价值的环节，这主要是考虑到与实然具体的教育政策型价值实践相比，流教育政策执行主要是依照价值逻辑展开的价值推理，其实践在本质上多属于价值理论层面的研究，回答的是其价值逻辑是否存在矛盾的问题，难以对价值的客观实在性给出确定的回答，因而这样的价值主体与评估主体共同建构难免有纸上谈兵之嫌，对于改进和完善源教育政策的意义不大。尽管如此，这并不反对流教育政策执行评估使用价值主体与评估主体共同建构价值的方法得出评估结论。

三　末教育政策执行评估的结构

所谓末教育政策这里指基干教育政策链和衍生教育政策链中的EP13。EP13是教育政策型价值活动所追求价值的最终价值形态，既是一个教育政策型价值活动周期结束的标志，也是新价值活动周期开始的链接处，判断自己所构造出的教育政策型价值与自己的直接前继教育政策型价值是否等价，全面反思自己在教育政策型价值活动中所使用的策略与方法是否具有创新性，发现和厘清自己在价值活动中所形成的处于萌芽状态的新需要，以及明了自己进一步开展教育政策型价值活动的方向，是公共需要解决的核心问题。因此，末教育政策执行评估结构是以建构性公共政策执行评估模式为主体，结合实现证实性公共政策执行评估功能而构成的。根据"第九章　评估模式设计"之"第六节　建构性公共政策执行评估模式"的结论，末教育政策执行评估具有图11-3所示的结构。

图11-3表明，末教育政策执行评估的起点是价值实践起点与价值逻辑起点的有机结合，二者均指向教育政策型价值活动的实然具体结果及其前提与活动过程，并从合既定价值目标论证、合既定价值活动规定论证及对价值目标的创新性论证、价值活动合规律性论证、价值活动合目的性论证、价值活动可行性论证、价值活动最优性论证等方面析出其能作为价值证据的物质与信息，在此基础上根据既定的前继教育政策型价值所确定的

具体评价标准和公共的本质需要所形成的抽象价值标准，对评价对象所具有的既定价值的程度给出明确的结论，以及从价值实践的角度，对评价对象所包含的价值主体进一步开展价值活动的方向，提出明确的建议。

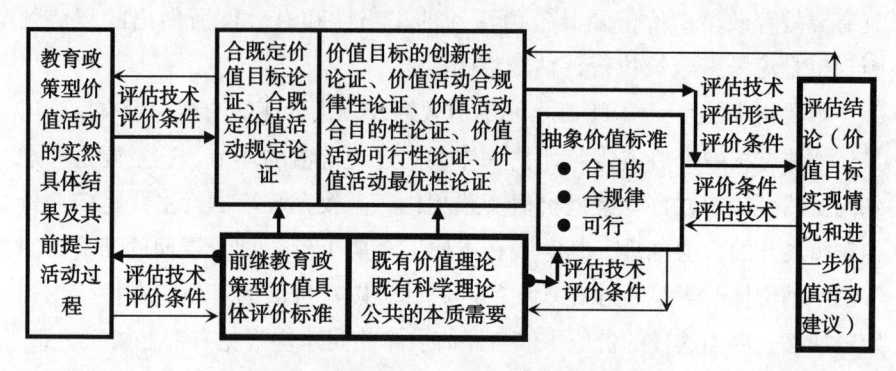

图 11-3　末教育政策执行评估的结构

末教育政策执行评估由于直接指向教育政策型价值实践及其结果是否具有价值，以及从公共自我实现的角度改进、完善和创新自己的教育政策型价值实践，因而，如何把握价值活动的既定性与价值活动的生成性的平衡，就成为教育政策型价值之构成部分的实然主体所关注的焦点问题。此外，主体所具有的与时俱进性，决定了末教育政策执行评估的结构和表现形式也是一个与时俱进的问题，需要采用与时俱进的策略研究。例如，教育政策执行意义上的教材评价、课堂教学评价、教师评价及学校评价等的结构和表现形式均是如此。

第四节　教育政策链的优化与完善

优化与完善教育政策链是由公共开展教育政策型价值活动的本性决定的。教育政策链既是公共所倡导的教育政策型价值的现实展开，也是对主体追求教育政策所倡导价值之活动的规制，它必然会根据公共之价值认知结构的发展和完善水平优化与完善自己的结构，确保教育政策处于可持续的状态和具有可及性。

一　"好"教育政策链的标准

"好"教育政策链的标准就是具有教育政策型价值特色的好公共政策

价值链标准。"好"教育政策链的标准表现为合教育规律、合人的发展需要、时代性、可行、规范与维度。

(一) 合教育规律

即合教育系统内部运行的规律。它是好公共政策价值链之"科学"标准在教育政策链中的表现，对教育政策链的具体要求是：所规定的教育系统必须是内部构成要素相互协调，并具有学习能力和自组织能力的系统，这个系统能根据教育系统运行的实际不断调整自己，增强自己的生存能力，维系和完善自己作为价值存在物的意义；所规定的教育系统必须具有相对稳定的结构，能为主体实质性地建构出来，使之成为财富形态的教育政策型价值；所规定的教育系统必须根据功能诉求，处理好表层结构与深层结构的关系，确定具有个性化意义的具体结构，以及必须树立任何具体教育系统均具有功能限度的观念，尊重具体教育系统功能的多样性和差异性。

(二) 合人发展的需要

即合教育政策链中的各价值主体的需要，有利于他们达成自我实现的需要。它对教育政策链的要求有两种基本形式：其一，直接有利于促进教育政策链中的各价值主体实现自己的需要，以及不断改进、完善和提升自己的需要；其二，直接有利于促进支撑或承载教育政策链的组织或个人实现自己的需要，以及不断改进、完善和提升自己的需要，使其能为教育政策链提供更为完备的支撑或承载，有利于教育政策链中各种形式的价值主体提高实现自己需要的效率与效益。实践中，根据教育政策链的直接价值指向，既可以两种基本形式取一，也可以两种基本形式各占一半，或两种基本形式全取但有所侧重，设定具体教育政策链合人发展需要的标准。

(三) 时代性

即教育政策链中的各种形式的价值主体和价值客体均是具有时代性的存在，运行教育政策链所需要的条件也具有时代特征。它要求教育政策链：具有符合所处时代的价值逻辑，并反映特定历史阶段及特定利益共同体的价值诉求；从社会发展的过去、现在和未来的整个历程，而不局限于对当下社会发展的效用，确定教育政策型价值的时代性；[①] 促进教育政策

[①] 徐和庆等：《教育的时代性论析》，《上海师范大学学报》（哲学社会科学版）1988年第2期。

的价值主体接触时代，适合时代，并形成自己的时代性；[①] 链中价值客体的对象具有确定现实性，在当下能被实质性地构造出来；与其等价的教育政策链的内容与形式，体现其所处时代的政治、经济、科学发现、技术发明、文化教育及社会伦理道德等方面的共性特征；有助于促进教育系统的更新性再生。[②]

（四）可行

即教育政策链是截止到当前条件下，具有最优结构和价值效率与效益的价值链。具体要求包括：链的长度是当前条件下的最优长度；处于链之两端的教育政策之间具有有效的制约力；链中各教育政策具有清晰的功能限度和合法发挥作用的范围，其代价能确保链的总代价最低；链的结构具有较强的鲁棒性，不会因为环境的局部性变化而改变；链中各教育政策价值主体的自我完善与发展有较为充足的预留空间，在链中教育政策之价值主体的结构不出现质变的情况下，不会出现链的重构或解链。

（五）规范

即确立教育政策链的结构及表述的程式是规范的。具体要求是：用链中价值主体的正当性和教育政策的合法性确认链的正当性；用可测量的属性来界定链中价值主体及价值客体的标准、规格及相关的运行（行动）准则；用准确、明了、不存在歧义、不存在歧视、符合链所涉及主体表达习惯的方式表述文本形式的教育政策链；有公开、明确、可监督及权威性的确立教育政策链的工作流程，流程的各环节具有强制性和权威性的操作细则；有公开、明确、能兑现的，确保准确无误从事建构教育政策链活动的保障措施。

二 教育政策链的优化

教育政策链初步建立之后，根据"好"教育政策链的标准，将其矫正为"好"教育政策链后再投入正式运行的所有工作，称为教育政策链的优化。以在优化教育政策链过程中起核心作用的教育政策的种类作为标准划分，教育政策链的优化有3种基本类型。

[①] 高岸起：《论时代与人》，《党政干部学刊》2014年第5期。
[②] 扈中平：《现代教育学》，高等教育出版社2011年版，第78页。

(一) 源教育政策起核心作用的教育政策链优化

源教育政策的内在结构决定了其内部存在两种作用方向截然相反的力量。一种是分裂教育政策之价值主体的力量，这种力量使原价值主体分裂为更多利益共同体，并以这些利益共同体为价值主体形成新的教育政策。另一种是维系教育政策之原价值主体的力量，这种力量以是否有利于稳定和增强原价值主体的结构与创价能力为标准，对价值主体之构成要素基于源教育政策的活动进行奖惩。这两种力量的相互作用，决定了其所确定的教育政策链是否为具有实际意义的价值链。链中存在不以源教育政策之价值主体等价形式作为价值主体的教育政策链是无效的，链中包含不能相对独立存在之价值主体的教育政策链是冗余的教育政策链。从这个意义上讲，源教育政策起核心作用之优化教育政策链，就是用其自身确立的价值准则、价值活动逻辑及价值活动范围对全链的结构进行评价，确认链中各教育政策的价值主体既以源教育政策之价值主体的要素存在，又以独立的价值主体存在并构成了具有独立意义的教育政策。

除此之外，对源教育政策自身进行优化处理，以及从全链的角度对链中各教育政策等级顺序排列的合理性进行审校，也是源教育政策起核心作用、优化教育政策链的重要工作。

(二) 末教育政策起核心作用的教育政策链优化

末教育政策在教育政策链中的位置决定了它必然指向链所指向价值活动及其结果的具体形式。一般而言，以末教育政策起核心作用的教育政策链优化从以下3个方面展开。

其一，优化链的政策成本。直接表现为尽量减少位于其前的前继教育政策数量，缩短所在教育政策链的长度，提高教育政策链的效率。这种努力不仅可以提升自己在教育政策链中的地位，而且能为以自己作为前继教育政策发育出后继教育政策创造条件。

其二，优化自身的现实性。直接表现为从现实出发，充分利用现实条件，使自身所确定的创价活动能获得最大的效益，确保能最大化地切实兑现自己所规定的价值。具体包括从现实及现实应然变化导致的结果出发，用立足现实及联系和发展的眼光，确立现实的价值主体、价值客体及其间的价值关系，使末教育政策具有较强的鲁棒性。

其三，合法化自己的规范和操作。末教育政策是兑现教育政策价值的最后一关，其规范和操作不仅关涉能否完成自身所规定价值的兑现，而且也关涉源教育政策所规定价值的兑现，末教育政策是否具有源教育政策的意义，这是末教育政策需要从全链角度统筹加以思考和解决的问题。合法化自己的规范和操作就是末教育政策解决这个问题的策略，它要求末教育政策通过使自己的规范和操作获得源教育政策之操作和规范的意义，提高自身规范和操作的权威性，降低自身及全链规范和操作运行的代价。

（三）流教育政策起核心作用的教育政策链优化

流教育政策在教育政策链上的位置决定了在其起核心作用的优化教育政策链活动中，它最为关心也最愿意开展的优化工作是确认以自己为核心的、与自己的前继教育政策及后继教育政策的价值关系是否稳健。

从提升自己在链中的地位所能带来价值效益的角度看，任何一个流教育政策均存在否定自己前继教育政策，使自己尽量接近甚至替代源教育政策的倾向。因而，在具体的教育政策链中，从理论和实践两个角度，均可将得到其后继教育政策维护作为流教育政策在链中存在的必要条件。

从提升自己在链中实际干预力及获得实际利益的角度看，任何一个流教育政策均存在否定自己后继教育政策，使自己尽量接近甚至替代末教育政策的倾向。同样的，对于特定的教育政策链而言，无论从理论的角度还是从实践的角度，均可将得到其前继教育政策维护作为流教育政策在链中存在的必要条件。

由此可见，流教育政策起核心作用的优化教育政策链活动，能对链中教育政策数量及其所形成的价值序列（各教育政策所在的位置）进行优化，并增强其稳定性。不仅如此，这种优化教育政策链的活动同时也带动并促进流教育政策自我反思，优化自身结构，强化链对各流教育政策的优化。

三　教育政策链的完善

教育政策链的完善指教育政策链在投入正常运行后，在不改变链中教育政策价值秩序的前提下，对原链所规定的运行策略及各教育政策具体确定价值的量和类别进行调整，并用这种调整后的结构修正原教育政策链的活动。

（一）源教育政策对教育政策链的完善

源教育政策对其所在的教育政策链进行完善，是其自身所具有的自我完善机制发挥作用的必然结果。教育政策链运行之后，源教育政策会对全链的运行情况进行检查，并会从自身的价值主体、价值客体、价值关系结构与规格的规定，以及自身运行所预设的条件等方面对自身进行完善，在此基础上再对链中各教育政策的价值主体、价值客体、价值关系结构与规格的规定，以及运行的规范等内容进行适当调整，确保全链结构及所包含的教育政策以处于合自己规定的状态运行。

实践中，链中源教育政策之价值主体以外的所有教育政策包含的各种等价形式的价值主体，为了维护自身利益的需要，均会以源教育政策之价值主体构成要素的形式参与完善源教育政策的活动。它们不仅会主动为完善源教育政策提供来自自己教育政策实践方面的论证和解决方案，而且会不遗余力地说服源教育政策价值主体按照自己的方案完善源教育政策，从而达到通过完善原来的教育政策链使自己的既得利益与创价活动策略和方法均合法化的目的。

(二) 末教育政策对教育政策链的完善

末教育政策更多的是从完善教育政策链合实践性的角度来完善教育政策链，创新源教育政策价值活动与穷尽源教育政策所主张价值活动是其参与完善所在链最有价值的两项活动。

实践是检验真理的唯一标准。穷尽源教育政策所主张价值活动就是通过教育政策实践检验源教育政策的正确性。这项活动将理论层面的教育政策活动还原为实践层面的教育政策活动，并利用其丰富多彩的实际运行形式及产生的效果，为是否需要完善源教育政策提供直接的论据，为怎样完善源教育政策提供素材及启示。

实践是创新的源泉。创新源教育政策价值活动就是末教育政策既不采用源教育政策明令禁止的教育政策运行方式，也不采用源教育政策规定的教育政策运行方式，获得包括源教育政策所规定价值及其之外的其他价值。这时，末教育政策处于一种既不违反源教育政策规定，又不符合源教育政策规定的状态，发现了源教育政策的盲区，能为有针对性地完善源教育政策（也包括其前继教育政策）提供直接的支持。

此外，在教育政策链缺乏末教育政策有效干预其前继教育政策的极端情况下，末教育政策会通过选择按照前继教育政策规定的、具有可测性的运行方式运行，追求仅形式上与前继教育政策所规定价值一样的价值。[①]末教育政策这种自我完善方式尽管也能起到"完善"既定教育政策链的作用，但这种完善既违背了其所在价值链的教育政策宗旨，也不利于其自身的可持续发展，具体的教育政策链必须具有规避末教育政策通过这种自我完善方式完善其所在链的有效机制。

（三）流教育政策对教育政策链的完善

在教育政策链的运行过程中，流教育政策会根据自己参与运行的情况，在不降低自己在链中位置的前提下，尽可能地扩大自己与前继教育政策及后继教育政策之间的距离，使3个教育政策所包含的价值主体、价值客体及价值关系方面在抽象层次上均具有明显的不同，能按照"前继教育政策→自身→后继教育政策"的顺序排出抽象程度差异明显的队列，从而使链中各教育政策的独立性更加清晰，独立存在的理由更为充分。

在完善教育政策链的实践中，流教育政策把握与自己的前继教育政策及后继教育政策之间之抽象差异的程度尤为重要。它无论是与自己的前继教育政策抽象差异过大或过小，还是与自己的后继教育政策抽象差异太大或过小，均会导致新的教育政策产生或自我失去存在的依据，从而导致其所在的教育政策链重建。如果出现这些情形，则通过完善方式不能改变原链所存在的问题，必须通过增加教育政策或减少教育政策将原链改造为新链。

第五节 教育政策执行评估质量标准体系

教育政策执行评估质量是公共政策执行评估质量的具体表现形式，也是教育评价质量的具体表现形式，其具体的质量标准是这两种质量标准的统一。本书将教育政策执行评估质量界定为：教育政策执行评估满足自己结构性要求及价值主体判断价值要求的整合程度。[②]

---

① 指仅孤立达到价值各构成指标的数量要求，而没有按照价值对其指标之间的关系要求建立有机的联系。此时的价值实际上是若干指标的堆积，除了对指标自身有意义外，没有其他任何指标有机联合所产生的意义。

② 张远增：《发现教育评估质量控制研究》，高等教育出版社2011年版，第87页。

一 教育政策执行评估质量的内涵

本书所界定的教育政策执行评估质量概念包括以下3个要点：[1]

其一，结构性要求。教育政策执行评估系统对其构成要素及其相互作用方式及其强度的要求，多表现为价值主体根据自己判断价值活动的需要，事先设定的教育政策执行评估系统构成要素的规格、要素之间相互作用的具体方式与方法及其所容许的强度范围，它构成教育政策执行评估客体质量的标准。

其二，价值主体判断价值要求。包括教育政策执行评估能得出合乎价值实际状态的结论，教育政策执行评估系统运行能改进和完善价值主体的价值认知结构，提升价值主体规划和开展价值实践活动的能力，它构成了教育政策执行评估主体质量的标准。

其三，整合程度。真正的教育政策执行评估质量是"真"与"好"的统一。[2] 本书将由"真"与"好"的统一所体现出的教育政策执行评估质量称为教育政策执行评估的整合质量，并由此构成教育政策执行评估整合质量的标准。

据此，可将现实状态下的教育政策执行评估质量划分为理想状态、过剩状态、落后状态及劣质状态并对应不同的质量效果（见表11-1）。

表11-1　　　　教育政策执行评估质量状态及其效果[3]

质量类别			质量状态	质量效果	
主体质量	客体质量	整合质量		质量主体	质量客体
达到	达到	既真又好	理想状态	满意	达标
达到	不达到	好而不真[4]	过剩状态	满意	不达标

---

[1] 张远增：《发现教育评估质量控制研究》，高等教育出版社2011年版，第25页。

[2] 所谓教育政策执行评估质量之"好"，是指具体教育政策执行评估系统所具有的功能必须适合价值主体解决判断价值问题的需要，能使价值主体产生满意感和成就感；所谓教育政策执行评估质量"真"，是指教育政策执行评估系统符合教育政策执行评估系统运行的客观规律，是一种真实的客观存在。

[3] 张远增：《教育评价质量控制论》，东北师范大学出版社2013年版，第26页。

[4] 这里的不真并非指教育政策执行评估系统建立在违背科学性原理的基础上，而是指教育政策执行评估系统的真实功能状态没有得到充分发挥，评价系统实际发挥的作用名不副实。

续表

质量类别			质量状态	质量效果	
主体质量	客体质量	整合质量		质量主体	质量客体
不达到	达到	真而不好	落后状态	不满意	达标
不达到	不达到	不真不好	劣质状态	不满意	不达标

二 教育政策执行评估质量的构成要素

本书直接引用一般教育评估质量构成要素的研究结论，将形成教育政策执行评估之评估质量的要素整合成单要素型构成要素及要素交互型构成要素。① 其中，单要素型构成要素也叫要素型构成要素，是指以教育政策执行评估系统的构成因素作为教育政策执行评估质量构成要素，具体包括价值主体要素、需要要素、评估标准要素、评估主体要素及评估客体要素；要素交互型构成要素也称为子系统型构成要素，指以教育政策执行评估系统的具有完备意义的要素交互作用作为教育政策执行评估质量的构成要素。按照要素交互作用自身构成的复杂性可以将要素交互型构成要素划分为二要素交互型构成要素、三要素交互型构成要素及四要素交互型构成要素3类。②

三 教育政策执行评估质量的要素型标准③

所谓教育政策执行评估质量的要素型标准，是指以教育政策执行评估构成要素作为质量主体所确定的教育政策执行评估质量标准，简称要素型质量标准。要素型质量标准是构成教育政策执行评估质量的基础，本书只讨论它的具体构成，至于以其为基础构成子系统型要素的质量标准和综合

---

① 张远增：《教育评价质量控制论》，东北师范大学出版社2013年版，第26—30页。
② 二要素交互型构成要素、三要素交互型构成要素及四要素交互型构成要素的讨论，详见"第五章 公共政策执行评估的原理"之"第二节 公共政策执行评估形成功能的机制"的讨论，在此不再赘述。
③ 本部分参考了张远增《教育评价质量控制论》（东北师范大学出版社2013年版）的"第三章 价值主体的评价质量机制与质量计量""第四章 评价主体的评价质量机制与质量计量""第五章 评价标准的评价质量机制与质量计量""第六章 评价客体的评价质量机制与质量计量"及"第七章 需要的评价质量机制与质量计量"的有关概念界定及指标设计。

评估具体教育政策执行评估质量的计量方法，需要根据具体情况确定，本书不对其进行一般的讨论。①

(一) 价值主体型质量标准

以价值主体对自己价值明确意识和构成的完成度为标准，可将价值主体划分为：形成价值前对自己所拥有价值处于无意识状态及以自己作为价值主体的价值完全处于虚构状态的价值主体（简称潜价值主体）；形成价值中的价值主体（简称拟价值主体）；形成价值后的价值主体（简称显价值主体）。现实中，教育政策执行评估的价值主体要素是由它们中的两种或三种复合而成的，其质量标准由四个指标构成：

指标1：厘清教育政策型价值。包括确认当前所需要建立的教育政策型价值就是自己所真正需要的价值；确认当前教育政策型价值与其他教育政策型价值不一致性的程度；确认当前教育政策型价值自身合价值规范和标准表达的程度。

指标2：厘清教育政策型价值的可行性。包括确认当前所需要建立的教育政策型价值是能够建立起来的价值；当前开展的教育政策型价值活动是最优化的教育政策型价值活动。

指标3：厘清教育政策型价值活动自身。包括确认无意识教育政策型价值活动创新度；确认教育政策型价值活动的规范程度；确认按照既定的评估过程及所使用技术工具规格开展评估的程度（规范度）；确认实际评估过程路径及技术工具规格与既定评估过程路径及技术工具规格不一致的程度（矫正度）；确认发现教育政策型价值活动问题的及时性和准确性；确认解决教育政策型价值活动中所存在问题的及时性和有效性；确认评估主体的应答度。

指标4：厘清教育政策型价值活动的结果。包括确认教育政策型价值活动结果合作为价值活动目标的既定教育政策型价值的程度；确认价值主体改进和完善自己教育政策型价值认知结构的程度；确认价值主体提高自己教育政策型价值认知能力的程度；确认价值主体用内隐评估自动化监控和预判教育政策型价值活动，以及自我完善的内在驱动力方面的改变情

---

① 其一般性的研究结论参见张远增《教育评价质量控制论》（东北师范大学出版社2013年版）"第二章 教育评价质量及构成要素"（第36—38页）、"第八章 教育评价质量设计"（第171—200页）及"第九章 教育评价质量的优化"（第201—200页）。

况；确认价值主体教育政策型价值直觉能力的发展度；确认价值主体对评估过程的满意度。

（二）需要型质量标准

以评估系统构成要素需要的清晰和确定程度为标准，可将需要划分为：教育政策执行评估系统各构成要素均没有清晰、确定需要的情形下作为场源所形成的需要（简称潜需要）；教育政策执行评估系统既存在部分构成要素有清晰、确定的需要，同时也存在部分构成要素没有清晰、确定的需要之情形下作为场源所形成的需要（简称灰需要）；教育政策执行评估系统各构成要素均有清晰、确定的需要的情形下作为场源所形成的需要（简称为显需要）。实践中，教育政策执行评估的需要要素是由它们中的两种或3种复合而成的，其质量标准由3个指标构成。

指标1：清晰度。包括从需要的主体维度、满足物特性维度、个体意义维度、需要频率维度及满足物作用原理维度，确定了教育政策执行评估系统全部构成要素的需要；确定了教育政策执行评估系统全部构成要素之需要所对应的，可以观测、计量和检核的实体存在形式。

指标2：整体性。包括教育政策执行评估系统各要素以自己为主体所形成的潜需要是互为结果和条件的；教育政策执行评估系统自己所形成的新需要能通过该系统所形成的需要完全实现；教育政策执行评估系统能根据运行对既定评估标准进行有效矫正。

指标3：满意度。包括教育政策执行评估系统全部构成要素对评估过程及结果的满意度。

（三）评估标准型质量标准

以评估标准所表征价值的状态及表述形式作为标准，可将评估标准划分为：只与价值主体认知价值之仅限于自己先天可能的方法相关而不与其具体建构价值活动相关的评估标准（简称先验型评估标准）；识别原生态型价值的评估标准（简称原生态型评估标准）；用规范的形式描述的评估标准（简称规范型评估标准）；用模式形式所呈现的评估标准（简称模式型评估标准）。在评估实践中，教育政策执行评估的评估标准要素是由这四种标准中的两种或两种以上复合而成的，其质量标准由四个指标构成。

指标1：可识别性。包括评估标准的语言和方式准确、简明；刻画教育政策型价值的形式与方式可理解；具有明确、确定、典型、范例性的表示形式；具有现实的可观测性。

指标 2：自洽性。包括包容教育政策型价值行动的本能性；包容教育政策型价值行为的机能逻辑性；包容教育政策型价值活动的生成性；对教育政策型价值之价值主体构成要素的普遍适用性；具有明确、确定、和谐的内涵和外延；所规定的评估误差可以接受。

指标 3：完备性。包括刻画了其所欲刻画教育政策型价值的全部可能表现形式；所刻画的各种教育政策型价值形态只存在量的差异；是所刻画教育政策型价值当下最经济的呈现方式。

指标 4：可兑现性。包括展现创建和维护该规范型教育政策型价值的有效方法；权威性认定教育政策型价值；展现教育政策型价值的独特性。

(四) 评估主体型质量标准

以价值认知结构、价值认知能力的状态和发育水平为标准，可将评估主体划分为：价值认知结构处于自发状态及价值认知能力处于本能状态的评估主体（简称潜评估主体）；价值认知结构处于有意识发育过程及价值认知能力处于有意识培养和变化过程但没有达到从事专门评估工作认定资质的评估主体（简称拟评估主体）；价值认知结构处于有意识发育后状态及价值认知能力处于有意识培养和变化后状态，并且在价值知识、价值科学认知能力发展及价值实践经验方面均达到既定要求的评估主体（简称显评估主体）。现实中，教育政策执行评估的评估主体要素是由它们中的 2 种或 3 种复合而形成的，其质量标准由 3 个指标构成。

指标 1：评估方案的完备性。包括评估对象的清晰度；评估主体的专业化程度；评估过程符合评估行业对评估过程规范要求的程度；评估范围的清晰度；评估方法与技术的可行性。

指标 2：评估活动的专业性。包括评估过程中价值主体的应答度；从价值角度对评估客体进行完备分析的程度；评估过程的流畅度；价值问题的及时诊断与解决的程度；评估主体按照评估的行业性要求，独立、自主开展评估的程度（评估的独立度）。

指标 3：评估活动结果的法定性与增值性。包括评估主体认知结构得到完善的程度；价值主体价值认知结构得到完善的程度；既定评估目标的达成度；评估结论的可传播度；评估成本的可再优化度；价值主体的满意度；兑现评估主体应得收入的程度；评估主体的满意度；评估结论对价值创新的贡献度。

(五) 评估客体型质量标准

以评估客体的明确性和确定性程度为标准，可将评估主体划分为：评估时不可能有明确价值指向的、有待确定其是否具有价值的类价值物或类价值活动过程（简称潜评估客体）；评估时指向不完整价值形态或未结束价值活动过程的、有待确定其是否具有价值的类价值物或类价值活动过程（简称拟评估客体）；评估时指向完整价值形态或已结束价值活动过程的、有待确定其是否具有价值的类价值物或类价值活动过程（简称显评估客体）。现实中，教育政策执行评估的评估客体要素也是由它们中的两种或3种复合而形成的，其教育政策执行评估质量的标准由4个指标构成。

指标1：知情权。包括知晓既定评估标准的内容与具体要求；能及时了解评估的全部进程；评估主体及时应答价值客体对评估的疑问。

指标2：共同建构权。包括评估过程不存在歧视评估客体的现象；评估客体能按照自己对价值的认识不受限制地提交评估资料；基于评估资料通过协商方式完善既定评估标准；根据评估实际需要协商采用非既定的评估方法；形成的评估结论得到评估客体的认同。

指标3：科学、规范。包括评估主体不改变评估客体提供的评估资料；评估过程符合客观规律不存在科学性错误；评估过程符合价值规律不存在价值逻辑错误；运行评估的成本实现最优化；评估客体按照评估前的约定履行评估的义务。

指标4：教育政策型价值的实现。包括认定既有（定）教育政策型价值能得到及时有效的兑现；新发现非既有（定）教育政策型价值能得到及时有效的兑现；评估客体的满意度。

第六节 保障教育政策执行评估质量的策略

教育政策执行评估质量保障是一个具有系统性、过程性、全员参与性和不断改进的质量过程，[1] 其主要策略有确立质量决定功能的质量理念、建立可观测的质量标准、选择具有良好稳定性的评估系统及绿色运行教育

---

[1] 史秋衡等：《从市场介入的视角辨析高等教育质量保障概念》，《大学·研究与评价》2007年第9期。

政策执行评估。①

一 确立质量决定功能的质量理念

即教育政策执行评估质量的诉求决定具体教育政策执行评估系统的功能结构。它的具体要求是：尊重教育政策执行评估需要者及评估系统可能构成要素对教育政策执行评估质量的确定权；教育政策执行评估质量设计不仅要确定出具体的教育政策执行评估质量目标，而且要将这个目标用教育政策执行评估系统功能的形式表示出来，成为教育政策执行评估领域可以建构的客观事实；主体性教育政策执行评估质量确定教育政策执行评估系统功能的具体实现形式；教育政策执行评估设计要协助评估需要者及评估系统可能的构成要素，挑选适合自己需要的教育政策执行评估功能及其表现形式。

二 建立可观测的质量标准

它的要求是：在现实条件下能对教育政策执行评估质量标准所制定的质量原则、方法及质量构成要素的科学性做出确定的判断；从现实出发能判断开展具体的教育政策执行评估活动与设计所确定的教育政策执行评估活动的一致性；明确给出可观测的构成要素的结构及其规格和类型，以及构成要素交互作用的途径、方式、方法和强度等方面的具体要求；明确给出可观测的能够具体操作的建立具体教育政策执行评估系统的程序及操作过程的注意事项；明确给出可观测的调试所建教育政策执行评估系统使之符合既定教育政策执行评估质量目标体系的有效方法；明确给出可观测的教育政策执行评估系统功能的限度；明确给出可观测的教育政策执行评估系统运行的成本。

三 选择具有良好稳定性的评估系统

所谓具有稳定性的评估系统是指外部条件变化和构成要素发生局部变化不影响发挥评估功能的系统。它要求教育政策执行评估质量标准所确定的教育政策执行评估系统要素及其交互作用方式，在外部条件或自身结构

---

① 张远增：《教育评价质量控制论》，东北师范大学出版社2013年版，第181—184页。

发生变化时，其所形成的教育政策执行评估质量不会发生质变。一方面，教育政策执行评估系统要素及其交互作用方式的结构要具有弹性，而且还预设有适量的冗余系统要素及其交互作用方式，作为教育政策执行评估具体运行过程中的应急备份；另一方面，教育政策执行评估系统的运行条件具有弹性，对其外部条件的变化不敏感，在外部条件发生变化时依然能稳定运行。

四 绿色运行教育政策执行评估

它的本质要求是以实现教育政策执行评估自身的可持续发展为目的，组织和实施教育政策执行评估。具体要求表现在以下4个方面。

其一，从实施的过程看，它要求收集教育政策执行信息的方式、方法，要符合评估伦理与规范，尊重评估需要者及评估系统可能构成要素的隐私，确保评估系统构成要素对评估的知情权和正当利益，有助于促进它们之间通过交流澄清和丰富自己对教育政策执行评估及其质量的认识，有助于评估者通过参与交流准确地把握教育政策执行评估信息所蕴含的教育政策执行评估质量。

其二，从所使用的技术工具和材料看，它要求使用安全环保的技术和材料，尽量减少教育政策执行评估过程对自然环境、人文环境、评估需要者及评估系统可能构成要素的负面影响，以及要求按照建构教育政策执行评估系统的实际需要选择适当的技术和材料，减少技术和材料消耗、杜绝浪费技术和材料现象。

其三，从评估的成本看，它一方面要求既要给出通过具体教育政策执行评估系统所表现的教育政策执行评估质量，也要从所具体教育政策执行评估系统生灭的全过程，按照可持续发展的思想确定其所需要的技术、材料、结构原理及建设过程，计量建设其所付出的自然环境、人文环境及教育政策执行评估生态系统方面的代价；另一方面要求必须按照实现既定教育政策执行评估质量目标体系的需要，根据教育政策执行评估系统的运行规律，优化具体教育政策执行评估系统自身构造及建设这个系统所需要的成本。

其四，从得出的结果看，它要求教育政策执行评估质量处理好既定性质量标准与生成性质量标准的关系，确保评估结果的有效性，以及有利于促进评估需要者及评估系统可能构成要素之间形成价值共生、共荣关系，发展并完善自己原有的价值认知结构，保持或改进教育政策执行评估生态系统可持续发展的能力。

第七节 案例：我国高考政策执行及评估

高考政策是指以公民为具体价值主体、大学教育为具体价值客体，以大学教育满足公民需要作为价值关系的价值规划及其相应的价值活动设计与实践。高考政策是教育政策的一种。构造高考政策链，将国家制度所确定的教育类抽象具体价值兑现为教育类实然具体价值，是我国高考政策执行的本质。

一 高考政策链

（一）构成高考政策链的教育政策

组成我国高考招生政策链的教育政策包括：《中华人民共和国宪法》的第十九条、第二十三条、第二十四条及第四十六条（EP0）；①《中华人民共和国教育法》（EP1A）；《中华人民共和国职业教育法》（EP2B）、《中华人民共和国高等教育法》（EP2C）；《普通高等学校设置暂行条例》（EP3）；中共中央的教育行动纲要，如2014年的《国务院关于深化考试招生制度改革的实施意见》、1999年制定的《中共中央、国务院关于深化教育改革全面推进素质教育的决定》（EP4）；国家级的教育发展规划类教育政策，如《面向21世纪教育振兴行动计划》《2008—2012年教育振兴行动计划》《国家中长期教育改革和发展规划纲要（2010—2020年）》及《国家教育事业发展"十一五"规划纲要》等（EP5）；高中阶段的国家课程标准、教育部关于做好普通高等学校招生工作的年度通知、教育部关于做好成人高校招生工作的年度通知、2013年教育部关于推进中小学教育质量综合评估改革的意见及教育部与国家发展和改革委下达全国普通高等教育招生计划的年度通知等（EP6）；省级人大或人民政府制定的地方性教育法规、地方性教育发展规划、地方性举办教育的管理条例、地方性实施教育的具体条例等（EP7）；省级教育行政部门制定的开展教育活

---

① 《中华人民共和国宪法》，中国人大网（http://www.npc.gov.cn/npc/xinwen/node_505.htm）。

动的目标与规定（如省级教育行政部门制定的所辖省级行政区内的教育发展规划、年度普通高校招生办法）（EP8）；公共（组织）制定的开展教育活动的目标及实现目标的策略与行动（EP13）。

（二）基本高考政策链

高考政策所包含的教育政策，构成了以下三条教育政策链：

EPB-GK1：EPR→EP2B→EP3→EP4→EP5→EP6→EP7→EP8→EP13
$$(11-9)$$

EPB-GK2：EPR→EP2C→EP3→EP4→EP5→EP6→EP7→EP8→EP13
$$(11-10)$$

EPB-GK3：EPR→EP2C→EP3→EP4→EP5→EP6→EP13　　(11-11)

教育政策链 EPB-GK1、EPB-GK2 及 EPB-GK3 统称为高考政策链。其中，EPB-GK1 和 EPB-GK2 是普适性高考政策价值链，它采用证实性价值判断方法，为公共（组织）追求高考政策型价值提供了切实有效的途径；EPB-GK3 是特例性高考招生政策价值链，它采用发现性价值判断方法，为公共（组织）追求高考政策型价值，提供了切实有效的途径。

（三）高考政策链的链间关系

和而不同是确定高考政策链的链间关系的准则。所谓和是指，所有高考政策链所实现的高考政策型价值的抽象具体价值均是相同的，体现的是抽象具体价值主体的价值实现。所谓不同，是指所有高考政策链所实现的高考政策型价值的实然具体价值均具有个性化和型态多样化的特点，体现的是实然具体价值主体的价值实现。

高考政策链之间的和，决定了不同高考政策链之间具有共生性关系。教育系统是高考政策链存在的物质基础，教育系统自身可持续发展的要求决定了其子系统之间互为存在条件与结果的关系。因而，依赖于教育系统实现其价值的高考政策链也必然均是自身以外的其他高考政策链存在的结果，同时也是它们存在的条件，一荣俱荣，一损俱损。

高考政策链间的不同，决定了不同高考政策链之间具有竞争性关系。任何一个高考政策链所确立的抽象具体价值均是通过实然具体价值得到兑现而实现的，但是，现实中，希望成为实然具体价值主体之主体的个数既可能超出其自身所在高考政策链的价值兑现能力，也可能远低于其自身所在高考政策链的价值兑现能力。前者客观要求充实相应高考政策链的可兑现价值量，增强和完善自己的价值兑现能力；后者客观要求相应的高考政策链消减和优化自己的价值兑现能力，避免造成可兑现价值量的浪费。如果按照这样的要求对高考政策链的可兑现价值量进行这样的调整，那么其结果必然会使前者潜在的实然价值主体数得到正强化，趋向于一条高考政策链独大，而后者潜在的实然价值主体数得到负强化，趋向于名存实亡。

需要指出的是，对于同一个主体而言，一方面，作为潜在的国家制度所规定的抽象具体价值主体，它面前所呈现的高考政策链是没有差异的，在做出选择时不需要做出价值权衡；另一方面，作为潜在的与国家制度所规定的抽象具体价值主体等价的具体实然价值主体，它面前所呈现的高考政策链是有差异的，在做出选择时又必须做出价值权衡。从这个意义上讲，正是历史的、现实的主体（人）使高考政策链之间的和而不同不断注入时代性的含义，展现出与时俱进的品质。

二 评估高考政策链的标准

现实中，高考政策链是围绕价值主体、评估主体及高考招生标准展开的，价值主体展开解决抽象具体价值主体等价转化为实然具体价值主体的问题，评估主体展开解决抽象具体评估主体等价转化为实然具体评估主体的问题，高考招生标准展开解决抽象具体高考招生标准等价转化为实然具体高考招生标准的问题。好的高考政策链的标准由以下7个指标构成。

指标1：维护社会稳定。具体包括高考政策链所确定的高考政策型价值体现全体公民的价值意志、成为社会价值秩序良好的特征之一、作为实然具体的价值、作为价值的等价物、作为追求价值的工具、维护高考政策型价值潜在实然具体价值主体的合法利益诉求及能作为稳定的价值期望等要点。

指标2：彰显社会主义核心价值观。包括高考政策链所确定的高考政策型价值要切实彰显民主、文明、和谐、自由、平等、公正、法治、爱国、敬业、诚信及友善等社会主义核心价值观。

指标3：价值目标与手段统一。包括高考政策链所确定的高考政策型价值作为自我实现的标志、作为发展的过程、作为发展的工具、形成自身序变能力的能力，以及所确定的实然价值标准（招生标准）具有时代性等要点。

指标4：引导激励学校教育以学生发展为本。包括激励和引导中学实施素质教育、中学优化学校教育资源配置、中学关注高等教育、① 高等学校关注基础教育、中学与高等学校基于学生的终身发展合作办学等要点。

指标5：价值可及。包括高考政策链所确定的高考政策型价值自身的价值同一性、自身的确定性、自身的独特性、自身的可被建构性、可被选择性、价值活动过程的知情权、可被观测及可适时价值兑现等要点。

指标6：链的包容性。包括高考政策链所确定的高考政策型价值所确定的实然价值主体之间协调、实然价值主体与社会协调、实然价值主体与自然协调，以及包容其他高考政策链所确定的实然价值主体，鼓励在现有的基础上增加新的既有创新意义的高考政策链等要点。

指标7：结构科学、规范。包括高考政策链所确定的高考政策型价值的自身构成科学、彰显科学精神、具有可证伪性、价值形态的表述规范准确、链中教育政策对自己的运行做出既合规律又合规范的清晰规定、链中教育政策具有强制性和权威性的运行细则，以及自身是具有最优结构和价值效率与效益的价值链、有明确可测定的功能限度、价值主体对评估主体的决定权、所确定的实然评估主体具有专业的评估能力、价值主体对高考政策链评估的监控权、能确保抽象具体高考政策型价值与自己所认定的实然具体高考政策型价值等价等要点。

三　高考政策链的评估模式

高考政策链的结构决定了它的评估模式的结构，与本章"第三节　教育政策执行评估的结构"之"三　末教育政策执行评估的结构"所给出的结构相同。评估的重点是高考政策链中的"EP4→EP5→EP6→EP7→EP8→EP13"与"EP4→EP5→EP6→EP13"所对应的高考政策执行，所需要解决的核心问题是判定实然具体形态的高考政策性活动结果——对具体考生能否成为特定高等学校的新生所做出明确的结论的有效性及改进和完善建议。以评估的形式化程度和具体的评估目的为标准，高考政策链的评估模式可以划分为准评估模式与形式化评估模式。

准评估模式指以发现高考政策链中的问题，及时解决所发现问题，确保高考政策链有效、可行为评估目的的评估模式。准评估模式是问题导向的，由高考政策链确立的价值主体直接发动，并根据发现和解决问题的需

---

① 即关注学生的未来学习生活。

要构建评估主体，评估活动既没有严格规范的既设评估标准，也没有既设的评估过程及操作规范，其有效性依赖于评估行业的行规与评估构成人员的职业道德的约束。准评估模式多用于建构高考政策链的过程，是高考政策链所确立的价值主体改进和完善自己的价值认知结构，提升自己价值评估能力的有效工具。一般而言，准评估模式得出的是具有阶段性、过程性及研究性的评估结论，它不能作为对高考政策链评估的最终结论。

形式化评估模式指以确认高考政策链所得出的具体实然价值与既设的抽象具体价值是否等价，确定能否进行价值兑现和怎样改进、完善高考政策链为评估目的的评估模式。形式化评估模式是目标导向的，由高考政策链所确立的价值主体直接发动，根据既设的评估标准、评估主体的结构与专业资质要求、评估流程的结构性要求及评估过程的操作规定，对已经完整建立起来的高考政策链进行全方位的系统评估。形式化评估的有效性尽管也依赖于评估行业的行规与评估构成人员的职业道德的约束，但更多地依赖于针对它所既设的评估标准、既设的评估主体资质及结构性标准、既设的评估流程结构及评估过程的操作规定的完备性和有效性。① 形式化评估模式多用于建构高考政策链的结果，是高考政策链所确立的价值主体确认自己当前的价值状态，改进和完善自己当前的高考政策链，提高高考政策型价值活动效率和效益的有效工具。一般而言，形式化评估模式得出的是具有全局性、总结性及确定性的评估结论，它能作为对高考政策链评估的最终结论。

准评估模式与形式化评估模式具有不同的功能特性，其操作性及成本方面的要求也不相同（见表11-2），在高考政策链的评估中，应该从评估的实际需要出发选用评估所用的具体评估模式，防止一概而论，滥用评估模式。

表 11-2　　　　　　准评估模式与形式化评估模式比较

评估模式	评估目的	优势功能	评估主体	评估标准	评估过程	评估资料	评估客体	评估结论	周期性	成本
准评估模式	问题解决	发现和解决问题	专长	能有效解决问题	生成、结构化程度低	以具体问题为中心收集	形成中的高考政策链	阶段性、过程性、研究性	不定期	根据具体情况确定

---

① 这种有效更多地表现为形式有效，而不一定实质有效。这是运用形式化评估模式开展高考政策执行评估需要承担的风险。

续表

评估模式	评估目的	优势功能	评估主体	评估标准	评估过程	评估资料	评估客体	评估结论	周期性	成本
形式化评估模式	确定价值状态及改进完善建议	得出明确的价值判断结论	既设、专业、全面、权威	既设、系统、完整、权威	既设、权威、结构化程度高	既设、系统、完整、全面	已形成的高考政策链	全局性、总结性及确定性	定期	成本大

参考文献

中文译著

[德] 阿图尔·考夫曼：《后现代法哲学——告别演讲》，米建译，法律出版社2000年版。

[美] 埃贡·G.古贝等：《第四代评估》，秦霖等译，中国人民大学出版社2008年版。

[美] 保罗·贝尔等：《环境心理学》（第5版），朱建军等译，中国人民大学出版社2009年版。

[日] 长广仁藏：《研究与开发（R&D）活动的运营与定量评价：新商品的开发手段》，中田庆雄译，复旦大学出版社1999年版。

[美] 戴维·伊斯顿：《政治体系——政治学状况研究》，马清槐译，商务印书馆1993年版。

[德] 恩格斯：《家庭、私有制和国家的起源》，张仲实译，人民出版社1954年版。

[德] 斐迪南·滕尼斯：《共同体与社会——纯粹社会学的基本概念》，林荣远译，商务印书馆1999年版。

[美] 弗兰克·费希尔：《公共政策评估》，吴爱明等译，中国人民大学出版社2003年版。

[美] 福斯特：《质量管理：集成的方法》（第2版），何桢译，中国人民大学出版社2005年版。

[英] G.M.屈勒味林：《英国史》（上），钱端升译，东方出版社2012年版。

国际21世纪教育委员会：《教育：财富蕴含其中》，联合国教科文组织中文科译，教育科学出版社1996年版。

[美] 亨利·基辛格：《大外交》（修订版），顾淑馨等译，海南出版

社 2012 年版。

［日］吉田文和：《环境经济学新论》，张坤民译，人民邮电出版社 2011 年版。

［美］杰里·W. 吉雷等：《组织学习、绩效与变革：战略人力资源开发导论》，康青译，中国人民大学出版社 2005 年版。

［美］卡尔·V. 帕顿等：《政策分析和规划的初步方法》（第二版），孙兰芝等译，华夏出版社 2001 年版。

［美］劳伦斯·米勒：《美国精神》，曹宇等译，工人出版社 1988 年版。

［法］卢梭：《论人类不平等的起源和基础》，高煜译，广西师范大学出版社 2002 年版。

［英］罗丝玛丽·克朗普顿：《阶级与分层》，陈光金译，复旦大学出版社 2011 年版。

［德］马克斯·韦伯：《经济与社会》（第一卷），阎克文译，上海人民出版社 2010 年版。

［法］马里旦：《人和国家》，沈宗灵译，中国法制出版社 2011 年版。

［美］迈克尔·波特：《竞争优势》，陈小悦译，华夏出版社 2005 年版。

［法］莫里斯·迪韦尔热：《政治社会学——政治学要素》，杨祖功等译，华夏出版社 1987 年版。

［法］尼古拉·萨科齐：《见证：萨科齐自述》，曹松豪译，上海辞书出版社 2007 年版。

［美］N. 维纳：《维纳著作选》，钟韧译，上海译文出版社 1978 年版。

［法］皮埃尔·米盖尔：《法国史》，蔡鸿滨等译，商务印书馆 1985 年版。

［瑞士］皮亚杰：《结构主义》，倪连生等译，商务印书馆 1984 年版。

［美］R. M. 加涅：《学习的条件和教学论》，皮连生等译，华东师范大学出版社 1999 年版。

［美］R. S. 平狄克等：《微观经济学》（第四版），张军等译，中国人民大学出版社 2000 年版。

［美］苏珊·鲍尔：《古代世界史》，李盼译，北京大学出版社 2011

年版。

［美］托马斯·R.戴伊：《自上而下的政策制定》，鞠方安等译，中国人民大学出版社2002年版。

［美］威廉·N.邓恩：《公共政策分析导论》（第4版），谢明等译，中国人民大学出版社2011年版。

［古希腊］亚里士多德：《政治学》，吴寿彭译，商务印书馆1965年版。

［美］亚伯拉罕·马斯洛：《动机与人格》（第三版），许金声等译，中国人民大学出版社2007年版。

［美］詹姆斯·E.安德森：《公共决策》，唐亮译，华夏出版社1990年版。

［日］筑波大学教育学研究会编：《现代教育学基础》，钟启泉译，上海教育出版社1986年版。

中文著作

白建军：《关系犯罪学》（第2版），中国人民大学出版社2009年版。
本书编写组：《权鉴与谋鉴》（《资政全鉴》第2分卷），中共中央党校出版社2006年版。
操时杰等：《中国古今书籍纵横》，中国物资出版社1995年版。
曹海晶：《中外立法制度比较》，商务印书馆2004年版。
陈朝宗等：《现代关系哲学》，厦门大学出版社2000年版。
陈念文：《技术论》，湖南教育出版社1987年版。
陈树文：《领导学》，清华大学出版社2011版。
陈潭：《公共政策学》，湖南师范大学出版社2003年版。
陈维信等：《环境设计》，上海交通大学出版社1996年版。
陈新汉：《评价论导论——认识论的一个新领域》，上海社会科学院出版社2008年版。
陈新汉：《权威评价论》，上海人民出版社2006年版。
陈旭：《政党论》，华通书局1930年版。
仇赛飞等：《传统文化的现代反思》，汉语大词典出版社2006年版。
辞海编辑委员会：《辞海》（语词分册），上海辞书出版社1977年版。
邓伟志：《和谐社会与公共政策》，同济大学出版社2007年版。

邓周平：《科学技术哲学新论》，商务印书馆 2010 年版。

东北师范大学历史系世界古代史及中世纪史教研室古代史组：《古代世界史》，高等教育出版社 1958 年版。

杜文玉：《夜宴：浮华背后的五代十国》，中华书局 2006 年版。

樊钉：《公共政策》，国家行政学院出版社 2005 年版。

冯之浚等：《现代化与科学学》，知识出版社 1985 年版。

龚绍方等：《世界通史·古代史卷》，河南大学出版社 2004 年版。

顾建平：《汉字图解辞典》，东方出版中心 2008 年版。

顾俊礼：《西欧政治》，经济科学出版社 2001 年版。

郭巍青等：《现代公共政策分析》，中山大学出版社 2000 年版。

韩新民：《主观质量及质价关系研究》，陕西科学技术出版社 1998 年版。

何颖：《公共行政理论探究》，黑龙江人民出版社 2009 年版。

何颖：《行政学》，黑龙江人民出版社 2007 年版。

侯春在：《儿童心理成长论：成长论视野中的儿童社会化》，南京师范大学出版社 2004 年版。

胡宁生：《现代公共政策学：公共政策的整体透视》，中央编译出版社 2007 年版。

胡宁生：《现代公共政策研究》，中国社会科学出版社 2000 年版。

胡乔木：《关于人道主义和异化问题》，人民出版社 1984 年版。

扈中平：《现代教育学》，高等教育出版社 2011 年版。

黄开发：《文学之用：从启蒙到革命》，北京十月文艺出版社 2004 年版。

黄树光：《价值活动论》，吉林人民出版社 2007 年版。

黄维民：《新范式与新工具：公共管理视角下的公共政策》，中国社会科学出版社 2008 年版。

黄维民等：《公共政策研究导论》，陕西人民出版社 2009 年版。

黄希庭：《心理学导论》（第二版），人民教育出版社 2007 年版。

黄忠敬：《教育政策导论》，北京大学出版社 2011 年版。

冀祥德：《司法制度新论》，社会科学文献出版社 2009 年版。

姜启源等：《大学数学实验》，清华大学出版社 2011 年版。

焦洪昌：《宪法学》，中国人民大学出版社 2010 年版。

孔德元：《政治社会学》，高等教育出版社2011年版。

李允杰等：《政策执行与评估》，北京大学出版社2008年版。

李忠尚：《软科学大辞典》，辽宁人民出版社1989年版。

梁宁建：《心理学导论》，上海教育出版社2011年版。

林下：《美学例说》，华南理工大学出版社1989年版。

刘大椿：《科学哲学》，中国人民大学出版社2011年版。

刘大椿等：《在真与善之间——科技时代的伦理问题与道德抉择》，中国社会科学出版社2000年版。

刘剑文：《世界观人生观价值观》，青岛海洋大学出版社2006年版。

刘能强：《设计心理学基础》，人民美术出版社2011年版。

刘雪明：《政策科学研究》，湖南人民出版社2004年版。

刘雪明：《政策运行过程研究》，江西人民出版社2005年版。

刘瑛华：《公共政策学》，福建人民出版社2003年版。

刘永强：《家庭伦理的企业管理制度体系研究》，商务印书馆2011年版。

罗尧成：《研究生教育课程体系研究》，广东高等教育出版社2010年版。

宁国良：《公共利益权的威性分配：公共政策过程研究》，湖南人民出版社2005年版。

彭怀祖等：《榜样论》，人民出版社2002年版。

钱军平：《中国高等教育质量保障体系核心问题研究》，西南交通大学出版社2011年版。

邵刚：《和谐社会中的社会秩序研究》，红旗出版社2008年版。

邵汉明：《中国文化研究30年》（中卷），人民出版社2010年版。

邵建萍：《图书馆为弱势群体服务论》，南京大学出版社2009年版。

申旺斌：《势利论》，中国社会出版社2011年版。

申永华：《马克思主义价值观及其时代解读》，西安出版社2006年版。

沈根荣：《绿色营销管理》，复旦大学出版社1998年版。

沈文莉等：《政治学原理》，中国人民大学出版社2010年版。

沈新曦：《唯信息论》，柯捷出版社2007年版。

石培华：《中国历史纵与横》，华东理工大学出版社1996年版。

孙学玉等：《公共行政学》，社会科学文献出版社2007年版。
孙振誉等：《信息分析导论》，清华大学出版社2007年版。
泰福：《人类社会的变迁》，中国社会科学出版社2003年版。
谈火生：《审议民主》，江苏人民出版社2007年版。
汤勤等：《西方行政制度概论》，中国经济出版社2010年版。
田雍等：《审计百科全书》，地震出版社1993年版。
童之伟：《国家结构形式论》，武汉大学出版社1997年版。
王长江：《现代政党执政规律研究》，上海人民出版社2002年版。
王长江：《政党政治原理》，中共中央党校出版社2009年版。
王达梅等：《公共政策分析的理论与方法》，南开大学出版社2009年版。
王东虓等：《公民意识研究》，郑州大学出版社2009年版。
王海明：《伦理学原理》（第二版），北京大学出版社2005年版。
王树恩：《科学技术论与科学技术创新方法论》，南开大学出版社2001年版。
王维：《科学基础论》，中国社会科学出版社1996年版。
王玉梁：《当代中国价值哲学》，人民出版社2004年版。
王泽鉴：《债法原理》，北京大学出版社2009年版。
魏娜：《公共政策》，新华出版社2004版。
乌杰：《系统辩证学》，中国财政经济出版社2003年版。
谢明：《政策分析概论》，中国人民大学出版社2004年版。
谢明：《政策透视——政策分析的理论与实践》，中国人民大学出版社2004年版。
徐斌：《当代中国改革的人学分析》，黑龙江人民出版社2008年版。
徐晓林等：《行政学原理》（第二版），华中科技大学出版社2004年版。
许建良：《伦理经营：21世纪的道德学》，人民出版社2006年版。
薛守义：《科学性质透视》，山东人民出版社2009年版。
严强：《公共政策学》，社会科学文献出版社2008年版。
颜炳罡：《儒家文化与当代社会》，山东大学出版社2002年版。
颜震华等：《教育激励的理论与实践》，吉林大学出版社1992年版。
杨长福等：《现代逻辑导引》，重庆大学出版社2011年版。

杨海廷：《世界文化地理》，长春出版社 2008 年版。

杨鸿年等：《中国政治制度史》，武汉大学出版社 2012 年版。

杨教：《敝屣集》，学林出版社 1996 年版。

虞和平：《中国现代化历程》（第二卷），江苏人民出版社 2007 年版。

负杰等：《公共政策评估：理论与方法》，中国社会科学出版社 2006 年版。

袁绪兴：《思维技术》（第 1 卷），西安交通大学出版社 2011 年版。

袁振国：《教育政策学》，江苏教育出版社 1996 年版。

袁祖社：《社会理性的生成与培育》，中国社会科学出版社 2011 年版。

岳剑波：《信息环境论》，书目文献出版社 1996 年版。

曾国屏：《自组织的自然观》，北京大学出版社 1996 年版。

翟华：《国际公务员奇记》，金城出版社 2010 年版。

张楚廷：《教育基本原理———一种基于公理的教育学》，湖南师范大学出版社 2009 年版。

张国庆：《公共政策分析》，复旦大学出版社 2004 年版。

张国群：《人类出路》，海南出版社 2013 年版。

张骏生：《公共政策的有效执行》，清华大学出版社 2006 年版。

张康之等：《共同体的进化》，中国社会科学出版社 2012 年版。

张乐天：《教育政策法规的理论与实践》，华东师范大学出版社 2002 年版。

张立荣：《中外行政制度比较》，商务印书馆 2002 年版。

张岂之：《中华人文精神》（增订版），陕西人民出版社 2007 年版。

张亲培：《新编公共政策基础》，吉林大学出版社 2009 年版。

张馨：《公共财政论纲》，经济科学出版社 1999 年版。

张永桃：《当代中国政治制度》，南京大学出版社 2004 年版。

张远增：《发现性教育评估质量控制研究》，高等教育出版社 2011 年版。

张远增：《教育评价质量控制论》，东北师范大学出版社 2013 年版。

张振明：《工程造价信息学引论》，厦门大学出版社 2005 年版。

赵伯陶：《秦淮旧梦 南明盛衰录》，济南出版社 2008 年版。

赵虎吉：《政治学基本问题》，中共中央党校出版社 2012 年版。

赵苏苏：《英汉百科专名词典》，商务印书馆 2008 年版。

赵晓呼：《政党论》，天津人民出版社 2002 年版。

赵郧安：《环境信息传达设计：Sign Design》，高等教育出版社 2008 年版。

甄永玉：《新编普通逻辑教程》，北京理工大学出版社 1992 年版。

《政治学概论》编写组：《政治学概论》，高等教育出版社 2011 年版。

中国社会科学院语言研究所词典编辑室：《现代汉语词典》（第 6 版），商务印书馆 2014 年版。

钟学富：《物理社会学：社会现象演绎理论的探索》，中国社会科学出版社 2002 年版。

周东启等：《科学技术的起源与发展和科学发展观的社会化》，黑龙江人民出版社 2009 年版。

周淑真：《政党和政党制度比较研究》，人民出版社 2001 年版。

朱子彦等：《朋党政治研究》，华东师范大学出版社 1992 年版。

中文论文

［加］查尔斯·泰勒：《共同体与民主》，张容南译，《现代哲学》2009 年第 6 期。

陈庆云：《公共政策分析及其历史沿革》，《行政论坛》1995 年第 3 期。

成幸生：《三权分立和资产阶级政党制度评析》，《社会科学》1987 年第 2 期。

成云雷：《当代中国道德建设中的榜样作用》，《毛泽东邓小平理论研究》2005 年第 5 期。

仇立平等：《政党与阶级阶层的关系及其政策变化——基于西方发达国家政党的视角》，《探索与争鸣》2008 年第 9 期。

戴清亮：《政党制度辨析》，《学术界》1992 年第 6 期。

段培君：《论维也纳学派的科学化尝试》，《自然辩证法通讯》1996 年第 6 期。

高岸起：《论时代与人》，《党政干部学刊》2014 年第 5 期。

郭渐强等：《论公共政策评估中行政决策失误责任追究制的有效实施》，《东南学术》2013 年第 3 期。

韩震：《生成的存在：人类实践本体论》，《江海学刊》2002 年第 4 期。

巨乃岐：《试论科学精神》，《自然辩证法研究》1998 年第 1 期。

李春成：《公共利益的概念建构评析——行政伦理学的视角》，《复旦学报》（社会科学版）2003 年第 1 期。

李德学等：《价值的本质及价值观的有机构成》，《人文杂志》2002 年第 4 期。

李铁映：《国体和政体问题》，《政治学研究》2004 年第 2 期。

李醒民：《科学是什么？》，《湖南社会科学》2007 年第 1 期。

李醒民等：《"科学、技术与社会发展"笔谈》，《中国社会科学》2002 年第 1 期。

李正风：《实践建构论：对一种科学观的初步探讨》，《哲学研究》2006 年第 1 期。

林伯海：《坚持人民代表大会制度的中国逻辑》，《思想教育研究》2003 年第 3 期。

刘复兴：《教育政策的边界与价值向度》，《清华大学教育研究》2002 年第 1 期。

刘金程：《公共政策：前提、推论、新观点》，《天府新论》2006 年第 6 期。

刘龙伏：《科学精神涵义辨析》，《江汉论坛》2003 年第 12 期。

刘亚娜：《公共政策误区分析模型及其表现形式》，《行政论坛》2008 年第 6 期。

马来平：《关于当代中国科学观的重建问题》，《山东大学学报》（哲学社会科学版）2006 年第 6 期。

宁骚：《试论公共决策的现代化》，《北京大学学报》1995 年政治学与行政管理学专刊。

朴贞子等：《控制阶层差距扩大的公共政策研究》，《西北大学学报》（哲学社会科学版）2006 年第 6 期。

[美] R. W. 霍耶等：《何谓质量——世界八位著名质量专家给质量定义》，颜福祥译，《中国质量技术监督》2002 年第 1 期。

邵士庆：《集体主义生成路径的"体制"性差异及其当代价值维度》，《理论与改革》2008 年第 2 期。

史秋衡等：《从市场介入的视角辨析高等教育质量保障概念》，《大学·研究与评价》2007 年第 9 期。

谭道明：《墨西哥联邦制与政党制度的良性互动——墨西哥 2012 年总统大选结果分析》，《拉丁美洲研究》2012 年第 5 期。

唐海军：《西方国家 3 种政治体制模式的特点》，《当代世界》2005 年第 3 期。

陶文昭：《当代世界政党变革的潮流》，《中国人民大学学报》2005 年第 6 期。

万俊人：《儒家人文精神的传统本色与现代意义——试以先秦儒家伦理为例：一种比较阐释》，《浙江社会科学》1998 年第 1 期。

王玉：《20 年来我国价值哲学的研究》，《中国社会科学》1999 年第 4 期。

王玉樑：《关于价值本质的几个问题》，《学术研究》2008 年第 8 期。

王玉樑：《论价值标准与价值界定》，《宁波大学学报》（人文科学版）2000 年第 4 期。

王振海：《关于国家起源、本质与特性的再思考》，《文史哲》1999 年第 3 期。

王周户等：《行政许可：技术支持与归责制度的创新》，《行政法学研究》2010 年第 2 期。

徐和庆等：《教育的时代性论析》，《上海师范大学学报》（哲学社会科学版）1988 年第 2 期。

徐梦秋等：《科学规范：类型与功能》，《学术月刊》2006 年第 11 期。

杨育光：《简论政策的本质》，《江海学刊》1986 年第 3 期。

游观炳：《价值标准刍议》，《现代哲学》1989 年第 4 期。

于立生：《公共政策评估理论研究及其困境分析》，《发展研究》2011 年第 5 期。

俞可平：《政治学的公理》，《江苏社会科学》2003 年第 5 期。

袁银传等：《西方马克思主义的批判路径及其启示》，《中国社会科学》2012 年第 5 期。

张新平：《简论教育政策的本质、特点和功能》，《江西教育科研》1999 年第 1 期。

张新平：《教育政策概念的规范化探讨》，《湖北大学学报》（哲学社会科学版）1999 年第 1 期。

张之沧：《鉴定科学与非科学的原则和方法》，《学海》1999 年第 1 期。

赵宝云等：《"三权分立"制度的嬗变及其制度弊端——兼论人民代表大会制度的制度优势》，《毛泽东邓小平理论研究》2010 年第 4 期。

周秉根：《边际效应特征及其增值效应探讨》，《大自然探索》1999 年第 3 期。

[美] 查尔斯·泰勒：《吁求市民社会》，载汪晖等主编《文化与公共性》，生活·读书·新知三联书店 1998 年版。

[美] E. 希尔斯：《合意的概念》，明实译，载苏国勋等主编《社会理论的诸理论》（Ⅱ），上海三联书店 2005 年版。

列宁：《伟大的创举》，《列宁选集》（第四卷），人民出版社 1995 年版。

欧阳修：《朋党论》，载吴楚材等《古文观止》，浙江古籍出版社 2010 年版。

[美] R. C. 安吉尔：《社会整合》，秦东晓译，载苏国勋等主编《社会理论的诸理论》（Ⅱ），上海三联书店 2005 年版。

[法] 雅克·德洛尔：《序言：教育必要的乌托邦》，联合国教科文组织中文科译，载国际 21 世纪教育委员会《教育：财富蕴含其中》，教育科学出版社 1996 年版。

外文文献

Amy DeGroff, Margaret Cargo, "Policy Implementation: Implications for Evaluation", *New Directions for Evaluation*, Vol.2009, Issue 124, December 2009.

Andrew B. Whitford, "Decentralized Policy Implementation", *Political Research Quarterly*, Vol.60, No.1, March 2007.

Benny H. Jern, David O. Poter, "Implementation Structure: A New Unit for Adiministrative Analysis", *Organization Studies*, Vol.2, No.3, July 1981.

Douglas R. Bunker, "Policy Sciences Perspectives on Implementation Processes", *Policy Sciences*, Vol.3, No.1, Mar 1972.

H. D. Lasswell and A. Kaplan, *Power and Society*, New Haven: Yale University Press, 1970.

James P. Spillane, Brian J. Reiser, Todd Reimer, "Policy Implementation and Cognition: Reframing and Refocusing Implementation Research", *Review of Educational Research*, Vol.72, No.3, Autumn, 2002.

John Fitz, "Implementation Research and Education Policy: Practice and Prospects", *British Journal of Educational Studies*, Vol.42, No.1, Mar., 1994.

Lars Carlsson, "Non-Hierarchical Evaluation of Policy", *Evaluation*, Vol.6, No.2, Apri. 2000.

Lars Tummers, Victor Bekkers, Bram Steijn, "Policy Alienation of Public Professionals", *Public Management Review*, Vol.11, Issue 5, September 2009.

Lars Tummers. "Explaining the willingness of public professionals to implement new policies: a policy alienation framework", *International Review of Administrative Sciences*, Vol.77, No.3, September 2011.

Malcolm L.Goggin, Ann Bowman, James Lester, Laurence O'Toole, *Implementation Theory and Practice: Toward a Third Generation*, New York: Harper Collins Publishers, 1990.

Milbrey Wallin McLaughlin, "Learning From Experience: Lessons From Policy Implementation", *Educational Evaluation and Policy Analysis*, Vol.9, No.2, Summer 1987.

Paul A.Sabatier, "Top-down and Bottom-up Approaches to Implementation Research: A Critical Analysis and Suggested Synthesis", *Journal of Public Policy*, Vol.6, No.1, Jan.-Mar., 1986.

Paul Diesing, *Reason and Society*, Champaign: Illinois University Press, 1962.

Richard F.Elmore, "Backward Mapping: Implementation Research and Policy Decision", *Political Science Quarterly*, Vol.94, No.4, Winter, 1979-1980.

Robin Hambleton, "Planning Systems and Policy Implementation", *Journal of Public Policy*, Vol.3, No.4, Oct 1983.

Steen Vallentin, "Private Management and Public Opinion Corporate Social Responsiveness Revisited", *Business & Society*, Vol.48, No.1, March 2009.

Susan M.Barrett, "Implementation Studies: Time for a Revival? Personal Reflection on 20 Years of Implementation Studies", *Public Administration*, Vol.82, No.2, May 2004.

Theodore H.Poister, *Public Program Analysis: Applied Research Methods*, Baltimore, Maryland: University Park Press, 1978.

Thomas B.Smith, "The Implementation Process", *Policy Science*, Vol.4, No.2, June 1973.

电子文献

《国务院办公厅转发国家计委和水电部关于黄河可供水量分配方案报告的通知》（http://www.gov.cn/zhengce/content/2011-03/30/content_3138.htm）。

《国务院关于印发全国主体功能区规划的通知》（http://www.360doc.com/content/18/0119/13/77611_723341956.shtml）。

《中国共产党党员领导干部廉洁从政若干准则》（http://www.nea.gov.cn/2013-11/01/c_132851564.htm）。

《中华人民共和国义务教育法》（1986年4月12日第六届全国人民代表大会第四次会议通过，2006年6月29日第十届全国人民代表大会常务委员会第二十二次会议修订）（http://www.moe.gov.cn/publicfiles/business/htmlfiles/moe/moe_619/200606/15687.html）。

《中华人民共和国宪法》，中国人大网（http://www.npc.gov.cn/npc/xinwen/node_505.htm）。

胡锦涛：《坚定不移沿着中国特色社会主义道路前进 为全面建成小康社会而奋斗——在中国共产党第十八次全国代表大会上的报告》，2012年11月8日，中国文明网（http://www.wenming.cn/ziliao/zhongyaolunshu/hujintao/201211/t20121119_940190.shtml）。

后　记

2009年立项的国家社科基金一般项目"我国政府公共政策执行和评估机制研究——以教育政策为例"（项目批准号：09BZZ028）既设的研究内容是：政府公共政策执行评估之价值主体的形成机制、确立政府公共政策执行评估之价值标准的策略与方法、政府公共政策执行的评估模式、政府公共政策执行评估的功能限度、政府公共政策执行评估的保障机制等问题。项目拟运用价值链分析、评价分析、案例研究和模型仿真实验等方法展开研究，预期成果为20万字的专著，预计2012年12月31日结题。

2009年8月9日，项目组举行了开题会。出席开题会的吴志华教授、蒋云根教授、吴志宏教授及魏志春教授等专家对研究设计给予认同的同时，建议要处理好理论研究与应用研究的关系，公共政策执行方面的调研要突出重点，并建议主要基于我国考试招生政策展开研究，以及把专著定名为《我国政府公共政策执行和评估机制研究——以教育政策为例》。

根据开题会上的专家建议和项目既定的研究设想，项目组把既设的问题进一步细化和充实为具有逻辑联系的11个问题，它们是：公共政策的逻辑、公共政策价值链、公共政策计量、公共政策执行及其分类、公共政策执行评估的原理、公共政策执行评估的设计、价值主体的形成机制、评价标准的确立策略与方法、公共政策执行评估模式设计、公共政策执行评估的质量保障、教育政策执行及其评估（以我国高考政策执行及评估作为案例）。后来的事实证明，这是一个过于理想化的研究设计，其中预设的公共政策的逻辑研究更是项目组给自己"挖的坑"，它为项目不能按时结项埋下了前因。

按照新划分的11个问题开展研究，截至2011年12月，项目组对每个问题需要研究的问题进行了进一步分解和细化，开展考试政策执行及相关教育政策执行的调研与分析，并将研究已获得的部分成果转化成为最终成果的构成部分。

截至 2012 年 12 月，项目组完成了公共政策价值链和公共政策计量两个问题的研究，并把相应的成果转化为最终成果的"第二章　公共政策价值链"和"第三章　公共政策计量"。项目组还基本完成了教育政策执行及其评估的研究，并把相应的成果转化为最终成果的"第十一章　教育政策执行及其评估"。与此同时，项目组已经基本收集全了研究所需要的资料，并对公共政策执行评估的原理、公共政策执行评估的设计、价值主体的形成机制、评价标准的确立策略与方法、公共政策执行评估模式设计、公共政策执行评估的质量保障等问题进行更为细化的分解，使这些问题的研究取得了突破性的进展。通过研究，项目组发现将"公共政策执行及其分类"调整为"公共政策执行分析"更能体现既设的研究意图。于是，项目组便按照"公共政策执行分析"对本研究进行了重新设计。但是，公共政策逻辑研究的难度完全超出了研究的预设，短时间内难于开展实质性的深入研究。

到 2013 年 12 月，在 2012 年的基础上又完成了 11 个问题中的 7 个的研究，并将这些研究成果转化为专著的七章，分别是：第四章　公共政策执行分析、第五章　公共政策执行评估的原理、第六章　公共政策执行评估的设计、第七章　价值主体的形成机制、第八章　评价标准的确立策略与方法、第九章　评估模式设计、第十章　公共政策执行评估的质量保障。与此同时，还基本完成了对教育政策执行及其评估的研究，并把相应的研究成果转化为专著的"第十一章　教育政策执行及其评估"。可是，对公共政策逻辑研究所取得的成果依然不能令人满意，如果就此申请结项，虽然完成了申报课题时预设的研究任务，但也将为本项目的研究带来遗憾。有鉴于此，项目组决定继续开展这方面的研究。

截至 2014 年 9 月，项目组完成了对公共政策逻辑的研究。通过历史分析，项目组提出并论证了公共政策学的逻辑起点、逻辑中介及逻辑终结，使公共政策学成为一个完整的逻辑体系，并用这个逻辑体系所形成的公共政策理论对原已形成的项目成果重新进行了矫正。研究公共政策的逻辑所形成的结论即转化为项目最终成果的"第一章　公共政策的逻辑"，项目组终于得到了 37 万余字的专著作为项目的最终研究成果。

所幸的是，历经近 5 年的研究，项目组最终达成了超出项目预设框架的研究目标，获得了具有一般意义的我国公共政策执行及其评估机制之学和操作之理方面的研究成果。由此，我把作为项目最终成果的专著定名为

《公共政策执行评估学理》。

成果形成后，2014年12月项目组提交了结项申请。成果在2015年8月通过了全国哲学社会科学规划办公室组织的结项评审，获得了结项证书（证书号：20151125）。

通过项目结项后两年多的积淀，我发现在人工智能已经开启的信息化时代，本成果具有其独特的价值，但苦于没有足够的出版费用而难于最终下出版这个成果的决心。本书出版的费用主要由项目结项后余下的经费构成。在此，向全国哲学社会科学规划办公室表示衷心的感谢。

本次出版考虑到其是论述公共政策执行评估的学术专著，为了使其主题更加集中，逻辑更加严密，在保证《公共政策执行评估学理》名称不变的情况下，删除了原成果中的"完善我国公共政策执行的对策"的内容。此外，根据出版社对著作引用文献版本的要求，对原成果中部分参考文献的版本进行了校正，使之能满足出版的要求。

感谢课题组成员王俭博士、宋锦州博士、张文国博士，他们对完成本研究，倾注了自己的智慧和心血。

感谢吴志华教授、蒋云根教授、吴志宏教授及魏志春教授对项目研究提出的有益建议。

感谢本书所直接引用成果的学者及对形成本成果提供启发的学者，没有他们的成果作为基础，不可能完成项目的研究，得出目前的成果。

对中国社会科学出版社愿意出版《公共政策执行评估学理》，我心存感激。中国社会科学出版社的编辑梁剑琴博士以高度的责任心，对本书进行了编辑加工，对她精益求精的精神表示钦佩，对她为本书的付出表示谢意。

感谢我的妻子邱健女士对我完成本研究及其后续工作给予的理解、支持及对我生活无微不至的照顾，在这样的氛围中开展研究不亦乐乎。感谢儿子成长给我带来的烦恼和快乐，他时时提醒我——无论是得到幸福和快乐还是失去幸福和快乐均是本人努力的结果！

最后，我要感谢自己所处的伟大时代——海阔凭鱼跃，天高任鸟飞！

张远增
2018年6月13日于华东师范大学文科大楼